Hildegard von Bingen

„Nun höre und lerne, damit du errötest ...“

HERDER / SPEKTRUM

Band 4556

Das Buch

Die Übersetzung der wichtigsten, historisch aufschlußreichsten und für das Gesamtwerk am meisten exemplarischen Briefe aus dem umfassenden Briefwechsel Hildegards von Bingen (1098–1179): Spannend und farbig geschriebene Zeugnisse unerschrockener Direktheit, erfrischend-humorvoller Weitherzigkeit, persönlichen Engagements und weitreichender (kirchen)-politischer Einflußnahme. Das Buch, das eine der großen und starken Frauen des Mittelalters am persönlichsten zeigt und das gleichzeitig „im Kern" am prägnantesten ihr Denken aufleuchten läßt. Die hier vorgelegte umfangreiche Auswahl ist bis heute ein weitgehend ungehobener Schatz. Mit ungezählten Persönlichkeiten ihrer Zeit, mit Kaisern und Päpsten, Bischöfen, Äbten und Fürsten stand die Äbtissin und Gründerin der Klöster Rupertsberg und Eibingen in Kontakt. Aber auch einfache Menschen ihrer Zeit wandten sich rat- und hilfesuchend an die große Frau. So gibt der vorliegende Briefwechsel unmittelbar Aufschluß über Hildegards Persönlichkeit, über ihr Denken und über die grundlegenden Probleme, die die mittelalterliche Welt bedrängten. Es kommt zum Ausdruck, was sie selbst bewegt und wie sie mit suchenden, ratlosen und bedrängten Menschen umging. Der starken Objektivität ihrer großen theologisch-kosmologischen Schriften und dem Bildreichtum der Visionen steht in den Briefen der Mensch Hildegard von Bingen gegenüber. In klarer, unverblümter Sprache stellt sie eine unerbittliche Diagnose der inneren Verfaßtheit ihrer Briefpartner. Sie spart nicht an Kritik am Zeitgeschehen. Schonungslos deckt sie Mißstände in Kirche und Gesellschaft auf. Hildegard versteht es aber auch, auf einzigartige Weise, im Ratsuchenden die Sehnsucht nach Gott zu entfachen und die Menschen zur Umkehr zu bewegen. Hildegards Briefe sind ganz im Sinne ihres prophetischen Sendungsbewußtseins ein Spiegelbild und ein Ruf in die Zeit – ein Ruf, der damals wie heute die Menschen direkt anspricht und ungeahnte schöpferische Kräfte freisetzen kann.

Die Autorin

Hildegard von Bingen (1098-1179), eine der bedeutensten Frauen des deutschen Mittelalters. Sie galt als anerkannte Autorität ihrer Zeit und erlebt mit ihrer kosmologischen Theologie und ihrem ganzheitlichen Denken, das alle Bereiche des Lebens in einer Einheit zusammenfaßt, seit etwa 15 Jahren in ganz Europa eine ungeahnte „Renaissance". Zahlreiche Werke von ihr sind bei Herder/Spektrum lieferbar.

Hildegard von Bingen

„Nun höre und lerne, damit du errötest ..."

Briefwechsel – nach den ältesten Handschriften übersetzt und nach den Quellen erläutert von Adelgundis Führkötter OSB

Herder

Freiburg · Basel · Wien

Gedruckt auf umweltfreundlichem,
chlorfrei gebleichtem Papier

2. Auflage

Lizenzausgabe mit freundlicher Genehmigung des Verlags
Otto Müller, Salzburg. Die Originalausgabe erschien dort unter dem
Titel Hildegard von Bingen, Briefwechsel
Verlag Herder Freiburg im Breisgau 1997
Herstellung: Freiburger Graphische Betriebe 1997
Umschlaggestaltung: Joseph Pölzelbauer
Umschlagmotiv: Vision der Heiligen Hildegard, Scivias-Codex, 12. Jht.
ISBN: 3-451-04556-7

Der heiligen Hildegard

zum 825jährigen Bestehen ihres Klosters Eibingen

1165 1990

INHALT

VORWORT

Das Buch möchte die Persönlichkeit der heiligen Hildegard von Bingen durch ihre Briefe einem weiteren Leserkreis erschließen. Vor einem Jahrzehnt war eine solche Veröffentlichung noch nicht möglich, weil die Echtheit der Hildegardbbriefe in Frage stand. Seitdem jedoch 1956 durch die quellenkritischen Untersuchungen der Abtei Eibingen die Echtheit des Hildegardischen Schrifttums nachgewiesen ist, stehen uns rund dreihundert Hildegardbriefe zur Verfügung. Diese Zahl konnte durch weiteres Forschen erhöht werden. Ein Teil der Briefe wurde — nach Möglichkeit mit den Gegenbriefen — für das vorliegende Buch ausgewählt, übersetzt und so geordnet, daß Hildegard im Gespräch mit ihren Zeitgenossen von möglichst vielen Seiten beleuchtet und der Einfluß ihrer Persönlichkeit sichtbar wird. Die Briefe fügen sich wie kleine oder größere Mosaiksteine zu einem Bild zusammen und lassen die Gestalt der heiligen Hildegard und ihren Lebensweg vor unserm Auge erstehen.

Besonderen Dank schulde ich meiner Mutter Äbtissin Fortunata Fischer, die mir Zeit und Mittel für diese Arbeit zur Verfügung stellte. Herzlich danke ich meinen Mitschwestern, von denen ich in Arbeitsgemeinschaften manche Anregung empfing und die mich zur Herausgabe des Buches ermutigten. Vor allem möchte ich Schwester Maura Böckeler wärmstens danken, die als verdiente Hildegard-Interpretin ihre reichen Kenntnisse selbstlos in den Dienst dieser Arbeit stellte. Besonders danke ich auch Schwester Marianna Schrader, die dem Werk als Historikerin großes Interesse entgegenbrachte und es durch fachkundige Hinweise förderte. Mein aufrichtiger Dank gilt den Herren, die durch Auskünfte oder Überlassung von Quellenmaterial freundliche Hilfe leisteten: Herrn Weihbischof Lenhard von Bamberg, Herrn P. Dr. Paulus Volk, Abtei Maria Laach, Herrn Archivrat K. Lutz vom Bistumsarchiv Speyer und Herrn Kraus vom Erzbischöflichen Archiv Freiburg/Br. Herzlich danke ich Herrn Direktor Dr. F. Götting von der Hessischen Landesbibliothek in Wiesbaden, der durch sein stets hilfsbereites Entgegenkommen die Arbeit wesentlich unterstützt hat. Dem Otto Müller Verlag, Salzburg, danke ich herzlich für alle Mühewaltung bei der Herausgabe des Werkes.

Eibingen, Abtei St. Hildegard,
am Fest des hl. Benedikt, 21. März 1965 — *Adelgundis Führkötter OSB*

VORWORT ZUR ZWEITEN AUFLAGE

In der vorliegenden zweiten, verbesserten Auflage wurden einige Ortsnamen auf Hinweise von Historikern, denen ich bestens danke, geändert. Die geographische Karte am Schluß dieses Buches erfuhr dementsprechend einige kleine Änderungen. Auf größere formale Korrekturen wurde verzichtet.

Die erste vollständige, lateinische kritische Edition von Hildegards Werk „Scivias" erfolgte im Jahre 1978: Hildegardis Scivias. Edd. Adelgundis Führkötter OSB et Angela Carlevaris OSB, Corpus Christianorum Continuatio Mediaevalis 43 et 43 A. Brepols, Turnholti 1978 (CC CM 43 et 43 A.). Der kritischen Edition sind auch die 35 Miniaturen (Bildtafeln) im Sechsfarbendruck mit Gold und Silber beigegeben. Werden diese Bildtafeln erwähnt, so wird auf die kritische Edition bezug genommen.

Da der deutsche Briefwechsel erstmals im Jahr 1965 herausgegeben wurde, wird bei Vergleichen die zu dieser Zeit vorliegende unkritische Ausgabe von J.-P. Migne, Patrologia Latina T. 197 zitiert. Daran wurde in der vorliegenden, zweiten Auflage nichts geändert.

Dr. Lieven Van Acker, der seit einigen Jahren an der lateinischen kritischen Edition der Hildegard-Briefe arbeitet, hat die Neuauflage des deutschen Hildegard-Briefwechsels nachhaltig befürwortet.

Eibingen, Abtei St. Hildegard *Adelgundis Führkötter OSB*
am Fest des hl. Benedikt 21. März 1990

I.

EINFÜHRUNG

DAS GROSSE GESPRÄCH

In den Briefen Hildegards von Bingen begegnen wir einer einzigartigen Frau. Die vielgenannte, jedoch vielleicht nur von wenigen wirklich gekannte deutsche Heilige des 12. Jahrhunderts rückt in ihren Briefen aus der Ferne und Höhe in unsere Nähe; in ihnen tritt Hildegard uns ganz persönlich entgegen. Hier erblicken wir nicht nur wie in ihren anderen Schriften den Genius dieser heiligen Frau, die sich allen Seinsbereichen mit wachem Geist und glühender Liebe zuwendet: hier spüren wir – im Wort von Mensch zu Mensch – ihr Herz.

Wir nehmen teil an dem Gespäch von ungeheurer Spannung, das Hildegard mit ihren Zeitgenossen führt, und hören die Stimme, die als „Posaune Gottes" mit kraftvollem, reinem Klang in die Lande tönt, die Herzen aufweckt und heilsam erschüttert. Hildegard spricht zu Päpsten und Bischöfen, zu Kaiser und König. Sie richtet ihr mahnendes Wort öffentlich an Klerus und Volk, an Magister, Doktoren und andere Gelehrte. Auch schmerzerfüllte Töne vernehmen wir. Hildegard bezeichnet sich als „armselige, erbärmliche und mehr als erbärmliche Frau", die „von Kindheit an niemals in Sicherheit lebte, nicht eine einzige Stunde". Sie teilt dem Briefempfänger, wenn auch nur selten, ihre innere Not, die Bedrängnis ihres Herzens mit und bekennt, daß sie verzagt ist, weil es ihr an Mut fehlt, das offen zu bekennen, was Gott ihr aufgetragen hat.

Noch manch andere, bisher kaum gesehene oder gar unbekannte Züge gewahren wir. Auch werden wir auf Hildegards Grenzen und Schwächen stoßen, durch die sie uns menschlich besonders nahekommt.

Die Gesprächspartner ihrerseits reden in ihren Briefen Hildegard an als Tempel, Orakel Gottes, als heilige Mutter, schauende Magd Christi, brennende Leuchte im Hause des Herrn. Sie sehen in ihr die Mitwisserin der Geheimnisse Gottes, die durchströmt ist von der Gabe des Charismas. „Ave, nach Maria voll der Gnade", schreibt ein Mönch aus Brabant an sie.

So enthüllt sich uns aus dem Briefwechsel lebendig die Gestalt dieser großen Heiligen.

DIE GEISTIGE GESTALT

Als Künstlerin von hohem Rang hat Hildegard eine ursprüngliche Beziehung zu den Dingen. Nicht mit der Ratio, sondern mit dem Intellekt erfaßt sie schauend die Dinge in ihrem Wesen. Der Intellekt begreift — im Gegensatz zum diskursiven Denken der Ratio — die Dinge durch „Schauen". Diese dem einfachen Schaublick sich zuwendende Erkenntniskraft dürfte als Hildegards geniale Begabung anzusehen sein. Dieser Schaukraft sind eigen: die Freude am Sein, der echt christliche Seinsoptimismus, die Ganzheitsschau, das Erfassen der großen kosmischen Bezüge, das Ineinsbringen der polaren Spannungen von Unruhe und Ruhe, Schmerz und Seligkeit, Kampf und Friede, Mißlingen und Gelingen[1]. Wenn nach dem heiligen Thomas von Aquin das äußerste Glück des Menschen das Schauen ist[2], so war Hildegard dieses Glück auf Grund ihrer natürlichen Schaukraft in hohem Maße eigen.

Sie erlebte die Welt als Schöpfung, die seinsmäßig in engstem, unablösbarem Zusammenhang mit dem transzendenten dreifaltigen Schöpfergott steht. So bricht sie in Jubel aus: „Gott Vater hatte in sich selbst ein solches Entzücken, daß Er die ganze Schöpfung durch Sein Wort hervorrief. Daher gefiel Ihm auch Seine Schöpfung, und jenes Geschöpf, das Ihn liebend berührte, nahm Er in Seine Arme. O großes Entzücken über dieses Werk!" (PL 370 C)[3] Ja die gegenseitige Liebe von Schöpfer und Schöpfung ist so innig wie die Liebe zwischen Mann und Frau in der ehelichen Verbindung: „Die ganze Schöpfung nahm von Gott ihren Ausgang und blickt in all ihren Dienstleistungen auf Gott zurück (respicit), sie tut nichts ohne Sein Geheiß, so wie die Frau auf ihren Mann blickt und schaut, wie sie ihm gefalle. Die Schöpfung spricht zu ihrem Schöpfer wie zu ihrem Geliebten" (Pi 197)[4].

Die Dichterin schaut, erhorcht und erfühlt den Sinn, die Seins- und Lebenserfüllung der Geschöpfe:

> Und das Feuer hat die Flamme und ist Lob für Gott,
> und der Wind bewegt die Flamme und ist Lob für Gott,
> und in der Stimme ist das Wort, und sie ist Lob für Gott,
> und das Wort wird gehört und ist Lob für Gott:
> daher ist die ganze Schöpfung Lobpreis Gottes (Pi 352).

Zwar empört sich die Schöpfung gegen den Menschen, seitdem er sich im Paradies gegen Gott erhob (PL 400 A). „Die Elemente brechen zu ihrem Schöpfer in Wehgeschrei aus, weil sie die ihnen von Gott bestimmten Wege nicht zu Ende gehen und die ihnen auferlegten Dienste nicht vollenden können, denn sie werden herumgewälzt durch die Sünden der Menschen" (Pi 116 f.). Und doch: „Sooft die Elemente durch die bösen Handlungen der Menschen befleckt werden, sooft reinigt Gott sie durch die Qualen und Schmerzen der Menschen; denn Er will, daß alles rein sei vor Seinem Blick" (Pi 116).

Hildegards natürliche Schau wurde überhöht durch ihre übernatürliche visionäre Begabung. Das Geheimnis dieser Frau, die drei Jahrzehnte hindurch ungewollt das Faszinosum des Abendlandes war, ist letztlich das Charisma ihrer Sehergabe. Zuweilen gibt Hildegard nähere Auskunft über dieses Charisma. Gott, der Schöpfer, hat ihrer Seele bereits „vor der Geburt die Schau eingeprägt" (infixa, PL 218 C). Schon im Mutterschoß hat Hildegard sie empfangen. Mit zunehmendem Alter hat sich diese Schau mehr und mehr in ihr entfaltet. Sie erfüllt ihr innerstes Wesen. Ununterbrochen lebt Hildegard „im Schatten des Lebendigen Lichtes", und zuweilen schaut sie darin „ein anderes Licht", das ihr „das Lebendige Licht" genannt wird. In diesen Augenblicken empfängt sie die Impulse zu ihren großen Visionsschriften — „Scivias" (Wisse die Wege), „Liber vitae meritorum" (Buch der Lebensvergeltung), „De operatione Dei" (Vom Wirken Gottes), auch „Liber divinorum operum" (Buch der Gotteswerke) genannt —, an denen sie in der Folgezeit jahrelang arbeitet.

Die Schau ist Lust und sie ist Last. „Wann und wie ich es schaue, kann ich nicht sagen. Aber solange ich es schaue, ist alle Traurigkeit von mir genommen, so daß ich mich wie ein junges Mädchen fühle und nicht wie eine alte Frau", schreibt Hildegard im Alter von siebenundsiebzig Jahren an einen ausländischen Mönch (Pi 333).

Ihr umfangreiches Wissen in Theologie, Philosophie, Heilkunde, Natur- und Weltkunde sowie ihre Kenntnisse und Schöpfungen auf dem Gebiet der Musik sind getragen von der Schau. Hildegard ist mit offenen Augen und Ohren, in wachem Zustand und mit nüchternem, klarem Geist in die Visio hineingestellt. Sie nimmt sie einzig mit den Augen und Ohren ihres Herzens auf und behält das Gesehene und Gehörte lange Zeit in ihrem Gedächtnis. Eine Ekstase hat Hildegard niemals erlebt, wie sie im Vorwort zu ihrem „Scivias" und an anderen Stellen eigens hervorhebt.

Seit dem tiefgreifenden Erlebnis des Jahres 1141, als Gott ihr den Auftrag erteilte, das, was sie sah und hörte, niederzuschreiben und der Welt zu künden (Vorwort zum „Scivias"), erkannte und erfuhr sich die Seherin, die damals „zweiundvierzig Jahre und sieben Monate alt war", als Gesandte Gottes. Sie gleicht den Propheten des Alten Bundes und steht wie diese unter dem Anruf Gottes und der Verpflichtung, Zeitkritik zu üben, die Wege des Herrn zu weisen („Wisse die Wege" ist ihr Erstlingswerk). Sie ruft in ihren Briefen und anderen Schriften sowie auf ihren Predigtreisen zu Umkehr und Buße auf: denn der richtende Gott ist streng und barmherzig, Er straft und züchtigt, um zu heilen und zu retten. Allen Ständen verkündet Hildegard die Gerichte und Gerechtigkeit Gottes und die Erlösung durch Christus und Seine Kirche. Wahrlich, eine unerhörte Aufgabe für eine Frau, eine Frau des 12. Jahrhunderts!

Hier wird deutlich, wie falsch es wäre, wollte man Hildegard von Bingen an den Anfang der Linie stellen, die von ihr zu den Mystikerinnen Gertrud von Helfta, Mechtild von Magdeburg und Teresa von Avila führen würde. In ihrer Schau und Sendung gleicht Hildegard vielmehr den alttestamentlichen Propheten, besonders Ezechiel und Daniel. Auch dem Verfasser der Apokalypse steht sie nahe.

Die kraftvolle Speise, die ihre gottsuchende Seele immerzu kostete, war das Wort Gottes, die Heilige Schrift. Sie bewahrte und bewegte die heiligen Worte und Geschehnisse, besonders die des Alten Bundes, unaufhörlich in ihrem Herzen. Sie waren ihr geistiger Besitz und erfüllten so sehr ihr inneres Leben, daß Hildegard sie spontan in ihre Schriften aufnahm.

Die Meisterin vom Rupertsberg war Benediktinerin und daher ganz und gar geprägt vom Geist der Benediktusregel. Das, was sie ihre geistlichen Töchter lehrte und wozu sie die Mönche und Nonnen vieler Klöster aufrief, lebte sie ihnen vor: unerschütterlich starken Glauben, Demut und Gehorsam, Liebe zum Gebet und zum Dienst für Gott, Discretio — die „Mutter der Tugenden" — und jenen „guten Eifer", in dem der Mönchsvater seine ganze Regel im 72. Kapitel zusammenfaßt.

Der göttliche Auftrag und seine Erfüllung rufen eine lebenslängliche innere Spannung in Hildegard hervor, durch die sie ständig beansprucht, eingefordert, ja überfordert wird. Denn kann der Mensch, das sündige Geschöpf, jemals Gottes Willen gänzlich erkennen und restlos erfüllen? Das, was ich schaue, kann ich aber nicht vollkommen wissen, solange ich in der Dienstbarkeit des Leibes und der unsichtbaren Seele bin; denn an beidem besteht beim Menschen ein Mangel" (Pi 332).

Hildegards Sensibilität ist bis ins hohe Alter hinein mit einer starken Vitalität verbunden. Durch die innere Spannung und die damit zusammenhängenden Krankheiten und Leiden wird ihr Temperament jedoch immer wieder gezähmt. Hildegard weiß um diese Zusammenhänge. „Und ich werde durch Krankheiten stark gehemmt und oft derart in schwere Schmerzen verstrickt, daß sie mich zu Tode zu bringen drohen. Doch hat Gott mich bis jetzt immer wieder neu belebt" (Pi 332).

In der Erfüllung ihrer Sendung, in der Gleichförmigkeit ihres Willens mit dem Willen Gottes überschreitet Hildegard sich selbst, die Gebrechlichkeit ihrer Natur, die viele körperliche Krankheiten und seelische Leiden durchzustehen hat. Dabei erkennt und erfährt sie ihre völlige Abhängigkeit von Gottes Güte und Barmherzigkeit. In einem Brief bittet sie den ihr befreundeten Abt Philipp von Park (bei Löwen): „Schenkt mir Eure Gebetshilfe, damit ich in der Gnade Gottes verharre. Denn noch immer liege ich — wie Ihr es persönlich gesehen habt — auf meinem Krankenlager. Und da ich keinerlei Sicherheit in mir zurückbehielt, habe ich all meine Hoffnung und mein ganzes Vertrauen einzig auf die Barmherzigkeit Gottes gesetzt" (PL 277 C).

In der klaren Erkenntnis der Allmacht Gottes und der tiefgehenden Einsicht und Erfahrung der eigenen Ohnmacht, die sie in Gottes Allmacht hineinbettet, wird die naturhafte Neigung zur Überheblichkeit getilgt, die superbia in all ihren offenen und versteckten Formen, ihren schillernden Farben und vielfachen Schattierungen gebrochen. Inmitten der Großen und Mächtigen der Welt und der Kirche erkennt Hildegard sich als klein und schwach. Sie vergleicht sich mit einer „kleinen Feder", die von sich aus keine Flugkraft besitzt, die aber, von Gottes starkem Wind getragen, über die Großen hinweg in die Wunder Gottes hineinfliegt.

Nicht nur die theologischen Werke, auch ihre Briefe entstammen der „wahrhaftigen Schau". „Der da IST, spricht ...", so beginnt ein Schreiben Hildegards an Kaiser Friedrich I.[5]. „Die Weisheit lehrte mich in wahrhaftiger Schau folgende Worte ..." (Pi 563). Mit solchen oder ähnlichen Formulierungen beginnen viele Briefe. Und wenn derartige Wendungen fehlen, sind sie unausgesprochen im Brief enthalten. Denn die Legitimation ihrer Aussagen und Forderungen ist ja die Schau. Darum kann Hildegard mit jener Offenheit sprechen und schreiben, die die Einfalt der Taube mit der Klugheit der Schlange, die Sanftmut des Lammes mit dem Mut der Löwin verbindet. Hildegard trägt nicht ihr eigenes menschliches Wort vor und tut nicht ihren Willen kund, sondern sie offenbart Gottes Wort und Gottes Willen.

Die Forschung ist den von außen her zufließenden Quellen und Einflüssen aus der Antike, insbesondere aus dem Orient, nachgegangen, die sich in Hildegards Schriften finden. H. Liebeschütz hat diese Verbindungslinien in seiner gründlichen Studie[6] mit Scharfsinn aufgezeigt. Dennoch bleibt die Frage, in welchem Umfang Hildegard antike Motive gekannt und für ihr Schrifttum benutzt hat, offen. Von größerer Bedeutung ist dagegen der Einfluß, den die Liturgie und die Kirchenväter auf Hildegard ausübten, da sie mit deren Bildwelt und Gedankengut vertraut war.

In ihren Briefen kommen — entsprechend den Anfragen — die verschiedensten Themen zur Sprache. Hildegard geht auf die persönlichen Anliegen der Briefpartner ein und gibt Rat und Trost, Belehrung und Ermahnung aus ihrer „Schau".

Zuweilen weist sie in ihren Schreiben auch auf zukünftige Geschehnisse hin oder deutet sie an. Doch nehmen diese Aussagen einen unbedeutenden Raum in ihrem Gesamtwerk ein. Wird Hildegard nach der Zukunft des Menschen gefragt, so pflegt sie Einzelschicksale niemals vorauszusagen, da Gott ihr diese verborgen hat, weil sie nicht von Nutzen sind. „In der Schau meiner Seele sehe ich sehr viele Wunder Gottes und verstehe durch Gottes Gnade die Tiefe der Heiligen Schrift. Doch was und welcher Art die zukünftigen Geschicke der Menschen sind, das wird mir darin nicht geoffenbart ... Geliebte Herrin, ich maße mir nicht an, die Zukunft des Menschen [von Gott] zu erfragen, weil es zum Heil der Seele besser ist, sie nicht zu kennen", schreibt Hildegard an eine Witwe.[7]

Die Ansicht, Hildegard von Bingen sei eine die Zukunft voraussagende Prophetin, geht zurück auf Gebeno, einen Prior der Zisterzienserabtei Eberbach im Rheingau. Dieser exzerpierte aus Hildegards Schriften die relativ wenigen allgemein gefaßten Zukunftsaussagen und gab sie 1220 in seinem Speculum futurorum temporum, dem „Zukunftsspiegel", heraus, der in den folgenden Jahrhunderten häufig abgeschrieben und durch fast unübersehbar viele Handschriften im ganzen Abendland verbreitet wurde. Die Gebeno-Handschriften überwucherten bis zur Mitte des 19. Jahrhunderts das ganze Hildegardische Schrifttum, engten den Begriff „Prophetin Hildegard“ ein und verbogen ihn, so daß diese Fehlvorstellung noch heute in vielen Köpfen geistert, die mit dem Namen „Hildegard von Bingen“ fälschlicherweise den Begriff „Weissagerin“ verbinden.

DIE BILDWELT

Das genuin bildhafte Denken, das in der Heiligen Schrift einen großartigen sprachlichen Niederschlag gefunden hat, ist unserer Zeit weithin verlorengegangen. Die Schriftsteller des Mittelalters, besonders die des 12. Jahrhunderts, dachten und lebten noch in einer Bild-Welt und hatten ein Welt-Bild. Die Welt als Schöpfung war ihnen in all ihren Bereichen Bild und Spur und Weg zum Schöpfer-Gott. Aus der Fülle der Hildegard-Bilder seien hier einige angeführt.

Im Lehm sieht Hildegard ein Sinnbild für Adam, die Rippe meint Eva und wird ganz allgemein zur Bezeichnung für die vermählte Frau gebraucht. Der Mensch ist als Leib-Seele-Wesen das „volle Werk Gottes, plenum opus Dei“, die Zusammenfassung der ganzen Schöpfung, das Spiegelbild der Kreatur. Der Osten ist als Aufgang des Lichtes Symbol des Guten, der Norden die Region der Finsternis und des Bösen.

Gott ist das „Licht“, das „lebendige, wahre, allerhellste Licht“. Aus der Schau dieses Lichtes empfängt Hildegard ihre Visionen und Auditionen.

Der Mensch hat als Sohn und Tochter Gottes Anteil am Licht, leuchtet wie das Morgenrot und wie der helle Tag. Er ist die erlesene Gemme (elegans gemma), denn Gott hat ihm Sein Siegel eingeprägt, da Er ihn schuf nach Seinem Bild und Gleichnis.

Die Lebenskraft, geistig wie leiblich, empfängt der Mensch aus der Kraft, der „viriditas“ Gottes, mit der er mitwirken soll, damit er nicht dürr, „arid“ wird.

Die viriditas — Grünkraft, Lebensfrische, Keimkraft, Fruchtbarkeit —, die von Gott ihren Ausgang nimmt und von Ihm in die Schöpfung hineingeleitet wird, ist das lebenerhaltende und lebenfördernde Energetikum für alle Seinsbereiche, Bild für alles Gutsein.

Hildegard hat diese viriditas als die gewaltige Lebenskraft in der Natur entdeckt. „Die Erde schwitzt Keimkraft aus“ (PL 377 C). Die Seherin beobachtet ihr Wirken auch im Menschen. „Die Seele ist die viriditas für das Fleisch, denn der Leib wächst und gedeiht durch sie, wie die Erde durch die Feuchtigkeit fruchtbar wird" (PL 818 C/D). Hildegard findet sie auch im geistig-sittlichen Bereich. „Wenn der Mensch die viriditas der Gotteskräfte verläßt, wandelt er sich in die Dürre der Nachlässigkeit, so daß er den Saft und die Grünkraft der guten Werke entbehrt und die Kräfte seines Herzens dahinschwinden" (PL 764). An Abt Adam von Ebrach schreibt Hildegard: „Achte mit Sorgfalt darauf, daß durch die Wechselhaftigkeit deiner Gedanken die grünende Kraft, die du von Gott hast, in dir nicht dürr wird"[8]. Im Buch „Vom Wirken Gottes" sagt sie: „Wem die Grünkraft des Heiligen Geistes fehlt, der wird vom Unglauben erstickt, von bösen Werken verschlungen und stürzt in den höllischen Schlund, weil er nicht danach eifert, sich der Gnade Gottes anzuempfehlen" (PL 767 B). Und in ihrem „Buch der Lebensvergeltung" läßt Hildegard die „Himmelsfreude" sprechen: „Alle Grünkraft sammle ich sanft in meinem Innern, wenn ich alle Werke Gottes lobe" (Pi 189). Maria aber, die Hildegard in ihren Liedern jubelnd besingt, ist die „viridissima virga, das Reis voller Grünkraft" (Pi 451, 56).

Der Gegenspieler Gottes, der Diabolus, der Durcheinanderwerfer, wird in Hildegards Weltbild sehr ernst genommen. Der Widersacher kommt aus dem dunklen Norden. Er ist der pechschwarze, finstere Vogel oder der Bär, der die erlesene Gemme rauben will. Der Betrüger und Räuber aus dem Hinterhalt stiftet Zwietracht, schafft Verwirrung, Wankelmut, Wechselhaftigkeit, erzeugt Neid, Ausschweifung und das ganze Natterngezücht von Lastern.

Gott, der herrliche Streiter, der den Menschen mit Seinen Gnadenkräften, den virtutes, beisteht, ist stärker als der Teufel mit all seinen Scheußlichkeiten. Der Papst ist der große, nach Christus benannte Hirte, der Vater der Pilger, der leuchtende Harnisch. Die Bischöfe sind die von Gott gepflanzten Bäume, sie sind die Berge, denen sich die Täler, die Gläubigen, anpassen, unterwerfen sollen. Die Klöster sind Pflanzungen Gottes, die ständig aus ihrer Wurzelkraft heraus leben müssen, um nicht dürr zu werden. Sie sind auch der Berg Sinai, die Stadt Gottes. Die Mönche sollen tapfere Kämpfer sein und in Glaube, Demut und Liebe die Bindung des Gehorsams (ligatura oboedientiae) tragen.

Die wenigen Bilder zeigen, daß Hildegard, wie gesagt, eine Frau von hoher musischer Begabung, daß sie Dichterin ist. Sie sieht die Dinge und Geschehnisse in ihrer Bezogenheit aufeinander und fügt sie zu einer allumfassenden Bildwelt zusammen. Ihre Bilder sind wie die der Bibel rational nicht immer zerlegbar. Doch im schöpferischen Nach- und Mitvollzug des Gesagten offenbaren sich dem Leser der Sinn der Aussagen und die Fülle der Schönheit[9].

Freilich wird unserm Verstehen nicht alles zugänglich sein, und wir möchten wohl manchmal mit Abt Berthold von Zwiefalten zu Hildegard sagen: „Wenn ich durch die Tröstungen Eurer Worte oft freudig gestimmt wurde, so bin ich doch durch deren Dunkelheit, weil sie sich meinem Verständnis nicht erschlossen, wieder traurig geworden" (PL 285 A).

DER KORRESPONDENTENKREIS

Der Korrespondentenkreis hat ein erstaunliches Ausmaß. Er umfaßt den größten Teil des „Heiligen Römischen Reiches Deutscher Nation" und erstreckt sich über Deutschland und England, die Niederlande und Frankreich, Elsaß-Lothringen und die Schweiz bis nach Italien und Griechenland (siehe Karte I).

Namen von höchstem Rang aus dem geistlichen und weltlichen Stand finden sich unter den Briefempfängern. Gerade die Schreiben an die Großen von Kirche und Reich bezeugen Hildegards Klugheit, ihren Mut, den Reichtum ihres Geistes und die Lauterkeit ihres Herzens. Die Gegenbriefe von Papst und Kaiser und die Schreiben der Bischöfe an Hildegard stellen das Ansehen, die Bewunderung und Verehrung, die die höchsten Persönlichkeiten im Sacrum Imperium, ja die „alle christlichen Völker" Hildegard entgegenbrachten, in hellstes Licht.

Zugleich werden die Zeitprobleme des reichbewegten 12. Jahrhunderts sichtbar.

Am zahlreichsten sind die Schreiben an Äbte, Priester und Mönche, Äbtissinnen und Nonnen oder an Mönchs- und Nonnenkonvente. Dabei treten jene Klöster besonders hervor, die sich mit ihren Anliegen und brennenden Fragen wiederholt an Hildegard wandten. Die Briefe lassen häufig die schwierige Lage der Klöster erkennen und das ernste Bemühen Hildegards, Konflikte zu beheben und schwerwiegende Probleme zu lösen. „Auf Gottes Geheiß" besuchte Hildegard auch eine Anzahl von Klöstern, die mit ihr in Briefaustausch standen. In den Kapitelsälen stellte sie Vorgesetzten und Untergebenen in flammenden Worten das Gesetz Gottes vor Augen und „tat ihnen kund, was Gott ihr für das Heil ihrer Seelen geoffenbart hatte" (Vita, PL 122 A).

Im Zusammenhang mit diesen Reisen stehen die oft genannten und vielfach exzerpierten Briefe an die Geistlichkeit von Trier und Köln: Es sind ihre Predigten, die den Klerus und das Volk dieser Städte in Begeisterung und Erschütterung versetzt haben.

Die Briefe an Laien zeigen Hildegard als die Mutter des Volkes, die sich dem Nächsten in allen Nöten des Leibes und der Seele liebevoll zuwendet und ihm „aus der Schau des Lichtes" Rat erteilt und Trost und Hilfe schenkt.

Bei einer Anzahl von Briefen fehlt der Name des Adressaten. Aus dem Text ergibt sich aber häufig, daß sie an Prälaten, Priester, Nonnen oder Laien gerichtet sind. Zuweilen lassen sich die Namen aus anderen Briefen erschließen. — Immer haben die Briefe Wesentliches zu sagen, wenn uns auch manches zunächst schwer verständlich erscheint.

Auch die an Hildegard gerichteten Schreiben sind, soweit sie sich als echt erwiesen, in diese Briefsammlung einbezogen.

So möchten die Hildegardbriefe ein kleiner Beitrag sein zur Kirchen-, Ordens- und Geistesgeschichte des 12. Jahrhunderts.

ORIGINALTEXTE, AUSGABEN, ÜBERSETZUNG

Hildegard hat ihre Briefe — wie ihre anderen Schriften — in lateinischer Sprache abgefaßt. Da sie diese Sprache nicht systematisch erlernt hat und infolgedessen nicht beherrscht, ist ihr Latein ungeglättet. Ihre Lehrbücher waren vor allem Bibel, Brevier und Väterlesung, die ihre sprachliche Ausdrucksform, vor allem ihr Denken und inneres Schauen geprägt haben. Und so gießt sie in die oft spröde Form den gewaltigen Inhalt ihrer Visionen.

Die hier vorliegende Übersetzung der Hildegardbriefe wurde nach den ältesten Handschriften vorgenommen, die zum großen Teil der Rupertsberger Schreibstube zur Zeit der heiligen Hildegard entstammen. Da eine kritische Edition noch nicht vorliegt, können die gedruckten Ausgaben von Migne, Patrologia latina, Tom. 197, und Pitra, Analecta sacra, Tom. VIII, sowie Haug, Epistolae Sanctae Hildegardis secundum codicem Stuttgartensem, nur in etwa zur Orientierung dienen.

Die Briefauswahl wendet sich an einen weiteren Leserkreis. Daher wurden die Anmerkungen auf ein Mindestmaß beschränkt. Den Fachwissenschaftler verweisen wir auf das 1956 im Böhlau-Verlag erschienene Werk von M. Schrader und A. Führkötter, Die Echtheit des Schrifttums der heiligen Hildegard von Bingen (= Echth.), das auch eine Anzahl der hier wiedergegebenen Briefe im lateinischen Urtext ediert hat. Erst die diesem Werke zugrunde liegenden Studien haben die Herausgabe der nunmehr übertragenen Hildegardbriefe ermöglicht. Durch weitere Untersuchungen der Briefe und Erforschung von Quellen konnte die Zahl der echten Hildegardbriefe und der Partner-Schreiben wesentlich erhöht und eine Anzahl von Adressaten identifiziert werden.

Wir waren bemüht, den Originaltext wortgetreu zu übersetzen. Wenn Hildegards Wortschatz begrenzt ist, so darf, ja so muß dies auch in der deutschen Übertragung zum Ausdruck kommen, wobei jedoch zu berücksichtigen ist, daß ein und dasselbe Wort je nach dem Sinn, der sich aus dem Kontext ergibt, in der Übersetzung durch verschiedene Worte wiedergegeben werden muß.

So kann das Wort „virtus" bei Hildegard die von Gott geschenkte Gnade, die „Gotteskraft" bedeuten oder das Mitwirken des Menschen mit der Gnade, die „Tugend". Bald liegt das Schwergewicht auf der einen, bald auf der anderen Bedeutung, bald halten sich beide Bedeutungen die Waage. Die von Hildegard gern gebrauchten lateinischen Wortspiele – wie: humilitas, humanitas und homo in Verbindung mit dem menschgewordenen Sohne Gottes – können in der deutschen Übertragung meist nicht wiedergegeben werden.

In dem häufig wiederkehrenden Wort „vicissitudo", Wechselhaftigkeit, Unbeständigkeit, Wankelmut, Umherschweifen, schwingen die vielfachen Schattierungen dieser ruhelosen Geisteshaltung zusammen.

Besonders schwierig ist die Übersetzung des Wortes „materia", das nicht etwa „Stoff" oder ähnliches bedeutet. Hildegard setzt dieses Wort immer dann ein, wenn sie etwas geistig besonders Hochwertiges zum Ausdruck bringen möchte und ihr kein anderes Wort zur Verfügung steht, so daß sich die Bedeutung jeweils aus dem Zusammenhang ergibt.

Fehler in den Handschriften wurden bei der Übersetzung korrigiert und offenkundige Lücken sinngemäß ergänzt.

TEXTGESTALTUNG

Die Briefe Hildegards und die an sie gerichteten Schreiben werden in Antiqua wiedergegeben. Das gleiche gilt von anderen Aussagen Hildegards, von der Vita S. Hildegardis und von Aussagen zeitgenössischer oder späterer Autoren. Der Text der Herausgeberin ist durch kursiven Druck gekennzeichnet.

II.

BRIEFWECHSEL

Es ist überraschend und aufschlußreich, daß der älteste Hildegardbrief ein Schreiben an Bernhard von Clairvaux ist, das der Heilige in charakteristischer Weise beantwortet[1]*. Dieser Briefwechsel zeigt uns Hildegard in ihren persönlichsten Zügen und Bernhard, den erfahrenen Abt und Menschenkenner, als weisen und taktvollen Ratgeber.*

Eine große innere Not lastete auf Hildegard, seitdem sie im Jahre 1141 von Gott den Auftrag zur Niederschrift ihrer Visionen empfangen hatte. Fünf Jahre mühte sie sich bereits an ihrem Werk Scivias. Sie fühlte sich unsicher und stand vor der bedrängenden Frage: Wer wird den Worten und der Sendung einer unbekannten Nonne und Äbtissin Glauben schenken? Wer wird ihr Werk ernstnehmen und es aufnehmen? Hildegard benötigte eine Bestätigung ihrer Sehergabe und ihrer Sendung, und zwar von autoritativer Stelle. Ihr Blick richtete sich auf Bernhard, den von aller Welt verehrten, einflußreichen Abt von Clairvaux. 1146/47 setzte Bernhard durch seine Kreuzzugspredigten das Abendland in Bewegung und zwang auch die noch Zweifelnden und Zögernden, sich dem Kreuzzug anzuschließen. Ihm trug Hildegard 1147, als sie noch auf dem Disibodenberg[2] *weilte, ihr großes Anliegen vor und bat ihn um sein Urteil und um den Trost aus seinem Herzen.*

Hildegard an Abt Bernhard von Clairvaux

Verehrungswürdiger Vater Bernhard, wunderbar stehst du da in hohen Ehren aus Gottes Kraft. Schreckenerregend bist du für die unziemliche Torheit dieser Welt. Mit dem Banner des heiligen Kreuzes fängst du voll hohen Eifers in brennender Liebe zum Gottessohn die Menschen[a], damit sie im Christenheer Krieg führen wider die Wut der Heiden. Ich bitte dich, Vater, beim lebendigen Gott, höre mich, da ich dich frage.

Ich bin gar sehr bekümmert ob dieser Schau, die sich mir im Geiste als ein Mysterium auftat. Niemals schaute ich sie mit den äußeren Augen des Fleisches. Ich, erbärmlich und mehr als erbärmlich in meinem Sein als Frau, schaute schon von meiner Kindheit an große Wunderdinge, die meine Zunge nicht aussprechen könnte, wenn nicht Gottes Geist mich lehrte zu glauben.

Milder Vater, du bist so sicher, antworte mir in deiner Güte, mir, deiner unwürdigen Dienerin, die ich von Kindheit an niemals in Sicherheit lebte, nicht eine einzige Stunde. Bei deiner Vaterliebe und Weisheit forsche in deiner

Seele, wie du im Heiligen Geiste belehrt wirst, und schenke deiner Magd aus deinem Herzen Trost.

Ich weiß nämlich im Text den Sinn der Auslegung des Psalters, des Evangeliums und der anderen Bücher, der mir durch diese Schau gezeigt wird. Wie eine verzehrende Flamme rührt sie mir an Herz und Seele und lehrt mich die Tiefen der Auslegung. Doch Schriften in deutscher Sprache lehrt sie mich nicht; die kenne ich nicht. Ich kann nur in Einfalt lesen, weiß aber nicht den Text zu zergliedern. So antworte mir: was dünkt dich von alledem? Ich bin ja ein Mensch, der durch keinerlei Schulwissen über äußere Dinge unterwiesen wurde. Nur innen in meiner Seele bin ich unterwiesen. Deshalb spreche ich wie im Zweifel. Aber da ich von deiner Weisheit und Vaterliebe höre, werde ich getröstet. Denn keinem Menschen wagte ich es zu sagen — weil es unter den Menschen, wie ich die Leute sagen höre, viele Spaltungen gibt —, nur einem Mönche [Volmar], den ich geprüft und in seinem klösterlichen Wandel erprobt gefunden habe. Ihm habe ich alle meine Geheimnisse geoffenbart[3], und er hat mich getröstet mit der Sicherheit: sie seien erhaben und schauererregend.

Um der Liebe Gottes willen begehre ich, Vater, daß du mich tröstest. Dann werde ich sicher sein.

Ich sah dich vor mehr als zwei Jahren in dieser Schau als einen Menschen, der in die Sonne blickt und sich nicht fürchtet, sondern sehr kühn ist. Und ich habe geweint, weil ich so sehr erröte und so zaghaft bin.

Gütiger Vater, mildester, ich bin in deine Seele hineingelegt, damit du mir durch dein Wort enthüllst, ob du willst, daß ich dies offen sagen oder Schweigen bewahren soll. Denn große Mühen habe ich in dieser Schau, inwieweit ich das, was ich gesehen und gehört habe, sagen darf. Ja bisweilen werde ich — weil ich schweige — von dieser Schau mit schweren Krankheiten aufs Lager niedergeworfen, so daß ich mich nicht aufrichten kann. Trauernd klage ich deshalb vor dir: Ich werde so leicht niedergeschlagen vom fallenden Hebebaum der Kelter in meiner Natur, der aus der Wurzel stammt, die durch Teufelseinfluß in Adam entsprang, so daß er ausgewiesen wurde in die heimatlose Welt.

Nun aber erhebe ich mich und eile zu dir. Ich sage dir: *du* wirst nicht niedergeschlagen, sondern du richtest ständig den Baum empor und bist Sieger in deiner Seele. Und du richtest nicht allein dich selbst, sondern auch die Welt zum Heile auf. Du bist der Adler, der in die Sonne blickt.

Ich bitte dich bei der strahlenden Klarheit des Vaters und bei Seinem wunderbaren Wort und bei der süßen Tränengabe der Zerknirschung — dem Geist der Wahrheit[b] — und bei dem heiligen Schall, durch den die ganze Schöpfung schallt: bei Ihm, dem Worte, aus dem die Welt geworden ist. Bei der Hoheit des Vaters, der in zarter Erweckungskraft (in suavi viriditate) das Wort in den Schoß der Jungfrau sandte, aus der es das Fleisch sog, wie der Honig ringsum von der Wabe umbaut wird.

Und dieser Schall, die Kraft des Vaters, falle in dein Herz und richte deine Seele auf, daß du nicht bei den Worten dieses Menschen [Hildegard] teilnahmslos erstarrst, da du doch alles bei Gott, beim Menschen oder beim Geheimnis selbst suchst, bis du durch den Spalt deiner Seele so weit vordringst, daß du all dies in Gott erkennst. Leb wohl, leb wohl in deiner Seele, und sei ein starker Kämpfer in Gott. Amen.

[a] vgl. Lk 5, 10 [b] vgl. Jo 14, 17.

Auf diesen Brief erhielt die Seherin folgende Antwort:

Abt Bernhard von Clairvaux an Hildegard

Für die in Christo geliebte Tochter Hildegard betet Bruder Bernhard, genannt Abt von Clairvaux, wenn das Gebet eines Sünders etwas vermag.

Da du von unserer Wenigkeit weit anders zu denken scheinst, als unser Gewissen sich selbst einschätzt, so glauben wir dies einzig deiner Demut beimessen zu sollen. Doch habe ich keineswegs übersehen, den Brief deiner Liebe zu erwidern, obwohl die Menge der Geschäfte mich zwingt, es kürzer zu tun, als ich gern möchte. Wir freuen uns mit dir über die Gnade Gottes, die in dir ist. Und was uns angeht, so ermahnen und beschwören wir dich, daß du sie als Gnade erachtest und ihr mit der ganzen Liebeskraft der Demut und Hingabe entsprichst. Du weißt ja, daß „Gott den Stolzen widersteht, den Demütigen hingegen Gnade gibt“[a]. Im übrigen, was sollen wir noch lehren oder ermahnen, wo schon eine innere Unterweisung besteht und eine Salbung über alles belehrt? Vielmehr bitten und verlangen wir inständig, daß du unser bei Gott gedenkest und auch derer, die uns in geistlicher Gemeinschaft in Gott verbunden sind.

[a] Jk 4, 6; vgl. Spr 3, 34.

Die Antwort des Abtes von Clairvaux hebt sich durch ihren ruhig-sachlichen Ton und ihre kluge Ausgewogenheit von Hildegards innerlich stark bewegtem Schreiben ab. Bernhard ermahnt Hildegard, der ihr innewohnenden Gnade mit Demut und Hingabe zu entsprechen. Da er die mit der Begnadung verbundene innere Unterweisung *und* Salbung *anerkennt, ist seine Belehrung nicht vonnöten.*

So begegnen sich Hildegard und Bernhard zum ersten- und letztenmal auf brieflichem Wege. Die beiden Heiligen haben einander persönlich nie gesehen[4]*. Einige Monate nach diesem Briefwechsel wird Abt Bernhard nochmals zu Hildegards Sehergabe Stellung nehmen.*

EUGEN III.

Die Stellungnahme des Abtes von Clairvaux zu Hildegard erfolgte in aller Öffentlichkeit. Vom 30. November 1147 bis Februar 1148 hielt Papst Eugen III., ein geistlicher Sohn des heiligen Bernhard, zu Trier eine Synode ab. Achtzehn Kardinäle, viele deutsche, französische, belgische, englische, lombardische und toskanische Bischöfe nahmen an der Synode teil[1]*. Auch Bernhard von Clairvaux, der „ungekrönte Papst", befand sich unter der Schar der Prälaten. Hier in Trier gelangte die Kunde von Hildegards Sehergabe zu Eugen III., wie die älteste Vita bezeugt. Der Erzkanzler des Reiches, Erzbischof Heinrich von Mainz, war es, der, von Abt Kuno vom Disibodenberg gebeten, dem Papste über Hildegard berichtete und ihm ihre Schriften vorlegte.*

Der Statthalter Christi bekundete wohlwollendes Interesse und sandte den Bischof von Verdun [Albero], den Primizerius Adalbert und andere geeignete Männer zum Disibodenberg, um Hildegards Sehergabe prüfen zu lassen. Bei ihrer Rückkehr nach Trier berichteten die Abgesandten zum Staunen aller Versammelten, was Hildegard ihnen in Einfalt *eröffnet hatte:*

Nachdem der Papst dies vernommen hatte, ließ er sich die Schriften der heiligen Hildegard vorlegen, die ihm aus dem genannten Kloster überbracht worden waren. Er hielt sie mit eigenen Händen, übernahm das Amt des Vorlesers und trug dem Erzbischof, den Kardinälen und allen anwesenden Geistlichen öffentlich daraus vor. Und als er die Antwort der Männer, die er zur Untersuchung entsandt hatte, verkündete, rief er die Herzen aller zum Lobe des Schöpfers und zur jubelnden Mitfreude auf. Auch Abt Bernhard seligen Angedenkens war dort zugegen. Er ergriff das Wort und forderte unter dem Beifall aller den Papst auf, er möge nicht dulden, daß ein solch hellstrahlendes Licht von Schweigen überdeckt würde; er solle vielmehr eine solche Begnadung, die der Herr in seiner Zeit offenbaren wolle, durch seine Autorität bestätigen. Dem gab der Papst ebenso gütig wie klug seine Zustimmung. Er richtete an die heilige Jungfrau ein ehrenvolles Schreiben, in dem er ihr im Namen Christi und des heiligen Petrus die Erlaubnis erteilte, alles, was sie im Heiligen Geiste erkenne, kundzutun, und ermunterte sie zum Schreiben. Die Stätte aber, an der sie erzogen worden war, ehrte er durch ein in seinem Namen verfaßtes, an den Abt und die Brüder des Klosters gerichtetes Glückwunsch-Schreiben[2].

Dieser Bericht schildert lebendig die große Szene, die den Wendepunkt in Hildegards Leben bedeutete. Auf der Trierer Synode, bei der Abt Bernhard mit seinem hohen Ansehen für sie eintrat, wurden Hildegards Schau und ihr Auftrag anerkannt und besiegelt. Hildegard erhielt, und zwar vom Papste selbst, öffentlich die Bestätigung ihrer prophetischen Sendung. Zwar ist uns das obengenannte Schreiben Eugens an Hildegard nicht überliefert. Es wird noch einmal in der Vita erwähnt, unter Anführung der autobiographischen Aufzeichnungen Hildegards. Hierauf wurden meine Schriften Papst Eugen gebracht, als er in Trier war. Mit Freuden ließ er sie vor einer großen Versammlung vorlesen und las sie auch für sich selbst. Und in starkem Vertrauen auf die Gnade Gottes sandte er mir seinen Segen mit einem Schreiben, worin er mir gebot, das, was ich in der Schau sah und hörte, genau niederzuschreiben[3].

Wie viele Briefe Papst Eugen an Hildegard schrieb, ist uns nicht bekannt. Drei Jahre nach der Trierer Synode wird er — in einem andern, genau bestimmbaren Zusammenhang — nochmals ein Schreiben an Hildegard richten, das uns in seinem Wortlaut überliefert ist.

Papst Eugen hatte in Trier einen Teil aus dem Scivias vorgelesen. Tiefbeglückt und befriedet setzte Hildegard nun ihre Arbeit fort. Nach Abschluß ihrer Schrift, wahrscheinlich des zweiten Teiles, richtete sie an den Papst einen Brief, mit dem sie ihm den nunmehr vollendeten Teil ihres Werkes zusandte.

Hildegard an Papst Eugen III.

O milder Vater, ich armseliges Gebilde habe dir dies geschrieben in wahrhafter Schau, im geheimnisvollen Hauch, so wie Gott es mich lehren wollte. O strahlender Vater, als Papst kamst du in unser Land, wie Gott es vorherbestimmt hat, und nahmst Einsicht in die Schriften der wahrhaftigen Gesichte, wie das lebendige Licht sie mich gelehrt. Du hörtest sie und nahmst sie in dein Herz. Nun ist dieser Teil der Schrift beendet. Doch hat das Licht mich nicht verlassen. Es brennt in meiner Seele, wie ich es von Kindheit an gehabt. Daher sende ich dir jetzt diesen Brief auf die wahrhaftige Ermahnung Gottes hin.

Und meine Seele wünscht: das Licht vom Lichte leuchte in dir, erschließe dir reine Augen und mache deinen Geist wach für dieses Schriftwerk, damit deine Seele, wie es Gott gefällt, darob gekrönt werde. Denn viele irdisch gesinnte Kluge verwerfen sie in der Unbeständigkeit ihres Geistes, weil sie von einem armen Gebilde stammt, das aus der Rippe erbaut und nicht von Philosophen belehrt worden ist.

Du also, Vater der Pilger, höre den, der IST[a]: Ein mächtiger König thronte in seinem Palast. Hohe Säulen standen vor ihm, von goldenem Schmuckwerk umwunden und mit vielen Perlen und kostbaren Steinen herrlich geziert. Dem König aber gefiel es, eine kleine Feder zu berühren, daß sie in Wundern emporfliege. Und ein starker Wind trug sie, damit sie nicht sinke.

Nun spricht wiederum Er zu dir, der das lebendige Licht ist, das da leuchtet in Höhen und Tiefen und auch im Innersten hörender Herzen sich nicht verbirgt: Bestätige diese Schrift, damit sie denen zu Gehör gebracht werde, die für Mich offen sind. Mache sie grünen in süß schmeckendem Saft, mach sie zur Wurzel, die sich verzweigt, zum wehenden Blatt wider den Teufel, und du wirst leben in Ewigkeit. Hüte dich, diese Gottesgeheimnisse zu verachten. Denn sie sind notwendig mit jener Notwendigkeit, die noch verborgen ist und noch nicht offen erscheint. Der süßeste Duft sei in Dir, und ermüde nicht auf dem geraden Wege.

---

[a] Ex 3, 14; Apk 1, 4.

Dieser Brief, in dem Hildegard auf ihre Beziehung zu Papst Eugen bei seinem Aufenthalt in Deutschland hinweist, offenbart das warme Vertrauensverhältnis, das den Papst mit Hildegard verbindet. Ein plastisches Bild entsteht vor unserm Blick. Inmitten der prächtigen Säulen des Palastes (Bild der Mächtigen und Klugen von Kirche und Reich) berührt der König eine kleine Feder *(Hildegard), trägt sie über alle irdische Kostbarkeit empor hinein in die Wunder Gottes. Hildegard bittet den Papst, ihre Schrift Scivias zum Grünen zu bringen.*

Aus dem Brief hören wir nicht nur den ehrfurchtsvollen und demütigen Ton, sondern auch bereits die sichere und feste Stimme, die schon bitten, warnen und mahnen darf.

Den Männern, die ihr die Wege bahnten zur Bestätigung ihrer Sendung, wird Hildegard zutiefst verbunden bleiben. In der Vorrede zum Scivias, die bekanntlich nach der Vollendung des Gesamtwerkes verfaßt wurde (1151), gibt Hildegard, gleich den alttestamentlichen Sehern und Propheten, die genaue Zeit der Abfassung ihrer Visionsschrift an und führt am Schluß die Namen der führenden Persönlichkeiten in Reich und Kirche auf:

In den Tagen Heinrichs, des Erzbischofs von Mainz,
und Konrads, des Römischen Königs,
und Kunos, des Abtes vom Berg des heiligen Disibod,
unter Papst Eugen
sind diese Gesichte entstanden[4].

Vier Briefe Hildegards an Papst Eugen sind uns überliefert. Im folgenden Schreiben bittet Hildegard den Papst, er möge das Heil der Seelen als größte Kostbarkeit unausgesetzt im Auge behalten (s. Handschrift auf S. 280):

Hildegard an Papst Eugen III.

Der nicht schweigt, spricht — wegen der Schwachheit derer, die blind sind zum Sehen, taub zum Hören und stumm zum Sprechen, wenn ihnen zu nächtlicher Stunde todbringende Fallstricke nach Räuberart gelegt werden. Was sagt Er? Das Schwert blitzt und kreist, es tötet die, die bösen Sinnes sind.

O du, kraft deines Amtes ein glänzender Harnisch, die Grundwurzel in der neuen Vermählung Christi [mit der Kirche], du bist zweigeteilt. Einerseits ward deine Seele erneuert in der mystischen Blüte, die eine Gefährtin der Jungfräulichkeit ist [im Mönchtum]. Anderseits bist du die Wurzel der Kirche. Höre auf den, der durchdringt mit Seinem Namen und niederfährt wie ein Sturzbach. Er sagt dir: Wirf das Auge nicht vom Auge und schneide das Licht nicht vom Lichte ab, sondern steh auf ebenem Weg, damit du nicht der Anklage verfällst wegen der Seelen, die in dein Herz gelegt sind. Laß nicht zu, daß sie durch die Gewalt der üppig lebenden Prälaten im Pfuhl des Verderbens versinken.

Eine Gemme liegt am Wege. Doch kommt ein Bär daher, sieht die erlesene Gemme, erhebt seine Tatze, will sie aufheben und in seinen Schoß legen. Da schießt ein Adler hernieder, rafft die Gemme, birgt sie im Schutz seiner Flügel und trägt sie durch die Gemarkung des Königspalastes. Nun blitzt die Gemme vor dem Angesicht des Königs auf. Dieser entbrennt in Liebe zu ihr, er schenkt dem Adler goldene Schuhe und lobt ihn hoch ob seiner Tüchtigkeit.

Du also, der du Stellvertreter Christi auf dem Lehrstuhl der Kirche bist, wähle dir den besseren Teil. Sei der Adler, der den Bär überwindet, und schmücke in den dir anvertrauten Seelen die Gemarkung der Kirche, auf daß du in goldenen Schuhen zur Höhe aufsteigst und dich dem Gegner entziehst.

In der hochinteressanten Hildegard-Briefhandschrift von Zwiefalten ist uns eines der Schreiben überliefert, die Papst Eugen an Hildegard richtete. Wurde in den letzten Jahrzehnten gerade der Briefwechsel Hildegards mit den Päpsten von der Forschung einer scharfen Kritik unterzogen und in Frage gestellt, so konnten in jüngster Zeit durch die Untersuchung gerade dieser Handschrift nicht nur sieben Schreiben Hildegards an Päpste als echt erwiesen werden, sondern darüber hinaus — und dies war geradezu erregend! — wurde ein echter Papstbrief entdeckt: ein Brief Eugens III. an die Meisterin vom Rupertsberg. Dieser Brief, der in seiner lateinischen Fassung alle Regeln der päpstlichen Kanzleischreiben, das heißt die Satzschlüsse nach dem sogenannten Cursus, aufweist, beleuchtet als Dokument von höchster kirchlicher Warte Hildegards Ruhm im christlichen Abendland. Der Papst ist voller Jubel über die Begnadung der Seherin vom Rupertsberg. Doch mahnt er Hildegard im Hinblick auf ihren Ruhm zur Demut, damit die alte Schlange sie nicht mit dem Hauch des Stolzes berühre und zu Fall bringe:

PAPST EUGEN III. AN HILDEGARD

Eugen, Bischof, Knecht der Knechte Gottes, entbietet der in Christus geliebten Tochter, der Vorsteherin von Sankt Rupert, Gruß und apostolischen Segen.

Wir freuen uns, Tochter, und jubeln im Herrn, weil dein ehrenvoller Ruf sich so in die Weite und Breite ergießt, daß du für viele ein „Wohlgeruch des Lebens zum Leben"[a] bist und die Schar der gläubigen Völker voll des Lobes über dich ausruft: „Wer ist die, die da aus der Wüste gleich einer Rauchsäule aus Spezereien aufsteigt?"[b] Wir sind daher der Überzeugung, deine Seele erglüht so sehr vom Feuer der göttlichen Liebe, daß du keines Anspornes zum guten Handeln bedarfst. Deshalb erachten wir es als überflüssig, dir noch viele ermahnende Worte zu sagen und deinen Geist, der sich ja ganz auf die göttliche Kraft stützt, noch durch ermunternde Worte zu festigen.

Weil aber das Feuer beim Wehen der Luft höher aufflammt und das Pferd durch die Sporen zum Lauf angetrieben wird, halten wir es doch für gut, deiner Frömmigkeit folgendes vorzulegen, damit es deinem Gedächtnis nicht entfalle; denn nicht dem Anfänger, sondern dem Vollender gebühren Palme und Ruhm, wie der Herr sagt: „Dem Sieger werde ich vom Baum des Lebens zu essen geben, der in der Mitte des Paradieses steht"[c]. Bedenke also, Tochter, daß die alte Schlange, die den ersten Menschen aus dem Paradies vertrieb, danach trachtet, die Großen zu Fall zu bringen, wie Job, und daß sie, nachdem sie Judas verschlungen, nach der Macht strebt, die Apostel zu sieben[d]. Und weil du weißt, daß „viele berufen, aber wenige auserwählt sind"[e], stelle dich so unter die Zahl der wenigen, harre so bis zum Ende im heiligen Wandel aus, unterweise die deiner Leitung anvertrauten Schwestern so in den Werken des Heiles, daß du unter dem Beistand des Herrn gemeinsam mit ihnen zu jener Freude gelangst, die „kein Auge gesehen, kein Ohr gehört und die in keines Menschen Herz gedrungen ist"[f].

Im übrigen: Was deine an uns gerichtete Bitte betrifft, so haben wir unserm verehrungswürdigen Bruder, dem Erzbischof Heinrich von Mainz, die Weisung gegeben: Entweder soll die Regel von jener Schwester, die du ihm überlassen hast, an dem ihr übertragenen Ort streng beobachtet werden, oder er schicke sie unter die Leitung deiner Zucht zurück. Dies wird dir aus unserm Kanzleischreiben noch genauer bekannt werden.

---

[a] 2 Kor 2, 16 [b] Hl 3, 6 [c] Apk 2, 7 [d] vgl. Lk 22, 31 [e] Mt 22, 14 [f] 1 Kor 2, 9; vgl. Is 64, 4.

Dieser Papst-Eugen-Brief ist ein großartiges Zeugnis für Hildegards charismatische Begnadung und für ihre Heiligkeit. Der bedeutungsvolle Schlußteil des

Briefes, der sich auf eine konkrete Situation bezieht, wird an späterer Stelle erklärt. Das Schreiben datiert, wie dann aufgezeigt wird, aus dem Jahr 1152.

Einige Monate später sandte Hildegard an Papst Eugen nochmals ein Schreiben:

Hildegard an Papst Eugen III.

Das lebendige Auge sieht und spricht – es kennt und unterscheidet ja jedwedes Geschöpf, es weckt sie alle auf und wacht —: Die Täler klagen laut über die Berge, und die Berge fallen über die Täler her. Inwiefern? Die Untergebenen sind jeglicher Zucht der Gottesfurcht bar. Von wilder Wut aufgestachelt, wollen sie die Gipfel der Berge erklimmen und die Prälaten anklagen. Nicht den eigenen bösen Werken geben sie die Schuld, sondern sagen: „Ich könnte ein vortrefflicher Prälat sein!" Geringschätzig beurteilen sie alles Tun der Prälaten und lehnen deren Höherstellung mit Entrüstung ab. Ja, die Untergebenen sind schwarze Wolken, ihre Lenden sind nicht gegürtet. Alle festgelegten Ackergrenzen verwischen sie und sagen, sie seien zwecklos. Und das tun sie, weil sie vom Neid vergiftet sind. Ein armer Mann, dessen Kleider zerrissen sind, ist sehr töricht, wenn er auf einen andern blickt, um zu sehen, welche Farbe dessen Kleid hat, während er das seine nicht vom Schmutze reinigt. Die Berge ihrerseits überspringen den Zugang zum Weg der Wahrheit[a]. Ihre Pfade sind nicht bereitet für den Flug auf den Myrrhenberg[b]. Deshalb sind sie durch mannigfaches Gewölk verdunkelte Sterne. Der Mond steht, die Sterne schreien, weil der Mond entweicht. Die Sonne unterdrückt ihn und sie [in ihrem Glanz]. Sie leuchten nicht mehr. Der Sturm wirbelt sie durcheinander.

Du also, großer, nach Christus benannter Hirte, gewähre Licht den Bergen, die Zuchtrute den Tälern. Gib den Vorstehern Gebote, die Untergebenen bringe in Zucht. Den mit Öl besprengten Bergen [den gesalbten Prälaten] erzeige Gerechtigkeit, den Tälern die Bindung des Gehorsams, gemischt mit Wohlduft. Mache gerade ihre Wege, damit sie vor der Sonne der Gerechtigkeit nicht unnütz erscheinen. Mach deine Augen rein, damit du überallhin Augen hast. Dein Herz werde von der reinen Quelle benetzt, auf daß du mit der Sonne leuchtest und das Lamm nachahmest.

Das armselige Gebilde zittert, daß es mit tönenden Worten zu einem so großen Lehrer spricht. Doch, o milder Vater, der Hochbetagte[c], der herrliche Streiter ist es, der dies spricht. Deshalb höre! Vom höchsten Richter ergeht an dich die Weisung: Die gewichtigen und gottlosen Tyrannen entwurzele und weise sie von dir, daß sie nicht in ihrer ganzen Lächerlichkeit in deiner Gesellschaft stehen. Hab aber Erbarmen mit öffentlichen und privaten Nöten. Denn Gott verschmäht die Verwundeten nicht und verachtet nicht die Schmerzen derer, die vor Ihm zittern.

Darum, o Hirte der Schafe[d], vernimm folgendes über jenen Bischof, der von vielen schwer bedrängt wird. Das Licht spricht: Die Geheimnisse Gottes wissen um das Urteil über einen jeden nach seinem Verdienst[e]. Viele Menschen hingegen lassen sich bei ihrem Nachforschen von ihrem bösen Eifer und schändlichen Gehaben bestimmen. Doch Mein Urteil kennen sie nicht. In ihrer Einschätzung betrügen sie sich selbst über alle Maßen wie Wölfe, die Beute rauben[f]. Daher: obgleich der Mensch wegen seiner Missetaten verdient, vor Gericht gestellt zu werden, so gefällt es Mir doch nicht, daß der Mensch sich selbst das Urteil anmaßt nach seiner Willkür. Das will Ich nicht. Entscheide du vielmehr diese Rechtssache[g] nach der tief inneren mütterlichen Barmherzigkeit Gottes[h], der den Bettler und Dürftigen nicht von sich weist, denn Barmherzigkeit ist Ihm lieber als Opfer[i]. In diesem Fall aber wollen die Schwarzen die Schwärze abwaschen durch ihre eigene Schändlichkeit, obgleich sie doch selbst beschmutzt sind und taub im Graben liegen. Diese richte auf und hilf dem Kleinen.

---

[a] vgl. Ba 4, 13; Ps 118, 30 [b] vgl. Hl 4, 6 [c] vgl. Dn 7, 9 u. ö. [d] vgl. Jo 10, 2
[e] vgl. Ekkli 16, 15 [f] vgl. Gn 49, 27; Apg 20, 29 [g] vgl. Ps 42, 1 [h] vgl. Lk 1, 78
[i] vgl. Os 6, 6; vgl. Mt 9, 13; 12, 7.

Der letzte Teil des Briefes behandelt eine konkret faßbare Situation: die Rechtsangelegenheit des Erzbischofs Heinrich von Mainz. Da Papst Eugen in diesen Fall bestimmend eingriff und auch Hildegard sich veranlaßt sah, dazu Stellung zu nehmen, muß hier näher darauf eingegangen werden.

Mit Erzbischof Heinrich von Mainz war Hildegard eng verbunden. Dieser Kirchenfürst hatte sich auf der Trierer Synode tatkräftig für sie eingesetzt und erfolgreich zwischen ihr und dem Papst vermittelt. Als kurz darauf Abt Kuno vom Disibodenberg und seine Mönche Hildegards geplanter Neugründung starken Widerstand entgegensetzten, kam Erzbischof Heinrich ihr wiederum zu Hilfe und erwirkte ihr die Zustimmung des Abtes. Zwei Jahre nach der Übersiedlung auf den Rupertsberg, am 1. Mai 1152, weihte der Mainzer Erzbischof das vollendete Gotteshaus ein. Der feierliche Akt wurde in der ältesten Rupertsberger Urkunde schriftlich festgehalten. Sie bezeugt zudem, daß der Konsekrator bei dieser Gelegenheit einigen Nonnen, die gemeinsam mit Hildegard, der Meisterin, die durch zahlreiche und staunenswerte Geistbegabungen glänzte, das Werk jungfräulicher Begnadung *vollbrachten, den* geweihten Schleier *auflegte und das Kloster mit Schenkungen bedachte*[5]. *Die Urkunde läßt, ähnlich wie der Papst-Eugen-Brief, Hildegards heiligen Ruf erkennen und bestätigt, daß sie mit ihren Nonnen* revelante Spiritu Sancto, *also auf übernatürliche Eingebung hin, auf den Rupertsberg übergesiedelt war. Überdies ist sie ein Dokument für die hohe Bewertung der Consecratio virginum im 12. Jahrhundert, denn es wurden bedeut-*

same Stellen aus dem Ritus der Jungfrauenweihe in die Urkunde aufgenommen. Der Mainzer Erzbischof war damals der einzige von Hildegard erwählte Schutzherr über ihr Kloster. Einen weltlichen Vogt lehnte sie ab, denn sie wollte keinen Wolf in die Hürde hereinlassen[6].

Hildegard wußte, daß der Mainzer Metropolit der Vergeudung von Kirchengütern bezichtigt worden war. Doch trat sie, wie ihr Schreiben an Papst Eugen erweist, auf Heinrichs Seite und forderte eine milde Beurteilung. Heinrichs schwierige Stellung hatte einen stark politischen Charakter. Denn nachdem der Erzkanzler sich 1152 in Frankfurt bei der Wahl Friedrich Barbarossas zum König schweigsam verhalten hatte, war er aus der an der Reichsregierung beteiligten Fürstenschicht ausgeschieden. Er geriet in immer stärkere Spannungen zum König, bis die Kluft unüberbrückbar wurde und der Staufer ihn auf kürzestem Wege beseitigte[7]. *Die Absetzung Heinrichs war für Friedrich eine beschlossene Sache, als Papst Eugen 1153 die zwei Kardinallegaten Bernhard von S. Clemente und Gregor von S. Angeli nach Deutschland sandte, die mit Friedrich wegen seines Romzuges und wegen der Absetzung untauglicher Bischöfe, zu denen auch Heinrich gehörte, verhandeln sollten. Pfingsten 1153 wurde Erzbischof Heinrich auf dem Fürstentag zu Worms durch die beiden Kardinallegaten abgesetzt. Dieser Brief Hildegards an Papst Eugen datiert also aus dem Jahre 1153.*

Hildegard hatte im Interesse Heinrichs 1153 auch an die beiden Kardinallegaten ein Schreiben gerichtet. Ob es sie noch rechtzeitig erreicht hat, wissen wir nicht.

Hildegard an die Kardinallegaten Bernhard und Gregor

Der Wasserquell ruft euch, seinen Nachahmern, zu: Durch Mich, den Lebendigen und Scharfen, unterdrückt und züchtigt die schwarzen Nachsteller und diebischen Späher, die durch ihre Sündenverdrehtheit zu Blei werden und die, aus dem Norden von der Bosheit des Teufels besprengt, sich in maßloser Ungerechtigkeit als Widersacher gegen das Haupt der Prälaten aufwerfen. Jagt diese hinaus aus ihrem Hirtenamt, auf dem [bei schlechter Führung] die Strafe des „Hundetragens" steht. Und doch — wenn auch auf manche Prälaten der Schatten unbeständigen Wandels fällt — so ist es doch unzulässig, gewisse Prälaten um gewisser Untergebenen willen abzusetzen.

Darum erwägt dies mit ganz reinem Auge, damit eure Ehre nicht verlorengeht, die mit ihrem Namen den berührt, der der Gerade und Gerechte war und ist auf all Seinen Wegen, in all Seinen Werkzeugen, weil Er sie vorausgeschaut hat vor den Schöpfungen der alten Tage[a] [in der Ewigkeit]. Er, der die Waise und den Armen nicht verachtet, mache eure Augen rein. Denn ihr seid der Berg von Myrrhe und Weihrauch[b], der die Täler mit ihren schmutzigen Pfützen überragt. Hört also auf den, der mit lebendigen Augen immerdar wacht und nicht überdrüssig wird wegen der Stürme, die der Becher-Anteil derer sind[c], die Götzenbildern gleichen, weil sie in ihrem Wohlergehen wie Götter sind.

Ihr aber, die ihr im Königspalast nach Macht strebt, nach den Ehren des hohen Berges, gebt jetzt der Gerechtigkeit des Höchsten Raum, Ihm zur Ehre. So ziemt es sich eures erlauchten Namens wegen.

Schaut also hin auf den feurigen Geber, der den Menschen gutes Erkennen eingießt. Welcher Mensch kann gegen jene Stimme an, die da mit ihrem Klang über die Himmel emporstieg, über dem Abgrund schwebte und ihn durch die Fruchtbarkeit mütterlichen Bergens in Schönheit erstehen ließ? Und welche Windesflügel können mit ihrer Schnelligkeit über diese Stimme hinweg? Kann nicht diese Stimme eine kleine Feder so zum Fliegen bringen, daß kein Schwert sich gegen die Feder zu erheben vermag?

Nun, ihr Nachahmer des Allerhöchsten, das ruft der lebendige Quell euch zu. Eurer Würde steht es nicht an, Augen von Blinden zu haben, Schleichwege wie Schlangen zu kriechen, Raub und Diebstahl wie Altarschänder zu verüben. Warum tut ihr das? Weil ihr das tut, seid ihr nicht fähig, die Schuhriemen des Herrenleibes aufzulösen[d]. Darum nehmt euch in Zucht!

---

[a] vgl. Dt 32, 7; Ps 142, 5 [b] vgl. Hl 4, 6 [c] vgl. Ps 10, 7 [d] vgl. Jo 1, 27.

Hildegard weist die Kardinallegaten auf die Späher hin, die in maßloser Ungerechtigkeit das Haupt der Prälaten, Erzbischof Heinrich, anklagen, die eigene Schändlichkeit hingegen übersehen. Sie sollen aus ihrem schlecht geführten Hirtenamt vertrieben werden, das nach Hildegards Ansicht die Strafe des Hundetragens *verdient. Diese bestand darin, daß sich die Schuldigen der Schmach unterziehen mußten, öffentlich vor einer großen Menge von Zuschauern zu festgesetzter Zeit einen Hund eine bestimmte Strecke lang zu tragen. Am Schluß ihres Schreibens mahnt Hildegard die Legaten zur Maßhaltung in der Beurteilung des Mainzer Kirchenfürsten:* Darum nehmt euch in Zucht!

Auf dieses Schreiben folgt in der Zwiefaltener Handschrift ein Brief Hildegards, der An den Erzbischof *adressiert ist. Die Berliner Handschrift 699 aus dem 13. Jahrhundert hat den Eintrag* An den Mainzer. *Der Brief ist also gerichtet:*

Hildegard an Erzbischof Heinrich von Mainz

Der da IST[a], spricht: Ich sage dir, du vernachlässigst viele Untersuchungen. Der Himmel ist geöffnet für die Rache des Herrn. Schon sind die Fallstricke für die Widersacher gelegt[b]. Du aber steh auf, denn deine Tage sind kurz[c].

Denke daran, daß auch Nabuchodonosor fiel und seine Krone unterging[d]. Und viele andere sind gefallen, die sich vermessentlich bis in den Himmel erhöhten. Oh du Asche[e], warum schämst du dich nicht, dich so hoch zu erheben, da du doch wissen solltest, daß du im Sumpf liegst. Mögen jetzt die Wütenden zuschanden werden! Du aber steh auf, fliehe den Fluch und laß davon ab!

[a] Ex 3, 14; Apk 1, 4 [b] vgl. Ps 139, 6 [c] vgl. Job 14, 1 u. 5 [d] vgl. Dn 4 [e] vgl. Gn 18, 27.

Obgleich Hildegard um Heinrichs Fehlhandlungen wußte, bat sie die Kardinallegaten um Nachsicht bei der Beurteilung. Doch wurde Erzbischof Heinrich, wie gesagt, 1153 abgesetzt. Er starb am 2. September des gleichen Jahres in Eimbeck[8].

ANASTASIUS IV.

Mit dem Nachfolger Eugens, Papst Anastasius IV., stand Hildegard ebenfalls in brieflicher Verbindung, trotz seiner kurzen Regierungszeit (12. Juli 1153 bis 3. Dezember 1154).

Der sittenstrenge und mildtätige Papst neigte als Achtzigjähriger stets zur Nachgiebigkeit. Er bestätigte den von Friedrich I. aufgestellten Wichmann als Erzbischof von Magdeburg und verlieh ihm und dem Erzbischof von York das von Eugen III. verweigerte Pallium[9].

Hildegards Schreiben an Papst Anastasius kann uns in Staunen versetzen. Sie weckt den Lenker der Kirche, der die Zügel der Regierung nicht straff führt, aus dem Halbschlaf seiner Duldsamkeit und der Ermattung seines Erkennens auf. Sie sagt offen: Der Papst verachtet Gott, wenn er das Böse bei verdorbenen Menschen stillschweigend duldet.

Ihre Mahnungen sind durchflochten von theologischen Erwägungen über den Schöpfergott und die Schöpfung. Auch die den Menschen so quälende Frage nach der Herkunft des Bösen wird angegangen: Es stammt nicht von Gott und kann nicht von Ihm stammen, denn es ist nichts.

Im letzten Teil des Schreibens zeichnet Hildegard, ohne sich zu nennen, mit wenigen Worten ihr Selbstbildnis: Sie ist das kleine Zelt, *von Gott berührt, um in Seine Wunder zu schauen,* unbekannte Buchstaben *zu bilden und eine* unbekannte Sprache *erklingen zu lassen. Auch die* Feile, *die ihre Werke glättet, wird erwähnt, jedoch nicht mit Namen genannt. Wir wissen, es ist ihr Sekretär Volmar.*

Hildegard an Papst Anastasius IV.

O du leuchtende Wehr, Gipfel der leitenden Gewalt in der herrlichen, zur Christusbrautschaft bestellten Stadt, höre den, dessen Leben ohne Anfang ist und nie in Ermattung dahinschwindet.

O Mensch, das Auge deines Erkennens läßt nach, und du bist müde geworden, die stolzen Prahlereien der Menschen zu zügeln, die deinem Herzen anvertraut sind. Warum rufst du die Schiffbrüchigen nicht zurück, die sich aus schwerer Gefahr nur durch deine Hilfe erheben können? Und warum schneidest du die Wurzel des Bösen nicht ab, die die guten, nützlichen, die wohlschmeckenden, süßduftenden Kräuter erstickt? Die Königstochter Gerechtigkeit, die himmlische Braut, die dir anvertraut ward, vernachlässigst du. Denn du duldest, daß diese Königstochter zu Boden geworfen wird. Ihr Diadem und der Schmuck ihres Gewandes werden zerrissen durch die Sittenroheit der Menschen, die wie Hunde bellen und wie Hühner, welche manchmal in der Nacht zu gackern anfangen, alberne Töne von sich geben. Heuchler sind sie, die mit ihren Worten einen trügerischen Frieden zur Schau tragen, innerlich aber im Herzen mit den Zähnen knirschen, wie der Hund, der die ihm bekannten Freunde mit dem Schwanz anwedelt, den erprobten Krieger hingegen, der sich für das Königshaus einsetzt, mit den Zähnen beißt. Warum duldest du die schlechte Lebensführung der Menschen, die in der Finsternis der Torheit sind, alles Schädliche an sich ziehen, so wie die Henne, die nachts schreit, sich selbst Schrecken einjagt? Die so handeln, wurzeln nicht im Guten.

Höre also, o Mensch, den, der die scharfe Unterscheidung überaus liebt. Hat Er doch ein starkes Werkzeug der Geradheit eingesetzt, das wider das Böse kämpfen soll. Das tust du aber nicht, wenn du das Böse, welches das Gute ersticken will, nicht mit der Wurzel ausrottest. Vielmehr duldest du, daß das Böse sich stolz erhebt, und zwar aus Furcht vor den bösen Nachstellern im nächtlichen Hinterhalt, die das Geld des Todes mehr lieben als die schöne Königstochter, die Gerechtigkeit.

Alle Werke aber, die Gott gewirkt, strahlen hellstes Licht aus. Höre, o Mensch! Bevor die Welt entstand, sprach der himmlische Vater in Seinem Innern das Wort: „O Mein Sohn!" Und die Weltkugel entstand, da sie den Klang, der vom Vater ausging, aufnahm. Noch lagen die verschiedenen Arten der Geschöpfe im Dunkel verborgen. Doch als — wie geschrieben steht — Gott sprach: „Es werde!", traten die verschiedenen Geschöpfesarten hervor[a]. So wurden durch das Wort des Vaters und um des Wortes willen alle Geschöpfe im Willen des Vaters gebildet.

Gott sieht und weiß alles voraus. Das Böse hingegen kann weder beim Aufstehen noch beim Fallen durch sich etwas tun noch erschaffen noch wirken, denn es ist nichts. Nur als trügerisches Wunsch- und aufrührerisches Phantasiegebilde ist es zu werten, so daß der Mensch Böses tut, wenn er trügerisch und aufrührerisch handelt.

Gott sandte Seinen Sohn in die Welt, um durch Ihn den Teufel, der das Böse umfangen, gezeugt und dem Menschen eingeflüstert hatte, zu überwinden und dadurch den Menschen, der durch das Böse dem Verderben verfallen war, zu erlösen. Deshalb verabscheut Gott die verkehrten Werke, wie Unzucht, Mord, Raub, Aufruhr, Tyrannei und die Heucheleien der Gottlosen. Denn Er hat all dies durch Seinen Sohn zertreten, der die Beute des höllischen Tyrannen ganz und gar auseinandertrieb.

Daher, o Mensch, der du auf dem päpstlichen Throne sitzest, verachtest du Gott, wenn du das Böse nicht von dir schleuderst, vielmehr es küssend umfängst, da du es bei verdorbenen Menschen stillschweigend duldest. Die ganze Erde ist in Verwirrung infolge der immer neuen Irrlehren, da der Mensch das liebt, was Gott zunichte gemacht hat. Und du, o Rom, liegst wie in den letzten Zügen. Du wirst so erschüttert werden, daß die Kraft deiner Füße, auf denen du bis jetzt gestanden, dahinschwindet. Denn du liebst die Königstochter, die Gerechtigkeit, nicht mit glühender Liebe, sondern wie im Schlafestaumel, so daß du sie von dir treibst. Darum will auch sie von dir fliehen, wenn du sie nicht zurückrufst. Trotzdem werden die hohen Berge dir noch die Kraft ihrer Hilfe bieten, dich aufrichten und stützen mit den starken Stämmen ihrer hohen Bäume, so daß du nicht ganz und gar zusammensinkst in deiner Ehre, das heißt in der Würde der Christusvermählung. So bleiben dir wenigstens noch einige Flügel deiner Schönheit, bis der Schnee mannigfacher Spötteleien kommt, die viel Torheit ausblasen. Hüte dich also, dich mit dem Brauch der Heiden einzulassen, damit du nicht fällst.

Höre also Ihn, der lebt und nicht aus dem Weg geräumt werden kann: Die Welt ist jetzt voller Ausschweifung, später wird sie in Traurigkeit sein, dann so sehr in Schrecken, daß die Menschen sich nichts daraus machen, getötet zu werden. Bei all dem sind bald Zeiten der Ausgelassenheit, bald der Zerknirschung, bald Zeiten, wo es blitzt und donnert von allerlei Bosheiten. Denn das Auge stiehlt, die Nase wittert, der Mund tötet. Vom Herzen aber geht Heilung aus, wenn das Morgenrot wie der Glanz eines ersten Aufgangs sichtbar wird. Unsagbar ist, was dann in neuem Verlangen und neuem Eifer folgt.

Er aber, der ohne Minderung groß ist, hat jetzt ein kleines Zelt berührt, damit es Wunder schaue, unbekannte Buchstaben bilde und eine unbekannte Sprache erklingen läßt. Und es ward ihm gesagt: „Das, was du in der Sprache, die dir von oben her kundgetan wurde, aussagst — nicht in gewohnter menschlicher Ausdrucksweise, denn diese ward dir nicht gegeben —, soll der, der die Feile hat, eifrig glätten, damit es für die Menschen den entsprechenden Klang erhalte.“

Du aber, o Mensch, der du zum sichtbaren Hirten bestellt bist, steh auf, eile schneller zur Gerechtigkeit, so daß du vor dem großen Arzt nicht angeklagt wirst, du habest Seine Herde nicht vom Schmutz gereinigt noch sie mit Öl gesalbt. Wenn aber der Wille um die Vergehen nicht weiß und der Mensch das Begehrte nicht an sich reißt, wird er gar nicht dem schweren Gerichte verfallen. Die Schuld dieser Unwissenheit aber wird durch Geißeln gereinigt.

Daher, o Mensch, steh auf geradem Wege, und Gott wird dich retten. In die Hürde des Segens und der Auserwählung wird er dich zurückführen, und du wirst ewig leben.

---

[a] Gn 1.

Eine Antwort auf dieses Schreiben ist uns nicht überliefert.

HADRIAN IV.

Am 3. Dezember 1154 war Papst Anastasius IV. in Rom gestorben. Bereits am folgenden Tag wählten die Kardinäle einstimmig den Kardinalbischof Nikolaus von Albana, einen Engländer, zu seinem Nachfolger. Er nannte sich Hadrian IV. und wurde am 5. Dezember inthronisiert. Hadrian zeichnete sich durch hervorragende Gaben des Geistes aus und konnte auf eine bedeutende Laufbahn zurückblicken. Zuletzt hatte er von 1152 bis 1154 als päpstlicher Legat die Rechtsverhältnisse in Skandinavien geregelt, so daß man ihn bei seiner Rückkehr nach Rom 1154 als „Apostel des Nordens" feierte. Dem klugen, politisch gewandten Papst stand als Kanzler Kardinal Roland (sein späterer Nachfolger, Alexander III.) zur Seite[10]*. Hadrian, der seine Macht zu festigen suchte, hatte viele politische Schwierigkeiten und Kämpfe zu bestehen, besonders mit den Römern und mit Wilhelm von Sizilien. Obgleich die Beziehungen zu Barbarossa, den der Papst am 18. Juni 1155 in Rom zum Kaiser krönte*[11]*, zeitweise friedlich und freundschaftlich waren, so bestanden doch auch starke Spannungen zwischen dem höchsten kirchlichen und weltlichen Herrscher*[12]*. Hildegard scheint um diese Spannungen gewußt zu haben.*

Hildegard an Papst Hadrian IV.

Der den Lebenden das Leben gibt, spricht: O Mensch, du wirst die Härte der Löwinnen und die Stärke der Leoparden erleiden und aushalten und beim Beutemachen Schiffbruch erfahren. Denn bis zur Erschöpfung bist du all denen preisgegeben, die gegen dich anrennen. Du hast aber einen einsichtigen Verstand [als Waffe] gegen die wilden Sitten der Menschen. Wenn du gegen sie entbrennst, wirst du die rennenden Rosse an ihren Mähnen zügeln, die immerfort auf Beutepfaden laufen ...

Suche also in deinem Herzen Rettung aus den Wassern, damit du nicht in den Strudel gerätst, sondern sanft und ruhig bleibst bei dem Siechtum und den Schwären derer, die von mannigfachen Wunden zerfleischt sind. Darin ahme deinen Heiland nach, der dich erlöst hat. Gott wird dich nicht verlassen[a], vielmehr wirst du in Seinem Lichte [das Licht] schauen[b].

---

[a] vgl. Ps 36, 28 [b] vgl. Ps 35, 10.

Ob der Papst auf dieses Schreiben geantwortet hat, ist nicht bekannt. Hadrian IV. hinterließ bei seinem Tod am 1. September 1159 ein uneiniges Kardinalskollegium. Barbarossa nutzte die Situation für seine Zwecke aus und stellte gegen den rechtmäßigen Nachfolger Hadrians, Alexander III., einen Gegenpapst, Viktor IV., auf. Das war der Beginn eines achtzehnjährigen Schismas.

Hildegards Beziehung zu Alexander III. und ihre Stellung zum Schisma wird später in anderen Zusammenhängen beleuchtet.

Der Briefwechsel bezeugt, daß Hildegard den Päpsten in Ehrfurcht ergeben war. Wenn aber Gott es ihr gebot, richtete die Seherin in allem Freimut mahnende Worte an den obersten Hirten der Kirche.

ODO, MAGISTER DER THEOLOGIE VON PARIS

Zu den Briefen, die bald nach der Synode von Trier oder kurz nach dem Konzil von Reims 1148 verfaßt wurde, gehört Hildegards Briefwechsel mit Odo von Soissons, Magister der Theologie von Paris, den wir an dieser Stelle einreihen, weil Magister Odo später Bischof von Tusculum wurde und die Kardinalswürde erlangte. In Trier hatte Odo von Hildegards Schauungen gehört. Ein bestimmtes Anliegen veranlaßte ihn, an Hildegard zu schreiben. Er wollte sie um ihre Stellungnahme zu einer theologischen Streitfrage bitten, mit deren Untersuchung er von Papst Eugen beauftragt worden war[13]. Es handelte sich um die Thesen des Gilbert de la Porrée, Bischofs von Poitiers. Dieser hatte sich bei seinen Darlegungen über die göttliche Dreieinigkeit irreführender Formulierungen bedient, die die absolute Einheit des göttlichen Seins in Frage stellten. Er wollte eine reale Unterscheidung gemacht wissen zwischen Gott *und* Gottheit *und verstand unter letzterer, die er als* Form *Gottes bezeichnete,* das, wodurch Gott ist, *das Wesen oder die Natur. In dieser* Form, *behauptete er, sei* die Dreieinigkeit eins. *Das aber,* was durch diese Form das Sein habe *(die drei göttlichen Personen) sei* nicht eins, sondern in drei Einheiten. *Dadurch konstruierte er — analog dem geschöpflichen Sein — einen realen Unterschied in die Gottheit hinein: zwischen Gott bzw. den drei göttlichen Personen einerseits und der göttlichen Wesenheit anderseits. Aus der gleichen Sicht heraus glaubte er — wie beim menschlichen Vaterwerden — die Identität von Vater und Vaterschaft leugnen zu müssen. Damit stellte er sich, wenn auch unbewußt und ungewollt, in Gegensatz zur kirchlichen Lehre. Die im Frühjahr auf der Pariser Synode*[14] *lebhaft diskutierten Fragen wurden auf dem Konzil zu Reims 1148 verworfen und von Gilbert zurückgenommen*[15].

Odo, Magister der Theologie von Paris, an Hildegard

Frau Hildegard, der hehren Jungfrau Christi, entbietet Odo, geringer und unwürdiger Magister von Paris — dem Namen und der Stellung nach —, sein Gebet und alles, was für eine Persönlichkeit von so großer Heiligkeit und solch hohem Adel geziemend erscheint.

Weil du, Herrin, dich zur Magd Christi gemacht, hat Er dich über dich selbst erhoben. Und viele glauben, Er habe dir, obgleich du noch im Fleische weilst, in etwa die Geheimnisse des jungfräulichen Brautgemaches enthüllt. Darum hält man dich für eine von jenen, die singen dürfen: „Der König führte mich in sein Gemach“[a]. Eine prophetische und gläubige Seele aber spricht seufzend: „Das Geheimnis ist mein, das Geheimnis ist mein!“[b] Der König Ezechias hingegen beleidigte Gott schwer, da er den Gesandten der Babylonier die Gewürzkammern und Tempelschätze öffnete[c]. Selig die, die uns Sünder so hoch überragen, daß sie Himmlisches durchforschen und doch auf ihren Wegen sich auch bei denen für den Geist der Unterscheidung offenhalten, die mit Gottes Gnade mehr durch Prüfung als durch Offenbarung Schätze gesammelt haben, ja daß sie noch tiefer [sich herablassend] bei den Menschen lernen, was sie von ihren Visionen mitteilen und was sie verschweigen sollen. Denn indem sie so durch Demut über die ihnen verliehene Gabe Gott verfügen lassen, legen sie manches unter Siegel und tun nicht kund, was das apostolische und kirchliche Gefüge ins Wanken bringen könnte. Darauf hab acht, du kluge Frau, denn „das Weib, das den Herrn fürchtet, wird Lob erfahren“[d].

Man sagt, daß du in den Himmel erhoben wirst, vieles schaust und durch Schriften hervorbringst sowie neue Liedweisen erfindest[16], da du doch von all dem nichts gelernt hast. Darüber wundern wir uns keineswegs, denn das überragt nicht deine Reinheit und Heiligkeit, ohne die derartiges nicht vom Menschen erfaßt werden kann. Das aber können wir wissen: Was immer droben von den Heiligen geoffenbart wird, tut Herrlichkeit kund, was immer hinieden von ihnen gewirkt wird, erfordert die Haltung der Demut. Wir aber, obwohl weit von dir entfernt, haben das Vertrauen, folgende Bitte an dich zu richten: Viele stellen die Behauptung auf: „Vaterschaft" und „Gottheit" ist nicht [identisch mit] „Gott". Lege unverzüglich dar, was du in den himmlischen Gesichten darüber erkennst, und laß es uns zukommen. Deine Liebe lebe wohl!

[a] vgl. Hl 2, 4; 3, 4 [b] Is 24, 16 [c] 2 Kö 20, 12—20 [d] Spr 31, 30.

Hildegard erhielt den Brief noch auf dem Disibodenberg[17] *und antwortete:*

Hildegard an Odo, Magister der Theologie von Paris

Ich armseliges Gebilde sage im Gewürzduft des hohen Berges: Die Sonne läßt sich mit ihrem Licht herab und leuchtet in die Mannigfaltigkeit der verschiedenen Orte hinein. So hast auch du, Magister, bei deiner Lehrtätigkeit in der Heiligen Schrift viele Rinnsale, die du immer wieder andern, Großen und Kleinen, zuleitest. Ich aber zittere gar sehr wegen meiner geringen Gestalt.

Nun höre: Ein König saß auf seinem Thron und stellte hohe, sehr schöne Säulen mit prächtigen Ornamenten vor sich auf. Dieses Schmuckwerk war aus Elfenbein gefertigt. Die Säulen trugen alle Königsgewänder in hohen Ehren und stellten sie ringsum zur Schau. Da gefiel es dem König, eine kleine Feder von der Erde aufzuheben, und er gebot ihr, so zu fliegen, wie er, der König, wollte. Die Feder fliegt aber nicht aus sich selbst, sondern es trägt sie die Luft. So bin auch ich nicht mit menschlicher Lehrweisheit noch mit starken Kräften durchtränkt. Auch strotze ich nicht von körperlicher Gesundheit. Einzig in der Hilfe Gottes ist mein Halt.

Und ich sage dir: Von einem gewissen Manne, der vor Gelehrsamkeit überströmt und mich befragte, hörte ich, daß die Vaterschaft des höchsten Gottes und die Gottheit nicht Gott sei. Und er bat mich winziges Wesen, ich möchte hierüber mit besonderer Aufmerksamkeit zum wahren Licht aufblicken. Und ich schaute. Und erfuhr — schauend in das wahre Licht, nicht durch mich und nicht in mir selber forschend —: daß die Vaterschaft und die Gottheit Gott ist. Denn der Mensch hat nicht die Macht, von Gott zu sprechen wie von der menschlichen Natur des Menschen und wie von der Farbe eines von Menschenhand geschaffenen Werkes.

Das lebendige Licht also spricht im geheimen Wort der Weisheit: Gott ist ganz und unversehrt und ohne zeitlichen Anfang. Darum kann Er nicht — wie der Mensch — durch Reden aufgeteilt werden. Denn Gott ist — wie kein anderer — ein Ganzes. Nichts kann von Ihm abgezogen und nichts zu Ihm hinzugefügt werden. Denn auch Seine Vaterschaft und Seine Gottheit ist Er, der da IST[a], wie gesagt ist: *„Ich bin, der ich bin"*[b]. Und der da IST[a], besitzt die Fülle. Inwiefern? Im Wirken, Hervorbringen, Vollenden.

Wer immer also sagt, die Vaterschaft und die Gottheit seien nicht Gott, der nennt einen Mittelpunkt ohne Kreis. Und wer einen Mittelpunkt haben will ohne Kreis, verneint den, der ewig IST. Wer immer also verneint, daß die Vaterschaft und die Gottheit Gott ist, verneint Gott, da er behauptet, in Gott sei eine Art Leere, was nicht ist. Denn Gott ist die Fülle, und was in Gott ist, ist Gott. Gott kann nicht durchsucht und durchsiebt werden nach Menschenart, weil in Gott nichts ist, was nicht Gott ist. Das Geschöpf aber hat einen Anfang. Daher sucht die menschliche Vernunft Gott in Begriffen zu erfassen, wie sie selbst, entsprechend ihrer Eigenart, von Begriffen voll ist.

Nun, o Mensch, höre nochmals das armselige Gebilde, das dir im Geiste sagt: Gott will, daß du gerade Wege gehst, daß du Ihm unterworfen und ein lebendiger Stein am Eckstein bist. Und du wirst aus dem Buche[18] des Lebens nicht getilgt werden[c].

---

[a] Ex 3, 14; Apk 4, 8 [b] Ex 3, 14 [c] vgl. Apk 3, 5.

In der Wiener Hildegard-Briefhandschrift 881, f. 63ᵛ, findet sich ein weiteres Schreiben Hildegards an den Magister Odo von Soissons, *das jedoch nur als Fragment von sechs Zeilen erhalten ist*[19].

ERZBISCHOF ARNOLD I. VON MAINZ (1153—1160)

Nach der an Pfingsten 1153 erfolgten Absetzung des Erzbischofs Heinrich bestieg Arnold I. den erzbischöflichen Sitz von Mainz. Er entstammte einer rheinhessischen Adelsfamilie und war zunächst Propst von St. Peter und St. Alexander in Aschaffenburg sowie von St. Peter in Mainz. Konrad III. ernannte diesen begabten und gebildeten Geistlichen zum Kanzler. Auf Betreiben Friedrichs I. wurde er zum Erzbischof von Mainz gewählt und nahm eine hervorragende Stellung im Reiche ein. Maguntinus post imperatorem princeps est principum, der Mainzer ist nach dem Kaiser unter den Fürsten der erste, *sagt die Vita von ihm*[20].

Da Erzbischof Arnold die unter seinem Vorgänger verlorene Macht wiederzugewinnen und zu festigen suchte, geriet er in Fehde mit dem Pfalzgrafen Hermann von Stahleck und anderen Adligen, die während seiner Abwesenheit in das Erzstift eindrangen, Kirchen plünderten, Burgen zerstörten und Höfe verwüsteten[21]. *Barbarossa, der beide Parteien vor sich beschied, schlichtete im Sommer 1155 den Streit und legte dem Pfalzgrafen Hermann und seinen Anhängern die schmachvolle Strafe des* Hundetragens, *der sogenannten* Harnescharre, *auf, während er den Erzbischof im Hinblick auf sein Alter, seine bisherige Untadelhaftigkeit und seine Würde nicht verurteilte*[22]. *Obwohl Erzbischof Arnold den Kaiser zum wiederholten Male bat, von der Teilnahme am Italienfeldzug befreit zu werden, bestand Barbarossa darauf, daß Arnold sich zum Kriege rüstete und mitzog. Da die Mainzer 1158 den Kriegstribut verweigerten, kam es zu ernsten Konflikten zwischen ihnen und dem Erzbischof. Arnold verhängte am 1. November 1159 über die Mainzer die Exkommunikation und reiste zu Friedrich nach Italien. Zwar hob der Erzbischof kurz vor seiner Rückkehr nach Mainz gegen Palmsonntag 1160 die Exkommunikation wieder auf, so daß die Spannung ein wenig gelockert schien. Als aber Arnold, der von Papst Alexander III. am Gründonnerstag 1160 mit dem Bann belegt worden war, die Mainzer zur Rechenschaft ziehen wollte, flammte die alte Gegnerschaft wieder auf und entbrannte heftiger denn je. In den blutigen Kämpfen wurde Erzbischof Arnold am 24. Juni 1160 am Portal der Mainzer Klosterkirche St. Jakob vor den Mauern ermordet*[23].

Am 22. Mai 1158 hatte Erzbischof Arnold auf Hildegards Veranlassung zwei wichtige Urkunden für ihr Kloster ausgestellt[24]. *Hildegard wußte um all die heftigen Kämpfe und schaute in ihrem Geist die Gefahr, die den Mainzer Erzbischof umwitterte, wie aus ihrem Brief an ihn hervorgeht.*

Hildegard an Erzbischof Arnold I. von Mainz

O Vater, das lebendige Licht gab mir folgende Worte für dich: Warum verbirgst du dein Antlitz vor mir, als wäre dein Herz vor Zorn verwirrt? Wgen der geheimnisvollen Wort, die ich nicht aus mir sage, sondern so wie ich sie im lebendigen Licht schaue? Oft wird mir gerade das gezeigt, wonach mein Herz nicht verlangt und mein Wille nicht sucht. Häufig sehe ich gegen meinen Willen. Doch bitte ich Gott, daß Seine Hilfe dir nicht fern sei und deine Seele so in reiner Erkenntnis sich darbiete, daß du in den Spiegel des Heiles schaust. Und du wirst leben in Ewigkeit.

Das hellstrahlende Licht der Gnade Gottes möge von dir nicht abgeschnitten werden, sondern die Barmherzigkeit Gottes dich schützen, damit der alte Nachsteller dich nicht betrüge. Nun aber lebe dein Auge in Gott, und die Lebenskraft deiner Seele verdorre nicht. Das lebendige Licht sagt zu dir: Warum bist du nicht stark in der Furcht vor Mir? Warum eiferst du, als wolltest du den Weizen hochworfeln[a], daß du dadurch wegschleuderst, was dir zuwider ist? Doch das will Ich nicht. Richte dich also zu Gott empor, denn deine Zeit kommt schnell.

---

[a] vgl. Lk 22, 31.

Die beschwörenden Worte Hildegards klingen wie eine Ahnung des nahe bevorstehenden jähen Endes, das die Mainzer ihrem Erzbischof bereiteten.

Der Nachfolger Arnolds, Konrad von Wittelsbach, ein Bruder des Bayernherzogs Otto von Wittelsbach, war einst Kanoniker im romtreuen Salzburg gewesen. Von Anfang an neigte er zur Partei Papst Alexanders III., *wenngleich er auf Veranlassung Barbarossas zum Erzbischof gewählt worden war und sich häufig in der Nähe des Kaisers befand. Auf der im März 1163 stattfindenden Reichsversammlung zu Mainz bekamen die noch immer aufsässigen Bürger dieser Stadt den Zorn des Herrschers empfindlich zu spüren, zumal Friedrich noch Rache nahm wegen der Ermordung des Erzbischofs Arnold. Barbarossa entzog den Mainzern alle Rechte, Privilegien und Freiheiten. In der 1163 zu Mainz ausgestellten kaiserlichen Schutzurkunde für das Rupertsberger Kloster ist Erzbischof Konrad der dritte Zeuge*[25]. *Als er nach dem Tod des Gegenpapstes Viktor IV. 1164 dem Kaiser riet, sich mit Alexander auszusöhnen, fiel er bei dem Herrscher in Ungnade. Und da er auf dem Hoftag zu Würzburg am 23. Mai 1165 im Gegensatz zu den meisten deutschen Kirchenfürsten sich weigerte, den von Friedrich aufgestellten Paschalis III. anzuerkennen, wurde er vom Kaiser seines Amtes enthoben. Er floh zu Alexander nach Frankreich und begleitete ihn nach Rom, wo ihn der Papst am 18. Dezember 1165 zum Kardinalbischof von S. Sabina erhob und zum Erzbischof von Mainz konsekrierte. 1167 wird Konrad, ein Freund des Erzbischofs Thomas von Canterbury, zum Bischof von Sora in Kampanien ernannt. 1169 ist er als Apostolischer Legat tätig, und seine Unterschrift findet sich häufig in den Bullen Papst Alexanders. Zugunsten Christians von Buch, den Barbarossa 1165 zu seinem Nachfolger in Mainz erwählt hatte, verzichtete Konrad auf Anraten Alexanders im Frieden von Venedig am 1. August 1177* freiwillig *auf das rheinische Erzstift, und zwar* pro pace Ecclesiae conservanda, um der Kirche den Frieden zu bewahren. *Doch erhielt er wenige Tage später, am 9. August 1177, den erzbischöflichen Stuhl zu Salzburg. Nach dem Tode Christians wurde Konrad im November 1183 wiederum nach Mainz berufen und übte in der Folgezeit eine bedeutende kirchliche und politische Tätigkeit aus. Er starb am 25. Oktober 1200 zu Riedfeld an der Aisch*[26].

Diesen geradedenkenden, mutigen Kirchenfürsten spornt Hildegard in einem Brief, der frei ist von Vorwurf und Tadel, zu weiterem tapferen Bekenntnis und treuem Durchhalten an.

Hildegard an Erzbischof Konrad I. von Mainz

Folgende Worte schaute und hörte ich im wahrhaftigen Licht: Der Tag ruft den Tag und drückt die Seuche nieder, wie es heißt: „Ein Tag überbringt dem andern das Wort, eine Nacht gibt der andern die Kunde“[a]. Denn Gott ist weise, und alle Gerechtigkeit ist in Gott, und alles Gute und Gerechte nimmt von Ihm seinen Ausgang, im Menschen sowohl wie in allen Geschöpfen. In Ihm ist Sein Geschöpf rein, wie geschrieben steht: „Alles ist durch Ihn gemacht“[b]. Der Tag wäre nicht hellstrahlend, trüge er nicht eine Kunde in sich: die Dunkelheit, die das Lob des Tages kündet. So weisen auch die Bosheit und Ruchlosigkeit des Teufels auf Gott hin, denn alle Ruchlosigkeit und alle Kriegswirren können Ihm nicht widerstehen. Gott hat das Böse nicht geschaffen, sondern wie einen Schemel unter Seine Füße gebracht[c]. Denn „ohne Ihn ist nichts gemacht“[d].

O Sohn Gottes, du stehst jetzt im Anruf des Tages. Ergreife also den Schild des Glaubens[e], und halte die strahlend schöne Gerechtigkeit Gottes liebend in deinem Herzen umfangen, gleich einer minniglichen Freundin in deinem Schoß. Fliehe die Finsternis der Ungerechtigkeit in all deinen Werken — denn Gott ist wahrhaftig —, damit du der erwählte Erbe und nicht der Sohn der Hure[f] seiest, nämlich der Ungerechtigkeit.

Gürte dich mit dem Gürtel der Gerechtigkeit[g], und zügele deine Lenden in der Liebe zur ewigen Glückseligkeit. Im Anruf des Tages höre nicht auf die, die Gott verachten und Seinen Werken widersprechen, wie es heißt: „Errette meine Seele vor dem Schwerte, o Gott, und aus der Gewalt des Hundes meine Einzige“[h]. So wirst du das mörderische Schwert der Böswilligen und die ungläubigen Reden derer fliehen, die auf Gott wie ein Hund losfahren. Nun aber lehre dich Gott, ein treuer Knecht zu sein, und du wirst für immer im ewigen Leben verharren.

---

[a] Ps 18, 2 [b] Jo 1, 3 [c] vgl. Ps 109, 1 [d] Jo 1, 3 [e] vgl. Eph 6, 16 [f] vgl. Gn 16, 15; 21, 2; Gal 4, 22 ff. [g] vgl. Is 11, 5 [h] Ps 21, 21.

Der Brief könnte zwischen 1164 und 1165 geschrieben sein.

ERZBISCHOF HILLIN VON TRIER (1152—1169)

Zu den Männern, die die Trierer Synode miterlebt haben, gehörte auch der aus dem Bistum Lüttich stammende Hillin. Im Jahre 1142 ist er in Trier als Magister der Domschüler bezeugt, 1150—1152 war er Domdechant von Trier. Nach Albero, einem sehr herrscherlichen Metropoliten, bestieg Hillin, einmütig von Klerus und Volk gewählt, den ersten Bischofssitz jenseits der Alpen. *Er war ein hochgebildeter Mann und ein versöhnlicher Charakter. Wahrscheinlich von Papst Eugen zum*

Bischof geweiht, wurde Hillin wegen seiner hervorragenden Fähigkeiten sowohl vom Papst wie vom Kaiser durch ehrenvolle Aufträge ausgezeichnet. Stand der Trierer Erzbischof in den ersten Jahren des Schismas noch auf des Kaisers Seite[27]*, so schloß er sich bereits 1165 Erzbischof Konrad von Mainz an und bekannte sich zu Alexander III. Trotz seiner papsttreuen Gesinnung verblieb ihm bis zu seinem Tode (23. Oktober 1169) der erzbischöfliche Stuhl, im Gegensatz zu Konrad von Wittelsbach. Denn klug und gerecht ging Hillin — das wußte der Kaiser wohl zu schätzen! — immer den* sicheren Weg der Mitte, *wie seine Grabinschrift rühmt*[28].

Erzbischof Hillin von Trier an Hildegard

Hillin, von Gottes Gnaden geringer Diener und Knecht der Trierer und, obwohl unwürdig, deren Erzbischof, an die geliebte Schwester Hildegard, die dem Bräutigam und Lamme folgt, wohin immer es geht[a].

Weil es Gottes Weisheit, die „das Schwache in der Welt erwählt, um das Starke zu beschämen“[b], gefallen hat, sich in deiner Jungfräulichkeit einen angenehmen Wohnsitz zu erwählen, hat Er die Gnade Seines Lichtes im Geist des Rates und umfassender Erkenntnis freigebig in dich ergossen. Durch die Ausgießung dieses Lichtes hat Er, wie ich glaube, auch die Geister anderer zu besserem und heilsförderndem Streben anregen[c] und sich dabei deiner Vermittlung bedienen wollen ... Mit den vielen, die zum Hafen deines Trostes ihre Zuflucht nehmen, bitte auch ich dich, heilige Mutter, im Vertrauen auf überreiche Erfüllung meines Verlangens — ich bitte, sage ich, und beschwöre dein mütterliches Herz um der heiligen Liebe willen: laß aus dem Weinkeller des Königs[d], dessen Freudenfülle dich schon in diesem Leben wunderbar berauscht, durch den Überbringer dieses Briefes in einem Schreiben auch mir Sünder einige Tropfen zuträufeln ...

[a] vgl. Apk 14, 4 [b] 1 Kor 1, 27 [c] vgl. Hb 6, 9 [d] vgl. Hl 2, 4.

Hildegard an Erzbischof Hillin von Trier

Die Weisheit tönt und spricht: Jetzt ist die laue, „weibische“ Zeit. Oh, oh, Adam war ein unerhörtes Zeugnis jeglicher Gerechtigkeit und die Wurzel allen Menschensamens. Nachher erhob sich in seinem Geschlecht ein „männlicher“ Geist, der in drei Gruppen ausging, gleich einem Baum, der sich in drei Äste verzweigt. Die erste Gruppe war derart, daß Adams Söhne sich auswählten, was sie an Möglichkeiten besaßen; die zweite so, daß man sich bis zur Verwegenheit des Menschenmordes verstieg. Die dritte endlich ließ sich mit Götzen und ähnlichen Truggebilden ein. Jetzt aber ist dieser Baum verdorrt, und die Welt ist in viele Gefahren gestürzt. Denn unsere Zeit blickt zurück auf jene Zeit, als das erste Weib bei der Verführung[a] dem ersten Mann zunickte. Dennoch besitzt der Mann mehr Schaffenskräfte als die Frau. Die Frau aber ist ein Quell der Weisheit und ein Quell der Freudenfülle. Beides bringt der Mann zur Vollendung. Wehe, wehe, die gegenwärtige Zeit ist weder kalt noch warm, sondern lau[b]. Darauf wird eine Zeit folgen, die in großen Gefahren, in Furcht, Ungerechtigkeit und Unbändigkeit der Männer Mannskräfte hervorbringen wird. Alsdann wird der Irrtum der Irrtümer wehen, wie die vier Winde, die in großen Gefahren ihren üblen Geruch verbreiten.

Nun aber höre, o Hirte: Die Gerechtigkeit Gottes hält dich aufrecht, denn nicht vergeblich hat dich die Gnade Gottes eingesetzt. Doch wenn du gute Werke zu tun beginnst, ermüdest du schnell. Selbst wenn du, zum feierlichen Gottesdienst gerufen, das Gebet leitest, ermattest du bald. O wehe, der du an Christi Stelle stehst, höre wiederum: Ein König hielt eine Stadt in hohen Ehren. Er empfahl sie drei Männern aus seinem Gefolge, sie sollten für sie sorgen und sie überwachen. Dem ersten übergab er den Turm, dem zweiten die Stadtfläche, dem dritten die Mauer mit dem Bollwerk. Dir ist der Turm zugewiesen, deinem Volk die Stadtfläche, dem Klerus die Mauer mit dem Bollwerk. Wird die Stadtmauer erobert, dann wird auch die Fläche geplündert. Du aber hüte den Turm, und verhalte dich so, daß nicht die ganze Stadt zerstört und aufgelöst wird. Das Bild der Taube belehrt dich, und das Wort Gottes in dir ist nicht bar der Erkenntnis. Wache also[c], halte Zucht mit eisernem Zepter[d] und lehre. Salbe die Wunden der dir Anvertrauten, und du wirst leben in Ewigkeit.

---

[a] Gn 3 [b] vgl. Apk 3, 15 f. [c] vgl. Apk 3, 2 [d] vgl. Ps 2, 9.

Hildegard überschaut die Zeit von den Anfängen bis zur Gegenwart und beklagt mit dem Verfasser der Apokalypse die Lauheit der Menschen; eine Haltung, die sie weibisch *nennt. Dies ist im Grunde der Auftrag Gottes an die Prophetin: das Volk Gottes, vor allem die führenden Männer, aus der Gleichgültigkeit aufzurütteln, sie anzufeuern zum Kampf gegen die Ungerechtigkeit und gegen die Irrlehren, wobei Hildegard wohl auch an die Häresie der Katharer gedacht haben mag. Hildegard weist den Erzbischof, der durch seine hervorragende Stellung stark in die politischen Geschäfte hineingezogen wurde, auf seine innerkirchlichen und seelsorgerlichen Aufgaben hin.*

Der Nachfolger Hillins war Erzbischof Arnold. Er wurde 1169 gewählt, empfing noch im gleichen Jahre die Bischofsweihe[29] *und hatte den bischöflichen Stuhl bis zum Jahre 1183 inne. Mit diesem Kirchenfürsten verbanden Hildegard nicht nur freundschaftliche, sondern auch verwandtschaftliche Beziehungen. Arnold war bis 1169 Propst von St. Andreas in Köln gewesen. In diesem Amte folgte ihm nach seiner Ernennung zum Erzbischof sein Bruder Wezelin*[30].

Es ist uns ein Briefwechsel zwischen Erzbischof Arnold und Hildegard überliefert, der beide Persönlichkeiten trefflich zeichnet.

Erzbischof Arnold von Trier an Hildegard

Arnold, wenn auch unwürdig, durch Gottes Gnade erwählter [Bischof] der Kirche zu Trier, entbietet seiner in Christus geliebten Verwandten, Hildegard vom heiligen Rupert, Heil und Liebe von dem, der das Heil und die Liebe ist.

Die Freundschaft unter Verwandten ist himmlisch. Das Alter hindert sie nicht, sondern fördert sie. Sie ist aufrichtig, kennt keinen Stillstand, wächst vielmehr und nimmt täglich zu. Da wir beide uns aber seit Lebensbeginn mit den Armen wahrer Liebe umfangen haben, wundern wir uns, warum Ihr den Schmeichler mehr liebt als den wahren Freund, da der Prophet sagt: „Das Öl des Sünders salbe nicht mein Haupt“[a]. Unsern Bruder, den Propst von St. Andreas, halten wir nämlich für einen Schmeichler. Wir aber wollen als wahrer Freund betrachtet werden.

In der Überzeugung, daß unser Wohlbefinden Euch ein Gegenstand der Freude ist, möchten wir Eurer Liebe melden, daß wir durch Gottes Gnade glücklich heimgekehrt sind. Da aber nichts den Menschen beglücken kann, was er selbst für eine Buße hält, so sprechen wir es vor Gott und vor Euch aus, daß die Würde, zu der wir gegen unsern Willen — Gott sei uns Zeuge! — berufen wurden, uns niemals angezogen oder gar angelockt hat (wie es vielfach vorkommt). Denn bei unserer Unvernunft und Gebrechlichkeit beweinen wir unser Unvermögen und beklagen unsere Unwürdigkeit. Da wir zudem nicht wissen, durch wessen Ruf wir zu solch hohem Amt gelangt sind, bedrückt und ängstigt uns das sehr. Wüßten wir, er käme von Gott, so würden wir glauben, daß Er, der in uns das gute Werk begonnen hat, es auch vollenden wird[b]. Denn wir müssen sagen, daß wir mehr durch Nötigung als durch Tugend zum Priesteramt gelangten.

Wir wissen auch, daß Gott an Seiner heiligen Stätte[c] bei Euch Heil gewirkt[d] und Sein Volk heimgesucht hat[e], da Er erbarmungsvoll die Besessene befreite. Deshalb teilt uns schriftlich mit, auf welche Weise die Besessene befreit wurde.

Möget Ihr beim häufigen Schauen in das wahre Licht uns öfter durch Eure Briefe ein wenig Anteil schenken an dieser heilsamen Gnade.

Auch bitten wir inständig: Erhebt wie Moses Eure Hände zum Felsen der Zuflucht und legt Fürsprache ein für uns, während wir gegen Amalech im Tal des weltlichen Elends kämpfen[f].

Da dies in Anwesenheit unseres getreuen und geliebten Abtes von Sankt Eucharius niedergeschrieben wurde, hat er uns beigestanden und unsere Worte mit seiner Süßigkeit gewürzt. So ist es unser Wunsch, daß Ihr auch durch ihn uns Euer Antwortschreiben übersendet.

---

[a] Ps 140, 5 [b] vgl. Phil 1, 6 [c] vgl. Ps 67, 6 [d] vgl. Ps 73, 12 [e] vgl. Lk 7, 16 [f] vgl. Ex 17.

Zu Beginn des Schreibens, das unmittelbar nach der Ernennung zum Bischof, ja wahrscheinlich noch vor der Bischofsweihe verfaßt wurde, rühmt sich Arnold seiner Verwandtschaft mit Hildegard. Mit Eifersucht blickt er auf seinen Bruder Wezelin, der Hildegard seine besondere Verehrung bezeugt. Der Schluß enthält den interessanten Hinweis, daß der Erzbischof diesen Brief in Gegenwart und unter der freundlichen Mithilfe des Abtes von St. Eucharius geschrieben hat, dem Hildegard auch ihr Antwortschreiben mitgeben möge. Es handelt sich um Abt Ludwig, der 1168 die Abtswürde des St. Eucharius-Klosters in Trier übernommen hatte. Sowohl zu den Äbten wie zu den Mönchen dieser Benediktinerabtei hatte Hildegard besonders enge Beziehungen, um die der Erzbischof wußte. Auf das Schreiben ihres Neffen antwortete Hildegard:

Hildegard an Erzbischof Arnold von Trier

Du bist der von Gott gesetzte Baum, wie Paulus sagt: „Alle Gewalt ist von Gott“[a]. Da nach dem höchsten Meister alle Gewalt ihren Namen durch die Anrufung Seines Namens besitzt, darum zieht aus ihr der Baum die Lebenskraft seines ehrenvollen Namens. Was ohne Gott ist und Böses wirkt, halte fern von dir, damit du nicht in die Krankheit des Hochmutes gerätst und mit dem ersten Engel, dem Satan, zu Fall kommst, der in Auflehnung gegen Gott dessen Ehre wie ein Dieb rauben wollte[b]. Viele möchten sie rauben, unbekümmert darum, auf was für immer eine Weise sie es erreichen. Das ist vor Gott ein Nichts, denn „ohne Ihn ist nichts gemacht“[c], und so vernichtet Gott alles, was Ihn nicht berührt.

Sei also darum besorgt, durch die Gebote Gottes, die sich wie Blätter vervielfältigt haben, dem Volke Gottes, so sehr du es mit Seiner Gnade vermagst, Zeugnis zu geben. Denn viele Nöte deines Amtes, zum Beispiel Armut, legen dir Beschränkung auf. Reichtum und Geldfülle lieben das Himmlische nicht, deshalb entzieht Gott dem Menschen den Eigenwillen, damit er nach dem himmlischen Vaterland seufze. Darum ziemt es sich, daß der Arme den Armen liebt und der Reiche den Reichen prüft. Denn dem Armen gibt die Weisheit den Ring, dem Reichen verweigert sie das Ohrgehänge.

Was dein Priesteramt angeht, so diene dir zur Weisung: „Deine Gerechtigkeit habe ich nicht in meinem Herzen verborgen, deine Wahrhaftigkeit und dein Heil habe ich gepriesen“[d]. Was heißt das? Die Gerechtigkeit Gottes verbirgt sich nicht, sondern sie weitet ihre Wege und scheut sich nicht, sie zu laufen. Auch verbirgt sie nicht die Wunden, indem sie das Böse vor das Gute schiebt wie die Ungerechtigkeit, die behauptet, es gebe zwar Leben [Himmel] und Hölle, aber für beides müsse man laufen. Mit solchem Trug plagt sich die Gerechtigkeit nicht ab, noch umarmt sie die Ungerechtigkeit mit allerlei Gerede, sondern tritt sie mit ihren Füßen nieder. Auch die Wahrheit lobt die Werke, die ohne Gott vollbracht werden, nicht, sondern rüstet sich wie ein tapferer Streiter zum Kampf, um sie zu widerlegen. Schild sei dir die Gerechtigkeit Gottes, als Panzer lege an Seine Wahrhaftigkeit[e]. Dann wirst du wohlgerüstet vor Gottes Angesicht stehen und nicht als Fahnenflüchtiger in der Kameradschaft der Eitelkeit. Lerne dich zu nähren an der Brust der Gerechtigkeit. Lerne auch, die Wunden der Sünder richterlich und doch barmherzig zu heilen, wie der höchste Arzt euch das Beispiel des Heilbringens hinterließ zur Rettung des Volkes.

Du stehst ja durch die Ausrüstung mit Seinem Namen in der Kraftfülle des seligen Mannes, der nicht auf den gottlosen Teufel hinstrebt und deshalb gottlos genannt wird, weil er das Gute nicht geliebt hat. Hüte dich, der Schätze des Geldes dich zu rühmen[f], das in Trug endet, da es ebensogut nach einem Jahr wie nach dreißig Jahren verlorengehen kann. Juble vielmehr auf dem Berge Sion, wo der immerwährende Beistand des Allerhöchsten in Ewigkeit ist und „jedweder Geist den Herrn preist“[g].

Du sollst ein Berg von Elfenbein sein, von dem beim gerechten Gericht der Gerechtigkeit Gottes todbringende Pfeile wider deine Gegner losfliegen. Eile — gleich dem Steinbock — zum Gipfel des Gesetzes und der Gerechtigkeit Gottes, damit du nicht durch Unbeständigkeit wehrlos zu Fall kommst. Und deine Söhne zur Seite der Kirche sollen sich erheben[h] und von dir die Speise der Gerechtigkeit fordern. Darum eigne dir die rechte Lehre an, damit sie durch dich gesättigt werden.

Ich aber habe, wie du geboten, zum wahren Lichte aufgeschaut und konnte kaum einen Anfang guter Taten wahrnehmen. Verlege dich nun eifriger auf gute Werke, damit ich später durch Gottes Gnade mehr schreiben kann. Sei ein treuer Freund deiner Seele, auf daß du in Ewigkeit lebest.

An der Besessenen aber, nach der Ihr fragt, haben wir viel Wunderbares geschaut, das wir schriftlich jetzt nicht mitteilen können. Wir haben aber erkannt, daß der teuflische Anhauch von Tag zu Tag bis zu seinem Rückzug dahinschwand. Und diese Frau ist von den Quälereien des Teufels befreit worden. Sie wurde dann zwar von einer Krankheit ergriffen, die sie vorher nicht verspürt hatte. Jetzt aber hat sie die Kräfte des Leibes und der Seele in voller Gesundheit wiedererlangt.

---

[a] Rö 13, 1 [b] Is 14, 12 ff. [c] Jo 1, 3 [d] Ps 39, 11 [e] vgl. Eph 6, 14 f. [f] vgl. Ekkli 31, 8 [g] Ps 150, 6 [h] vgl. Is 60, 4.

Hildegard trifft mit dem ersten Satz sofort das Wesentliche: Du bist der von Gott gesetzte Baum, *denn* alle Gewalt ist von Gott, *und schiebt damit alle kleinen ichbezogenen Fragereien und Ängstlichkeiten beiseite. Doch warnt sie den Erzbischof vor der Krankheit des Hochmutes und stellt ihm die Armut als liebenswertes Gut vor Augen. Er soll sich nicht des Geldes rühmen, das trügerisch und tückisch ist. Hier wird sichtbar, wie niedrig Hildegard den irdischen Reichtum bewertet, wie sie die Geldfülle geringschätzt, das Armsein hingegen aus innerstem Herzen liebt. Die Stelle erinnert an Job: „Wenn du Golderz für Staub erachtest und für der Bäche Kiesel Ophirgold, daß dir so der Allmächtige zum Goldberg wird, zu einem Silberhaufen, dann kannst du vor dem Allmächtigen dich dem verwöhnten Kind gleich gebärden und kannst dein Angesicht zu Gott erheben. Du bittest Ihn, Er hört auf dich; was du gelobt, kannst du erfüllen" (Job 22, 24—27).*

Stillschweigend übergeht Hildegard Arnolds Hinweis auf ihre Verwandtschaft, die ihm so sehr am Herzen liegt, daß er sie am Anfang seines Schreibens gewichtig hervorhebt. Diese Verwandtschaft, die nicht näher bekannt ist, lenkt unsere Aufmerksamkeit auf das Geschlecht, dem die Meisterin vom Rupertsberg entstammt (vgl. Stammtafel A und Karte II).

Hildegard, das zehnte und letzte Kind ihrer Eltern, war die Tochter des Edelfreien Hildebert von Bermersheim[31] *aus Bermersheim bei Alzey in Rheinhessen. Sie gehörte also dem Hochadel an. Ihre Mutter Mechtild ist wahrscheinlich aus dem Hause Merxheim an der Nahe (s. Karte II). Von ihren Brüdern war Drutwin der älteste, Roricus ist als Priester und Kanonikus in Tholey an der Saar bezeugt*[32]*, einem der sieben Diakonate des Erzstiftes Trier. Hugo war Domkantor in Mainz*[33]*. Die Schwestern hießen Irmgard, Jutta, Odilia und Clementia*[34]*. Clementia war Nonne in Hildegards Kloster.*

Am Schluß ihres Briefes geht Hildegard kurz und diskret auf die Frage Arnolds nach der Befreiung der Besessenen ein. Die Hildegard-Vita berichtet uns sehr eingehend über diesen aufsehenerregenden Fall[35]*, den wir hier zusammengefaßt wiedergeben. Es handelt sich um Sigewize, eine Adlige aus vornehmer, reicher Familie in Köln. Nachdem die Benediktiner der Abtei Brauweiler sich sieben Jahre lang vergebens gemüht hatten, die Besessene durch Exorzismen zu heilen, wurde sie endlich in der Rupertsberger Kirche während der Karsamstags-Liturgie von dem bösen Geist befreit und trat hernach in Hildegards Kloster ein. — Die Angelegenheit war* *der Anlaß zu einem Briefwechsel zwischen dem Abt von Brauweiler und Hildegard*[36]*, den die Vita ebenfalls aufgenommen hat. — Auch der Dekan von St. Aposteln in Köln, Philipp von Heinsberg (der spätere Erzbischof), wünschte zu erfahren, wie die Befreiung vor sich gegangen war, und bat Hildegard um ein Schreiben*[37].

An dieser Stelle sei ein Brief angefügt, der, obgleich sein Adressat in der Handschrift nicht genannt wird, an Erzbischof Arnold gerichtet sein dürfte.

Hildegard an Erzbischof Arnold von Trier

O Diener Gottes, der du in vertrauter Freundschaft mit Gott lebst: Gib acht auf den Tag, der in der ersten Morgenröte klar beginnt und bis zum Abend ohne Umwölkung durch Wirbelwind oder Sturm strahlend bleibt. Wenn er klar anhebt und später durch Stürme drohend wird, lobt man ihn nicht wegen seines Anfangs, sondern nennt ihn beschwerlich. Hüte dich, das Gute — im Geiste oder im Werk — so zu tun, als stamme es von dir. Schreibe es vielmehr Gott zu, von dem alle Kräfte ausgehen wie die Funken vom Feuer. Sei auch eingedenk, daß du Asche bist und zur Asche zurückkehren wirst[a], und erweise Gott die schuldige Ehre ob Seiner Gaben, die du in dir erkennst. Wer nämlich das Gute, das er in sich erkennt, sich selbst zuschreibt, gleicht einem ungläubigen Menschen, der das Werk seiner Hände anbetet und verehrt. Daher, geliebter Sohn Gottes, umgürte dich mit wahrer Demut, wirf ab von dir den eitlen Ruhm, und du gleichst dem leuchtenden Tag, der von keiner Wetterwolke verdunkelt wird. Dann wird der gute Anfang auch durch ein gutes Ende gekrönt, und du bist nicht mehr wie der Tag, der klar beginnt, aber im Sturmwetter endet. Das Feuer des Heiligen Geistes erlösche niemals in dir, so daß du glücklich ausharrst in Seinem Geheimnis und zur höchsten Seligkeit gelangst.

Nun aber, o Diener Gottes, empfehle ich deinen Gebeten mit der ganzen Inbrunst meines Herzens meinen geliebten Sohn, den Abt von Sankt Eucharius, der mich trotz meiner Unwürdigkeit „Mutter" nennt. Bitte für ihn den allmächtigen Gott, Er möge dem guten Willen seines Herzens ein gutes Wirken verleihen und ihn im gegenwärtigen Leben so bereiten, daß er zu den Freuden des ewigen Lebens gelangt. Auch ich werde, soweit ich es mit der Hilfe meines Gottes vermag, gern [für dich] beten und bitte dich in der Liebe Gottes, du wollest dich würdigen, auch meiner beim Herrn zu gedenken.

---

[a] vgl. Gn 3, 19; Job 34, 15.

Der Schluß des Briefes weist darauf hin, daß Erzbischof Arnold von Trier der Empfänger ist, zumal Arnold sein Schreiben, wie er bemerkte, unter der liebenswürdigen Mithilfe von Abt Ludwig verfaßt hatte.

BISCHOF HEINRICH VON BEAUVAIS (1141—1162)

Es mag auf den ersten Blick überraschen, daß Hildegard mit einem französischen Kirchenfürsten in Briefwechsel stand, dem Bischof Heinrich von Beauvais (vgl. Karte I). Das wird jedoch verständlich, wenn wir annehmen, daß dieser Bischof auf der Synode von Trier oder auf dem Konzil zu Reims 1148 von Hildegards Sehergabe Kunde erhielt. Heinrich von Frankreich, der Bruder König Ludwigs VII. von Frankreich, war von 1141 bis 1162 Bischof von Beauvais, einem Suffragan-Bistum von Reims, und wurde 1162 auf den erzbischöflichen Stuhl von Reims erhoben, den er bis 1175 innehatte[38].

Bischof Heinrich von Beauvais an Hildegard

Heinrich, von Gottes Gnaden nur dem Namen nach Bischof von Beauvais, betet für Hildegard, die geliebte Meisterin der Schwestern auf dem St. Rupertsberg zu Bingen, wenn das Gebet der Sünder im Geist der Zerknirschung und Demut etwas vermag.

Gepriesen sei Gott, der dich gesegnet hat mit allem geistlichen Segen[a], so daß der Wohlgeruch der Salbe, mit der Gott durch die Salbung Seiner Barmherzigkeit dich gesalbt hat, die Verehrung vieler, sogar in weitentfernten Gegenden, anzieht. Denn das offenkundige Wohlgefallen Gottes an dir ist mir Sünder, der von den Stürmen der Welt bedrängt ist, ein großer Trost, obwohl ich, wenn auch nicht dem Geiste, so doch dem Leibe nach, sehr weit von dir entfernt bin. Wir vertrauen nämlich ohne jeden Zweifel darauf, daß durch deine Verdienste und Bitten die Barmherzigkeit Christi allen offensteht, die die Hilfe deiner Gebete gläubig suchen. Wir aber, die wir unserm eigenen Gewissen nicht trauen können und daher keinerlei Zuversicht haben, durch unser Wirken das Heil zu erlangen, beschwören dich aus weiter Ferne, du mögest uns durch deine Gebete beim Herrn Nachlaß unserer Sünden erflehen. Darüber hinaus verdrieße es deine Liebe nicht, uns einen Trost, wenn er auch noch so klein ist, und eine heilsnotwendige Mahnung zu schreiben. Er aber, der alles vermag und dem kein Gedanke verborgen ist, möge auf unsere Bitten hin nach Seinem Wohlgefallen das Sehnen unseres Herzens stillen.

---

[a] vgl. Eph. 1, 3.

Hildegard erfüllte die Bitte und sandte dem Bischof die Antwort, die sie aus ihrer „Schau" erhalten hatte:

Hildegard an Bischof Heinrich von Beauvais

Das lebendige Licht offenbarte mir folgendes und sprach: Sage jenem Menschen: Ich sah die schöne Gestalt einer Gotteskraft. Es war die „reine Erkenntnis". Ihr Antlitz war sehr hell, ihre Augen wie Hyazinth, ihr Gewand leuchtete wie ein seidener Mantel. Um ihre Schultern trug sie das bischöfliche Pallium, das dem Sardis glich. Sie rief des Königs schönste Freundin, die „Liebe", und sprach: „Komm mit mir!" Und sie gingen, klopften beide an die Tür deines Herzens und sprachen: „Wir wollen bei dir wohnen. Hüte dich, uns zu widerstehen. Sei vielmehr stark im Widerstand gegen die Laster, gegen weltliche Händel und den Wirbel ihrer Winde, die stürmisch wie böser Rauch hochfahren oder wie Wasser, das im Sturm dahinrast. Das sind die Beunruhigungen des Menschenherzens durch Zorn und ähnliches. Bleibe nicht stumm aus Überdruß. Deine Stimme erschalle vielmehr bei den Feierlichkeiten der Kirche wie eine Posaune. Und deine Augen seien rein in der Erkenntnis, auf daß du nicht träge versäumst, dich von der unwürdigen Beschmutzung deiner Bürde zu reinigen. Denn du bist voll von Tropfen der Nächte[a]. Der Hochmut hat dich zwar überredet und zu dir gesprochen: ‚Wasche dich nicht ab!' Das aber wollen wir nicht, sondern wir wünschen, du mögest alles Finstere von dir abwischen und dich nicht fürchten vor den häufigen Gewalttaten deiner Feinde, die weder richtig noch wohlwollend von dir reden. O Streiter, laß uns bei dir sein, gib uns Wohnung in deinem Herzen, und wir werden dich mit uns zum Palast des Königs führen."

[a] vgl. Hl 5, 2.

Hildegard umreißt hier mit wenigen Strichen die Aufgaben des Bischofs: Er soll in Liebe und klarer Erkenntnis das Böse wachsam bekämpfen und sich mit heiligem Eifer dem Gottesdienst hingeben.

BISCHOF HERMANN VON KONSTANZ (1138—1166)

Hermann von Arbon, der 1138 zum Bischof erwählt und 1139 in Rom von Papst Innozenz II. zum Priester und Bischof konsekriert wurde, stand bereits 1140 mit Bernhard von Clairvaux in brieflicher Verbindung. Dieser warnte ihn vor Arnold von Brescia, der sich gerade in Konstanz aufhielt. Der Abt von Clairvaux kam der Bitte Hermanns nach und besuchte im Dezember 1146 seine Diözese

Konstanz. Bischof Hermann befand sich sodann unter den Großen, die das glanzvolle Weihnachtsfest 1146 und den Reichstag in Speyer 1147 miterlebten. Auch gehörte er zu den Bischöfen, die sich häufig im Gefolge König Konrads III. und Kaiser Friedrichs I. befanden. Er zählte zu den Kirchenfürsten, die von Papst Eugen im August 1152 getadelt wurden wegen Begünstigung der Erhebung Wichmanns auf den erzbischöflichen Sitz von Magdeburg. Im Chor des Münsters zu Konstanz scheidet Bischof Hermann im März 1153 die Ehe zwischen Friedrich I. und Adelheid von Vohburg. 1154 nimmt er am Italienfeldzug des Herrschers teil. Eingedenk seiner steten Treue und Willfährigkeit, bestätigte ihm der Kaiser am 27. November 1155 in Konstanz alle Besitzungen und Rechte seines Hochstiftes. Auf dem Hoftag zu Würzburg am 22. Mai 1165 finden wir ihn unter der großen Zahl der Bischöfe, die sich durch Schwur verpflichten, den von Friedrich aufgestellten Paschal III. als Papst anzuerkennen. Bischof Hermann starb 1165 oder 1166[39].

Dieser Bischof, dessen Leben in bewegten Bahnen verlief, richtete folgendes Schreiben an Hildegard:

Bischof Hermann von Konstanz an Hildegard

Hermann, von Gottes Gnaden, obwohl unnütz und unwürdig, Bischof der Kirche zu Konstanz, wünscht Hildegard, der Braut Christi im Kloster des heiligen Rupert zu Bingen, Wachstum innerster Liebe und glücklichen Verlauf des Lebens hinieden und drüben.

Der Ruf deiner Weisheit, der sich weit- und breithin ergießt und mir durch zuverlässige Menschen zugetragen wurde, hat mich zu dem Wunsche angeregt, aus weiter Ferne bei dir Trost und Aufrichtung zu suchen und mich deinen Gebeten zu empfehlen. Denn es ist hart, daß der, der sein eigenes Leben nicht zu leiten versteht, der Richter fremden Lebens sein soll. Deshalb bitte ich deine Liebe in aufrichtiger Ergebenheit, mir beim Herrn mit deinen Gebeten zu Hilfe zu kommen und mich durch ein Antwortschreiben zu festigen. Denn sowohl mein Eigenwille als auch die Sorge um das Irdische ziehen mich beinahe ganz und gar vom Dienste Gottes ab.

Hildegard an Bischof Hermann von Konstanz

Das gerechteste Licht sagt: Klage, o Mensch, dein Herz an, das den Rat der altehrwürdigen Prälaten, die der windige Sinn der Eitelkeiten nicht berührt hat, durchbricht. O Mensch, was denkst du denn von dir, daß du dich nicht schämst, dir selbst in deinen Werken zu gefallen und so im Finstern zu wandeln? Denn die Kundgebung dessen, dem nichts verborgen ist, hat durch das lebendige Auge gezeigt, daß der Bogen des Eifers Gottes der Verwegenheit der Menschen droht. Warum siehst du nicht, wo der Mammon der Ungerechtigkeit[a] sitzt, mit dem du dich entschuldigst.

Viele Arbeiter kommen mit ihren Angelegenheiten zu dir und suchen den engen und schmalen Pfad. Du aber redest — gemäß deiner Herzensverfassung — in großsprecherischer Aufgeblasenheit und rufst dadurch Entrüstung in ihnen hervor.

Wende dich daher aus der Finsternis auf die rechten Wege und erleuchte den Sinn deines Herzens, damit der Vater aller nicht zu dir spreche: „Warum steigst du Tor auf eine Säule, die du nicht erbaut hast?" Denn dem wird der Tag verfinstert, dessen Wirken nicht auf geraden Wegstrecken verläuft. Davor hüte Dich! Erhebe dich schnell und wandle gerade Wege, bevor die Sonne für dich untergeht und deine Tage ein Ende nehmen!

---

[a] vgl. Lk 16, 9.

Hildegard nimmt die Selbstanklage des Bischofs ernst und rüttelt das Gewissen des Kirchenfürsten auf, der wohl allzu sehr dem Glanz und Reichtum der Welt verhaftet war. Sie greift das große Thema des Alten Bundes auf; die immer erneute Mahnung, die Gott Seinem Volk durch die Propheten verkünden läßt: Wandelt die rechten, geraden Wege!

Noch ein zweites, gemildertes Schreiben richtete Hildegard an den Bischof:

Hildegard an Bischof Hermann von Konstanz[40]

Das lebendige Licht, das Wundersames zeigt, spricht: Du, der du Vater bist in deinem Amt und Hirt zur Förderung der Seelen: strecke deinen Arm aus, damit der Feind kein Unkraut auf deinen Acker sät[a]. Trage Vorsorge für deinen Garten, den Gottes Gabe gepflanzt, und sei auf der Hut, daß seine Gewürzkräuter nicht verdorren. Schneide vielmehr das Faule von ihnen ab, wirf es weg — denn es erstickt das Wachstum — und bringe sie so zum Blühen. Wenn die Sonne ihre Strahlen verbirgt, zieht auch die Welt ihre Freude zurück. Weiter sage ich: Verfinstere deinen Garten nicht durch träges Schweigen, sondern tadle, was getadelt werden muß im wahren Lichte, mit der Gabe der Unterscheidung. Erleuchte auch deinen Tempel durch Wohlwollen. Zünde Feuer an in deinem Rauchfaß und lege Myrrhe darauf, damit ihr Rauch emporsteige zum Palast des lebendigen Gottes, und du wirst leben in Ewigkeit.

---

[a] vgl. Mt 13, 25 u. ö.

BISCHOF DANIEL VON PRAG (1148—1167)

Der Dompropst Daniel von Prag[41] *hatte in Paris studiert und wurde 1148 zum Bischof der Diözese Prag gewählt, die damals ein Suffragan-Bistum von Mainz war. So lag es nahe, daß Erzbischof Heinrich von Mainz es war, der Daniel am 31. Januar 1149 die Bischofsweihe erteilte*[42]. *Bischof Daniel stand in engen Beziehungen zum Kanzler Arnold von Wied, Abt Wibald von Stablo und Propst Ulrich von Steinfeld. Im Juni 1151 treffen wir Daniel als Mitglied des Reichsepiskopates auf dem Hoftag zu Regensburg*[43], *im September auf dem Reichstag zu Würzburg*[44], *und in den folgenden Jahren ist er wiederum in der Umgebung des Herrschers. 1156 wohnt er in Würzburg der Hochzeit Kaiser Friedrichs mit Beatrix von Burgund bei*[45] *und gehört auch weiterhin zum Gefolge des Imperators. Nachdem Barbarossa 1165 den papsttreuen Konrad von Wittelsbach abgesetzt und Christian I. von Buch zum Erzbischof von Mainz ernannt hatte, konsekrierte Daniel von Prag am 5. März 1167 Christian, den Erzkanzler, zum Bischof*[46]. *Während des Feldzuges gegen Rom 1167 wurde Daniel, der treue Anhänger der kaiserlichen Kirchenpolitik, zum Hofrichter für Italien ernannt. Am 9. August 1167 erlag er der Malaria, die das kaiserliche Heer erfaßt hatte.*

Hildegard an Bischof Daniel von Prag

Die Stimme des Lebens und des Heiles spricht: Was heißt das, daß der Mensch ißt, aber nicht wissen will, wie anders geartet der Weinstock ist, der nach der Vernichtung des Volkes [durch die Sintflut] der Erde entsproßte? Gott hatte ja doch die Erde gereinigt und geworfelt — in eine andere Gestalt hinein, als der erste Mensch sie hatte. Das heißt: Der Mensch ist leichtfertig durch die Unbeständigkeit seines Wandels und durch die Gezeiten des Lichtes und der Finsternis. Das eine Mal richtet er sich etwas in die Höhe, dem Glück entgegen, das andere Mal stürzt er, angesichts der Gefahr. In beidem behält er nicht den liebenden Umgang [wörtlich: die Umarmungen] mit der Königstochter, nämlich der Gerechtigkeit und Wahrheit, im Auge. Vielmehr schlägt er ihr die Krone vom Haupt — da er, der Hirte, die Kirche Christi nicht verteidigt, sondern flieht. Denn nicht mit Tapferkeit führt er seine Waffen, er ist spielerisch in seinem Wandel wie ein leichtfertiger Knabe, der für nichts zu sorgen hat. Der Mensch, der so handelt, möchte nach seinen Gelüsten essen und leben, wie die Natur des Menschen nach Sättigung verlangt. Er sieht aber nicht mit geschärften Augen, wo die Unterscheidung ist, die der Weisheit entsproß. Denn diese — die Weisheit — ist unter dem Weinstock zu verstehen.

Nachdem nämlich Adam am Weltbeginn den Gehorsam verzerrt hatte, versank eine Zeit nach der andern, bis zur Ausgießung der Wasser. Da reinigte

Gott die Erde von der schauerlichen Gesetzlosigkeit und durchwirkte sie mit neuer Kraft. Nun brachte Noe in seinen Weinbergen den edelsten Sproß hervor: den Gehorsam, den Adam — wie ein leichtfertiger Knabe — geflohen hatte im Un-Sinn seines Wandels. In Noe aber erzeugte die Erde die Kraft des „Weinstocks“, und so erstand nach ihm in der Erlösung die Weisheit.

Jetzt, o Mensch, der du in deinem Gehaben auf den Straßen des Vielerlei herumschweifst und nicht feurigen Blickes das Heilmittel für dich und die andern erspähst: steh auf, schau in die Sonne mit rechter Abwägung. Fliehe nicht das Licht. Schüttle es nicht ab durch harte Ungerechtigkeit, damit du nicht erröten mußt, wenn der höchste König in deinem Beutel deine Werke sucht. Und du wirst leben in Ewigkeit.

Hildegard, die um die Bedrohtheit des Menschen weiß, warnt den Bischof vor Unbeständigkeit, Leichtsinn und Ungerechtigkeit und ruft den Hirten und Wächter der Kirche zur Tapferkeit auf.

BISCHOF GÜNTHER VON SPEYER (1146—1161)

Günther, Graf von Henneberg, der 1146 von seinen einflußreichen Freunden, den Speyerer Domherren, zum Bischof gewählt worden war, hatte in den Weihnachtstagen 1146 die Predigten Bernhards von Clairvaux im Dom zu Speyer miterlebt. Im Gegensatz zu vielen deutschen Bischöfen zog er es aber vor, sich dem Kreuzzug nicht anzuschließen. Als treuer Anhänger König Konrads III. erschien er auf den Hoftagen. Auf dem Reichstag zu Würzburg am 15. September 1151 verstand er es, sich von der Expedition nach Italien loszukaufen, die König Konrad für das folgende Jahr in Aussicht nahm. Wie die Urkunden bezeugen, hat Bischof Günther oft und gern in der Nähe des Königs geweilt. Er beschenkte zahlreiche Klöster seiner Diözese, trat für ihre Rechte ein und legte Erbstreitigkeiten bei. Dem Zisterzienserkloster Maulbronn galt seine besondere Liebe. Er besiegelte 1148 die Bestätigungsurkunde des Klosters und stattete es ungewöhnlich reich mit Gütern aus. Auch bei Friedrich I. stand er in hoher Gunst. Bereits am 20. Oktober 1152 schenkte der Herrscher als Opfergabe für das Seelenheil seiner Vorfahren dem Bischof von Speyer die Burg Berwartstein in den Vogesen[47]. Als Friedrich zu Beginn des Jahres 1156 in Speyer weilte, nahm er durch eine Urkunde, in der Bischof Günther als Zeuge erscheint, das Kloster Maulbronn unter seinen Schutz[48]. Am 22. September 1156 erteilte Bischof Günther ungefähr fünfundzwanzig Mönchen von Hirsau in Speyer die Priesterweihe und benedizierte am Tag darauf ihren

Abt Manegold[49]*. Mit vielen anderen Bischöfen beteiligte sich Günther 1159 an Friedrichs Heerzug nach Italien. Hier starb er am 16. August an der Pest. Seinem letzten Willen entsprechend wurde er im Chor der von ihm so sehr geliebten und bevorzugten Abtei Maulbronn feierlich beigesetzt*[50].

Hildegard an Bischof Günther von Speyer

Das Licht der höchsten Einhauchung sagt zu dir, o Mensch: Weise die Ermahnung des Heiligen Geistes, die in dir aufsteigt, nicht durch gewohnheitsmäßige schlechte Werke von dir. Denn Gott hält Suche nach dir, weil Er von jeher darauf bedacht ist, das verirrte Schaf zurückzuführen. Als Er die Missetaten der Menschen abwusch, wurde der alte Betrüger zuschanden, da der stärkste Streiter ihn überwand.

Gott blickt durch Fenster auf dich, denn Er ist gütig und barmherzig. Dessen spotte kein Mensch irgendwie durch ein Wahngebilde seines Willens. Höre: Weise die Mahnung Gottes nicht von dir, damit Er dich nicht züchtige mit Seiner Geißel. Denn Gott will in Seinem Eifer solch feindlichen Handel niedertreten, weil dessen Verfechter mitsamt ihren Genossen durch ihre Großtuerei Seiner spotten. Darum spannt er den Bogen Seiner Mahnung und beweist, daß niemand Ihm widerstehen kann. O Mensch, in vielfache Schwärze gehüllt, steh schnell auf nach dem Sturz und baue im Himmlischen. So werden die Schwarzen und Schmutzigen sich schämen ob deiner Erhöhung, wenn du dich aus der Schwärze erhebst. Noch liegst du darin, so daß wegen deiner Werke deine Seele kaum lebt; es sei denn, daß du wenigstens wie durch ein Bild[a] zum andern Leben aufschaust. Wie lichtes Morgenrot leuchtet dieses Wollen in dir.

Dein Geist siebt und schüttelt sich in großen Qualen, wenn die feiste Natur dich mit verworrenen Lüsten peinigt. Aus diesem Brodel mußt du heraus! Höre, Mensch: Ein Mann besaß ein Land, das sich als sehr fruchtbar erwies. Wenn der Pflug die Erde geschaufelt hatte, trieb sie in kräftigem Keimen jedwede in sie gesäte Frucht. Da gefiel es dem Mann, aus diesem Land einen Gewürzgarten zu machen. Gewürzkräuter von lieblichstem Duft sollten darin wachsen, Heilmittel gegen Wunden und Verletzungen. Und das Land wurde besser als früher. Nun also, o Mensch, wähle von beidem, was für dich von größerem Nutzen ist.

Das Fundament des himmlischen Jerusalem wurde zuerst mit Steinen gelegt, die durch große Stürze gespalten und durch die Risse ihrer Laster verunstaltet waren, aber hernach ihre Missetaten in Reue untergehen ließen. Dieses erste Fundament hat der Baumeister der Welt mit rauhen und ungeglätteten Steinen gelegt, und diese Steine tragen die ganze Stadt Gottes. Fliehe daher die Ausgelassenheit der schiffbrüchigen, in Unreinheit liegenden

Welt, und sei dem Sardis gleich und dem Topas, und schnell wie der Hirsch, um mit der Zunge aus dem reinsten Quell zu schöpfen. Und du wirst leben in Ewigkeit.

---

[a] vgl. 1 Kor 13, 12.

Bischof Günther scheint trotz seiner wohltätigen Gesinnung gegenüber den Klöstern fest in das gefahrvolle Netz der Verweltlichung verstrickt gewesen zu sein. Die Mahnung Hildegards ist deutlich und ernst.

BISCHOF GOTTFRIED VON UTRECHT (1156—1177)

Nachdem Bischof Hermann Ende März 1156 gestorben war, wurde bereits im April Gottfried von Rhenen, bis dahin Dompropst in Utrecht, zum Bischof dieser Diözese gewählt. Der Bericht über die Wahl, die in Gegenwart Friedrichs I. stattfand, betont, daß sie ohne Streit vor sich ging, da der Kaiser einen Zwiespalt nicht habe aufkommen lassen[51]*. Wir treffen Bischof Gottfried in der Folgezeit unter den Großen, die an Friedrichs Hoftagen teilnehmen*[52]*. Im April 1163 ist Bischof Gottfried beim Kaiser in Mainz und erscheint als achter Zeuge im Schutzbrief Barbarossas für das Rupertsberger Kloster*[53]*. Es ist möglich, daß er in Mainz Hildegard um ein Schreiben gebeten hat.*

Hildegard an Bischof Gottfried

Das heitere Licht sagt: Das Gesetz bewirkt Leben, die Finsternis Spaltungen und die Nachtzeit Traurigkeit. Der Mensch, der nach dem Besitz des Lebens verlangt, muß frei sein von Spaltungen. Inwiefern? So nämlich, daß er — gleichsam als existiere Gott nicht — zu Ihm nicht aufseufzt, sich nicht nach Ihm ausstreckt und nicht spricht: „Du hast mich gemacht." Wer dennoch so handelt, sucht zuweilen einen Kreis, das Glück der Welt. Und wer wird es ihm geben? Niemand, wenn nicht der Zeitenlauf sich einmal glückhaft erhebt — denn Gott hat den Menschen erschaffen —, ein andermal in Nichts zergeht — weil man an Gott zweifelt. Über die Nachtzeit aber sollte man traurig sein: Wenn nämlich der Mensch durch die Eigenwilligkeit seines Verlangens und Strebens sich sündhaft wie in schwarze Nacht verstrickt, umringt ihn oft Traurigkeit, da er keinerlei Hoffnung mehr auf frohes Wirken hat.

Darum, o Streiter Christi, unterwirf dich dem Gesetze Gottes, soweit du es zu sehen vermagst, und halte nach den Vorschriften des göttlichen Gesetzes die Zuchtrute in deiner Hand, auf daß du in Ewigkeit lebest. Fliehe die nächtlichen Stürme. Denn so will es Gott. Und schaue auf zu den Lebendigen, die allüberall Augen haben[a], so daß du in allem, was dir begegnet, Gott schaust und so Sein geliebter Sohn genannt werdest.

---

[a] vgl. Ez 1, 18.

In diesem Meditationsschreiben weist Hildegard auf die Traurigkeit hin, die eine Begleiterscheinung und eine Folge der Nichtbeobachtung des Gesetzes, der Sünde, sein kann. Hildegard richtet den Blick des Bischofs auf die Lebendigen, die überall Augen haben, *die Engel: wie sie soll der Mensch ständig seinen Blick auf Gott lenken und Ihn anschauen.*

BISCHOF HEINRICH VON LÜTTICH (1145—1164)

Heinrich von Leyen, Bischof von Lüttich, gehört zu den Männern, die vom Beginn der Regierung Barbarossas an häufig in der Umgebung des Herrschers anzutreffen sind. Bereits 1152 erscheint Bischof Heinrich in vier Urkunden, die der König in Aachen ausstellte[54]*. Wir sehen ihn im Oktober des gleichen Jahres mit Friedrich in Würzburg*[55]*, im Dezember in Trier*[56]*, wo Friedrich, umgeben von einer großen Schar geistlicher und weltlicher Fürsten, das Weihnachtsfest feiert. 1154 nimmt Bischof Heinrich von Lüttich am Italienfeldzug teil. Am 7. September 1156 erhält er in Trient eine Urkunde vom Kaiser, die mit einem ungewöhnlich warmen Lob beginnt. Bischof Heinrich habe, so heißt es,* getreulich der Kaiserkrönung in Rom beigewohnt und während des Feldzuges sich und das Seine oft in die Schanze geschlagen[57]. *Als 1159 die Gebeine des Abtes Wibald von Stablo-Korvei von Griechenland, wo er ein Jahr zuvor gestorben war, nach Stablo übertragen werden, nimmt der Bischof von Lüttich am 26. Juli die feierliche Beisetzung vor. Im Schutzbrief Kaiser Friedrichs I. für das Rupertsberger Kloster ist Bischof Heinrich von Lüttich der siebte Zeuge*[58]*. Dieser von Barbarossa außerordentlich bevorzugte Bischof nahm also eine hervorragende Stellung unter den Kirchenfürsten ein.*

Hildegard an Bischof Heinrich von Lüttich

Das lebendige Licht sagt: Die Wege der Schrift zielen auf den hohen Berg, wo Blumen und kostbare Gewürzkräuter wachsen, wo das Wehen eines sanften Windes ihnen starken Duft entlockt, wo Rosen und Lilien mit leuchtendem Antlitz prangen. Dieser Berg war nicht sichtbar wegen der Schatten, die die lebenspendende Luft vernebelten. Denn der Sohn des Allerhöchsten hatte die Welt noch nicht erleuchtet. Da ging Er, die Sonne, aus [Maria] der Morgenröte hervor und erhellte die Welt, und alle Völker sahen die Gewürzkräuter des Berges. Der Tag war herrlich durchstrahlt, und ein liebliches Raünen hob an.

O Hirten! Jetzt aber, da in Eurer Zeit der Berg mit schwärzesten Nebeln bedeckt ist und den guten Duft[a] nicht ausströmt, muß man weinen und klagen. Du aber, o Heinrich, sei ein guter Hirt und edel in deinen Sitten. Und wie der Adler in die Sonne blickt, so denke daran und achte darauf, wie du die Trägen und Fremden ins Vaterland zurückrufen und diesen Berg etwas erhellen kannst. Dann wird deine Seele leben, und du wirst vom höchsten Richter das liebliche Wort vernehmen: „Wohlan, guter und getreuer Knecht"[b]. Und deine Seele wird davon aufleuchten, wie der Krieger im Kampfe strahlt, wenn seine Kameraden sich mit ihm freuen, weil er Sieger ward.

Daher, o Führer des Volkes, kämpfe für den guten Sieg und weise die Irrenden zurecht. Reinige die schönen Perlen vom Schmutz und bereite sie für den höchsten König. So sehne sich dein Herz in gutem Eifer, die Perlen zu jenem Berg zurückzurufen, wie Er sie [ihm] ursprünglich als Gottesgabe einfügte. Nun möge Gott dich beschützen und deine Seele vor der ewigen Strafe bewahren.

---

[a] vgl. 2 Kor 2, 15   [b] Mt 25, 21 u. 23.

In der Zwiefaltener Handschrift ist der Brief überschrieben: Hildegards Mahnung an den Bischof von Lüttich aus dem Kloster, das Belis genannt wird *(heute Münsterbilsen, 12 km westlich von Maastricht). Bischof Heinrich war also vor der Übernahme seines Hirtenamtes Mönch im Kloster Münsterbilsen.*

Mit dem bischöflichen Stuhl von Lüttich blieb Hildegard auch weiterhin verbunden. Denn Radulf von Zähringen, der von 1167 bis 1191 das Bistum Lüttich regierte, war von Kindheit an bis zu seiner Bischofswahl von Hildegards Bruder Hugo an der Domschule zu Mainz erzogen worden. Dies berichtet Wibert von Gembloux in einem Brief dem Mönch Radulf von Villers[58a].

BISCHOF EBERHARD II. VON BAMBERG (1146—1170)

Ein besonderes Gepräge haben die Beziehungen zwischen dem Bischof Eberhard von Bamberg und der heiligen Hildegard.

Eberhard, Propst des Stiftes St. Jakob zu Bamberg, wurde am 26. Mai 1146, dem Todestag seines Vorgängers, „einmütig von Klerus und Volk" gewählt. Er empfing Ende des gleichen Jahres von Papst Eugen III. in Viterbo die Bischofsweihe und das Pallium und spielte von Anfang an in der Reichspolitik eine bedeutende Rolle. Bei Friedrich I. stand er in hoher Gunst. Bereits drei Tage nach dessen Salbung und Krönung zum König erhielt er für sein Eintreten zugunsten Friedrichs bei der Königswahl vom Herrscher eine Urkunde, durch welche die bis dahin reichsfreie Abtei Niederaltaich dem Bistum Bamberg unterstellt und dem Bischof von Bamberg die Einsetzung des Abtes zugestanden wurde. Mit Erzbischof Hillin von Trier und Abt Adam von Ebrach überreichte er Eugen III. das von Wibald von Stablo verfaßte Schreiben Friedrichs I., das dem Papst die Königswahl mitteilte und die Ergebenheit des Herrschers zum Ausdruck brachte. Bischof Eberhard von Bamberg nimmt an den Italienfeldzügen Barbarossas teil und empfängt den Kaiser mehrmals zum Hoftag in Bamberg. Im Streit zwischen Kaisertum und Papsttum war Eberhard als getreuer Vermittler *stets um einen befriedigenden Ausgleich für beide Parteien bemüht und erkannte die kaiserlichen Gegenpäpste nur mit dem Vorbehalt an, daß sich die ganze katholische Kirche für sie entscheide. Der hochgebildete Kirchenfürst und hervorragende Theologe zeigte seine maßvolle Haltung, Klugheit und geistige Überlegenheit ebensosehr in seiner Kontroverse mit Gerhoh von Reichersberg wie in seiner Tätigkeit für das Reich. Dem Erzbischof Eberhard von Salzburg blieb er trotz anderer politischer Gesinnung bis zu dessen Tod (1164) freundschaftlich verbunden. Als guter Verwalter seiner Diözese sicherte und erweiterte er durch geschickte Verträge die Besitzungen des Hochstiftes, weihte Kirchen, festigte, förderte und reformierte Klöster. 1157 gründete er das Nonnenkloster St. Maria und Theodor in Bamberg durch Überweisung des domstiftschen Hospitals an die Edelfrau Gertrud, die Witwe des Pfalzgrafen Hermann von Stahleck, und ihre Nonnen in Wechterswinkel*[59]. *Auf die Gründung dieses Klosters werden wir noch zurückkommen.*

Auf dem Hoftag zu Mainz im April 1163 ist Bischof Eberhard im Gefolge des Herrschers und erscheint im Schutzbrief des Kaisers für das Rupertsberger Kloster als fünfter in der Zeugenreihe.

Der Brief dieses bedeutenden Bischofs an die Meisterin vom Rupertsberg zeugt vom Ruf der Heiligkeit und von der charismatischen Begabung Hildegards, die in den Kreisen der Fachtheologen in höchstem Ansehen stand:

Bischof Eberhard von Bamberg an Hildegard

Eberhard, durch Gottes Gnade — obwohl unwürdig — Bischof der Kirche zu Bamberg, entbietet der ehrwürdigen Schwester und Meisterin von St. Rupertus die Huldigung verehrungsvoller Ergebenheit und wünscht ihr den Lohn der ewigen Glückseligkeit.

Unter dem Beistand der göttlichen Gnade erklingt wohltönend ringsum in den Ohren der Völker der Ruhm deiner Heiligkeit. So können wir in Wahrheit sagen: „Christi Wohlgeruch sind wir für Gott"[a]. Da aber „der Herr vom Himmel herniederblickt auf die Menschenkinder, zu sehen, ob einer einsichtig sei"[b] oder den in dir Wohnenden sucht, eilen wir, vom Wohlgeruch deines guten Rufes angezogen, mit ganzem Verlangen zum Herrn, der in dir verehrt und befragt wird. Denn was du vielen gewährt hast, wirst du mir allein nicht verweigern. Wir haben ja, als wir vom kaiserlichen Hofe aus bei dir, die du mit dem Heiligen Geiste durchtränkt bist, vorbeikamen, deiner Liebe eine Aufgabe gestellt: *Im Vater west die Ewigkeit, im Sohne die Gleichheit, im Heiligen Geiste die Verbindung von Ewigkeit und Gleichheit.* Dies möchten wir nun gemäß dem, was Gott dir geoffenbart hat, dargelegt sehen. Der Herr sei mit dir und verleihe uns Hilfe durch deine Gebete.

---

[a] 2 Kor 2, 15 [b] Ps 13, 2.

Aus dem Schreiben geht hervor, daß Bischof Eberhard von Bamberg nach dem Hoftag in Mainz Hildegard auf dem Rupertsberg um die Darlegung einer theologischen These gebeten hat. Auf dieses Gespräch nimmt der Bischof Bezug und bittet Hildegard um ihre Antwort:

Hildegard an Bischof Eberhard von Bamberg

Der da IST[a] und dem nichts verborgen ist, sagt: O Hirt, mögest du nicht verdorren beim Strömen des süßen Balsamduftes. Er ist die Kräftigung, die man den törichten Geistern darreichen muß, denen das mütterliche Erbarmen fehlt, an dessen Brust sie sich nähren. Wer diese nicht hat, verschmachtet. Reiche also den Deinen die Leuchte des Königs dar, damit sie nicht durch verletzende Härte auseinandergesprengt werden, und erhebe dich als einer, der im Lichte lebt.

O Vater, ich Armselige habe nun auf das wahre Licht meinen Blick gerichtet. Und gemäß dem, was ich in der wahren Schau sah und hörte und was mir dargelegt wurde — um dessen Mitteilung du mich gebeten hast —, übersende ich dir hiermit: aber nicht mit meinen Worten, sondern mit denen des wahren Lichtes, das niemals versagt.

Im Vater west die Ewigkeit. Das heißt: Die Ewigkeit darf man nicht verkleinern und nicht vergrößern. Denn die Ewigkeit gleicht einem Rad, das weder Anfang noch Ende hat. So ist die Ewigkeit im Vater vor jeder Kreatur, da sie immer und immer Ewigkeit war. Und was ist die Ewigkeit? Gott. Ewigkeit ist aber einzig dadurch Ewigkeit, daß sie unendliches Leben ist. Daher lebt Gott in Ewigkeit. Leben aber geht nicht hervor aus Sterblichkeit, sondern Leben west im Leben. Kein Baum blüht ohne Grünkraft, kein Stein ist ohne Feuchtigkeit, kein Geschöpf ohne die ihm eigene Kraft. Inwiefern?

Das Wort des Vaters schuf jegliche Kreatur in Seinem Auftrag. So ist der Vater in Seiner gewaltigen Kraft nicht untätig. Gott wird deshalb ‚Vater' genannt, weil alles von Ihm seinen Ursprung nimmt. Und darum west im Vater auch die Ewigkeit, denn Er war bereits Vater vor dem Anfang und ewig vor dem Beginn Seiner aufblitzenden Werke, die alle im Vorauswissen der Ewigkeit erschienen. Was aber im Vater west, ist nicht wie das im Menschen Wesende: zweifelhaft, vergangen oder zukünftig, neu oder alt; sondern alles, was im Vater ist, ist unwandelbar beständig.

Der Vater ist die „Klarheit" [claritas, Lichtfülle], und diese Klarheit hat „Glanz" [splendor, Sohn], und in dem Glanz ist „Feuer" [ignis, Heiliger Geist], und sie sind eins. Wer dies nicht im Glauben festhält, schaut Gott nicht, weil er von Ihm abschneiden will, was ist. Denn Gott darf man nicht teilen. Selbst die Werke, die Gott erschaffen hat, verlieren, wenn der Mensch sie [begrifflich] aufteilt, den Vollgehalt ihrer Namen. Die „Klarheit" ist also die Vaterschaft, aus der alles hervorgeht und die alles umgibt. Denn alles west aus ihrer Kraft.

Die gleiche Kraft hat auch den Menschen gebildet und den Odem des Lebens in ihn gesandt[b]. So hat der Mensch aus dieser Kraft in sich die Fähigkeit zu wirken. Inwiefern? Fleisch geht vom Fleische aus, Gutes — im guten Ruf — von dem, was gut ist, und dies wird vermehrt durch gutes Beispiel im anderen Menschen. Das vollzieht sich fleischlich und geistig im Menschen, denn das eine geht von anderem aus als das andere. Der Mensch liebt seine nützlichen Werke sehr, da sie aus seinem Erkennen Wirklichkeit geworden sind. So will auch Gott. Er will, daß Seine Kraft durch alle [Geschöpfes-] Arten hindurch offenbar werde, da sie ja Sein Werk sind.

Der „Glanz" (splendor) gibt Augen. Und dieser Glanz ist der Sohn, der die Augen gab, als Er sprach: „Es werde!"[c] Da erschien alles in lebendigem Auge körperhaft. Und das „Feuer", das Gott [der Heilige Geist] ist, durchdringt diese beiden Benennungen [claritas und splendor, Vater und Sohn]. Denn es wäre nicht möglich, daß die Klarheit des Glanzes entbehrte. Und wenn ihnen das Feuer fehlte, so würde die Klarheit nicht leuchten noch der Glanz ausstrahlen. Denn im Feuer sind Flamme und Licht, sonst wäre es kein Feuer.

Im Sohne west die Gleichheit. Auf welche Weise? Alle Geschöpfe waren vor der Zeit im Vater, Er ordnete sie in sich, danach schuf sie der Sohn im Werk. Wie ist das zu verstehen? Es ist ähnlich wie beim Menschen, der das Wissen um ein großes Werk in sich trägt, das er hernach durch sein Wort an den Tag bringt, so daß es unter Beifall in die Welt tritt.

Der Vater ordnet, der Sohn wirkt. Denn der Vater hat alles in sich geordnet, und der Sohn hat es im Werke vollendet. Er ist das Licht vom Lichte, das im Anfang war, vor der Zeit, in der Ewigkeit. Dieses [Licht] ist der Sohn, der aus dem Vater aufglänzt und durch den alle Geschöpfe geworden sind. Und der Sohn zog — das war zuvor nicht leibhaft erschienen — das Gewand der Menschennatur an, die Er aus Lehm gebildet hatte. So hatte Gott alle Seine Werke im Blick vor sich als „Licht" [Abbilder des Sohnes], und als Er sprach: „Es werde!", zog jegliches das seiner Art gemäße Gewand an.

Alsdann neigte sich Gott auf Sein Werk herab. Und so bleibt auch in dieser Hinsicht die „Gleichheit" sogar in bezug auf den Menschen [Christus] im Sohne Gottes bestehen. Denn Er zog die Menschheit an, wie auch die Werke Gottes ihre Körper anzogen. Deshalb hat Er in der Niedrigkeit des Menschseins sich zum Menschen herabgeneigt. Denn die Gottheit ist so vollkommen, daß Gott — hätte Er die menschliche Natur nicht angezogen — am Menschen nichts verschonen würde, was dem Guten widerstreitet.

Denn „alles ist durch Ihn gemacht, und ohne Ihn ist nichts gemacht"[d]. Alle Dinge, die sichtbar, tastbar und durch den Geschmack wahrnehmbar sind, sind durch Ihn erschaffen. Und sie alle sah Er irgendwie als Notwendigkeit für den Menschen voraus: für die umfassende Liebe, für die Furcht, die Zucht oder die Vorsorge für jeden Anlaß.

„Und ohne Ihn ist nichts gemacht." Dieses Nichts ist der Hochmut. Er ist ein Ansinnen, das auf sich selbst schaut und auf niemand vertraut. Will er doch, was Gott nicht will, und glaubt stets an das, was er selbst hinsetzt. Finster ist er, weil er das Licht der Wahrheit verachtet und etwas begonnen hat, was er nicht ausführen konnte. Deshalb ist er nichts, weil er nicht von Gott gemacht und geschaffen ist. Im ersten Engel nahm er seinen Anfang. Als dieser seinen Glanz betrachtete, in Dünkel verfiel und nicht sah, von wem er den Glanz hatte, sondern bei sich sprach: „Ich will der Herr sein und keinen über mir haben." So entwich sein Glanz von ihm, er verlor ihn und wurde der Fürst der Hölle[e].

Da gab Gott diesen Glanz Seinem zweiten Sohn [dem Menschen]. Ihn rüstete Er mit solch kerniger Kraft aus, daß alle Kreaturen ihm dienen, und erstellte ihn in solch starker Kraft, daß er jenen Glanz durch nichts verlöre. Mit der gleichen Lästerung, durch die der Teufel Gott verneinte, begehrte die Torheit im Menschen, Gott an Ehre gleich, nämlich Gott zu sein. Dennoch verlor er jene Liebe nicht, weil er erkannte, daß Gott ist. Daher ist das Wesen des Teufels völlig finster, denn er lehnte die Herrlichkeit Gottes ab. Adam hingegen bejahte die Herrlichkeit Gottes. Er begehrte nur, Anteil an ihr zu haben. Deshalb ist er seinem Wesen nach vollkommen, weil etwas von dem Licht darin [geblieben] ist, wenngleich er auch voll ist von vielen Erbärmlichkeiten[f].

Im Heiligen Geist west die Verbindung (connexio) von Ewigkeit und Gleichheit. Der Heilige Geist ist wie ein Feuer, nicht ein auslöschbares, das bald in Flammen aufscheint, bald erlischt. Denn der Heilige Geist durchströmt und verbindet die „Ewigkeit" und die „Gleichheit" so, daß sie eins sind, wie der Mensch ein Bündel zusammenschnürt — denn das Bündel wäre, wenn es nicht zusammengeschnürt würde, kein Bündel, sondern fiele auseinander. Oder wie der Schmied zwei Erzstücke durch Feuer zu einem verbindet. Er ist wie ein kreisendes Schwert, das nach allen Seiten geschwungen wird. Der Heilige Geist kündet die Ewigkeit, entzündet die Gleichheit: so sind sie eins. In dieser Ewigkeit und Gleichheit ist der Heilige Geist, da Gott lebt, das Feuer und Leben. Die Sonne ist hellglänzend, ihr Licht flammt, und das Feuer in ihr brennt. Sie erleuchtet die ganze Welt und erscheint als eine Einheit. Jedes Ding, in dem keinerlei Kraft ist, ist tot, wie ein vom Baum abgeschnittener Zweig dürr ist, weil er keine Grünkraft hat.

Der Heilige Geist ist das Festigende (solidamentum) und das Belebende (vivificatio). Ohne den Heiligen Geist wäre die Ewigkeit nicht Ewigkeit. Ohne den Heiligen Geist wäre die Gleichheit nicht Gleichheit. Der Heilige Geist ist in beiden und eins [mit ihnen] in der Gottheit, ein Gott.

Auch die [in der Sprache sich äußernde] Vernunft hat drei Kräfte: den Schall, das Wort und den Hauch. Im Vater ist der Sohn wie das Wort im Schall. Der Heilige Geist ist in beiden wie der Hauch im Schall und im Wort. Und diese drei Personen sind, wie gesagt, ein Gott. Im Vater west die Ewigkeit, weil niemand vor Ihm war und die Ewigkeit keinen Anfang hat, wie die Werke Gottes einen Anfang haben. Im Sohne west die Gleichheit, weil der Sohn sich nie vom Vater trennte, noch der Vater jemals ohne den Sohn war. Im Heiligen Geist west die Verbindung [von beiden], weil der Sohn immer beim Vater blieb und der Vater beim Sohne. Denn der Heilige Geist in ihnen ist feuriges Leben, und sie sind eins.

Und es steht geschrieben: „Der Geist des Herrn erfüllt den Erdkreis"[g]. Das heißt: Alle Geschöpfe, die sichtbaren und unsichtbaren, entbehren nicht des geistigen Lebens. Und diejenigen, die der Mensch nicht erkennt, sucht sein Verstand, bis er sie erkennt. Denn aus der Keimkraft sprießen die Blüten, und aus den Blüten gehen die Früchte der Bäume hervor. Auch die Wolken haben ihren Lauf. Ebenso flammen Mond und Sterne im Feuer. Die Bäume treiben durch ihre Keimkraft Blüten. Das Wasser hat Feinheit und windähnliche Leichtbeweglichkeit, um aufzuquillen und sich in Bächen zu ergießen. Auch die Erde hat Feuchtigkeit und Dunst.

Alle Geschöpfe haben etwas Sichtbares und Unsichtbares. Das Sichtbare ist schwach, das Unsichtbare stark und lebendig. Dies sucht der Verstand im

Menschen zu erkennen, weil er es nicht sieht. Es sind die Kräfte in den Werken des Heiligen Geistes.

„Und das, was alles zusammenfaßt"[h]. Was bedeutet das? Der Mensch „faßt alles zusammen". Inwiefern? Durch Herrschen, Gebrauchen, Befehlen. Dies verlieh ihm Gott als Seinem Gleichnis. „Er hat die Erkenntnis der Stimme"[i], das ist die Vernunft, die in der Stimme erklingt. Die Stimme ist der Leib, die Vernunft die Seele, die Wärme der Luft ist das Feuer, und sie sind eins. Wenn daher die Vernunft, im Wort Gestalt annehmend, durch die Stimme gehört wird, kommen alle ihre Werke zur Ausführung. Und von daher kommt ihr schöpferisches Wirken zu. Denn wie sie befiehlt, so wird es sein. Keines der Werke Gottes ist also inhaltlos.

Hätte jemand ein mit Geld gefülltes Gefäß, so würde er darüber große Freude empfinden. Wäre aber nichts im Gefäß, so würde er es als sehr gering erachten. In den bösen Taten ist Leere, sie fliehen das Feuer des Heiligen Geistes. Sofort ist dann durch die Einflüsterung des Teufels die Sündenlust da. Sobald aber der Mensch erkennt, daß seine bösen Taten als nichtig zu erachten sind, und sich von ihnen abwendet, gleicht er dem in die Ferne gezogenen Sohn, der in seinem Hunger sich an das Brot seines Vaters erinnerte und sprach: „Vater, ich habe gesündigt wider den Himmel und vor dir"[j]. „Wider den Himmel" — denn meiner Vernunft nach bin ich himmlisch. „Und vor Dir" — denn ich weiß, Du bist Gott. Dann stößt er den Teufel zurück und erwählt aufs neue seinen Herrn. Alle Ränke des Teufels werden zuschanden, und alle himmlischen Harmonien [die Engel] geraten in Staunen. Das, was sie bis dahin für ohnmächtigen Lehm hielten [den Menschen], erblicken sie jetzt als fürstlich machtvolle Wolkensäule. Was sie als niedrig ansahen, erwählen sie hernach als etwas Schönes. Alle Laster des Teufels sind ja in ihrem Wert als ein Nichts zu erachten. Kein Wert ist in bösen Taten. Nur in guten Werken schafft man Werte. Das sind die Werke des Heiligen Geistes.

Nun verleihe dir Gott, o Hirt und Vater der Völker, daß du zu dem Lichte gelangst, wo du die Erkenntnis der wahren Glückseligkeit empfängst.

---

[a] Ex 3, 14; Apk 1, 4 [b] vgl. Gn 2, 7 [c] Gn 1 [d] Jo 1, 3 [e] vgl. Is 14, 12 ff.
[f] vgl. Job 14, 1 [g] Ws 1, 7 [h] ebd. [i] ebd. [j] Lk 15, 18.

Der Bollandist Stilting sagt in den Acta Sanctorum zu diesem Brief Hildegards: Das Gefragte hat sie in so ausführlicher und tiefsinniger Rede dargelegt, daß der gelehrte Theologe sich wohl sehr hätte mühen müssen — und vielleicht sogar vergeblich! —, um selber eine solche Auslegung geben zu können[60].

Die Bilder aus der Natur als Vergleiche für die Trinität finden sich bereits im Scivias[61].

ERZBISCHOF EBERHARD VON SALZBURG (1149—1164)

Eine der markantesten und eigenständigsten Persönlichkeiten im deutschen Episkopat des 12. Jahrhunderts ist Eberhard von Biburg und Hipoltstein, Erzbischof von Salzburg. Um 1085 geboren, war er zunächst Kanoniker in Bamberg, wurde 1125 Mönch in der Benediktinerabtei Prüfening und 1133 erster Abt des von seinen Geschwistern gegründeten Klosters Biburg in der Diözese Regensburg. Papst Innozenz II. erteilte ihm die Abtsweihe. Am 22. Mai 1149 von Bischof Otto von Freising in Salzburg zum Bischof geweiht, leitete Eberhard als guter Oberhirte seine Erzdiözese, zu denen die Suffragan-Bistümer Regensburg, Freising, Passau, Brixen und Gurk gehörten. Konrad III. verfehlte nicht, die vortreffliche Verwaltung des Erzstiftes wiederholt anzuerkennen und zu loben[62]. Erzbischof Eberhard ist mehrfach in der Umgebung König Konrads und Kaiser Friedrichs anzutreffen, jedoch bei weitem nicht so häufig wie sein Freund Bischof Eberhard von Bamberg. In dem großen Kampf um die Macht zwischen Kaiser und Papst stand der Erzbischof von Salzburg unentwegt auf der Seite Alexanders III. und war dessen Hauptstütze im ganzen Reich. Er war es auch, der sich des bekenntnistreuen und religionseifrigen Bischofs Ulrich von Halberstadt (1149—1177) in besonderer Weise annahm. Als dieser wegen seiner Treue zu Papst Alexander 1159 von dem kaiserlichen Gegenbischof Gero von Halberstadt verdrängt wurde, fand er in Salzburg Zuflucht und Heimat und hielt sich meist in dieser Stadt auf[63]. Bereits am 30. März 1162 erklärte sich der Salzburger Erzbischof offen als Gegner Viktors IV. Dennoch erscheint Eberhard von Salzburg auch weiterhin im Gefolge des Kaisers: ein Beweis, daß der Herrscher ihn zu schätzen wußte, denn gerade dieser Erzbischof war bestrebt, immer wieder zwischen Kaiser und Papst zu vermitteln[64]. Die Reformbestrebungen seiner Freunde Gottfried von Admont und Gerhoh von Reichersberg suchte Erzbischof Eberhard nach Kräften zu unterstützen.

Der stark exponierte Erzbischof wandte sich in einem Schreiben an Hildegard:

Erzbischof Eberhard von Salzburg an Hildegard

Eberhard, obwohl unwürdig, durch Gottes Gnade Verwalter und Erzbischof der Kirche von Salzburg, wünscht Hildegard, der Schwester und Meisterin vom heiligen Rupert in Bingen, was immer das Gebet eines Sünders vermag. Und überdies, sie möge nach dem Sieg über dieses Fleisch mit den klugen Jungfrauen zur Umarmung des himmlischen Bräutigams gelangen.

Ich Sünder, der ich ins Tal der Tränen versetzt bin, aufgerieben von vielen Wirbeln und Stürmen der Welt, habe von innen Furcht, von außen Kämpfe erlitten[a]. Nun bitte ich deine Liebe aufs inständigste: Ergieße deine Gebete für mich, damit die göttliche Barmherzigkeit mir das Innerste ihrer Güte auftue und milde mich allen Trübsalen entreiße. Denn der Kaiser unterfängt sich, wegen des Schismas, das zur Zeit in der Kirche besteht, uns Gewalt anzutun. Gottgeweihte Jungfrau, deine Liebe möge sich erinnern: als ich im Hoflager bei Mainz war, habe ich mich aufs eifrigste deinen heiligen Gebeten empfohlen, damit durch deine Fürsprache mein inneres Leben Fortschritt im Herrn und glückliche Vollendung erfahre. Deshalb hast du mir Geringem ja auch versprochen, es nicht als Belastung zu betrachten, mir deinerseits nach Empfang meines Briefes darüber zu schreiben, was der Herr dir offenbaren würde. Die Einlösung dieses Versprechens fordert der Geringe nunmehr von deiner Heiligkeit ein. Lebe wohl, Jungfrau Gottes, und gedenke meiner. Was immer es auch sei, was du zu schreiben hast: lege es unter Siegel!

[a] vgl. 2 Kor 7, 5.

Aus dem Brief ist zu schließen, daß Eberhard von Salzburg Hildegard persönlich gesprochen hat, und zwar im kaiserlichen Hoflager zu Mainz. In der dort ausgestellten Schutzurkunde Friedrichs für das Rupertsberger Kloster ist der Salzburger Erzbischof der dritte Zeuge[65].

Hildegard an Erzbischof Eberhard von Salzburg

O du, der du in deinem Amt den Sohn des lebendigen Gottes vertrittst, jetzt schaue ich: Dein Zustand gleicht zwei Mauern, die wie durch einen Eckstein verbunden sind. Die eine erscheint wie eine glänzende Wolke, die andere etwas verschattet, jedoch so, daß weder die Helligkeit mit dem Schatten noch dieser mit der Helligkeit sich vermischt. Die Mauern sind deine Mühen, die in deinem Geist [dem Eckstein] zusammentreffen. Denn einerseits seufzt dein Wollen und Sehnen auf engem Pfade zu Gott hin, anderseits zielt der Bereich deiner Mühen auf das dir untergebene Volk: das eine in Helligkeit, das andere in Verschattung. Die Helligkeit deines Wollens betrachtest du als Hausgenossen, den Schatten der weltlichen Mühsal siehst du als Fremdling an. Du gestattest nicht, daß sie sich miteinander vereinigen und spürst daher häufig Ermüdung in deinem Geiste. Denn dein Streben zu Gott und dein Mühen um das Volk siehst du nicht als Einheit. Und doch kann beides, ob du mit gutem Streben zum Himmlischen aufseufzest oder in Gott für das Volk dich mühst, zu *einem* Verdienst verbunden werden. So hing auch Christus dem Himmlischen an und neigte sich doch zugleich dem Volke zu, wie geschrieben steht: „Ich sprach: Götter seid ihr und insgesamt Söhne des Allerhöchsten“[a]. „Götter“ nämlich in bezug auf das Himmlische, „Söhne des Allerhöchsten“ in der Fürsorge um das Volk.

Durchtränke also, o Vater, deine Mühsal mit dem Quell der Weisheit, aus dem zwei Töchter schöpften, die mit königlichen Gewändern bekleidet sind: die „Liebe" und der „Gehorsam". Denn die Weisheit hat gemeinsam mit der Liebe alles geordnet, da sie viele Bächlein entspringen ließ, wie sie sagt: „Ich allein habe den Umkreis des Himmels umschritten"[b], und durch den Gehorsam gab Gott den Menschen das Gebot. Das Gewand der „Liebe" ist es, daß sie nach Art der Engel das Antlitz Gottes schaut. Das Gewand des „Gehorsams" hingegen ist die Umkleidung des Herrn mit der Menschheit. Diese Mägdlein klopfen an deine Tür, und die „Liebe" spricht zu dir: „Mich verlangt danach, bei dir zu bleiben, und ich möchte, daß du mich auf dein Lager legst und mir in liebender Freundschaft zugetan bist. Denn wenn du Wunden barmherzig berührst und reinigst, ruhe ich auf deinem Lager, und wenn du einfältigen und rechtschaffenen Menschen mit Wohlwollen in Gott begegnest, bin ich in liebender Freundschaft dein eigen." Und auch der „Gehorsam" spricht zu dir: „Ich bleibe bei dir wegen der Bindung des Gesetzes und der Vorschriften Gottes. Deshalb umfange mich entschlossen und mit starker Kraft, nicht wie einen Verwalter, sondern wie eine inniggeliebte Freundin. Denn in der Taufe hast du begonnen, mich aufzunehmen, und bei zunehmendem Wachstum hast du mich festgehalten, da du in der Zucht der Unterwerfung und im Prälatenamt den Vorschriften Gottes gehorchtest. Denn der Urgrund, aus dem ich hervorging, ist die Liebe."

O Vater, die „Weisheit" sagt dir die Wahrheit: „Sei dem Hausvater gleich, der ungern von der Torheit seiner Söhne hört, aber doch seine Klugheit nicht preisgibt, wie auch ich das Himmlische und Irdische zum Wohl des Volkes zur Einheit verbinde. Berühre und reinige also die Wunden und erhalte die Einfältigen und Rechtschaffenen und freue dich mit Gottes Hilfe über das eine wie über das andere."

Nun, o Vater, ich armseliges Gebilde sehe, wie dein Wille die Tür zu diesen Gotteskräften ersehnt, die dir offenstehen wird, so daß du in diesen Kräften das zermahlende Werk deiner Leibesaufgabe vollendest. Der da IST[c] und alles erforscht, wird dich an Leib und Seele stützen.

---

[a] Ps 81, 6 [b] Ekkli 24, 5 [c] Ex 3, 14; Apk 1, 4.

Auf das Anliegen, das den Erzbischof besonders stark bedrängte — das Schisma und gewalttätige Verhalten des Kaisers gegenüber Eberhard —, geht Hildegard in ihrem Schreiben nicht ein. Und gerade das hatte der Erzbischof erwartet. Denn am Schluß seines Briefes hatte er Hildegard gebeten, ihr Antwortschreiben unter Verschluß zu legen. Hildegard wußte um Eberhards unbeirrbare Treue zu Alexander. Daher bedurfte er nach dieser Richtung hin keiner besonderen Ermutigung. Und so wendet sie sich seiner anderen Not zu: der Frage, wie er die Sehnsucht nach dem Himmlischen mit der Mühsal und Sorge um das Irdische in Einklang bringe.

In diesem Briefwechsel begegnen sich zwei Heilige. Nach seinem Tod am 21. Juni 1164 im Zisterzienserkloster Reun in der Steiermark wurde Erzbischof Eberhard von Salzburg als Heiliger verehrt. Sein Fest wird am 22. Juni gefeiert.

ERZBISCHOF PHILIPP VON KÖLN (1167—1191)

Philipp von Heinsberg, Propst von Lüttich, wurde 1156 Domdekan und 1165 Dompropst in Köln. Bei der Verwaltung der Erzdiözese zeichnete er sich als Vertreter des abwesenden Erzbischofs Rainald von Dassel durch große Klugheit und Umsicht und hervorragende politische Begabung aus. 1166 wurde er Reichskanzler, 1167 Erzbischof von Köln, erhielt jedoch erst 1176 die Anerkennung Papst Alexanders. 1169 krönte der Erzbischof Heinrich VI. zum deutschen König. Dem Kaiser, der ihn vielfach mit wichtigen Gesandtschaften betraute, war Philipp treu ergeben. 1184 überwarf er sich mit Friedrich I. und trat eindeutig auf die Seite des Papstes. Urban III. ernannte ihn 1186 zum päpstlichen Legaten. Erst 1188 fand in Mainz die Aussöhnung zwischen dem Kaiser und dem Kölner Erzbischof statt. Er begleitete Heinrich VI. 1190 nach Italien und starb im darauffolgenden Jahr in der Nähe von Neapel. Erzbischof Philipp war vorwiegend Staatsmann und weltlicher Fürst, erwarb sich jedoch auch Verdienste auf kirchlichem Gebiet[66].

Während Hildegard mit seinem Vorgänger, Rainald von Dassel, nicht in Beziehung stand, war sie mit Erzbischof Philipp freundschaftlich verbunden. Dieser hat Hildegard oft auf dem Rupertsberg besucht. Ich weiß, daß Ihr sie glühend geliebt habt[67], *schreibt Wibert von Gembloux an den Kölner Erzbischof.* Von den vielen Würdenträgern, die wir oft zu Hildegard kommen sahen, habt Ihr sie im Diensteifer Eurer Liebe besonders häufig besucht[68].

ERZBISCHOF PHILIPP AN HILDEGARD

Philipp, von Gottes Gnaden Erzbischof von Köln, wünscht der geliebten, vom göttlichen Hauch wunderbar überströmten Schwester Hildegard, den im Himmel glorreich zu schauen, nach dessen ständiger Umarmung sie sich sehnt.

Obgleich die Verschiedenheit der Orte die Gunst der persönlichen Begegnung und des erwünschten Gespräches unterbindet, so wird doch die Seelenverwandtschaft stets die vereinen, die die Liebe Christi verbunden hat. Daher ist es mir höchst willkommen, daß sich in diesem Jahre eine Durchreise ergibt und damit das langersehnte Glück, dich zu besuchen. Die Kränklichkeit und Zartheit deines Körpers haben mein Herz und die Herzen der vielen, die hierzulande in Christus dich lieben und dir gute Gesundheit und das wahre, ewige Heil wünschen, beunruhigt und erschreckt. Es hat uns daher gefallen und wir haben es für würdig erachtet, nachzuforschen und uns Gewißheit über dein Befinden zu verschaffen. Insbesondere aber möchten wir dir sagen und kundtun, daß wir durch die Wirbel und Stürme der weltlichen Aufgaben derart beunruhigt werden, daß wir zuweilen kaum wagen, die Augen unseres Herzens zum Himmel zu erheben. Weil aber sehr viele in ihrem Wissensdrang erkannt haben, daß du von der Gabe eines göttlichen Charismas durchströmt bist, worüber sich die Gemeinschaft der gläubigen Kirche freut, so jubeln auch wir nach dem geringen Maß unserer Unterscheidungsgabe: Wir kennen nämlich einen Menschen, der zwar in der Hülle des Fleisches lebt, aber nach dem Ausspruch des Apostels im Himmel wandelt[a]. Ausgestattet also mit einer solchen Mitgift, mögest du wie der Finder der edlen Perle[b] aus Gottes Geheimnis erforschen, was wir erfragen, und, wie Gott es dir verliehen, uns ermahnende Worte zusenden. Denn weder in der Weisheit noch im Schatz, solange er verborgen bleibt, ist Nutzen, wie ein wahres Wort sagt[c].

[a] vgl. Phil 3, 20 [b] vgl. Mt 13, 45-47 [c] vgl. Ekkli 20, 30 f.

Hildegard an Erzbischof Philipp von Köln

Im geheimnisvollen Hauch der wahren Schau sah und hörte ich folgende Worte: Die feurige Liebe, die Gott ist[a], spricht zu dir: Der Stern, der unter der Sonne leuchtet, welchen Namen kann er in seiner Eigenart beanspruchen? Er heißt „der helle", weil er von der Sonne stärker bestrahlt wird als andere Sterne. Wie sollte es sich diesem Sterne ziemen, sein Licht so sehr zu verbergen, daß er weniger leuchtet als die übrigen, die geringeren Sterne? Würde er das tun, so hätte er seinen ruhmvollen Namen nicht [zu Recht], sondern würde „blind" genannt, weil man sein Licht doch nicht sähe, obgleich er „der helle" hieße. Auch der Krieger, der ohne Waffen zum Treffen käme, würde von den Feinden ganz sicher niedergemacht, weil er den Leib nicht mit dem Panzer gerüstet, den Kopf nicht mit dem Helm bedeckt und sich mit dem Schilde nicht geschützt hat. In großer Schande würde er gefangengenommen.

Du aber, ob deines bischöflichen Amtes „heller Stern" genannt, strahlend im Namen des allerhöchsten Priesters: verbirg nicht dein Licht — das heißt: die Worte der Gerechtigkeit — vor deinen Untergebenen. Denn oft sprichst du in deinem Herzen: „Würde ich meine Untergebenen durch meine Worte in Schrecken versetzen, so wäre ich ihnen lästig. Überzeugen kann ich sie ja doch nicht. Könnte ich mir doch durch Schweigen ihre Freundschaft erhalten!" So zu reden und zu handeln ziemt dir nicht! Was aber nun? Wegen deines bischöflichen Namens und adligen Geschlechtes sollst du sie nicht mit furchterregenden Worten schrecken, gleich einem räuberischen Habicht, und nicht mit Drohworten auf sie einschlagen wie mit einer Keule. Mische vielmehr die Worte der Gerechtigkeit mit Barmherzigkeit und salbe die Menschen mit Gottesfurcht. Stelle ihnen vor Augen, wie verderblich die Bosheit für ihre Seelen und ihre Glückseligkeit ist. Ganz bestimmt! Bestimmt, ganz bestimmt! Dann werden sie dir Gehör schenken.

Durch schmutzige und unstete Sitten darfst du dich nicht mit ihnen gemein machen noch darauf schauen, was gefällt oder nicht gefällt. Denn wenn du so handelst, erscheinst du vor Gott und den Menschen geringer als die andern. So etwas ziemt sich nicht für dich in deinem Amt. Schau: auch die reinen, wiederkäuenden Tiere würden abmergeln, wenn man unter ihr Futter das mischte, was die Schweine fressen und wovon diese fett werden. So würdest auch du dich beflecken, wolltest du dich den schmutzigen Sitten und der Gemeinschaft von Sündern beigesellen. Die Bösewichte würden sich darüber freuen, vollkommene Männer sich aber entsetzen und sprechen: „O weh, o weh, was für ein Mann ist unser Bischof! Er leuchtet uns nicht durch geraden Wandel auf den Pfaden der Gerechtigkeit."

Entreiße dein Volk dem feindlichen Unglauben, bekehre es so, daß du nicht ohne den Panzer des Glaubens dastehst, und weise ihm aus der Heiligen Schrift den Weg der Gerechtigkeit. Den Helm der Hoffnung setze dir aufs Haupt, und mit dem Schild ehrlicher Verteidigung decke dir den Hals[b], damit du in allen Nöten und Gefahren, so gut du vermagst, ein Verteidiger der Kirche bist. Halte dabei das Licht der Wahrheit so fest, daß du im Kriegsdienst für Mich, der Ich die wahre Liebe bin, als bewährter Streiter erscheinst. Sei tapfer und stark in der schiffbrüchigen Welt und in den harten Kämpfen gegen die Ungerechtigkeit. Dann wirst du als „heller Stern" in der ewigen Seligkeit strahlen.

Nun, o Vater, der du den Hirtennamen trägst, verachte nicht die Armseligkeit des Menschen, der dir dies schreibt. Denn ich habe es nicht nach meinem Willen noch nach dem eines anderen Menschen gesagt und vorgebracht, sondern es so geschrieben, wie ich es in der wahren Schau, wachend an Geist und Leib, gesehen und gehört habe. Du hast mich ja geheißen, dir etwas zu schreiben.

[a] vgl. 1 Jo 4, 16 [b] vgl. Eph 6, 14 ff.

Mit diesem von innerer Wärme getragenen Schreiben möchten wir den Briefwechsel Hildegards mit den Bischöfen schließen. Im Lebensbild der Bischöfe und in ihren Briefen an Hildegard wurde das reichbewegte 12. Jahrhundert mit seinen Problemen sichtbar. Die Briefe Hildegards offenbaren das Sendungsbewußtsein und die Genialität, die Aufgeschlossenheit und Einfühlungsgabe der Seherin.

Im 12. Jahrhundert waren die beiden Bereiche der geistlichen und weltlichen Macht eng ineinander verflochten. Infolge dieser Verflechtung konnten die Träger der Macht einander stützen, heben und fördern, aber auch befeinden und angreifen, schädigen und vernichten. Die Kirche befand sich in der Gefahr, ihren Machtbereich in der Welt ständig zu erweitern, in der irdischen Pracht aufzugehen, ihre wahren Wesenzüge zu übersehen und ihre eigentlichen Aufgaben unerfüllt zu lassen. Daher ergeht durch Hildegard der gewaltige Mahnruf Gottes an sie. Die weltlichen Herrscher standen in der Versuchung, ihre Befugnisse zu überschreiten, als sakrale Beschützer in dic inneren Belange der Kirche vorzudringen und hier in unheilvoller Weise zu bestimmen und zu gebieten. Auch an sie richtet Hildegard im Auftrag Gottes ihr warnendes Wort.

Die Tatsache, daß Hildegard mit den höchsten weltlichen Fürsten in persönlicher Verbindung stand, wird verständlich, wenn wir ins Auge fassen, daß sie dem Hochadel angehörte. Zwei Brüder und zwei Neffen Hildegards bekleideten bedeutende kirchliche Ämter. Unter Hildegards geistlichen Töchtern befanden sich Angehörige des Geschlechtes von Stade. Mit Gertrud, der Schwester des Stauferkönigs Konrad III. und Tante Barbarossas, die sich mit dem Pfalzgrafen Hermann von Stahleck vermählte, verknüpften sie enge freundschaftliche Bande. Hildegard bewegte sich also als Ebenbürtige mit einer natürlichen Sicherheit in den Kreisen des Hochadels.

KÖNIG KONRAD III.

Der zweite Kreuzzug, den Konrad III. auf Drängen Eugens und Bernhards von Clairvaux unternommen hatte, war mißglückt. Die Kraft des Königs war gebrochen. Völlig zermürbt wurde Konrad durch den unerwarteten, vorzeitigen Tod seines Sohnes, des jungen Königs Heinrich (Ende April oder Anfang Mai 1150[1]), der seinem Hause die Krone hatte sichern sollen. Nur ein Sohn blieb ihm noch, der sechsjährige Friedrich. In seiner traurigen Lage wandte sich der König an Hildegard und bat um ihr Gebet für seinen Sohn und sich selbst. Auch König Konrad fühlte sich hingezogen zu Hildegard durch den Ruf ihrer Heiligkeit.

König Konrad III. an Hildegard

Konrad, durch Gottes Gunst und Gnade römischer König, entbietet Hildegard, der gottgeweihten Jungfrau und Meisterin der Schwestern vom heiligen Rupert in Bingen, seinen Gruß und seine Huld.

Durch unsere hohe königliche Stellung gehindert und von mannigfachen Stürmen und Wirbeln geschüttelt, können wir dich nicht, wie wir möchten, besuchen. Doch wollen wir wenigstens nicht unterlassen, brieflich zu dir zu kommen. Denn wie wir hörten, geben höchste, ja wahrhaft überströmende Lobpreisungen Zeugnis von dir wegen der Heiligkeit deines unschuldigen Wandels und der Herrlichkeit des Geistes, der sich wunderbar von oben her in dich ergießt. Daher eilen wir, obgleich wir ein weltliches Leben führen, zu dir, nehmen zu dir unsere Zuflucht und bitten demütig um die Hilfe deiner Gebete und Ermahnungen. Denn wir leben weit anders als wir sollten.

Mit Sicherheit aber darfst du wissen: Wo immer wir nur können, werden wir uns bemühen, dir und deinen Schwestern in jeder Beziehung zu helfen und in jeder Notlage beizustehen. Darüber hinaus empfehle ich auch meinen Sohn, von dem ich wünsche, daß er mich überlebe, wie mich selbst aufs angelegentlichste deinen Gebeten.

In ihrem Antwortschreiben schildert Hildegard den Wechsel der Zeitläufte — den Auf- und Abstieg in Kirche und Reich —, der jedoch nicht auf bestimmte geschichtliche Perioden festgelegt werden kann. Dabei bedient sie sich eigener Bilder und Formulierungen. Die Zeiten des Niedergangs, gekennzeichnet durch Lauheit und Leichtsinn, Gottvergessenheit und Ungerechtigkeit, nennt Hildegard weibisch, *die Zeiten des Aufstiegs, geprägt von kraftvoller Zucht, Gottesfurcht und Gerechtigkeit,* männlich.

Hildegard an König Konrad III.

Der allen das Leben gibt, spricht: Selig sind die, die in würdiger Weise sich dem Leuchter[-amt] des höchsten Königs unterwerfen. Für sie hat Gott in weitschauender Vorsehung Sorge getragen, so daß Er sie nicht aus Seinem Schoße entläßt. O König, verbleibe darin und wirf allen Schmutz aus Deinem Geist hinaus. Denn Gott erhält jeden, der Ihn in Hingabe und Lauterkeit sucht. Gleicherweise führe auch du deine Regierung und erweise den Deinen vorsorglich jedwede Gerechtigkeit, damit du von der göttlichen Regierung nicht abweichest.

Höre: In gewisser Weise wendest du dich ab von Gott. Die Zeiten, in denen du lebst, sind leichtfertig wie ein Weib. Sie neigen sich auch einer feindseligen Ungerechtigkeit zu, die danach strebt, die Gerechtigkeit im Weinberg des

Herrn zu vernichten. Nach diesen werden noch schlimmere Zeiten kommen, in denen die wahren Israeliten gegeißelt werden und der katholische Stuhl durch Irrlehre erschüttert wird. Deshalb werden die letzten Zeiten [voll von] Gotteslästerungen sein, gleich einem verwesenden Leichnam. Der Weinberg des Herrn raucht von Leid. Zeiten werden anbrechen, die stärker sind als die zuvor. Die Gerechtigkeit Gottes wird sich wieder etwas aufrichten, und die Ungerechtigkeit des geistlichen Standes wird als durchaus verwerflich erkannt. Aber noch wird man nicht wagen, scharf und eindringlich zur Zerknirschung aufzurufen. Doch dann stehen andere Zeiten bevor: Der Reichtum der Kirche wird verschleudert, der geistliche Stand wie vom Wolf zerfleischt und aus Heimat und Vaterland vertrieben. Sehr viele von ihnen werden alsdann in die Einsamkeit gehen, in tiefer Herzenszerknirschung ein Leben der Armut führen und demütig Gott dienen.

Die ersten Zeiten sind in bezug auf die Gottesgerechtigkeit schmutzig, die nächsten geradezu ekelhaft. Die folgenden werden sich ein wenig zur Gerechtigkeit erheben, die dann anbrechenden wie ein Bär alles zerreißen und unrechtmäßig Schätze für sich anhäufen. Aber die weiteren werden das Merkmal männlicher Stärke aufweisen: Alle Salbenmischer (pigmentarii [= Bischöfe]) werden mit Furcht, Scham und Weisheit der ersten Morgenröte der Gerechtigkeit zueilen. Auch die Fürsten werden eines Herzens sein und, wie ein Kriegsmann, das Banner der Eintracht hissen gegen die Zeiten, die in die größten Irrtümer abirrten. Diese wird Gott zerstören und vertilgen, nach Seinem Wissen und Gefallen.

Und wiederum spricht Er, der alles weiß, zu Dir, o König: Wenn du dies hörst, o Mensch, reiß dich zusammen gegen deinen Eigenwillen und bessere dich, damit du geläutert in die Zeiten gelangst, in denen du über deine Tage nicht mehr zu erröten brauchst.

Dieses Schreiben dürfte der erste „prophetische" Brief Hildegards sein. Der Prior Gebeno von Eberbach nahm ihn 1220 in seinen Zukunftsspiegel *auf.*

KAISER FRIEDRICH I.

König Konrad hatte auf seinem Sterbebett durch Überreichung der Reichsinsignien seinen bewährten Neffen Friedrich als den erwünschten Nachfolger bezeichnet[2]*, der am 4. März 1152 in Frankfurt von den Großen des Reiches gewählt wurde*[3]*. Es war eine äußerst glückliche Wahl, zumal Friedrich, Staufer von der*

Vater- und Welfe von der Mutterseite her, wie ein Eckstein die auseinanderstrebenden Wände zu verbinden[4] *geeignet war (vgl. Stammtafel B). Bereits am 9. März, dem Sonntag Laetare, fand in Aachen die feierliche Salbung und Krönung zum König statt*[5].

Hildegard beobachtete die zielbewußte, tatkräftige Politik des jungen Herrschers, der das deutsche Kaisertum zu höchstem Ansehen bringen sollte. Vier Briefe Hildegards an Friedrich I. sind uns überliefert, die ihre Stellung zu Barbarossa widerspiegeln. Auch ein Schreiben des Kaisers an Hildegard liegt vor.

Hildegard an Friedrich I.

Es ist wunderbar, daß der Mensch einer solch anziehenden Persönlichkeit bedarf, wie du, König, es bist. Höre: Ein Mann stand auf einem hohen Berge, blickte in alle Täler hinein und schaute, was jeder darin tat. Er hielt einen Stab in der Hand[a] und teilte alles richtig ein, so daß grünte, was dürr war, und aufwachte, was schlief. Der Stab nahm aber auch die Last des Stumpfsinns von denen, die sich in großem Stumpfsinn befanden. Als der Mann sein Auge nicht öffnete, kam ein schwarzer Dunst, der die Täler überdeckte, Raben und andere Vögel rissen alles ringsumher auseinander.

Nun, o König, schau sorgsam zu! Alle Länder sind umdunkelt von den Ränken der vielen, die durch die Schwärze ihrer Sünden die Gerechtigkeit auslöschen. Räuber und Abirrende zerstören den Weg des Herrn. O du König, bezwinge mit dem Zepter der Barmherzigkeit die trägen, unsteten und wilden Sitten. Denn du hast einen ruhmreichen Namen[b], weil du König in Israel[c] bist. Gar ruhmreich ist dein Name. Sieh also zu, daß, wenn der höchste Richter dich anblickt, du nicht angeklagt wirst, du habest dein Amt nicht richtig erfaßt, und du dann erröten müßtest — das sei fern! Es ist offenkundig: gerecht ist es, daß der Gebieter seine Vorgänger im Guten nachahmt. Denn schwarz sind die lässigen Sitten der Fürsten, die in Ausgelassenheit und Schmutz daherlaufen. Davor fliehe, o König! Sei vielmehr ein bewaffneter Streiter, der dem Teufel tapfer widersteht, damit Gott dich nicht stürze[d] und dadurch Schande über dein irdisches Reich komme. Gott bewahre dich vor dem ewigen Untergang[e], deine Zeiten seien nicht dürr. Gott schütze dich, mögest du leben in Ewigkeit! Wirf also die Habsucht ab und wähle Enthaltsamkeit: das ist es, was der höchste König liebt.

---

[a] vgl. Ex 8, 17 [b] vgl. Dn 3, 26 [c] vgl. 2 Kö 12, 7; Jo 12, 13 [d] vgl. 1 Esdr 6, 12
[e] vgl. Ekkli 50, 4; 51, 16.

Hildegard preist in dem Brief, der als Begrüßungsschreiben nach der Königswahl geschrieben sein könnte, den ruhmreichen Namen des Herrschers und stellt ihm mit dem Hinweis auf den höchsten König einen Fürstenspiegel vor Augen.

Am 18. Juni 1155 empfing Friedrich von Papst Hadrian die erstrebte Kaiserkrone, und zwar heimlich, ohne Wissen der Römer, die sowohl dem Papst wie Barbarossa feindlich gesinnt waren[6].

Friedrich handelte ganz und gar im Bewußtsein seiner hohen, einzigartigen Herrscherwürde. Das kommt auch in seinem Schreiben an Hildegard prägnant zum Ausdruck.

Kaiser Friedrich I. an Hildegard

Friedrich, durch Gottes Gnade römischer Kaiser und ständiger Mehrer des Reiches, entbietet Frau Hildegard von Bingen seine Gunst und alles Gute.

Wir machen deiner Heiligkeit bekannt: Das, was du uns vorausgesagt hast, als wir dich bei unserem Aufenthalt in Ingelheim gebeten hatten, vor uns zu erscheinen, halten wir bereits in Händen. Aber trotzdem werden wir nicht aufhören, in allen Unternehmungen uns für die Ehre des Reiches abzumühen. Daher ermahnen wir deine Liebe aufs inständigste, du wollest mit deinen dir anvertrauten Schwestern für uns zum allmächtigen Gott deine Bitten emporsenden, damit, wenn wir uns in irdischen Geschäften abmühen, Er uns so zu Sich wende, daß wir Seine Gnade zu erlangen vermögen. Du darfst aber die sichere Überzeugung haben, daß wir bei jedwedem Anliegen, das du uns vorträgst, weder auf die Freundschaft noch auf den Haß irgendeiner Person Rücksicht nehmen werden. Vielmehr haben wir uns vorgenommen, einzig im Blick auf die Gerechtigkeit gerecht zu urteilen.

Aus dem Schreiben erfahren wir von der Begegnung des höchsten weltlichen Herrschers mit der Seherin Hildegard in Ingelheim, der alten, von Barbarossa wiederhergestellten Kaiserpfalz. Was mag der Kaiser in seinen Händen halten, wie Hildegard es ihm dort vorausgesagt *hat? Wir wissen es nicht. Der Zeitpunkt der Zusammenkunft in Ingelheim und der Inhalt des Gespräches sind uns nicht bekannt.*

Es ist uns ein Hildegardbrief überliefert, von dem man mit Sicherheit weiß, daß er an Friedrich I. gerichtet ist, obgleich die Briefhandschrift keinen Adressateneintrag hat. In diesem Schreiben bringt Hildegard dem Herrscher nachdrücklich zum Bewußtsein, daß er Diener Gottes *ist. Da er von Gott den Namen* Richter und Lenker *empfangen hat, muß er Ihn auch in Seiner Barmherzigkeit nachahmen und gleich Ihm die Wege der Wahrheit und Gerechtigkeit aufzeigen.*

Hildegard an Kaiser Friedrich I.

O Diener Gottes[a], der du von Ihm unter dem ehrenvollen Namen „Richter" und „Lenker" eingesetzt bist, Seine Herde zu leiten und zu schützen, höre: Gott gab dem ersten Menschen das Gesetz. Weil Adam dieses durch Ungehorsam übertrat — nicht eingedenk, daß er den Bund mit Ihm auf Gesetzesbeobachtung geschlossen hatte —, verfiel er der Todesstrafe. Er wurde aus dem leuchtenden Land der Freuden auf diese finstere, von den Nebeln der Trübsale bedeckte Erde[b] verstoßen. Daher stellen ihm die bösen Geister immerfort nach. Sie lassen nie davon ab, ihm auf all seinen Wegen die Schlingen des Betruges zu legen, um ihn, den sie durch gerechtes Gottesurteil aus dem Paradies in die Verbannung verstoßen wissen, unselig in den Schlund des Todes mit sich hinabzuwälzen.

O Diener Gottes[a], von Ihm erschaffen und durch das Blut Seines Sohnes erlöst[c], achte mit höchstem Eifer darauf, daß du nicht durch die Nachstellungen dieser boshaften Geister um deiner Sünden willen in den obgenannten Schlund stürzest. Ahme auch du den höchsten Richter und Lenker in Seiner Barmherzigkeit nach. Den, der Ihn gänzlich verachtet, begräbt Er durch Sein Gericht im Tod, niemals aber verurteilt Sein väterliches Erbarmen den, der, von wahrer Reue über seine Sünden erschüttert, vertrauensvoll zu Ihm aufseufzt.

Fürwahr, den höchsten Richter und Lenker, dessen göttlicher Macht alles unterworfen ist, mußt du fürchten und lieben, steht ja doch geschrieben: „Ihn sollen loben die Könige der Erde und alle Völker, die Fürsten und alle Richter der Erde"[d]. Denn Er regiert, umfängt und ernährt die ganze Welt — wie ein Vater seinen Sohn, der aus sich nichts vermag —, da Er für alle Bedürfnisse ihrer Bewohner in väterlicher Liebe sorgt. Denn wie Er im Anfang die Erde schuf, so läßt Er allzeit ihre Früchte sprießen.

Er, der alles beherrschende Gott, lenkt auch die Wege der Gerechtigkeit und die Vorschriften Seiner Gesetze. Er ist auch der Weg der Wahrheit[e], ohne jedwede Ungerechtigkeit. Niemand kann auf diesem Wege irren noch zuschanden werden. Denn alle Gewalt und Herrschaft geht allein von dem aus, der alles in rechter Ordnung verteilt, und empfängt von Ihm ihren Namen. Demgemäß sollen sie [die Herrscher] die Völker regieren, zurechtweisen und richten. Die Wege der Wahrheit und Gerechtigkeit sollen sie aufzeigen. Wer dies zu tun verachtet, wird dafür von Ihm, dem höchsten Richter, zur Rechenschaft gezogen. Denn Gott ist der gerechte Richter[f] über alle, die zur Hochzeit Seines Sohnes berufen sind[g]. Als Kinder der Hochzeit[h] nimmt Er sie mit Freude auf. Doch verfügt Er ebenso durch gerechtes Gericht, daß die, welche die Werke des Todes tun, vom strafenden Tod verschlungen werden, weil sie die Werke des Lebens nicht gewirkt haben.

O Diener Gottes[a], der du nach Ihm genannt wirst, möge der Heilige Geist dich belehren, daß du gemäß Seiner Gerechtigkeit lebst und richtest. Wenn du das getan, wirst du von deinen Feinden niemals überwunden werden, wie auch David nie überwunden werden konnte, weil er alle seine Gerichte in Gottesfurcht vollzog[i]. Vertraue jedoch auf Gott und ahme Jakob nach, der milde und gerecht war und den Zehnten aller Güter, die er besaß, Gott darbrachte[j]. Und deine Feinde werden dich nicht überwältigen. Suche Seine Gerechtigkeit, beobachte Seine Vorschriften auf allen Wegen und bei all deinen Richtersprüchen und mach Ihn dir geneigt durch Almosen und fromme Gebete.

Und wisse, daß ich Gott aus ganzem Herzen bitten werde, Er möge dich trösten durch einen Ihm wohlgefälligen Erben und wunderbar an dir Seine Barmherzigkeit erweisen[k], damit du durch ein gutes und gerechtes Leben in dieser Zeitlichkeit verdienst, nach dem Tod von Ihm hinübergeführt zu werden in die ewigen Freuden.

---

[a] Dn 6, 20 [b] vgl. Ekkli 24, 6 [c] vgl. Apk 5, 9 [d] Ps 148, 11 [e] vgl. Jo 14, 6 [f] Ps 7, 12 [g] vgl. Mt 22, 3 [h] Mk 2, 19 [i] 2 Sam 22, 21 ff.; 1 Kö 2, 1—10 [j] Gn 28, 22 [k] vgl. Ps 16, 7.

Dieses zweite Schreiben könnte Hildegards Dank sein für die Schutzurkunde, die der Kaiser am 18. April 1163 für ihr Kloster ausgestellt hatte. Hildegard war, wie bereits erwähnt, während des Hoftages in Mainz gewesen. Sie hatte Barbarossa wahrscheinlich persönlich gesprochen und ihn um den Schutzbrief gebeten, in welchem es heißt: ... nos interventu et petione dominae Hildegardis venerabilis abbatissae — auf Antrag und Bitte der ehrwürdigen Frau Äbtissin Hildegard. *Jedem Friedensbrecher droht der Herrscher mit seiner* kaiserlichen Rechten. *Im übrigen bestätigt die Schutzurkunde die in den beiden Mainzer Urkunden vom 22. Mai 1158 festgelegten Besitzungen und Rechte des Rupertsberger Klosters.*

Am Schluß ihres Briefes geht Hildegard auf ein persönliches Anliegen Barbarossas ein: seine Sorge um den Thronerben. Denn der Kaiser, der sich 1156 zu Würzburg mit Beatrix, der damals etwa zehnjährigen Erbin von Hochburgund, vermählt hatte, erhoffte einen männlichen Nachkommen. Daher verspricht Hildegard ihm ihr inständiges Gebet um einen Gott wohlgefälligen Erben. Am 16. Juli 1164 wurde dem Herrscher zu Pavia der erste Sohn, Friedrich, geboren, der spätere Herzog von Schwaben. Ende 1165, etwa im November, gebar Kaiserin Beatrix in Nymwegen ihren zweiten Sohn, Heinrich, der bereits mit drei Jahren die Königsweihe empfing, mit achtzehn Jahren zum Mitregenten erhoben wurde und der 1190 als Heinrich VI. die Regierung des Reiches übernahm[7].

Da Barbarossa die Wiederherstellung des karolingisch-ottonischen Reichskirchensystems erstrebte, kam es zu starken Spannungen zwischen ihm und dem Papst. Es ging in diesem Kampf um den Vorrang der einen Macht vor der anderen, der in der Steigbügelszene — Friedrich verweigerte 1155 Papst Hadrian IV. den Marschalldienst[8] *— deutlich zum Ausdruck kam. Der Kaiser des Heiligen Römi-*

schen Reiches Deutscher Nation erkannte sich nicht nur als den Inhaber der höchsten irdischen Macht, sondern auch als den sakralen Beherrscher der Kirche.

Er wirkte bestimmend auf die Ernennung der Bischöfe und schaltete sich in die Papstwahl ein. Nach dem Tod Hadrians IV. begann 1159 das vom Kaiser herbeigeführte achtzehnjährige Schisma. In dieser Zeit stellte Friedrich gegen den rechtmäßigen Papst Alexander III. drei „Kaiserpäpste" auf: Viktor IV. (1159—1164), Paschalis III. (1164—1168) und Calixt III. (1168—1177).

Hildegard hat sich dem Schisma gegenüber zunächst indifferent verhalten. 1163 empfing sie vom Kaiser den so bedeutsamen Schutzbrief für ihr Kloster. Bis dahin stand sie also mit Friedrich im Einklang. Doch konnte es ihr nicht entgehen, wie scharf der Kaiser mit den romtreuen Bürgern in Mainz verfuhr. 1164 hatte er den zweiten Gegenpapst, Paschalis III., ernannt, Konrad von Wittelsbach von seinem erzbischöflichen Sitz aus Mainz vertrieben und nach dem Tode des alexandertreuen Erzbischofs Eberhard über Salzburg die Acht erklärt. Nun bezieht die Meisterin vom Rupertsberg eine deutliche Gegenstellung. Das bezeugt ihr dritter Brief an den Herrscher:

Hildegard an Kaiser Friedrich I.

O König, es ist dringend notwendig, daß du in deinen Handlungen vorsichtig bist. Ich sehe dich nämlich in der geheimnisvollen Schau wie ein Kind, einen unsinnig Lebenden vor den lebendigen Augen [Gottes]. Noch hast du Zeit, über irdische Dinge zu herrschen. Gib acht, daß der höchste König dich nicht zu Boden streckt[a] wegen der Blindheit deiner Augen, die nicht richtig sehen, wie du das Zepter zum rechten Regieren in deiner Hand halten mußt. Darauf hab acht: Sei so, daß die Gnade Gottes nicht in dir erlischt!

[a] vgl. Ps 105, 26.

Von schneidender Schärfe sind die wenigen Worte, die Hildegard in ihrem vierten Brief dem Kaiser zuruft. Furchtlos steht sie dem höchsten weltlichen Herrscher gegenüber und stellt ihm das Gottesurteil vor Augen:

Hildegard an Kaiser Friedrich I.

Der da IST[a], spricht: Die Widerspenstigkeit zerstöre Ich, und den Widerstand derer, die Mir trotzen, zermalme Ich durch Mich selbst. Wehe, wehe diesem bösen Tun der Frevler, die Mich verachten! Das höre, König, wenn du leben willst! Sonst wird Mein Schwert dich durchbohren[b]!

[a] Ex 3, 14; Apk 1, 4 [b] vgl. Ex 22, 24; Jos 11, 10.

Mit keinem der drei Gegenpäpste, die Barbarossa aufstellte, hat Hildegard in brieflicher Verbindung gestanden. 1173 wendet sie sich in einem Schreiben, auf das wir an späterer Stelle zurückkommen, an Papst Alexander III.

Noch fünf Jahre nach Hildegards Tod zeugt die Eintragung im ältesten Rupertsberger Totenbuch am 16. November Beatrix Imperatrix[9] *von der Verbindung des Rupertsberger Klosters mit Kaiser Friedrich und seiner Gemahlin. Kaiserin Beatrix starb am 15. November 1184.*

HERZOG WELF VI.

Welf VI. von Ravensburg war seinem Neffen Friedrich I. (vgl. Stammtafel B) treu ergeben. Barbarossa brachte seine Sympathie zu diesem Oheim mütterlicherseits schon bald nach Antritt seiner Regierung zum Ausdruck. Bereits 1152 wurde Welf vom Herrscher äußerst reich belehnt. Am 16. Oktober 1152 unterzeichnete Welf als Herzog von Spoleto, Markgraf von Tuszien und Fürst von Sardinien[10]. *Hildegard wußte um das ausschweifende Leben und die Verschwendungssucht des Welfen[11] und mahnte ihn zur Umkehr[12].*

Hildegard an Herzog Welf VI.

Das lebendige Auge [Gottes] spricht: O Mensch, du bist gesetzt zum Fürsten in der Welt. Vom höchsten Gott hast du dieses Erbe, das auf die Beglückung [der Untertanen] hinzielt, so daß du weder von Gott noch von den Menschen verworfen wirst. Warum also sagst du dich los von der Einladung Gottes durch einen unbeständigen Lebenswandel, Großsprecherei und den Rausch der Sündenlust? Zudem befindest du dich in tiefer Finsternis wegen deiner unrechtmäßigen Verbindung. Denn Gott will die Einehe, so wie Leib und Seele eins sind. Wenn du dich nicht aus dieser Schuld erhebst, wird bestimmt das lebendige Licht deiner spotten, und du wirst in deinem Samen fruchtlos sein. Gott erwecke dich, so daß du aufwachst aus dem Rausch deiner Sünde. Er mache, daß du lebest in der ewigen Seligkeit.

KÖNIGIN BERTHA VON GRIECHENLAND
KAISERIN IRENE VON BYZANZ

Es ist uns ein Brief Hildegards An Bertha, Königin von Griechenland *überliefert. Bertha, Gräfin von Sulzbach, war die Schwester Gertruds, der Gemahlin König Konrads III. (s. Stammtafel B). Sie vermählte sich mit Manuel, dem Kaiser von Byzanz, und führte als Kaiserin den griechischen Namen Irene*[13].

Der Brief zeigt das ganz persönliche Verhältnis Hildegards zur Kaiserin und das Einfühlungsvermögen in die Lage dieser Frau.

Hildegard an Bertha, Königin von Griechenland

Gottes Geist haucht und spricht: Den Zweig, den Gott liebt, hütet Er im Winter. Im Sommer treibt Er Grün und Blüten aus ihm hervor. Krankhafte Auswüchse, durch die er verdorren kann, nimmt Er ihm. Durch das Bächlein, das im Osten aus dem Felsen quillt, werden andere, schäumende Gewässer weggespült. Denn es läuft rascher. Zudem ist es nutzbringender als die anderen Wasser, da keinerlei Schmutz in ihm ist. Dies trifft auch auf jene Menschen zu, denen Gott einen Tag des Glückes und des funkelnden Morgenrotes der Ehre gewährt und die der starke Nordwind mit dem häßlichen Wehen menschlicher Zwietracht nicht niederdrückt.

Blicke also auf zu dem, der dich berührt hat und von deinem Herzen das Brandopfer verlangt, die Gabe [der Erfüllung] Seiner Gebote. Zu ihm seufze auf. Er schenke dir, wie du verlangst und aus Not erbittest, die Freude eines Sprößlings. Das lebendige Auge [Gottes] schaut auf dich, es will dich besitzen, und du wirst leben in Ewigkeit.

Hildegard lenkt den Blick der Königin auf den fruchttragenden Baum und das reine Quellwasser, die von Gott ihre Lebenskraft empfangen. Ihnen gleicht der friedfertige Mensch, der frei ist vom schädlichen Nordwind der Zwietracht. Gott verlangt von der Königin — mag der ersehnte Muttersegen geschenkt werden oder versagt bleiben — das Ganzopfer.

Matthäus, Herzog von Lothringen, war der Oheim mütterlicherseits der Kaiserin Beatrix, der zweiten Gemahlin Barbarossas. Zudem war er der Schwager des Kaisers, da seine Gemahlin, Judith, eine Schwester Friedrichs I. war (vgl. Stammtafel B)[14]*. Hildegard stellt dem Herzog, der mit dem Bischof von Metz in heftiger Fehde stand und von Papst Eugen mehrfach mit dem Kirchenbann belegt worden war, seine Pflichten vor Augen. Sie fordert den Streitsüchtigen zur Barmherzigkeit auf. Seinem verstorbenen Vater soll er durch Gebet zu Hilfe kommen, da dieser Gott nicht aus ganzem Herzen geliebt hat.*

Hildegard an Herzog Matthäus von Lothringen

Die Geheimnisse Gottes sagen: Du bist Herzog, herzuziehen vor dem Volke wie der Führer, der Mein Volk Israel regiert. Wenn du aber mit dem Volke kein Erbarmen hast — Erbarmen ist ein Lobopfer! —, wenn du dieses Volk nicht im Bade wäschest, um es zu heilen, ziehst du nicht vor ihm her, sondern führst es in die Fremde des Elends. Du bist ein Berg zum Segnen der Kinder und nicht zur Züchtigung des dienenden Knechtes, auf den der Berg herabblickt. Jetzt ruft dich Gottes Ermahnung auf, Berg des Segnens zu sein, damit ihr, du und deine Söhne, nicht in das Tal fallet. Gib vielmehr dem König den Kuß, wie es heißt: „Er küßte mich mit dem Kuß seines Mundes“[a].

Dein Vater war ein Berg, er blickte oft ins Tal herab und gab dem König nicht den Kuß. Dennoch hat er sein Leben im Wohlgefallen Gottes beendet, wenn auch mit mäßig gutem Werk. Doch ist es nicht Gott gemäß, ihn gänzlich dem Untergang auszuliefern; nach langer Zeit wird Er ihn retten. Nun komm du ihm zu Hilfe, durch dich selbst und durch andere. Gott sehnt sich nach dir. Er verlangt danach, dich an sich zu ziehen. Laufe also, und Gott wird dir beistehen.

---

[a] Hl 1, 1.

Außer diesen drei Verwandten Kaiser Friedrichs — Herzog Welf, Kaiserin Irene von Byzanz und Matthäus, Herzog von Lothringen — findet sich noch eine Tante Barbarossas in der Hildegard-Korrespondenz: Gertrud, die Schwester König Konrads III. und Herzog Friedrichs II. von Schwaben. Sie wurde die Gemahlin des Pfalzgrafen Hermann von Stahleck (vgl. Stammtafel B). Die Briefe, die Hildegard an sie richtete, folgen in einem andern Zusammenhang.

Auch der Stiefbruder Barbarossas, Konrad, Pfalzgraf am Rhein (s. Stammtafel B), stand zu Hildegard und ihrem Kloster in Beziehung. Im Schutzbrief des

Kaisers für den Rupertsberg (1163) ist er der zweite Laienzeuge[15]. *Im gleichen Jahre gewährte Pfalzgraf Konrad dem Rupertsberg besondere Privilegien für die klösterlichen Besitzungen in der Pfalz*[16]. *Ferner begegnet er uns als Zeuge in einer ungedruckten Urkunde des Abtes Ludwig von St. Eucharius in Trier, der kurz nach Hildegards Tod für das Anniversarium* s. memorie domine Hildegardis b. virginis *eine Stiftung zugunsten des Rupertsberger Klosters machte*[17].

KÖNIG HEINRICH II. VON ENGLAND

Hildegard überblickte nicht nur die Vorgänge innerhalb des Reiches, sie beobachtete auch, was sich in den Nachbarländern abspielte.

Heinrich II. von England, der 1154 zum König gekrönt wurde, sah in Barbarossa sein Herrscherideal und zollte ihm Bewunderung und Verehrung. Zur Hochzeit Friedrichs mit Beatrix von Burgund sandte er kostbare Geschenke nach Würzburg[18]. *Der Kaiser nannte ihn 1157 in einem Brief seinen* überaus geliebten, *ihm* besonders nahestehenden Bruder[19]. *Barbarossa verlobte seinen 1165 erstgeborenen, noch nicht einjährigen Sohn Friedrich mit der nur wenige Jahre älteren Tochter König Heinrichs II. von England. Diese Verlobung wurde aber bald von Heinrich gelöst, als im Sommer 1169 nicht sein zukünftiger Schwiegersohn Friedrich, sondern Barbarossas zweitgeborener Sohn Heinrich als Nachfolger des Kaisers erwählt wurde*[20]. *König Heinrich hielt zum Gegenpapst. Der englische Episkopat hingegen — mit Thomas Becket, den der König 1162 zum Erzbischof von Canterbury ernannte, an der Spitze — stand treu zu Papst Alexander. Die Spannung zwischen dem König und diesem Erzbischof wurde so stark, daß Thomas Becket 1164 vor König Heinrich nach Frankreich fliehen mußte und erst auf Grund eines von König Ludwig VII. von Frankreich vermittelten Scheinfriedens vom 22. Juli 1170 unter dem Jubel des Volkes nach England zurückkehrte. Am 29. Dezember des gleichen Jahres wurde Thomas Becket in seiner Kathedrale zu Canterbury ermordet.*

Hildegard an König Heinrich II. von England

Zu einem Mann, der ein Amt innehat, spricht der Herr: Gaben über Gaben sind dir eigen: Durch Regieren, Schirmen, Beschützen, Vorsehen sollst du deinen Himmel haben. Aber ein pechschwarzer Vogel kommt von Mitternacht auf dich zu und spricht: „Du hast die Möglichkeit zu tun, was du willst. Tu also dies und das, laß dich in diese und jene Sache ein. Es bringt dir doch keinen Nutzen, auf die Gerechtigkeit zu schauen. Behältst du sie ständig im Auge, so bist du nicht Herr, sondern Knecht.“ Du sollst aber dem Räuber, der dir so rät, kein Gehör schenken. Denn er hat in der Urzeit, nachdem du aus Staub zu schönem Gebilde geschaffen warst und den Hauch des Lebens empfangen hattest, dich der großen Herrlichkeit entkleidet. Blicke daher mit größerem Eifer auf deinen Vater, der dich erschaffen. Dein Herz ist ja voll guten Willens, so daß du gern Gutes tust, wenn nicht die schmutzigen Sitten der Menschen sich auf dich stürzen und du eine Zeitlang in sie verwickelt wirst. Das fliehe entschlossen, geliebter Sohn Gottes, und rufe zu deinem Vater! Gern streckt Er dir Seine Hand zur Hilfe entgegen. Nun lebe in Ewigkeit und verbleibe in ewiger Glückseligkeit!

Bereits 1173 wurde Thomas Becket heiliggesprochen, und aus dem ganzen Abendland strömten Scharen von Pilgern zu seinem Grab. König Heinrich wurde 1172 vom Bann befreit und leistete am Grab Beckets öffentlich Buße. Doch war sein Ansehen erschüttert[21].

KÖNIGIN ELEONORE VON ENGLAND

Eleonore von Aquitanien, die geschiedene Frau des französischen Königs Ludwig VII., war seit 1153 die Gemahlin Heinrichs II. von England und spielte in den Wirren zwischen Frankreich und Großbritannien eine Rolle. Nach 1172 mußte sie mehrere Jahre im Kerker verbringen.

Dieser nach innen und außen hin unruhigen Königin empfiehlt Hildegard vor allem Beständigkeit.

Hildegard an Königin Eleonore von England

Dein Geist gleicht einer Mauer, an der wechselnde Wolken vorüberziehen. Du blickst überall umher, hast aber keine Ruhe. Das fliehe! Stehe in Beständigkeit — Gott und den Menschen gegenüber! In all deinen Trübsalen wird Gott dir beistehen. Bei all deinen Werken schenke Gott dir Seinen Segen und Seine Hilfe.

RICHARDIS VON STADE

Hildegard wirkte nicht nur weithin nach außen, sie war an erster Stelle die geistliche Mutter ihrer Nonnen. Das benediktinisch-monastische Ideal, das sie drei Jahrzehnte hindurch vielen Abteien eindringlich vor Augen stellte, suchte sie zuerst in ihren eigenen Klöstern zu verwirklichen: im Kloster Rupertsberg, das sie zwischen 1147 und 1150 hatte erbauen lassen, und im gegenüberliegenden rechtsrheinischen Eibingen, das sie 1165 erwarb und besiedelte. Allen war sie, nach dem Apostelwort, alles geworden, *berichtet die Vita von ihr (PL 105 B).*

Der geistlichen Mutter blieben Schwierigkeiten und Kämpfe nicht erspart. Um eine ihrer Nonnen, Richardis von Stade, reiht sich ein Zyklus von Briefen, in denen die Mutterliebe Hildegards einen ergreifenden Ausdruck findet. Eine Liebe, die durch die Fügung der Geschehnisse im Glutofen großer Leiden auch von der geringsten Beimischung menschlicher Selbstsucht gereinigt werden sollte.

Die Mutter dieser Nonne, Markgräfin Richardis von Stade, geborene von Spanheim-Lavanttal, die in einer der beiden Rupertsberger Urkunden vom 22. Mai 1158 einen Güterbesitz in Ockenheim an Hildegards Kloster vergab, war die Gemahlin des 1124 verstorbenen Rudolf I. von Stade, Markgrafen der Nordmark (vgl. Stammtafel C). Ihr Oheim, Stephan von Spanheim, hatte seiner Tochter Jutta, Hildegards ehemaliger Meisterin, die Klause auf dem Disibodenberg erbaut. So war Hildegard mit dem hochangesehenen Geschlecht von Stade eng verbunden, und es lag nahe, daß die Tochter der Markgräfin, Richardis, in Hildegards Kloster den Schleier nahm. Nachdem die Markgräfin ihren Erstgeborenen namens Rudolf bereits in seinem Kindesalter verloren hatte und ihre beiden nächsten Söhne, Udo IV. und Rudolf II., 1144 eines gewaltsamen Todes gestorben waren, verblieben ihr nur noch Hartwig sowie die beiden Töchter Richardis und Liutgard (s. Stammtafel C). Hartwig, Domherr zu Magdeburg und ab 1143 Dompropst zu Bremen, bestieg 1148 den erzbischöflichen Stuhl dieser Diözese. Die Regierung Hartwigs, der stark in die Geschicke des Reiches verwickelt war, ist vor allem gekennzeichnet durch seinen Streit mit Heinrich dem Löwen um die Grafschaft von Stade, wobei es sich nicht so sehr um den Kampf des Grafen von Stade handelte, als vielmehr um die Verteidigung der Rechte des Erzbischofs von Bremen[1]*. Mit dem Tod Erzbischofs Hartwig im Jahre 1168 erlischt das Geschlecht von Stade.*

Die Markgräfin Richardis von Stade hatte sich bereits einmal erfolgreich für Hildegards Interessen verwandt. Als Abt Kuno vom Disibodenberg sich ihrer ge-

planten Neugründung auf dem Rupertsberg widersetzte, begab sich die Markgräfin zu Erzbischof Heinrich von Mainz und veranlaßte ihn, den Widerstand des Abtes zu brechen und ihn für die Neugründung zu gewinnen.

Wie innig Hildegard mit der Tochter der Markgräfin, der Nonne Richardis, verbunden war, berichtet uns Hildegard in ihrer Autobiographie, die teilweise in ihre Vita aufgenommen wurde. Als ich das Buch Scivias schrieb, war ich einer adligen Nonne — der Tochter der genannten Markgräfin — in voller Liebe zugetan, so wie Paulus dem Timotheus. Sie hatte sich mir in allem durch liebende Freundschaft verbunden und litt in meinen Leiden mit mir, bis ich das Buch vollendet hatte[2].

Nach Abschluß des Erstlingswerkes Scivias im Jahre 1151 erhob sich in dieser Freundschaft ein Sturm. Hildegard deutet ihn in ihrer Autobiographie an, indem sie fortfährt: Danach neigte sie sich im Hinblick auf ihr angesehenes Geschlecht einer höheren Stellung zu: sie wollte die Mutter eines vornehmen Klosters genannt werden. Dies erstrebte sie nicht im Sinne Gottes, sondern im Sinne weltlicher Ehrsucht[3].

Nach den neuesten Forschungsergebnissen handelte es sich um das südlich von Bremen gelegene Stift Bassum (s. Karte I, damals Birsim[4] genannt). Dieses Frauenkloster hatte Richardis von Stade zur Äbtissin gewählt, und zwar auf Veranlassung des Erzbischofs Hartwig von Bremen, der seine Schwester gern als Äbtissin in seiner Nähe sehen wollte. Als Hildegard sich weigerte, ihre Nonne Richardis herzugeben, entsandte das nordische Kloster eine Kommission an Erzbischof Heinrich von Mainz. Er sollte als zuständiger Bischof und Schutzherr des Rupertsberger Klosters an Hildegard herantreten und von ihr die Freigabe der erwählten Nonne verlangen. Dies geschah durch ein Schreiben, das er den Gesandten von Bassum mitgab:

Erzbischof Heinrich von Mainz an Hildegard

Heinrich, durch Gottes Gnade Erzbischof des Mainzer Stuhles, entbietet Hildegard, der geliebten Meisterin vom Berge des heiligen Bekenners Rupertus, mit väterlicher Zuneigung seine Gunst.

Da wir viel Gutes und erstaunliche Wunderdinge von dir hören, ist es nur unserer Trägheit zuzuschreiben, daß wir dich nicht so oft besuchen, wie wir könnten. Allein durch viele Geschäfte verhindert, vermögen wir unsere Seele zu dem, was ewig ist, kaum dann und wann und nur langsam zu erheben. Um aber auf das zu kommen, worauf wir hinzielen, so geben wir dir davon Kenntnis, daß einige Ordensleute als Abgesandte eines uns bekannten adligen Klosters zu uns gekommen sind. Sie haben uns inständig gebeten, daß ihnen jene Schwester, die sie erbitten und die im Ordensgewand bei dir lebt, gemäß stattgefundener Wahl als Äbtissin zugestanden wird. Dementsprechend gebieten wir kraft der Autorität unseres Vorsteheramtes und unserer Vaterschaft, ja wir legen es dir befehlend auf, daß du sie den gegenwärtig Bittenden und Verlangenden für das Vorsteheramt überlässest. Tust du das, so wirst du unsere Gunst, die du bisher erfahren, fürderhin in noch höherem Maße spüren. Wenn nicht, so werden wir es erneut, und zwar noch schärfer, befehlen und nicht davon ablassen, bis du unser diesbezügliches Gebot durch die Tat erfüllt hast.

Hildegard an Erzbischof Heinrich von Mainz

Der durchsichtige Quell, der nicht trügerisch ist, sondern gerecht, spricht: Die Gründe, die für die Erhebung jener Nonne [zur Äbtissin] vorgebracht werden, haben bei Gott kein Gewicht. Denn Ich, der Hohe und Tiefe und Umkreisende, der Ich das einfallende Licht bin, habe sie nicht gesetzt und gewählt, sondern aus der ungeziemenden Verwegenheit einsichtsloser Herzen sind sie entstanden. Alle Getreuen sollen es hören — mit aufhorchenden Ohren des Herzens, nicht mit den Ohren, die nur von außen her hören, wie das Tier, das zwar den Klang vernimmt, nicht aber das Wort. Der Geist Gottes spricht in Seinem Eifer: O Hirten, klagt und trauert in dieser Zeit, denn ihr wißt nicht, was ihr tut, wenn ihr die in Gott begründeten Ämter um Geldbesitz an die Torheit schlechter Menschen, die Gott nicht fürchten, verschleudert. Darum darf man euren verfluchenden, böswilligen und drohenden Worten kein Gehör schenken. Eure in solchem Hochmut erhobenen Zuchtruten sind nicht im Namen Gottes ausgestreckt, sondern [kehren sich] in Bestrafung der Vermessenheit eures [eigenen] schändlichen Willens.

Hildegard erkennt, daß die von Erzbischof Heinrich vorgebrachten Gründe nicht dem göttlichen Willen entsprechen. Sie kann daher trotz schärfster Drohung dem Befehl des Erzbischofs nicht nachkommen. Auch hat sie den Mut, die Simonie offen zu brandmarken.

Inzwischen trat man mit der Bitte an Hildegard heran, sich von einer zweiten Nonne zu trennen, die ebenfalls zur Äbtissin gewählt worden war. Auf diese Nonne, Adelheid mit Namen, kommen wir noch zurück. Hildegard sah sich überfordert und schrieb an die Markgräfin:

Hildegard an Markgräfin Richardis von Stade

Ich beschwöre und ermahne dich: bringe meine Seele nicht derart in Aufruhr, daß du meinen Augen bittere Tränen[a] entlockst und mein Herz mit grausamen Wunden verletzest[b] wegen meiner vielgeliebten Töchter Richardis und Adelheid, die ich jetzt leuchten sehe im Morgenrot, geschmückt mit einem

Perlengeschmeide von Tugenden. Hüte dich also, ihren Sinn und ihre Seele von dieser erhabenen Schönheit durch deinen Willen, Rat und Beistand abzulenken. Denn die Äbtissinnenwürde, die du [für sie] begehrst, ist sicher, sicher, ja sicher nicht von Gott, noch ist sie zum Heil ihrer Seelen. Wenn du also die Mutter dieser deiner Töchter bist, so hüte dich, der Untergang ihrer Seelen zu sein, damit du nicht dereinst unter bitteren Seufzern und Tränen Schmerz erleidest, weil du vorher keinen Schmerz erleiden wolltest. Gott erleuchte und stärke deinen Sinn und deine Seele in der kurzen Zeit, die du noch zu leben hast.

---

[a] vgl. Jer 13, 17 [b] vgl. 2 Ma 14, 45.

Der Brief brachte nicht den ersehnten Erfolg. Richardis verließ das Rupertsberger Kloster und ging nach Bassum. Die Trennung war vollzogen.

Jetzt wendet sich Hildegard an den Bruder der neuen Äbtissin von Bassum:

Hildegard an Erzbischof Hartwig von Bremen

O preiswürdige Persönlichkeit, die uns Menschen nottut, du stehst als Bischof in der vom höchsten Gott gesetzten Amtsnachfolge. Dein Auge schaue daher auf Gott, dein Verstand erkenne Seine Gerechtigkeit, und dein Herz brenne in Liebe zu Gott, auf daß deine Seele nicht dahinschwinde. Beharre vielmehr darauf, mit höchstem Eifer den Turm des himmlischen Jerusalem zu erbauen. Dazu gebe dir Gott als Gehilfin die mildeste Mutter, die Barmherzigkeit. Sei ein lichter Stern, leuchtend in der nächtlichen Finsternis schlechter Menschen. Sei wie der schnelle Hirsch, der zur Quelle des lebendigen Wassers eilt[a]. Beachte, daß in dieser Zeit viele Hirten blind und lahm und Räuber des todbringenden Geldes sind und die Gerechtigkeit Gottes ersticken.

O Teurer, deine Seele ist mir sehr lieb, mehr noch als dein Geschlecht. Nun höre auf mich, die ich in Tränen und Trübsal zu deinen Füßen niedergeworfen liege. Denn meine Seele ist sehr betrübt[b], weil ein gewisser schrecklicher Mensch in der Angelegenheit unserer geliebten Tochter Richardis meinen Rat und Willen und den meiner Schwestern und Freunde mißachtet und sie durch seinen verwegenen Willen aus unserm Kloster entführt hat. Denn der allwissende Gott weiß, wo Hirtensorge nottut. Daher soll der gläubige Mensch nicht umherschweifen und nach einem Vorsteheramt trachten. Wenn einer unruhigen Geistes danach verlangt, Meister zu sein und dabei mehr nach Macht strebt als auf den Willen Gottes schaut, ist dieser Amtsträger ein räuberischer Wolf[c]. Niemals sucht seine Seele gläubig das Geistliche. Das ist Simonie.

Deshalb war es für unseren Abt nicht notwendig, eine heilige, aber unerleuchtete und unwissende Seele in das, was geschehen ist, und damit in so große Unbesonnenheit und Geistesverblendung hineinzubefehlen. Wäre unsere Tochter ruhig geblieben, so hätte Gott sie zubereitet zu dem, was Er an Ruhm für sie wollte.

Darum bitte ich dich, der du nach der Ordnung des Melchisedech[d] auf dem Bischofsstuhle sitzest, und beschwöre dich bei dem, der Sein Leben für dich hingab, und bei Seiner edelsten Mutter: Sende meine geliebte Tochter zu mir zurück! Denn eine Wahl Gottes übergehe ich nicht, noch widerspreche ich ihr, wenn immer eine solche vorliegt.

So möge also Gott dir den Segen geben, den Jakob seinem Sohne gab[e], Er segne dich mit dem Segen, den Er Abraham um seines Gehorsams willen durch Seinen Engel gab[f]. Höre auf mich: Verwirf meine Worte nicht, wie deine Mutter und deine Schwester und Graf Hermann sie verworfen haben. Ich tue dir nicht Unrecht, denn ich erkenne [in deiner Forderung] nicht den Willen Gottes und das Seelenheil deiner Schwester. Doch bitte ich, daß ich durch sie und sie durch mich Trost finde. Was Gott angeordnet hat, dem widerspreche ich nicht. Gott schenke dir den Segen vom Tau des Himmels[g], und alle Chöre der Engel mögen dich segnen, wenn du auf mich, die Dienerin Gottes, hörst und den Willen Gottes in dieser Sache erfüllst.

---

[a] vgl. Ps 17, 34; 41, 2 [b] vgl. Mt 26, 38; Mk 14, 34 [c] vgl. Gn 49, 27 [d] Ps 109, 4; vgl. Hb 5, 6 u. ö. [e] Gn 27, 27—29 [f] Gn 22, 16—18 [g] Gn 27, 28.

Hildegard stand also mit ihren Nonnen und einigen Freunden isoliert da. Denn auch Abt Kuno vom Disibodenberg und Pfalzgraf Hermann von Stahleck hatten Richardis zur Annahme des Äbtissinnenamtes bewogen. Unterstützt von solch mächtigen Herren und ihrer eigenen Mutter, der Markgräfin, hatte Richardis dem lockenden Ruf Folge geleistet und war nun Äbtissin in Bassum.

Auch der Brief an Hartwig war ohne Erfolg.

Jetzt unternimmt Hildegard einen letzten Versuch, Richardis zurückzugewinnen. Sie wendet sich an Papst Eugen III. Die Antwort Eugens an Hildegard ist uns bekannt. Richardis soll dort, wo sie ist [in Bassum], die Benediktusregel streng beobachten oder aber zu Hildegard zurückkehren (vgl. den Schlußteil des Papst-Briefes, S. 33).

Doch Richardis bleibt in Bassum. Hildegard muß sich in das Unabänderliche der Trennung fügen. Sie richtet ein Schreiben an die geliebte geistliche Tochter. Hildegard fühlt sich verwaist, erkennt aber mit aller Deutlichkeit, daß sie Richardis zu sehr auf der Ebene der Natur geliebt hat.

Hildegard an Richardis von Stade, Äbtissin von Bassum

Höre, Tochter[a], mich, deine Mutter, die „im Geiste" zu dir spricht: Schmerz steigt in mir auf. Der Schmerz tötet das große Vertrauen und die Tröstung, die ich in einem Menschen besaß. Von nun ab möchte ich sagen: Besser ist es, auf den Herrn zu hoffen, als auf Fürsten seine Hoffnung zu setzen[b]. Das heißt: Der Mensch soll Ihn, den Hohen, Lebendigen, schauen, ohne irgendeine Umschattung der Liebe und ohne die schwache Zuverlässigkeit, wie die luftige Feuchtigkeit der Erde sie nur für ganz kurze Zeit bietet. Der Mensch, der so auf Gott schaut, richtet wie ein Adler sein Auge auf die Sonne. Und darum soll man nicht sein Augenmerk auf einen hochgestellten Menschen richten, der wie die Blume verwelkt[c]. Hierin habe ich gefehlt aus Liebe zu einem edlen Menschen.

Nun sage ich dir: Jedesmal, wenn ich auf diese Weise sündigte, hat Gott mir diese Sünde entweder durch irgendwelche Ängste oder Schmerzen offenbar gemacht. So geschah es auch jetzt um deinetwillen, wie du selbst weißt.

Nun sage ich wiederum: Weh mir Mutter, weh mir Tochter! Warum hast du mich wie eine Waise zurückgelassen[d]? Ich habe den Adel deiner Sitten geliebt, deine Weisheit und deine Keuschheit, deine Seele und dein ganzes Leben, so daß viele sagten: „Was tust du?" Nun sollen alle mit mir klagen, die Schmerz leiden gleich meinem Schmerz[e]; die aus Gottes Liebe in ihrem Herzen und Gemüt Liebe zu einem Menschen trugen, wie ich sie zu dir gehabt — einem Menschen, der ihnen in einem Augenblick entrissen ward, so wie du mir entrissen worden bist.

Gottes Engel schreite vor dir her[f], es schütze dich Gottes Sohn, und Seine Mutter behüte dich. Gedenke deiner armen Mutter Hildegard, auf daß dein Glück nicht dahinschwinde.

---

[a] vgl. Ps 44, 11 [b] Ps 117, 9 [c] vgl. Is 40, 7 u. 8; Jk 1, 11 [d] Ps 21, 2; vgl. Jo 14, 18 [e] vgl. Klg 1, 12 [f] Ex 23, 23.

Hildegard, erfüllt von Schmerz, erkennt und bereut ihre Schuld. Sie verlangt Richardis nicht mehr zurück.

Richardis sollte sich der erstrebten Äbtissinenwürde nicht lange erfreuen. Ein Jahr nach ihrer Ankunft in Bassum wurde sie von einer schweren Krankheit erfaßt, die in kurzer Zeit den Tod herbeiführte. Erzbischof Hartwig beschreibt in einem Brief an Hildegard die innere Verfassung seiner Schwester und meldet ihren Tod.

Erzbischof Hartwig von Bremen an Hildegard

Hartwig, Erzbischof von Bremen, Bruder der Äbtissin Richardis, entbietet Hildegard, in Christo Meisterin von Sankt Rupertus, an Stelle seiner Schwester, und mehr noch als diese, Gehorsam.

Ich melde dir, daß unsere Schwester, meine, nein deine — meine dem Leibe, deine dem Geiste nach —, den Weg allen Fleisches gegangen ist und daß sie die Ehre, die ich ihr verschafft, geringgeschätzt hat. Während ich zum irdischen König ging, hat sie dem König des Himmels gehorcht. Sie hat eine heilige und fromme Beichte abgelegt, ward nach der Beichte mit dem heiligen Öl gesalbt und hat alles empfangen, was die christliche Kirche bereit hält. Auch hat sie sich unter Tränen aus ganzem Herzen nach deinem Kloster zurückgesehnt und sich dem Herrn durch Seine Mutter und den heiligen Johannes empfohlen. Unter dem dreimaligen Zeichen des Kreuzes hat sie sich zur Dreieinigkeit bekannt und ist — des sind wir gewiß — im vollkommenen Glauben an Gott, in der Hoffnung und in der Liebe zu Ihm am 29. Oktober gestorben. Daher bitte ich dich, wenn ich dessen würdig bin, so sehr ich vermag: du wollest sie lieben, so sehr, wie sie dich geliebt hat. Und scheint sie irgendwie gefehlt zu haben, so gedenke wenigstens — da dies nicht auf sie, sondern auf mich zurückzuführen war — ihrer Tränen, die sie über das Verlassen deines Klosters vergossen hat; dessen waren viele Zeugen. Und wenn der Tod sie nicht daran gehindert hätte, wäre sie nach der eben erhaltenen Erlaubnis zu dir zurückgekehrt. Da sie aber durch den Tod davon abgehalten wurde, so wisse, daß ich statt ihrer, so Gott will, kommen werde. Aber Gott, der Vergelter alles Guten, möge dir hier und in Zukunft nach deinen Wünschen alles Gute vergelten, das du allein ihr unter allen und vor allen Verwandten und Freunden erwiesen, wofür sie Gott und mir gedankt hat. Deinen Schwestern wollest du für alle ihre Wohltaten Dank sagen.

Erzbischof Hartwig schildert ergreifend die Umkehr, die seine Schwester vor ihrer Vollendung im Herzen und in der Tat vollzogen hat. Alle Beteiligten — Richardis, Hildegard und Hartwig — haben ihre Schuld bekannt und bereut.

Während Richardis dem König des Himmels gehorchte *und starb, ging Hartwig* zum irdischen König. *Denn der Erzbischof von Bremen befand sich von Mitte bis Ende Oktober 1152 unter der großen Zahl der geistlichen und weltlichen Fürsten auf der Reichsversammlung zu Würzburg*[5]. *Damit ist auch das Todesjahr der Äbtissin Richardis von Stade erwiesen: Sie starb am 29. Oktober 1152.*

Auf den Brief Hartwigs antwortete Hildegard mit einem Schreiben, das zu ihren schönsten Briefen zählt:

Hildegard an Erzbischof Hartwig von Bremen

Oh, wie groß ist das Wunder bei der Rettung jener Seelen, auf die Gott so geschaut hat, daß Sein Ruhm in ihnen nicht verdunkelt wird! Doch Gott wirkt in ihnen wie ein starker Streiter, der danach eifert, daß er von niemand überwunden werde und Sein Sieg Bestand habe. Nun höre, o Teurer: also geschah es mit meiner Tochter Richardis, die ich meine Tochter und zugleich meine Mutter nenne. Denn mein Herz war voll von Liebe zu ihr, weil das Lebendige Licht in einer starken Schau mich lehrte, sie zu lieben.

Höre: Gott hatte mit solchem Eifer von ihrer Seele Besitz ergriffen, daß die Lust der Welt sie nicht zu umgarnen vermochte; sie kämpfte vielmehr ständig dagegen, obgleich sie wie eine Blume erschien in der Schönheit und Zier und Symphonie dieser Welt. Doch als sie noch im Leibe weilte, hörte ich in einer wahren Schau von ihr sagen: „O Jungfräulichkeit, du stehst im königlichen Brautgemach!"[6] Denn im jungfräulichen Reis ist sie eingereiht in die hochheilige Ständeordnung[7]. Darüber freuen sich die Töchter Sions[a]. Und doch wollte die alte Schlange sie durch den hohen Adel ihres menschlichen Geschlechtes von dieser seligen Ehre abziehen. Da aber zog der höchste König diese meine Tochter an sich und schnitt allen menschlichen Ruhm von ihr ab. Darum hegt meine Seele großes Vertrauen zu ihr, obgleich die Welt ihre Schönheit und Klugheit liebte, als sie noch in der Welt lebte. Doch Gott liebte sie noch mehr. Darum wollte Er Seine Geliebte dem feindlichen Liebhaber, der Welt, nicht überlassen.

Nun erfülle, o teurer Hartwig, der du Christi Stelle einnimmst, den Willen der Seele deiner Schwester, wie es die Notwendigkeit des Gehorsams erheischt. Und wie sie allzeit für dich besorgt war, sei du es jetzt für ihre Seele und verrichte gute Werke, wie sie es [für dich] erstrebte. Auch ich verbanne aus meinem Herzen den Schmerz, den du mir bereitet hast mit dieser meiner Tochter. Gott gewähre dir durch die Fürsprache der Heiligen den Tau Seiner Gnade und den seligen Lohn in der künftigen Welt.

---

[a] vgl. So 3, 14; Za 2, 10; 9, 9.

Ein durch die Gnade geläuterter, verklärter Schmerz läßt Hildegard diese Worte an Erzbischof Hartwig schreiben. Kein Vorwurf, keine Klage steigt in ihr auf, nur die Bitte, der Entschlafenen zu gedenken, und ein Segenswunsch.

ADELHEID VON GANDERSHEIM

Aus dem Brief Hildegards an die Markgräfin Richardis (s. S. 95 f.) ging hervor, daß noch eine zweite Rupertsberger Nonne, mit Namen Adelheid, zur Äbtissin eines Klosters gewählt worden war. Sie wurde in Hildegards Schreiben als „Tochter" der Markgräfin bezeichnet. Adelheid war jedoch die Enkelin der Markgräfin, nämlich die Tochter der Luitgart von Stade, und stammte aus deren erster Ehe mit dem sächsischen Pfalzgrafen Friedrich II. von Sommerschenburg (s. Stammtafel C). Diese wenig rühmliche Frau heiratete nach ihrer ersten geschiedenen Ehe den Dänenkönig Erik Lam, der 1146 als Mönch starb, danach den Grafen Hermann von Winzenburg. Luitgart und Hermann starben am gleichen Tage, am 29. Januar 1152, durch Mord.

Bevor Luitgart nach Dänemark übersiedelte, vertraute sie ihrer Mutter, der Markgräfin Richardis, die kleine Tochter Adelheid an. Markgräfin Richardis vertrat also an ihrer Enkelin Adelheid die „Mutter"-stelle. So ist es verständlich, daß Hildegard in ihrem Brief an die Markgräfin sie deren Tochter *nennt.*

Da Adelheid bereits im zarten Kindesalter von der Markgräfin der Meisterin Hildegard als Zögling (nutrita[8]) übergeben wurde, war sie mit ihrer geistlichen Mutter besonders innig verbunden.

Das hochberühmte Stift Gandersheim wählte Adelheid nach dem am 15. Juli 1151 erfolgten Tod der Äbtissin Luitgart I. zu deren Nachfolgerin. In der dortigen Äbtissinnenreihe treffen wir sie als Adelheid IV., die 1152 die Weihe empfing. 1160 übernahm diese hervorragende Frau dazu noch das gleiche Amt im Kanonissenstift Quedlinburg, hier als Adelheid III. Sie starb am 1. Mai 1184[9].

Es ist uns ein aufschlußreicher Brief der Äbtissin Adelheid von Gandersheim an Hildegard überliefert.

Äbtissin Adelheid von Gandersheim an Hildegard

Adelheid, unwürdige Äbtissin der Gemeinschaft von Gandersheim, wünscht Hildegard, der geliebten Mutter vom heiligen Rupertus, der freien Braut Jerusalems, den Kuß des Bräutigams.

Ein guter Baum, den man an seiner guten Frucht erkennt, darf keinesfalls der Vergessenheit anheimfallen. Denn da er süße Frucht gebracht hat, verdient er die süße Liebe guter Behandlung. Mit Recht wird daher unter das unvernünftige Tier gestellt, der das ganz Süße nicht recht umsorgt. Daher kommst du, Christi Taube, die nicht Entführte, hochsinnigen und reinen Herzens, mir nicht aus dem Herzen — wie Gutes nicht Böses, Licht nicht Finsternis, Süßes nicht Bitteres auslöst. Darum sollst auch du meiner häufig gedenken. Denn es ist Tatsache, daß ich dir durch das Band der Liebe und innigsten Ergebenheit ganz nahe bin. Darum will ich nicht, daß die Blüte der ehemaligen Erziehung in deinem Herzen verdorre, die einst zwischen mir und dir sproßte, als du mich liebevoll erzogst.

Bei dieser Liebe und bei der Zuneigung des geliebten Bräutigams beschwöre ich dich und flehe dich an: Sende für mich und meine Herde und die mit deiner Einwilligung mir anvertraute Stätte deine inständigen Gebete zu Gott empor und empfiehl uns den Gebeten all deiner Schwestern. Auch bitte ich dich: halte die schwesterliche Gemeinschaft zwischen meinen Schwestern und den deinen, die ja auch die meinen sind, aufrecht. Und wenn jemand von euch zu uns kommen sollte, so mögest du uns dies — sowie auch anderes, was dir in Christo beliebt — brieflich mitteilen. Ich aber werde zu gelegener Zeit, wenn es Gott gefällt, nicht zögern, zu euch zu kommen, auf daß wir von Mund zu Mund miteinander sprechen, Hand in Hand Gutes tun und so die frühere Gemeinschaft gefestigt werde, die Gott, der die Liebe ist[a], in uns stärken möge. Höre, die du in den Gärten wohnst: Grüße inniglich von mir all deine Hausgenossinnen, die ja meine Schwestern sind, und erfreue mich durch ein ermunterndes Schreiben.

---

[a] vgl. 1 Jo 4, 16.

Adelheid war also mit Hildegards Einwilligung zu ihrer neuen Wirkungsstätte übergesiedelt. Wahrscheinlich war sie, als sie zur Äbtissin von Gandersheim gewählt wurde, noch sehr jung, ohne Gelübde und daher noch nicht Nonne im eigentlichen Sinne des Wortes. Aus diesem Grunde erhielt sie wohl auch von Hildegard die Erlaubnis, die angebotene Würde im Stift Gandersheim anzunehmen — im Gegensatz zu der Nonne Richardis von Stade, von der Papst Eugen mit Recht forderte, daß sie entweder die Benediktusregel in Bassum streng beobachten oder zu Hildegard zurückkehren solle.

Wenn Adelheid eine der bedeutendsten Äbtissinnen von Gandersheim wurde, so war die Entwicklung und Entfaltung ihrer Persönlichkeit grundgelegt durch die Erziehung ihrer Meisterin und Mutter Hildegard.

Es liegt auch ein Schreiben Hildegards an Adelheid vor. Ob es die Antwort auf den vorstehenden Brief Adelheids ist, wissen wir nicht. Hildegard kommt im einzelnen nicht auf diesen Brief zurück.

Hildegard an Äbtissin Adelheid von Gandersheim

Das hellstrahlende Licht spricht zu dir: Der Tag überragt die Nacht, und die Nacht redet Weisheit[a]. Wie ist das zu verstehen? Der Tag bietet dem Sehen und Hören dar, was Grund zu Freude und Frohlocken ist. Die Nacht birgt sehr viele Pläne in zahlreichen nützlichen Unternehmungen und spannt sich nach dem Tage aus. Zuweilen aber eilt ein Unwetter voraus, und hernach erscheint ein klarer Tag.

Du, Tochter Gottes, warst im Frühlicht und wurdest in der Kelter zerstampft. Später aber bist du breite Wege gewandelt. Nun sieh dich vor, daß du die guten Wege nicht verlässest. Gott will dich[b], und Er kennt dich, so daß Er dir, wenn du zu Ihm aufblickst, eilends hilft. Berührst du aber die Eitelkeit der Welt, so eilt Er umsonst zu dir. Wähle also zwischen beidem, was gut für dich ist. Denn wenn du im Aufblick zu Gott hinhorchend Ihn anrufst, wird Er dich nicht verlassen. Gott helfe dir, daß der Tag für dich aufstrahle und die Nacht von dir weiche, damit du an Tugenden ein Edelstein werdest. So wirst du leben in Ewigkeit.

---

[a] vgl. Ps 18, 2 [b] vgl. Ps 40, 12.

Die Schreiben, die sich um Richardis von Stade gruppierten und der Briefwechsel mit Adelheid von Gandersheim beleuchten Hildegards Verhältnis zu einzelnen Nonnen ihres Konventes. Es sind uns auch zwei Schreiben Hildegards an ihre klösterliche Gemeinschaft überliefert. Sie werfen ein Licht auf das Verantwortungsbewußtsein der Äbtissin, die um das Heil der einzelnen und das der Gemeinschaft besorgt ist.

Obgleich der erste Brief keinen Adressaten-Eintrag aufweist, ist er doch an Hildegards Nonnen gerichtet. Denn der zweite Brief — den man „Hildegards Testament" nennen könnte — trägt den Vermerk Hildegard nochmals an ihre Schwesterngemeinschaft. *Er weist also auf den ersten zurück.*

Hildegard an ihre geistlichen Töchter

Ich, das überstarke Feuer, bereite Mir schön geformte Antlitze in sanften und demütigen Herzen, die Mir anhangen und wie Kinder Mich umfangen. Ein „Berg von Myrrhe und Weihrauch"[a] sind sie Mir, denn sie suchen nicht den Pesthauch der Sterblichkeit. Das ist es, was Ich bei Meinen Kindlein suche und ersehne. Wenn sie nämlich sanft und demütig sind, besitzen sie Glanz von Meinem Feuerglanz. Denn die Güte küßt die Niedrigkeit, in der Ich die Gestalt des ersten Menschen geformt habe. Darum stellen sich Mir auch alle guten Werke, die aus Meinem Hauche leben, wie ein Antlitz dar. Denn den Pesthauch hochmütigen Geistes haben sie nicht. Und ein „Myrrhenberg" sind sie, weil sie alle Eigenwilligkeit immerzu in sich ertöten. In den hochmütigen Geistern dagegen leuchtet kaum ein Antlitz auf. Sie sind vor Mir wie umwölkt, so wie der Mond durch dichte Wolken kaum hindurchscheint. Und doch entfliehen Mir diese Gesichter nicht immer. Obwohl sie sich ihre Werke selbst zuschreiben, dienen sie Mir. Doch sie mischen sie so, als hätten sie sich aus sich selbst. Die aber, die demütigen und zerknirschten Herzens sind, die sind vor Mir wie das brennende Licht der Sonne. Solche befinden sich in dieser Meiner Schar. Ich will Meine Töchter von den dichten Wolken reinigen, denn Ich möchte sie frei davon haben.

[a] vgl. Hl 4, 6.

Nach Überwindung des Widerstandes, den das Disibodenberger Mönchskloster ihrer Neugründung entgegengesetzt hatte, erhielt Hildegard die Einwilligung der Mönche zur Übersiedlung auf den Rupertsberg. 1150 bezog sie mit ihren Nonnen das neue Kloster. Nun aber kam es erneut zu Spannungen. Die Disibodenberger hätten am liebsten gesehen, daß die berühmt gewordene Seherin weiterhin bei ihnen geblieben wäre. Zudem wollten sie die von den Nonnen bei ihrem Eintritt gemachten Besitzungen und sonstigen Schenkungen zurückbehalten. Wie die Vita berichtet, wurde Hildegard bei diesem Konflikt von einer schweren Krankheit erfaßt. Sie ließ sich in ihr Oratorium bringen und versprach Gott, auf Sein Geheiß dorthin zu gehen, wohin Er wolle, wenn Er die Geißel der Krankheit von ihr nähme. Und siehe da: die Krankheit wich, Hildegard ritt zum Disibodenberg und machte vor dem Abt und seinen Mönchen die Rechtsansprüche ihres Klosters geltend[10], wie der folgende Brief[11] schildert:

Hildegard nochmals an ihre Schwesterngemeinschaft

O Töchter, die ihr aus Liebe zur Keuschheit den Spuren Christi gefolgt seid[a] und mich Armselige — um der himmlischen Erhöhung willen — in demütiger Unterwürfigkeit zu eurer Mutter erwählt habt, nicht aus mir, sondern aus der göttlichen Schau sage ich euch aus mütterlichem Herzen:

Diese Stätte, den Ruheort der Überreste des heiligen Bekenners Rupertus, zu dessen Patronat ihr eure Zuflucht genommen, erkannte ich nach Gottes Willen unter augenscheinlichen Wundern als eine Opferstätte des Lobes[b]. Mit Genehmigung meiner Vorgesetzten kam ich hierher und habe sie für mich und alle, die mir folgten, unter Gottes Beistand frei in Besitz genommen. Hernach begab ich mich dann auf Gottes Mahnung zum Disibodenberg, den ich mit Erlaubnis verlassen hatte, und stellte vor all seinen Bewohnern den Antrag: nicht nur unsere Wohnstätte, sondern auch der ihr als Schenkung gegebene Grundbesitz sollte von ihnen nicht abhängig, sondern gelöst sein. Bei dieser nützlichen Verhandlung hatte ich aber nur das Heil der Seelen und die Sorge für die von der Regel gebotene Zucht im Auge.

Wie ich in wahrer Schau vernommen[12], sprach ich zum Vater dieser Stätte, dem Abte [Kuno]: „Das hellstrahlende Licht spricht: ‚Du sollst Vater über den Propst [Volmar] und das Seelenheil der geheimnisvollen Pflanzstätte Meiner Töchter sein. Die ihnen gemachten Schenkungen gehören weder dir noch deinen Brüdern. Hingegen soll eure Stätte ihnen Zuflucht sein.‘ Wollt ihr aber in eurem Widerstand verharren und gegen uns mit den Zähnen knirschen, so werdet ihr den Amalekitern gleichen und dem Antiochus, von dem geschrieben steht, daß er den Tempel des Herrn beraubt hätte[c]. Haben einige von euch in ihrer Unwürdigkeit gesprochen: ‚Wir wollen ihren Besitz verringern‘, so spreche ICH, DER ICH BIN[d]: ‚Ihr seid die schlimmsten Räuber! Wenn ihr aber versuchen solltet, den Hirten der geistlichen Heilkunst [Propst Volmar] den Nonnen zu entziehen, dann sage Ich euch ferner: Ihr seid den Söhnen Belials gleich und habt die Gerechtigkeit Gottes nicht vor Augen. Deshalb wird Gottes Strafgericht euch vernichten!‘“

Als ich armseliges Gebilde mit diesen Worten die oben bezeichnete Freiheit des Ortes und die Besitzungen meiner Töchter vom obgenannten Abt forderte, gestanden alle mir sie durch schriftlichen Eintrag in einen Kodex zu. Alle, die dies sahen, hörten und wahrnahmen, Große wie Geringe, brachten der Sache größtes Wohlwollen entgegen, so daß diese nach Gottes Willen schriftlich festgelegt wurde. Dies sollen alle, die Gott anhangen, erfahren und hören und wohlwollend diese Rechtssache bestätigen, durchführen und verteidigen, damit sie jenen Segen empfangen, den Gott Jakob[e] und Israel[f] gab.

Doch ach, welch große Klage werden meine Töchter nach dem Tode ihrer Mutter erheben, wenn sie an der Brust ihrer Mutter nicht mehr trinken, wenn sie unter Seufzen und Trauer und häufig unter Tränen so sprechen werden: „Ach, ach, gern würden wir an der Brust unserer Mutter trinken, wenn wir sie jetzt noch unter uns hätten!“

Deshalb, o Töchter Gottes, ermahne ich euch, daß ihr einander liebt, wie ich, eure Mutter, von meiner Jugend an euch ermahnt habe, damit ihr ob eures Wohlwollens gleich den Engeln hellstrahlendes Licht und stark in euren Kräften seid, wie euer Vater Benediktus lehrte.

Der Heilige Geist schenke euch Seine Gaben, denn nach meinem Tode werdet ihr meine Stimme nicht mehr hören. Doch nimmer gerate meine Stimme unter euch in Vergessenheit, denn oft ertönte sie in Liebe unter euch. Jetzt erglühen meine Töchter in ihren Herzen ob der Trauer, die sie um ihre Mutter empfinden. Sie seufzen und sehnen sich nach dem Himmel. Später aber werden sie durch Gottes Gnade in hellem, glänzendem Lichte erstrahlen und starke Streiterinnen im Hause Gottes sein.

Wollte daher jemand in die Schar meiner Töchter Zwietracht säen oder ein Verlassen dieser Wohnstätte und geistlichen Zucht herbeiführen, so möge die Gabe des Heiligen Geistes das aus seinem Herzen vertreiben. Sollte er, Gott verachtend, dennoch so handeln, so möge die Hand des Herrn ihn vor allem Volke schlagen, weil er verdient hat, zuschanden zu werden.

Darum, o Töchter, bewohnt diese Stätte, die ihr euch erwählt habt, um für Gott zu kämpfen, mit aller Hingabe und Beständigkeit, damit ihr euch hier den himmlischen Lohn erringt . . .

---

[a] vgl. 1 Pe 2, 21 [b] vgl. Ps 49, 14 [c] 1 Mak 1, 21—24; 6, 12 [d] Ex 3, 14 [e] Gn 27, 27—29 [f] Gn 32, 30.

Hildegards Erscheinen auf dem Disibodenberg und ihre kühnen Worte vor Abt und Mönchen verfehlten ihre Wirkung nicht. Es kam in der Folgezeit zu Verhandlungen zwischen den beiden Klöstern. Daß der Disibodenberg gewisse Ansprüche auf die den Nonnen vermachten Güter stellte, wird begreiflich, wenn wir annehmen, daß das Mönchskloster die Frauenklause bzw. das Frauenkloster wahrscheinlich materiell unterstützt hatte.

Alle künftigen Rechtsansprüche und jeden Anlaß zu Streitereien suchte Hildegard nun aus dem Wege zu räumen. Damit nirgends ein Grund zu gerechter Klage zurückbliebe, überließ sie dem Mönchskloster den größten Teil der Güter, die ihr und ihren Schwestern bei der Aufnahme vermacht worden waren, und darüber hinaus eine nicht geringe Summe Geldes, *so berichtet die Vita*[13].

Vor allem aber strebte Hildegard danach, sowohl den Güterbesitz des Rupertsberger Klosters als auch die geistlichen Beziehungen zwischen den beiden Klöstern urkundlich festlegen zu lassen. Sie nahm daher nach dem Tod von Abt Kuno (1155) mit seinem Nachfolger, Abt Helenger, nochmals Verhandlungen auf. Über die Vereinbarungen wurde am 22. Mai 1158 von Erzbischof Arnold von Mainz eine Urkunde ausgestellt[14]. *Darin wird bestätigt, daß Hildegard, da sie die Stiftsgüter vom Kloster Disibodenberg eingetauscht hat, zu keinen Leistungen an das Mönchskloster verpflichtet ist. Ferner wird den Nonnen die freie Wahl ihrer geistlichen Mutter bewilligt. Das Disibodenberger Kloster verpflichtet sich, dem Rupertsberg einen geeigneten Mönch als Propst zu stellen, und zwar nach Wahl der Nonnen. Auf diese Rechtsbestimmung wird Hildegard in ihrem letzten Lebensjahrzehnt zurückkommen müssen.*

Es ist ein in der Ordensgeschichte vielleicht einmaliges Phänomen, daß so viele Mönchs- und Nonnenklöster sich um die persönliche Verbindung mit einer Äbtissin bemühten und daß diese Äbtissin die intimen klösterlichen Schwierigkeiten so genau kannte und den Reichtum ihrer gottgeschenkten Kräfte so restlos einsetzte, um sie zu beheben, wie Hildegard von Bingen.

Der Briefwechsel Hildegards mit den Klöstern gewährt einen Einblick in die innerklösterlichen Verhältnisse. Die Beziehungen zwischen Vorgesetzten und Untergebenen werden sichtbar. Wir gewahren das gute und das unbotmäßige Verhalten einzelner Mönche und Nonnen oder eines Konventes. Oft glauben die Äbte und Äbtissinnen, ihrem Amt nicht gewachsen zu sein, und möchten die Bürde niederlegen. Daher bitten sie Hildegard um Rat und empfehlen sich ihrem Gebet.

Um die Situation der Klöster im Mittelalter zu verstehen, muß man wissen, daß die nachgeborenen Söhne und Töchter aus dem Adel oft im frühen Kindesalter von ihren Eltern für den geistlichen Stand oder das klösterliche Leben bestimmt wurden. Dieser Umstand, der den Kindern die freie Berufsentscheidung über ihr Leben entzog, konnte später ernste innere Konflikte hervorrufen, die zuweilen mit einer Katastrophe endeten. Manche Fehlentwicklung, die zweifellos auf diesen Brauch zurückgeht, ist daher verständlich und entschuldbar.

DISIBODENBERG

Wie einzigartig die Beziehungen des Disibodenberger Mönchsklosters zu Hildegard gewesen sein müssen, wird deutlich, wenn wir ins Auge fassen, daß Hildegard vierundvierzig Jahre, von 1106 bis 1150, hier gelebt hatte. Hier hatten ihre Eltern sie im Alter von acht Jahren der Klausnerin Jutta von Spanheim übergeben. Hier hatte Hildegard zwischen 1112 und 1115 vom heiligen Bischof Otto von Bamberg den geweihten Schleier empfangen. Nach dem Tode der Meisterin Jutta im Jahre 1136 hatten die Nonnen Hildegard zu ihrer geistlichen Mutter gewählt. Hier hatte Abt Kuno sich ihrer seelischen Not angenommen und ihr über Erzbischof Heinrich von Mainz den Weg zu Papst Eugen gebahnt. Der Widerstand, den die Disibodenberger Mönche Hildegards Neugründung entgegensetzten, wurde zwar durch Ver-

mittlung von Markgräfin Richardis von Stade und Erzbischof Heinrich von Mainz behoben. Doch traten nach der Übersiedlung in das neue Kloster Rupertsberg wieder Spannungen auf, die in etwa gelöst wurden, nachdem Hildegard die rechtlichen Beziehungen zwischen den beiden Klöstern 1158 urkundlich hatte festlegen lassen.

Von 1108 bis 1143 unternahm der Disibodenberg den Bau einer monumentalen Kirche und eines großen Klosters. Die bedeutsame Periode, die Hildegard wachen Auges intensiv miterlebte und in der sie reiche Anregungen für ihre eigene künftige Neugründung empfing, war eine Zeit monastischer Blüte und kulturellen Hochstandes.

Der Briefwechsel mit den Äbten und Mönchen des Klosters vermittelt uns einen tieferen Einblick in den Disibodenberger Konvent und sein Verhältnis zu Hildegard.

Abt Kuno an Hildegard

Kuno, unwürdiger Abt vom Disibodenberg, wünscht, so wenig es bedeutet, seiner Herrin und geliebten Mutter Hildegard vom Rupertsberg die Gnade Gottes.

Da ich bisher durch mannigfache Beschäftigungen verhindert war, habe ich eine Zeitlang unterlassen, Euch zu besuchen, zu begrüßen und zu sprechen. Jetzt aber ergreife ich die günstige Gelegenheit des Augenblicks und empfehle mich um so eifriger Euren Gebeten, je mehr ich leider einsehen muß, daß ich weit mehr an Sündenwachstum altere als an irgendwelchem Fortschritt in der Gerechtigkeit. Weil aber Eure Heiligkeit, vom Geiste begabt, in dem der nicht trügt und nicht betrogen wird, sehr viele Geheimnisse schaut, so bitte ich: Wenn Gott Euch über unsern Schutzpatron, den heiligen Disibod, etwas geoffenbart haben sollte, so eröffnet es mir, damit ich nicht zögere, Ihm dafür mit meinen Brüdern frommen Lobpreis darzubringen. Da ich jedoch gänzlich außerstande bin, die mir innewohnende Nachlässigkeit aus eigener Kraft von mir abzuschütteln, so bitte ich ergebenen Herzens sowohl um Euer fürbittendes Gebet wie um das der übrigen Töchter Gottes, die mit Euch das klösterliche Leben führen. Ich empfehle in Euer aller Gebet nicht nur meine geringe Person, sondern auch die mir anvertrauten Brüder und unser Kloster, wie ich es ja auch, wenn ich bei Euch bin, mündlich öfter zu tun pflege.

Hildegard an Abt Kuno

Wie groß ist die Torheit in dem Menschen, der nicht sich selbst bessert, sondern sucht, was im Herzen des andern ist, und die Missetaten, die er darin findet, gleich gewaltsam ausbrechenden Wassern nicht zurückhält. Wer so tut, vernehme die Antwort des Herrn:

O Mensch, warum schläfst du und hast an den guten Werken, die vor Gott wie eine Symphonie erklingen, keinen Geschmack? Warum entsagst du nicht durch Erforschung deines Herzenshauses deiner kecken Ausgelassenheit? Du schlägst Mir ins Gesicht, wenn du Meine Glieder in ihren Wunden zurückstößest, ohne auf Mich zu schauen, der Ich doch den Irrenden zur Herde zurücktrage[a]. Du wirst dich dafür vor Mir verantworten müssen über das Haus deines Herzens und die Stadt, die Ich geschaffen und im Blute des Lammes gewaschen habe. Warum scheust du dich nicht, den Menschen zu zerbrechen, den du nicht erschaffen hast? Du salbst ihn nicht, da du ihn weder schützest noch pflegst. Gewaltsam willst du ihn bessern. Jetzt aber ist für dich die Zeit deines Dahinschwindens gekommen. Doch Gott, der dich erschaffen, will dich nicht verlorengehen lassen. Das also erkenne!

Nun, Vater, komme ich auf deine Bitte zurück, dir zu schreiben, wenn ich etwas über euren Schutzpatron, den heiligen Disibod, geschaut und erkannt hätte. Folgendes hörte und sah ich in einer Schau des Geistes:

O staunenswertes Wunder, daß eine verborgene Gestalt in leuchtend ehrenvoller Größe hoch hervorragt, wenn die lebendige Hoheit Geheimnisse ans Licht bringt! Deshalb, o Disibod, wirst du am Ende dich erheben unter dem Beistand der blühenden Zweige der Welt, wenn du einst auferstanden bist.

O Grünkraft aus Gottes Hand, darin Gott eine Pflanzung gesetzt, die in der Höhe leuchtet wie eine ragende Säule. Ruhmreich bist du durch Gottes Wirksamkeit. O ragender Berg, niemals wirst du erschüttert bei der Prüfung Gottes (in discretione Dei). Du stehst in der Ferne wie ein Vereinsamter. Doch liegt es nicht in der Macht des Bewaffneten, dich zu ergreifen.

Du Führer der wahren Stadt hast dich um Gottes willen zur Erde niedergeworfen und bist so im Tempel des Ecksteins gen Himmel gestiegen. Du, der dem Samen der Welt Entfremdete, sehntest dich aus Liebe zu Christus danach, ein Verbannter zu sein. O erhabene Verschlossenheit des Herzens, im Spiegel der Taube hast du beständig dein schönes Antlitz offen getragen. Du hieltest dich im Verborgenen, berauscht vom Dufte der Blumen in den Gehegen der Heiligen, leuchtend vor Gott.

O Gipfel derer, die den Himmel öffnen, milder Bekenner, um des lichten Lebens willen gabst du die Welt preis und führtest ständig im Herrn diesen Kampf. Aus deinem Herzen hat die lebendige Quelle vom lautersten Licht die reinsten Gewässer auf den Weg des Heiles geleitet. Du mächtiger Turm vor dem Altare des höchsten Gottes: die Spitze des Turmes hast du mit dem Rauch von Spezereien umwölkt.

O Disibod, in deinem Lichte hast du durch Vorbilder von reinem Klang Glieder eines wunderbaren Lobes nach zwei Seiten hin durch den Menschensohn aufgebaut. In der Höhe stehst du, nicht errötend vor dem lebendigen Gott, und bedeckst mit erfrischendem Tau, die Gott mit dieser Stimme loben:

O süßes Leben, o glückselige Beharrlichkeit, die du im heiligen Disibod ein glorreiches Licht für alle Zeit im himmlischen Jerusalem aufgehen ließest. Nun sei Gott Lob, der in der schönen Mönchsgestalt kraftvoll gewirkt hat! Die himmlischen Bürger mögen sich freuen über alle, die ihnen auf diese Weise nachfolgen.

Du aber, Vater, der du mich armseliges Gebilde hierum [die Mitteilung dieser Schau] gebeten hast, handle so vor Gottes Angesicht, daß, wenn deine Tage in dieser Welt für dich dahingeschwunden sind, deine Zeit in der Ewigkeit glückselig weiterläuft und du als Erlöster unter den Gerechten stehst.

---

[a] vgl. Lk 15, 4 ff.

Hildegard rüttelt das Gewissen des Abtes wach, stellt ihm konkret seine Fehler vor Augen und ermahnt ihn zur Besserung. Ihre Schau des heiligen Disibod ist ein jubelnder Lobgesang, den Hildegard auch vertont hat als Antiphon, Responsorium und Sequenz[1].

Auch der Prior Albert und die Mönche vom Disibodenberg begehrten einen Brief von Hildegard:

Prior Albert an Hildegard

Albert, Mönch und unwürdiger Prior des Disibodenberges, wünscht Hildegard, der von der Gnade des Heiligen Geistes wahrhaft Erfüllten — gemeinsam mit den Brüdern dieses Hauses —, sie möge aufsteigen von Tugend zu Tugend und den Gott der Götter auf Sion schauen[a].

In weitentfernte Gegenden sendet Ihr Eure Mahnungen und erfüllt Unzählige mit dem Verlangen nach dem rechten Wege. Darum sind wir erstaunt, daß Ihr uns, die wir Euch doch von Kindheit an kennen und bei denen Ihr so viele Jahre verweilt habt, Worte der himmlischen Schauungen, nach denen wir so sehr dürsten, vorenthaltet. Wir wissen ja, wie Ihr bei uns erzogen und unterrichtet wurdet und das klösterliche Leben führtet, wir wissen auch, daß Ihr nur weiblichen Arbeiten oblagt, daß Ihr durch keine anderen Bücher als das einfache Psalterium unterwiesen wurdet und in Lauterkeit den guten und heiligen Wandel liebtet. Doch hat die göttliche Vaterliebe Euch, wie sie wollte, mit himmlischem Tau erfüllt und Euch die Größe ihrer Geheimnisse eröffnet. Während wir uns hierüber mit Euch freuen müßten, hat Gott Euch uns doch, wider unseren Willen, entrissen und zu anderen Menschen geführt. Warum Er das getan, können wir weder erforschen noch wissen. Wir ertragen es notgedrungen willig, tiefbewegt. Denn wir hegten die Hoffnung, das Heil unserer Stätte beruhe auf Euch. Gott aber fügte es anders, als wir wollten. Nun aber, da wir uns dem Willen Gottes nicht widersetzen können, ergeben wir uns in ihn und freuen uns mit Euch, weil Ihr sehr viel bisher Ungeschautes, bisher Ungehörtes durch göttliche Offenbarung enthüllt und bisher Verschlossenes eröffnet habt. Denn da Ihr vom Geiste Gottes erfüllt seid, schreibt Ihr vieles, was Ihr nicht von einem Menschen gelernt habt und was heilige und gelehrte Männer anstaunen.

Deswegen bitten wir inständig, obgleich wir Sünder weit davon entfernt sind, Heilige zu sein: Seid unser eingedenk, sowohl um der Ehre des Herrn willen als auch im Hinblick auf das alte, zu Recht bestehende Freundschaftsverhältnis. Schenkt uns Worte des Trostes und kommt uns bei Gott zu Hilfe, so daß es Gott gefallen möge, das, was uns mangelt, durch die Verdienste Eurer Worte zu ergänzen. Lebt wohl!

---

[a] vgl. Ps 83, 8.

Prior Albert, der Hildegard von Kindsbeinen an gekannt hat, zeichnet hier mit wenigen Strichen ihr Leben auf dem Disibodenberg. Er legt dar, daß Hildegard keine wissenschaftliche Ausbildung empfangen hat. Sie selbst hatte das gleiche 1146/47 an Abt Bernhard von Clairvaux geschrieben. Auch die Vita[2] bestätigt diese Tatsache. Das Psalterium, das heißt die Heilige Schrift, war Hildegards Lehrbuch. Der Prior bekundet die charismatische Begabung der Meisterin vom Rupertsberg und macht die Anhänglichkeit der Disibodenberger Mönche an die Seherin und Prophetin, an die Heilige, verständlich. Der Wunsch, von ihr ein Schreiben zu bekommen, wurde erfüllt.

Hildegard an die Disibodenberger Mönche

In einer wahren Schau hörte ich eine Stimme sprechen wider das Unrecht, das sowohl Geistliche wie Laien gegen die Gerechtigkeit begehen:

O Gerechtigkeit, du bist heimatlos und fremd[a] in der Stadt derer, die sich Gleichnisse zurechtmachen und aussuchen über die ihrem eigenen Willen zustehende Aufgabe. Sie sehnen sich nicht nach deinen Geheimnissen noch nach deiner Freundschaft, die du die purpurgekleidete Freundin des Königs bist. Darum klagst du über diese Lebensart, auf der keinerlei Gerechtigkeit ruht, und sprichst voller Betrübnis: „Ich erröte gar sehr, darum verberge ich mein Antlitz unter meinem Mantel, damit meine Verfolger mich nicht sehen.“ Darüber ereiferst du dich sehr, o Gerechtigkeit, so daß, wer dir widersteht, des Gerichtes schuldig ist.

Und wiederum sprichst du voller Betrübnis: „Woher komme ich? Aus dem Herzen des Vaters. Und alle Länder sind um mich versammelt. Auch als die Gestalt der Völker und die Geschlechterfolgen festgelegt wurden, war ich dabei. Und so wurden in mir die Wolkensäulen errichtet.

Nun aber bin ich denen, die in der ersten Wurzel aus mir hervorgegangen sind, ein Ekel. Doch statt mich der Trauer zu überlassen, seufze ich über die Unwissenheit der Völker. Wie strömende Wasser ist mein Heulen im starken Getöse vieler Wasser ob der großen Zahl der Toren in der Geschwätzigkeit ihres schändlichen Gehabens. Ach, ach, o Adler, die ihr durch das Feuer des Heiligen Geistes und das Wasser der Wiederherstellung [Taufe] in mich wie in funkelnde Morgenröte und glänzendes Edelgestein übergegangen seid: Jetzt schlaft ihr und seid wie stumpfsinnige Tiere, die bald vorwärts, bald rückwärts laufen, bald beim Gehen durcheinandergeraten."

Doch von diesem Berge der Gottessöhne sah ich im mystischen Hauch noch folgendes:

Ich sah einen Berg von gewaltiger Höhe. Auf seinem Gipfel saß ein großer Mann. Mit beiden Händen hielt er das Gesetz Gottes, gleichsam auf einer Tafel aufgezeichnet, wie man es auch von Moses geschrieben liest[b]. Zu Füßen des Mannes war eine Menschenmenge wie umwallt von geistlicher Beschneidung. Sie alle nahmen seine Gesetzesvorschriften mit Freude auf und sprachen seufzend: „O Herr, unser Gott, wann werden wir zu Dir kommen? Gern werden wir Dir gehorchen!" Dennoch mischten sie sich zuweilen wie im Wirbel durcheinander, und manchmal gab es viele Missetaten unter ihnen, die sie jedoch unter vielen Tränen in der Besprengung mit dem Blute Christi Jesu abwuschen. Denn als der Mensch in solch schweren Sünden daniederlag, daß er, aller Kraft bar, sich nicht daraus erheben konnte, sprach Gott: „Durch Mich will Ich den Menschen aufrichten und ihn mit innerstem Erbarmen von neuem pflanzen, so daß er im Spiegel des Bekenntnisses [der Beichte] zur Ruhe kommt, der sich durch sich selbst nicht dem Schlund des Teufels entreißen konnte."

Ich Armselige nahm zwar viele Laster an ihnen wahr, jedoch den Stolz, der hartnäckig Steine auf die Sünder wirft und sie verachtet, sah ich nicht an ihnen.

Unterhalb dieser Menge sah ich eine andere Schar von Menschen, die von einer leuchtenden Wolke umgeben war. Sie hatten schöne Gesichter und schauten gen Himmel. Mit ihrer Spitzelei nach unnützen Dingen gingen sie zuweilen, fetten Stieren gleich, bis zur Dreistigkeit, da sie, den Blick auf den Himmel gerichtet, ihre Bogen spannten und Pfeile gegen ihn abschossen. Auch mit Bleiknüppeln schlugen sie auf ihn los. So „setzten sie ihren [Läster-]Mund an den Himmel, und ihre Zunge wanderte auf der Erde herum"[c]. Daher kam Donner über sie, Hagel prasselte auf sie nieder, und viele Nebel hüllten sie ein. Und sie murrten, warum solche Unwetter sie umlagerten.

Da gab die Gnade Gottes ihnen folgende Antwort:

Ich habe euch zu großer Seligkeit zusammengeführt. Aber in eurer Verwegenheit verwerft ihr Mich und fragt, wer an euch heranreichen, welche Rede euch besiegen, welche Höhen oder Bäume euch umwerfen könnten. So haben auch die Kinder Israels Gott vernachlässigt, da Er durch den Segen Abrahams das Horn der Segnungen über sie errichtete und sie durch beglückende Ehrung in Seinen Schoß erhob. Allein sie murrten in Selbsttäuschung, leisteten Gott verwegenen Widerstand und gaben die durch Christi Blutvergießung [verheißene] Heiligung preis. Da zog der Segen in ihnen sich zurück und entschwand, denn sie neigten sich dem Untergang des Todes zu. Gott aber erbaute aus Gaben und Brandopfern eine neue Rechtsordnung für die Kirche, bis alle Brunnenwasser in das Tal der schwarzen Nebel abgeleitet sind. Alsdann werden alle Adler, weil sie zu Anfang unter dem Segen standen, in dem kreisenden Rad [der Gottheit] zu der einen Herde vereinigt werden.

Noch eine andere Schar sah ich zu Füßen der Männer. Vor ihren Augen hing in goldfarbenen Dornen ein Widder, den sie im Duft von Myrrhe und Weihrauch leuchtenden Auges erblickten. Und nun flossen von den Händen des großen Mannes, der auf dem Gipfel des Berges saß, Bächlein auf ihre Brust herab. Mit lauter Stimme riefen sie zum Herzen der Weisheit also empor: „Gott hat uns einst zu vielen Opfern zusammengeführt. Doch wir haben alle gegen viele Vorschriften gefehlt. Deshalb wurden wir auf die Kelter gestellt. Und wir sprechen mit dem Propheten: ‚Die Kelter habe Ich allein getreten, und aus den Völkern war keiner bei Mir‘[d]“.

Und wiederum: Als das Netz ins Meer ausgeworfen ward und Fische aller Art einfing, suchten die Fischer die guten Fische aus und taten sie in Gefäße[e]. So hat Gottes Gnade diejenigen zur Herrlichkeit auserwählt, die demütigen Herzens sind, ergeben in der Furcht des Herrn, und die sich nicht ausstrecken nach Raub.

Nun möge der erste Ruf, der euch zum Lobe Gottes zusammenführte, euch gut machen in der Wurzel, wie die ersten [Mönche], die in den Mauern dieses Tempels geweiht wurden. Du aber, o Berg, höre auf die Ermahnung Gottes: Gott hat dich erstellt wie den Berg Sinai, damit du Ihm das Opfer des Lobes darbringst[f]. Jetzt kehre dich um zu deinem Gott[g], und sei ein Leuchter des Königs, auf daß du nicht zu erröten brauchst in deiner Urwurzel, wie die Rechte Gottes dich gepflanzt.

---

[a] vgl. 1 Pt 2, 11 [b] Ex 25, 12 [c] Ps 72, 9 [d] Is 63, 3 [e] vgl. Mt 13, 47 ff.
[f] vgl. Ps 115, 17 [g] vgl. Os 14, 2.

Die Gerechtigkeit — Hildegards Kernwort für die Heiligkeit — ist eine Fremde in der Stadt dieser unheiligen Menschen geworden. Das Höchste und Heiligste wird von ihnen gelästert. Und so ruft Hildegard die Mönche, die ein Berg Gottes *sind, zum Lobopfer und zur Umkehr auf.*

Der folgende Brief nimmt Bezug auf Hildegards Besuch bei den Disibodenberger Mönchen, die sie nicht hatten fortziehen lassen wollen und Anspruch auf den

Güterbesitz ihrer Nonnen erhoben. Hildegard schildert das Gebaren der Mönche, die ihr mit offener Feindseligkeit entgegentraten, und spricht ein schmerzerfülltes Wehe *über das Kloster, das sie ihre* Mutter *nennt: denn hier hatte ihr geistliches Leben seinen Anfang genommen.*

Hildegard an den Abt vom Disibodenberg

O Vater — der Würde nach! Wie gern sagte ich: Vater in der Tat! Ich kam an jene Stätte, wo Gott dir den [Hirten-]Stab Seiner Stellvertretung gegeben hat. Einige aus der Schar deiner Brüder tobten wider mich wie gegen einen finsteren Vogel und ein schreckliches Untier. Und sie spannten ihre Bogen gegen mich, damit ich vor ihnen fliehe. Ich weiß aber in Wahrheit, daß Gott um Seiner [mir anvertrauten] Geheimnisse willen mich von jener Stätte entfernt hat. Denn durch Seine Worte und Wunder war meine Seele derart erschüttert worden, daß ich fast vorzeitig gestorben wäre, wenn ich dortgeblieben wäre. Nun sei denen, die mich dort in Ergebenheit aufnahmen, Heil und Segen! Denen aber, die da den Kopf über mich schüttelten, gewähre Gott Gnade nach Seiner Barmherzigkeit. Wehe, wehe, o meine Mutter, in beklagenswertem Verdruß hast du mich aufgenommen!

Abt Helenger an Hildegard

Seiner geliebten Mutter Hildegard, liebenswerter als jegliche Kostbarkeit, wünscht Helenger, ihr Sohn, und — ach, nicht der Tat, sondern nur dem Namen nach — Betreuer der Herde des heiligen Disibod, alles, was besser ist als zeitliches Gut.

Während die ganze Welt in wahrem Lobpreis kündet, daß Ihr mit der Freude des Heiligen Geistes begabt seid, habe ich, der ich doch der erste hätte sein sollen, auch andere zu Eurer Seligkeit einzuladen, bisher in trägem Widerwillen mich verkrochen. Doch jetzt fühle ich mich, von Furcht ergriffen, endlich gezwungen, Euch mit obigen Worten zu grüßen.

Leider eifere ich danach, mehr vorzustehen als vorzusehen, und suche das, was mir und nicht den andern nützt. Aber dennoch habe ich bis jetzt, wenn auch lau, des Tages Last und Hitze im Weinberg des Herrn getragen und mit Gottes Hilfe mich entschlossen, auszuharren, bis ich einmal den Denar empfangen werde[a].

Jetzt aber, meine Mutter, ist mir bei der Hochzeit des Herrn der geistliche Wein ganz ausgegangen, weil der Eifer für das monastisch-geistliche Leben fast erloschen ist. Denn weder die Mutter Jesu ist dabei noch Jesus selbst. Auch Seine Jünger sind nicht geladen[b]. Daher ballt sich alles Widerwärtige um uns zusammen. Es ist nicht nötig, Euch mit weitläufigen Reden hinzuhalten, zumal Worte und Wissen mir nicht zur Verfügung stehen. Ich weiß es, meine Mutter, ich weiß es: vom Scheitel bis zur Sohle ist nichts Gutes an mir. Richtet daher ein Trostschreiben an meine Niedrigkeit, damit das Buch des ewigen Lebens Euren Namen enthalte in Sion. Lebt wohl!

[a] vgl. Mt 20, 1—16 [b] vgl. Jo 2, 1 ff.

Hildegard an Abt Helenger

In einer geistigen Schau, die von Gott ist, hörte ich folgende Worte: Es ist höchst notwendig für den Menschen, der danach verlangt, sein Leben zu finden[a], daß er die bösen Werke des Fleisches ertötet und sich die beseligende Erkenntnis zu eigen macht, wie er leben muß, nämlich so, daß seine Seele Herrin, das Fleisch Magd ist, wie der Psalmist sagt: „Selig der Mensch, den Du unterweisest, Herr, und über Dein Gesetz belehrst"[b]. Und wer ist dieser Mensch? Der, der seinen Leib als Magd und seine Seele als geliebte Herrin betrachtet. Sogar wer in seiner Gottlosigkeit wild ist wie ein Bär, diese Wildheit aber zurückweist und zur Sonne der Gerechtigkeit, der gütigen und milden, aufseufzt, der ist Gott wohlgefällig. Ihn setzt Gott [als Hüter] über Seine Gebote und gibt ihm den eisernen Stab in die Hand, damit er Seine Schafe zum Myrrhenberg leite.

Nun höre und lerne, damit du errötest, wenn du in deiner Seele schmeckst, [was ich jetzt sage]: Zeitweise hast du die Art eines Bären, der insgeheim oft bei sich selber murrt, zuweilen auch die Art eines Esels: denn du bist nicht fürsorglich in deinen Pflichten, sondern verdrießlich und auch in manchen Dingen ungeschickt. Deshalb bringst du zuweilen die Bosheit des Bären in ihrer Gottlosigkeit nicht zur Durchführung. Ebenso hast du auch die Art gewisser Vögel, die weder zu den höheren noch zu den niederen gehören, so daß die höheren über sie hinwegfliegen, die niederen ihnen nicht schaden können.

Auf ein solches Verhalten antwortet der himmlische Hausvater: Weh, weh, diese Unbeständigkeit deines Wandels ist nicht nach Meinem Willen. Denn dein Herz murrt über Meine Gerechtigkeit. Du suchst nicht bei ihr die rechte Antwort, sondern verbirgst in dir ein gewisses Murren gleich dem des Bären. Wenn du gute Einsicht in dir hast, so betest du zwar eine kleine Weile, verfällst aber bald wieder in Überdruß, so daß du dein Gebet nicht vollendest. Doch den Weg, der deinem Leibe zusagt, gehst du mit Vergnügen und schneidest ihn nicht ganz von dir ab. Zuweilen aber steigen auch deine Sehnsüchte zu Mir in einem Bereich, der nicht durch und durch heilig ist im Tun, sondern nur auf einem gewissen Wunschglauben fußt. Dennoch habe Ich solche Menschen hin und wieder von der Unbeständigkeit ihres Wandels gesondert, um aus dem Tönen ihrer Vernunft zu hören, was sie bei sich selber denken. Doch erwiesen sie sich dabei als untauglich und gingen zugrunde. Nun aber verspotte dein Herz nicht das Werk, das Gott tut, weil du nicht weißt, wann Sein Schwert dich trifft.

Ich armseliges Gebilde aber sehe in dir ein pechschwarzes Feuer gegen uns entzündet. Das sollst du in guter Erkenntnis der Vergessenheit übergeben, damit in deiner Amtszeit Gottes Gnade und Sein Segen nicht von dir weichen. Liebe also die Gerechtigkeit Gottes, auf daß du von Gott geliebt werdest, und glaube zuversichtlich Seinen Wundertaten, damit du die ewigen Belohnungen empfängst.

---

[a] vgl. Mt 10, 39; Lk 9, 24; Jo 12, 25 [b] Ps 93, 12.

Hildegard deckt die geistig-geistlichen Mängel des Abtes auf: die Unbeständigkeit und Unbeherrschtheit des natürlich-sinnenhaften Menschen, die auch von nachteiliger Rückwirkung auf die Mönche sind. Die Feindseligkeit gegen das Rupertsberger Kloster ist noch nicht erloschen, wie Hildegard in ihrem Brief bemerkt.

Um das Jahr 1170 richtet Abt Helenger an Hildegard ein Schreiben, welches zeigt, daß die Mönche die jahrelang bestehende Widerspenstigkeit abgelegt haben und sich nun einmütig Hildegard zuwenden:

Abt Helenger an Hildegard

Helenger, durch Gottes Gnade Diener auf dem Disibodenberg und Betreuer der Herde des Herrn, wünscht, zugleich mit der ganzen Gemeinschaft seiner Brüder, der ehrwürdigen Mutter und Herrin Hildegard vom heiligen Rupertus, die, wie wir aufs zuverlässigste wissen, über menschliches Begreifen hinaus vom Strahl des göttlichen Glanzes durch und durch erleuchtet ist: sie möge von den siebenfachen Gaben des Heiligen Geistes überströmen und um der göttlichen Belohnung willen den Dürstenden aus dieser Quelle den Becher reichen.

Wir haben erkannt, geliebte Mutter, daß Eure Heiligkeit uns neulich auf Antrieb des allmächtigen Gottes, des Heiligen Tröster-Geistes — also auf Geheiß dessen, der „will, daß alle Menschen gerettet werden und zur Erkenntnis der Wahrheit gelangen“[a] — besucht haben. Deshalb bringen wir Ihm, dem Tröster, nach unserm Vermögen, obwohl ungenügend, unablässig Dank dar. Denn wir haben — das müssen wir gleich bekennen — die Glut und Berührung Seines Lichtes aufs stärkste unter uns und in uns verspürt, da wir allen Zunder des Hasses und der alten Feindschaft, der sich schon durch Jahre hindurch festgesetzt hatte, einmütigen Sinnes abgeschüttelt und uns in aufrichtiger Liebe zu voller Einheit zusammengefunden gleichwie zu einer Einheit von Leib und

Seele. Darum klopfen wir mit beharrlichen Bitten bei der Liebe Eurer Heiligkeit an, Ihr möget aufschauen zu dem Euch durch Gottes Gnade verliehenen Glanz, durch den Eurer Liebe das, was den übrigen Sterblichen verschlossen und verborgen ist, den Augen Eures Herzens aufgetan wird. Das ist Eure Pflicht und Schuldigkeit. Denn Ihr seid mit Euren Schwestern — so hoffen und wissen wir wahrhaftig — zwar dem Leibe, aber nicht dem Geiste nach von uns gegangen. Offenbart uns, ob wir uns wirklich in wahrer Liebe, die der Anfang alles Guten ist, zusammengefunden haben oder ob doch noch die Wurzel irgendeiner Uneinigkeit heimlich unter uns steckt. Doch noch von anderen, wichtigeren Dingen schreibt uns, was Ihr als im Gegensatz zur göttlichen Majestät stehend erkennt, um von anderen, auch vorhandenen, aber weniger wichtigen zu schweigen.

Darüber hinaus pochen wir in einmütiger Übereinstimmung, gelegen oder ungelegen, an die Tür Eurer Liebe, daß Ihr die Taten und Tugenden sowie das Leben unseres und Eures Schutzpatrons, des heiligen Disibod, niederschreibt, in dessen Haus Ihr von Kindheit an erzogen wurdet. Hierzu legen wir die eindringlichste Aufforderung Eurer Mutterliebe ins Ohr und flehen mit eifrigen, unermüdlich ausgesprochenen Bitten, Ihr wollet uns alles eröffnen, was Gott Euch über ihn geoffenbart hat, auf daß mit dem Lobe dieses unseres Vaters das Gedenken an Eure Heiligkeit lebendig bleibe.

Der allmächtige Vater der ewigen Barmherzigkeit möge das Herz Eurer Liebe mit dem Licht Seines Glanzes entflammen und den stürmisch Verlangenden den Becher des erquickenden Trankes reichen.

---

[a] 1 Tim 2, 4.

Hildegard erfüllte die Bitte des Abtes und sandte ein ausführliches Schreiben an den Konvent[3]. *An diesen Brief schloß sie die Vita des heiligen Disibod*[4] *und die Geschichte des Disibodenberger Klosters an.*

Drei Jahre später kam es wieder zu einer Spannung zwischen dem Disibodenberg und Hildegard. Als die Rupertsberger Meisterin nach Volmars Tod 1173 von Abt Helenger den Mönch erbat, den ihre Nonnen als Propst für ihr Kloster gewählt hatten, kam der Abt dieser Bitte und Verpflichtung nicht nach und gab den Mönch nicht frei. In ihrer großen Sorge wandte sich Hildegard an den Papst:

Hildegard an Papst Alexander III.

O Höchster, Glorreicher, an die erste Stelle gesetzt durch das Wort Gottes, durch das jedes Geschöpf, das vernunftbegabte wie das vernunftlose, seiner Art entsprechend geschaffen wurde! Dir insbesondere hat das mit der Menschheit bekleidete Wort [Gottes] die Schlüssel des Himmelreiches, das heißt, die Macht, zu binden und zu lösen[a], zugewiesen.

Erhabenster Vater, du bist die Grundfeste aller Menschen des geistlichen Standes, die mit Posaunenschall die Gerechtigkeit Gottes in der Kirche künden, welche, von vielerlei Geschmeide umgürtet[b], leuchtend erstrahlt. Die einen geben den andern gutes Beispiel, indem sie das Leben der Heiligen nachahmen. Wenn sie etwas Gutes tun, schreiben sie es Gott, nicht sich selbst zu. Sie freuen sich über ihre guten Nachahmer. Sie folgen den früheren Heiligen, die ihr Fleisch zähmten. Am offensichtlichen Sieg der himmlischen Heerscharen im Kampf wider die teuflischen Laster erstarkten sie und hielten wie die Engel in gutem Wollen den Blick auf Gott gerichtet.

So ahme auch du, milder Vater, den gütigen Vater nach, der den reumütig zu ihm zurückgekehrten Sohn mit Freude aufnahm und seinetwegen ein gemästetes Kalb schlachten ließ[c]. [Tu wie der barmherzige Samariter,] der mit Wein die Wunden des von Räubern Verletzten wusch[d]... In der Kirche, die — seit langem durch die Finsternis der Spaltung verwirrt — des Lichtes der Gerechtigkeit Gottes entbehrt, sei du der Morgenstern, der der Sonne des Tages vorauseilt. Weise zurecht, gemäß dem Eifer Gottes, und salbe die Reumütigen mit dem Öl der Barmherzigkeit, denn Gott liebt die Barmherzigkeit mehr als Brandopfer[e].

Jetzt, mildester Vater, beugen ich und meine Schwestern die Knie vor Eurer väterlichen Güte und bitten: Würdige dich, auf die Dürftigkeit unserer armseligen Gestalt zu schauen. Denn wir sind jetzt in großer Trauer, weil der Abt vom Disibodenberg und seine Brüder den Privilegien zuwider, gegen unsere Wahl, die uns immer zustand, Einspruch erheben. In bezug auf dieses Recht müssen wir aber stets sorgsam auf der Hut sein, daß es uns nicht irgendwie genommen wird. Denn wenn man uns die gottesfürchtigen und frommen Männer, wie wir sie fordern, nicht zugesteht, wird das klösterliche Leben unter uns gänzlich zerrüttet.

Deshalb, mein Gebieter, hilf uns um des Herrn willen, daß wir entweder unsere Wahl aufrechterhalten oder — wo wir die Möglichkeit haben — in Freiheit andere, die nach Gottes Willen und zu unserem Nutzen für uns Sorge tragen, suchen und bekommen.

Nochmals bitten wir dich, gütigster Vater, du wollest unsere Bitte und diese unsere Boten nicht unbeachtet lassen. Sie wurden durch unseren treuen Freund aufgefordert, dich darum zu bitten ... Mögest du also tun, was sie bei dir zu erlangen suchen, damit du am Ende dieses Lebens, das sich bereits dem Abend zuneigt, in das unvergängliche Licht gelangst und die gütige Stimme des Herrn vernimmst: „Wohlan, guter und getreuer Knecht, weil du über weniges getreu gewesen bist, will Ich dich über vieles setzen. Geh ein in die Freude deines Herren!“[f] Neige also das Ohr deiner Vatergüte unseren Bitten. Sei uns und ihnen so heller Tag, daß wir ob der Huld deiner Freigebigkeit gemeinsam dem Herrn lobsingen, auf daß auch du in der ewigen Seligkeit immerdar dich freuest!

[a] vgl. Mt 16, 19 [b] vgl. Ps 44, 10 [c] Lk 15, 18 ff. [d] Lk 10, 30 ff. [e] vgl. Os 6, 6; Mt 9, 13; 12, 7 [f] Mt 25, 21 ff.

Hildegard hatte ihren Neffen Propst Wezelin von St. Andreas in Köln, der sich zu jener Zeit auf dem Rupertsberg aufhielt, mit der Weiterleitung ihres Schreibens beauftragt. An Wezelin erging daher das Antwortschreiben Alexanders aus der päpstlichen Kanzlei.

Papst Alexander III. an Propst Wezelin

Alexander, Knecht der Knechte Gottes, entbietet seinem geliebten Sohn, dem Propst von St. Andreas in Köln, Gruß und Apostolischen Segen.

Von seiten unserer in Christus geliebten Tochter Hildegard, Priorin[5] von St. Rupertsberg in Bingen, und der Schwestern dieser Stätte ist uns, wie wir dich hiermit wissen lassen, folgendes zur Kenntnis gekommen. Sie hatten sich, wie gewohnt, einen Magister und Propst aus dem Kloster des heiligen Disibod gewählt. Doch der Abt jener Stätte wollte seine Zustimmung zu dieser Wahl nicht geben, sondern weigert sich, ihnen den Mönch zu überlassen. Weil es sich nun aber ziemt, eifrig für das Seelenheil der Schwestern Sorge zu tragen, gebieten wir durch Apostolisches Schreiben deiner abwägenden Klugheit, du wollest, wenn du darum ersucht wirst, beide Parteien vor dich berufen und nach sorgfältiger Erwägung der Gründe für und gegen die Wahl des Propstes den Fall entscheiden, wie es der Gerechtigkeit entspricht. Sollten dann die genannten Schwestern keinen Propst aus jenem Kloster bekommen können, so veranlasse, daß sie wenigstens aus einem andern [Kloster] einen geeigneten erhalten.

Wezelin entledigte sich der ihm übertragenen Aufgabe mit Klugheit und Umsicht. Er erhielt von Abt Helenger den Disibodenberger Mönch Gottfried, der Hildegard als Sekretär zur Seite stand. Ihm verdanken wir die Abfassung des ersten Buches der Hildegard-Vita. Als Propst Gottfried Ende 1175 oder Anfang 1176 starb und Hildegard wiederum einen Mönch vom Disibodenberg erbat, konnte Abt Helenger ihre Bitte nicht erfüllen. Wahrscheinlich hatte sich die Zahl der guten und fähigen Mönche sehr verringert. Vorübergehend und vertretungsweise versah Hildegards Bruder Hugo das Amt des Propstes und ein Kanonikus von St. Stephan in Mainz das Amt des Seelsorgers auf dem Rupertsberg[6]. Ab 1177 wird uns ein Mönch aus Brabant, der zwei Jahre lang mit der hochverehrten Seherin in lebhaftem Briefwechsel gestanden hatte, als Sekretär Hildegards auf dem Rupertsberg begegnen[7].

EBERBACH

Eberbach, das größte und schönste Kloster im Rheingau, wurde nach einem mißglückten Versuch der regulierten Chorherren auf Wunsch des Erzbischofs Adalbert I. von Mainz im Jahre 1136 von Mönchen des heiligen Bernhard besiedelt. Der erste Abt, Ruthard, besaß ein außergewöhnlich hohes Ansehen, so daß er sich erlauben durfte, Erzbischof Adalbert II. von Mainz vor schlechter Gesellschaft zu warnen. Auch ermahnte er ihn, daß er sich mehr der Armen annehme[8]*. Ruthard, der bis 1152 urkundlich belegt ist*[9]*, ließ das Kloster und die Kirche im Zisterzienser-Stil von Grund auf neu bauen und brachte das monastische Leben zu hoher Blüte.*

HILDEGARD AN ABT RUTHARD[10]

Der da IST[a], spricht: Das hellstrahlende Licht sieht die Stätte und das Mahl, das für jedwede klösterliche Gemeinschaft, die ein Amt in Seinem Dienst innehat, festgesetzt ist, und verteilt erquickende Speise in rechtem Maße, damit es denen, die Ihm in Treue dienen, nicht an geistiger Freude fehlt. Der Hirt und Verwalter muß denen, die starken Herzens sind, das Schwert in der Scheide geben, den Zartbesaiteten die Pfeile im Köcher zeigen und dem, der für Wohlwollen empfänglich ist, heilbringende Gewürze reichen. Die schwarzen Tyrannen hingegen tragen die Todesgeißel. Der erprobte Soldat kämpft ohne verdrießlichen Spott. Milder Sinn findet volles Genügen an der gemeinsamen guten Arbeit. Wem die Rechtschaffenheit ein Mahl bedeutet, der ist mit allen Tugenden ausgerüstet, so daß er danach hungert, die Gerechtigkeit zu verwirklichen. Wilde Gesellen hingegen, die sich der edlen Mutter, der Barmherzigkeit, entfremdet haben, erwürgen die einfältigen Schafe, die in den Vorhöfen des Königspalastes sind. Wehe, wehe! Die in dieser Weise mörderisch wüten, entfremden sich, wenn sie nicht Buße tun, dem Königshause, da sie die Herde des Herrn auseinandersprengen.

Du aber, o Hirte, habe ein freundliches Antlitz für das Elend der Armen, die aus Mangel an Mut den Pflug der Zucht nicht zu ergreifen wagen! Die Guten und Rechtwollenden hingegen seien dir eine Symphonie des Heiligen Geistes. Und hüte dich, bei Licht schläfrig zu werden. Dein Verstand wache vielmehr und töne nicht zweierlei, so daß du nicht innerlich anderes sprichst als du äußerlich tönst. Die solches tun, umwölken ihr Antlitz mit Finsternis. Wenn sie aber hernach in Furcht erzittern, weil sie im Herzen nicht nach dem greifen, was sie auf ihrem Antlitz zur Schau tragen, werden sie der Untreue entrissen und von Reue erschüttert. Du aber, o Mensch, wirst erstarken durch Gürtung deiner Lenden, wenn du das rechte Verlangen in Händen hältst und den Schatz des wahren Reichtums nicht vernachlässigst.

Die Erde schläft für dich, weil der Schiffbruch der Welt dich nicht verletzt. Am Ende deiner Zeit wird Gott dich auferwecken. Er wird dich in große Ehren einsetzen. O guter Knecht, Ihn sollst du loben, und Er wird dich retten in Ewigkeit.

---

[a] Ex 3, 14; Apk 1, 4.

Der Nachfolger Ruthards war Eberhard, der 1160 in einer Urkunde als Abt von Eberbach bezeichnet wird. Wie alle Zisterzienserklöster stand auch Eberbach auf der Seite des rechtmäßigen Papstes. Friedrich I. ließ in den sechziger Jahren die Ortschaften und Klöster im Rheingau, die nicht zum Kaiserpapst hielten, plündern und in Brand stecken. Während Rüdesheim und Geisenheim 1165 unter diesen Kriegswirren sehr zu leiden hatten, blieb das Rupertsberger Kloster, das im Besitz eines kaiserlichen Schutzbriefes war, verschont. Eberbach hingegen wurde schwer heimgesucht. Viele Mönche ergriffen die Flucht und suchten Aufnahme in Clairvaux und anderen Klöstern. Abt Eberhard, der gegen Barbarossa stand, flüchtete 1166 nach Italien und wurde Abt von St. Anastasius in Rom[11], *dem Kloster, in dem Papst Eugen einst Abt gewesen war. Von hier aus bat Abt Eberhard Hildegard um ihr Buch Scivias*[12]. *Es ist bezeichnend, daß die Eberbacher Abtschronik den entflohenen Abt nicht nennt, sondern übergeht. Die wenigen Mönche, die in den Unruhen und Wirren in Eberbach zurückgeblieben waren oder nach einiger Zeit wieder in ihr Heimatkloster zurückkehrten, erbaten von Hildegard Rat und Weisung:*

Die Mönche von Eberbach an Hildegard

Die arme Herde in Eberbach wünscht der Herrin Hildegard, die Gott sich zur Dienerin und Mitwisserin vieler Seiner Geheimnisse erkor, sie möge in der Schar der klugen Jungfrauen mit wahrer Leuchte und brennender Fackel selig zur Hochzeit mit dem Bräutigam der getreuen Seelen und Himmelsbürger gelangen.

Der Geist des Herrn hat niemals die verlassen, die Er für sich auserwählte und vorausbestimmte, sondern nährte ihr Denken in väterlicher Milde. So erkor Er auch Euch Glückliche, Heilige zum Werkzeug und Gefäß Seiner Auserwählung.

Geliebte im Herrn, wir müssen Eurer mütterlichen Mahnung folgen, da die Wahrheit des Herrn durch Euch spricht. Gern nehmen wir Eure Ermahnungen an und ersuchen Euch in demütiger Bitte: Verheimlicht uns nicht, was an uns zu tadeln ist, sondern, soweit es dem Herrn, der Euch viele Geheimnisse erschließt, gefallen wird, bemüht Euch, uns dies zu eröffnen. Der Engel des Rates und der Stärke, der Euch allzeit umgibt, behüte Euch und erhalte Euch gesund und wohl!

Hildegard an die Mönche von Eberbach

Die Geheimnisse Gottes heißen mich, im Schatten der göttlichen Schau folgendes zu sagen:

Ihr erstieget einen sehr hohen Berg und wolltet ins Tal herabschauen. Inzwischen ist ein schwarzes Unwetter hereingebrochen. Wehe, wehe dem Siechtum, das in euern Lenden steckt, wie der erprobte Knecht David sagt: „Den ganzen Tag ging ich trauernd einher, denn meine Lenden sind voll von Trugbildern, und nichts Gesundes ist an meinem Fleisch“[a]. Darum sind eure Augen matt vor Schwäche. Hütet euch also, jene Seligkeit, die Gottes Vorherbestimmung euch anscheinend zugedacht hat, durch ein Übermaß verwegener Kämpfe hinter euch zu werfen. Denn obgleich Gott das Antlitz des ersten Engels einem erwählten, funkelnden Edelstein gleich geschaffen hat, verfiel er der Verwegenheit. So ging seine Herrlichkeit zugrunde, denn nichts Gutes hatte er erstrebt. Gott pflanzte dessen Schönheit in einen anderen Weinberg. Und da Gott keine Gemeinschaft mit dem Bösen hat, so seht euch vor, daß Gottes besondere Gnade euch nicht auch durch das Werk der alten Schlange entzogen wird. Denn diese freut sich insgeheim und spricht: „Meinen Willen erreiche ich bei der Zwietracht unter den Geistlichen, und mit emporgerecktem Hals wandle ich unter ihnen.“ Widersteht daher dem Teufel, damit das Licht der Herrlichkeit euch nicht erlischt, wie es ihm [dem ersten Engel] wegen seines Hochmutes entzogen ward. Denen, die zuweilen fallen, sich dann aber wieder erheben, wird die Erbschaft der Gnade Gottes nicht fehlen. Freilich werden sie im Sturmwind des Gottesgerichtes niedergebeugt. Aber gerade dadurch setzt Gott wieder in ihnen die Wurzel, das Opfer aus Gottes Kraft erneut zu beginnen.

Und ich sage euch, die ihr eine Pflanzung Gottes seid: Über diese eure Stätte künden die Geheimnisse Gottes also: Nimmer werde Ich dich zerstören, wenn du Mir nicht, wie es die oben geschilderte Verwegenheit teuflischer Ränke dartut, in ruchloser Anmaßung, die nicht nach Abwaschung verlangt, widerstehst. Doch im Segen Abrahams segnet dich das lebendige Licht.

---

[a] Ps 37, 7 f.

Hildegard hat, nach dem Bericht der Vita[13]*, das nahe gelegene Kloster Eberbach auch persönlich besucht, wie oft, wissen wir nicht. Gebhard, der als zweiter in der Eberbacher Abtsliste geführt wird, ist bis 1172 urkundlich als Abt des Rheingauer Klosters belegt. Die Verbindung zwischen dieser Zisterzienserabtei und dem Rupertsberg war noch vier Jahrzehnte nach Hildegards Tod lebendig, als der Prior Gebeno von Eberbach 1220 aus Hildegards Werken die Zukunftsaussagen exzerpierte für seinen* Zukunftsspiegel. *Kloster Eberbach besaß auch einen Scivias-Kodex, der noch dem 12. Jahrhundert angehörte. 1918 befand er sich im Besitz von F. W. E.*

Roth, ist aber seit längerem verschollen. Der monumentale Bau des Klosters Eberbach, das seit der Säkularisation zu Beginn des 19. Jahrhunderts Staatsbesitz ist, zeugt noch heute von der Schaffenskraft, dem Können und der hohen Kultur der Zisterzienserabtei im 12. Jahrhundert.

ZWIEFALTEN

Das im Aachtal gelegene Benediktiner-Doppelkloster Zwiefalten stand in lebhafter Beziehung zur Meisterin vom Rupertsberg. Der Briefwechsel Hildegards mit der Mönchsabtei und dem Nonnenkloster wirft jedoch kein günstiges Licht auf diese beiden Klöster. Wir gewahren die Widerspenstigkeit, das Murren, die Unruhe ja die Zuchtlosigkeit der Mönche und der Nonnen. Das 1085 von Wilhelm von Hirsau gegründete Mönchskloster zeigte bereits fünfzig Jahre nach seiner Entstehung Verfallserscheinungen, die in den folgenden Jahrzehnten noch zunahmen.

Mehrere Schreiben Hildegards an Abt Berthold, den Chronisten, *sind uns überliefert. 1139 übernahm er den Abtsstab, legte jedoch im Lauf von drei Jahrzehnten dreimal sein Amt nieder. Seine Regierung umfaßt die Jahre 1139—1141, 1146—1152, 1158—1169*[14]*. Nach seiner ersten Resignation übernahm Abt Ernst die Leitung des Klosters, um sie 1146 ebenfalls niederzulegen. Abt Berthold ergriff zum zweitenmal den Abtsstab, auf den er 1152 abermals verzichtete. Nun leitete Abt Werner vier Jahre lang das Kloster. Als er 1156 starb, wurde ein Mönch von Hirsau namens Gottfried Abt von Zwiefalten. Dieser resignierte nach zwei Jahren und kehrte 1158 in sein Profeßkloster Hirsau zurück*[15]*. Abt Berthold erbarmte sich nochmals der Mönche und nahm die Bürde der Leitung auf sich, um nach elf Jahren zum dritten- und letztenmal zu resignieren*[16]*. Die dreimalige Amtsniederlegung des Abtes Berthold sowie die Resignation der Äbte Ernst und Gottfried in dem kurzen Zeitraum von dreißig Jahren kennzeichnen hinreichend den wenig guten Geist der Mönche, der auch aus dem Briefwechsel Hildegards zu erkennen ist. Dieser ist in den ältesten Handschriften nicht chronologisch geordnet. Wir versuchen, die Schreiben nach ihrem Inhalt zusammenzustellen.*

Hildegard an Abt Berthold

Ich sehe dich in einer Klarheit. Sie zeichnet, der du in dieser Zwangslage gepeinigt wirst, deine innere Verfassung. Und in dieser Klarheit hörte ich eine Stimme zu dir sprechen: Sohn, denke daran, daß in diesem Leben Bedrängnis dein Anteil ist und dir deswegen große Belohnungen bereitet sind. Erfasse auch in göttlicher Unterscheidungskraft, daß die dir bereiteten Belohnungen nach dem Maß der durchlittenen Kämpfe bemessen sind. Deine Schwäche erscheint mir wie funkelndes Licht zur Reinigung deiner Sünden.

Auf einen Brief des Abtes Berthold antwortete Hildegard wie folgt:

Hildegard an Abt Berthold

Mein Vater, was du von mir erfragst, kann ich nicht leicht beantworten, im Hinblick auf den unbeständigen Wandel der törichten Menschen, die feist sind wie Stiere in der Aufgeblasenheit ihres Geistes. Aber dennoch sah ich in dieser Schar einen Mann bescheidenen und sanften Geistes mit Namen D. Ich schaute ihn im wahren Lichte als einen, der Gott wohlgefällig ist im Vorsteheramt. Nun, mildester Vater, hab sorgfältig darauf acht, was in Gott und was im Menschen ist. Gott mache dir Herz und Geist rein und gieße dir mit der Heiligkeit gutes Erkennen Gottes und Hirtensorge um Seine Herde ein.

Abt Berthold an Hildegard

Hildegard, der Magd Gottes vom Rupertsberg bei Bingen, entbietet Berthold, nur dem Namen nach Abt von Zwiefalten, jedoch Asche und Staub, das, was das Gebet des Sünders vermag.

Schon seit langer Zeit sehne ich mich nach einem Gespräch mit Euch und wollte persönlich von Mund zu Mund über die Ungerechtigkeiten und Trübsale klagen, die grausame Verfolger mir antun, da sie darauf abzielen, mich zu vernichten. Wenn ich auch durch die Tröstungen Eurer Worte oft freudig gestimmt wurde, so bin ich doch durch deren Dunkelheit, weil sie sich meinem Verständnis nicht erschlossen, wieder traurig geworden. Deshalb habe ich diesen meinen Boten zu Euch gesandt und poche unter Tränen, mit klagenden Worten an Euer Ohr, damit Ihr nach der Fassungskraft meines kleinen Geistes über die Bedrängnisse, die auf uns lasten, den Willen Gottes erforschet und mir durch ein Antwortschreiben etwas Trost zukommen lasset. Denn ich fürchte gar sehr, mein Geist könnte durch den Sturm der ungewöhnlichen Trübsal aus der Fassung geraten und in der Tiefe der Verzweiflung versinken.

Der Brief wirft ein Licht auf die Mönche, die ihrem Abt die größten Schwierigkeiten und Sorgen bereiteten.

Hildegard an Abt Berthold

Das lebendige Licht spricht: Ich sah einen Menschen, den Ich, als schwach und lahm in seinem hohen Vorsteheramt, entließ. Inwiefern? Aus Furcht vor dem Kampf ergriff er die Flucht vor denen, die in der Schwachheit ihres Fleisches wie nackte, schiffbrüchige Empörer waren. Jetzt aber sehe Ich ihn als Vereinsamten, demütig und weinend. Daher blicke Ich auf ihn wie auf einen Sohn der Erbschaft, der mit der Rute geschlagen wurde wegen der Unruhe seines geistigen Wandels. Ich will ihn aber als einen glücklichen Menschen in seine ursprüngliche Gemeinde wieder zurückversetzen, da der Berg [der bisher so hoch gestellte Abt] im Gebirgszug [seiner Gemeinde] untergeht. Nun lebe wohl in Ewigkeit!

Hildegard wiederum an Abt Berthold

Wie sehr du, Seele, auch in die engste Bedrängnis versetzt bist: Gottes Gnade wird dir zuvorkommen. Der Sturm in dir wird nicht heftig sein, und wenn der Sommer erstrahlt, wird Freude herrschen. Dieser Kerker ist voller Unruhe, wie ja auch in allen Menschen Laster und Tugenden sind. Die Seele, die in dieses Leben hineingestellt ist und dennoch des Sonnenglanzes nicht entbehrt, wird in der Freude der Freuden sein. So wird die Ehre der Heiligen gar sehr durchsiebt und bleibt trotzdem ständig in Anerkennung. Denn „wenn der Gerechte auch vom Tod überrascht wird, so wird er dennoch in der Erquickung sein“[a]. Hab also kraft dieser Freude keinen Überdruß, denn diesem Kreise bist du zugezählt.

---

[a] Wsh 4, 7.

Prior Berthold an Hildegard

Hildegard, seiner geliebten Herrin vom Rupertsberg, sehr verehrungswürdig durch die Einwohnung des Heiligen Geistes, verspricht Berthold, Prior von Zwiefalten, gemeinsam mit seinen Brüdern, deren Namen Gott kennt, das schuldige Gebet.

Wenn Ihr wohlauf seid und Eure Unternehmungen wunschgemäß Erfolg haben, so entspricht das ganz unseren Wünschen. Im übrigen werfen wir uns demütig und flehend vor Eurem Angesicht nieder und bitten in aller Ergebenheit um den Trost Eures Rates. Denn bei der Reform unseres klösterlichen Lebens umgibt uns ein Abgrund von Verzweiflung, und die Flut der Geistlosigkeit schlägt über unseren Häuptern zusammen. Wir hoffen, Ihr könnt durch unsere Gebete beim Herrn erreichen, daß Ihr uns durch die Offenbarung des Heiligen Geistes gewisse Dinge, die uns von Nutzen sind, verkünden müßt. Denn wir werden durch das ungehörige Verhalten etlicher Brüder unter uns oft schwer bedrückt.

Über all dieses befragen wir Eure Heiligkeit. Möget Ihr den Briefwechsel nicht verschmähen und uns Antwort geben. Lebt wohl und bittet für uns Sünder inständig beim Herrn.

Hildegard an die Mönche von Zwiefalten[17]

Die hellstrahlende Klarheit spricht: Das starke Licht der Gottheit weiß und erkennt alles bis ins letzte. Wer rührt an diese Einsicht und wer erfaßt sie, wenn nicht der, der mit saphirblauem Auge sieht [der Logos[18]], daß Gott, der der Vater über alles, so unwandelbar ist in Seiner Gerechtigkeit, daß Er keine Ungerechtigkeit unverworfen läßt, weil sie nicht an Ihn rührt!

Gott Vater hatte in sich selbst ein solches Entzücken, daß Er die ganze Schöpfung durch Sein Wort hervorrief. Daher gefiel Ihm auch Seine Schöpfung, und jenes Geschöpf, das Ihn liebend berührte, nahm Er in Seine Arme. O großes Entzücken über dieses Werk!

Gott Vater ist unveränderlich in Seiner Geradheit, und den Ungerechten verschont Er nur deshalb, weil Sein Sohn Ihn um Schonung anfleht. Denn Er schaut auf Sein fleischgewordenes Wort und ist eingedenk, daß durch Sein Wort alle Geschöpfe gemacht sind. Ähnlich berühren auch die Heiligen Gottes Ihn durch ihr Flehen mit ihrer hellen Stimme, wie eine glänzende Wolke, wie zarter Dunst über dem Wasser.

Hört also, die ihr ausbrecht in euren Missetaten! „Berg des Herrn“[a] werdet ihr genannt, insofern ihr den Sohn Gottes durch euren klösterlichen Wandel nachahmen sollt. Warum also überschreitet ihr die mütterlichen Innenbereiche der Liebe und Züchtigkeit, gleich denen, die am Horeb nach dem Gesetz ihren Leib züchtigten, dann aber auf anderem Weg irregingen? Oder auch wie [Tor-] Wächter tun, die mit lauter Stimme zur Wache aufrufen, dabei aber hinterlistig eine Bresche in die Stadt schlagen. Euer Geist gleicht einer sturmschwangeren Wolke: Bald überläßt er sich träge dem Zorn, bald in Ausgelassenheit viehischem Schmutz. Dadurch vernachlässigt ihr das Friedopfer und sagt: „Wir sind nicht gewillt, uns selbst zu widerstehen; denn wir können die Lenden unseres Leibes nicht gürten, weil wir aus Adam geboren sind.“ Denn ihr wollt — obgleich ihr im Königspalast [im Kloster] seid — die Leber in euren Lenden [den Sitz der Leidenschaften] nicht zähmen. Warum schämt ihr euch nicht, ihr, die ihr dem Eselsstall entrissen und vom höchsten Herrn in den erhabenen Ehrendienst heiliger kirchlicher Feiern gestellt worden seid, wie Dummköpfe wieder in den Eselsstall zurückzulaufen? O weh! Darin gleicht ihr dem Balaam[b], der tollwütig von Wunden und brennenden Narben im Lande des Todesschattens raste. Verlaßt also nicht den heiligen Berg in schändlichem Ehebruch. Wehe der Schmach der Dirne, die zurückgestoßen wurde in die Fremde! Denn die sich gegen die heilige Einrichtung verfehlen, gehen zugrunde.

Ergreift also die Zucht[c], damit ihr nicht irrt auf dem Wege der Gerechtigkeit — als hättet ihr kein Gesetz und als strahle die Sonne nicht über dem segnenden Rauchfaß —, auf daß der Herr nicht zürnt und ihr, fern vom rechten Weg, zugrunde geht[d], da ihr in der Übertretung daniederliegt. O schauererregende, verehrungswürdige Opfer, an denen der Unglaube der Götzenbilder nicht haftet, noch der Druck geschlagener Wunden!

Ach, welcher Schmerz über dieses Elend! Denn Gott wird euch mit eurem Murren wie die Niniviten niederwerfen, wenn ihr nicht schnell zum Ölbaum der Heiligung [zu Christus] eilt. Dieser strömt süßen Duft aus und läßt die Blüte der rechten Gesetzeserfüllung sprießen. Warum seid ihr in diesen euren Lügen krumm, als wäret ihr nicht blind? Ihr seid aber blind, weil ihr die Schuld, in der ihr durch Adams Fall geboren seid, nicht ernst ins Auge faßt, sondern sie unter Lachen und Scherzen mit Armen umfangt, als bestände sie nicht für euch. Flieht das, auf daß euer Heil schnell komme. Gebraucht eure Augen und wandelt auf rechtem Wege!

---

[a] vgl. Nm 10, 33 [b] vgl. Nm 31, 8 u. 16; 2 Pt 2, 16; Apk 2, 14 [c] Ps 2, 12
[d] ebd.

Hildegard nochmals an die Mönche von Zwiefalten

In der geheimnisvollen und wahrhaftigen Schau, die ich in wachem Zustand häufig sehe, sage ich: Die Gnade Gottes züchtigt keine Schuld in den Menschen durch zu große Rache, solange sie das Licht des Glaubens schauen, selbst wenn dabei sündhafte Gesetzesübertretung vorliegt. Denn Gott liebt den Menschen sehr. Und deshalb wage ich es nicht, unwiderrufliche Worte zu sprechen, weil ich sie in der Schau der Wahrheit nicht sehe und erfahre; vielmehr spreche ich in Gottesfurcht und Demut das aus, was ich sage. Möge also in meinen Worten kein ungerechtes Denken oder Urteilen euer Herz treffen. Ich bitte aber Gott, daß in jeder Lage Seine Gnade mit euch sei und daß Er euch schone in Seiner milden Vatergüte.

Die Unruhen im Konvent dauerten fort. Sie kreisten um Abt Berthold, dessen Resignation wiederum erstrebt wurde. 1169, kurz bevor er zum drittenmal, jetzt achtzigjährig, den Abtsstab niederlegte, richtete Hildegard ein Schreiben an die Mönche und empfahl ihnen, dem greisen Vater *seine* Sunamitin, *die geliebte klösterliche Gemeinschaft, nicht zu nehmen, sondern sie ihm zu belassen. Denn Gott straft die Unbarmherzigkeit und das ichsüchtige Begehren. Wie Davids Sohn Adonias, der nach der Sunamitis verlangte, getötet wurde, so erfuhr auch der nach dem Abtsstab sich ausstreckende Mönch Gottes Strafgericht. Wegen seiner Altersschwäche soll Abt Berthold die klösterliche Gemeinschaft einem klugen und bewährten Manne anvertrauen:*

Hildegard an die Mönche von Zwiefalten

Wie ich im Schatten der geheimnisvollen Schau höre, so spreche ich: Eine grobe Vernachlässigung eurem greisen Vater gegenüber ist bei euch vorgekommen. Ohne seine Einwilligung habt ihr den Trauernden verlassen. Ähnlich war es bei David, dem die Sunamitin Abisag aus reiner Notwendigkeit verbunden wurde[a], die dann später sein Sohn [Adonias] begehrte[b], weshalb der weise Salomon befahl, ihn zu töten[c]. Merkt also auf! Eurem greisen Vater wurde die schöne Sunamitin Abisag — eure klösterliche Gemeinschaft — verbunden, die später sein Sohn begehrte. Über diesen kam das Gericht Gottes. Doch daß euer greiser Vater seine Sunamitin umfangen hält, mißfällt Gott nicht. Da seine Kräfte nachgelassen haben, so daß er den Pflichtweg nicht gehen kann, vertraue er sie einem weisen und erprobten Manne an. Denn Gott verachtet nicht die Bitten der Armen[d].

[a] 3 Kö 1, 3 f. [b] 3 Kö 2, 17 [c] 3 Kö 2, 24 f. [d] vgl. Ps 21, 25.

Hildegard fällt hier ein kluges Urteil und stellt wieder ihre Kenntnis des Alten Testamentes unter Beweis. Kurz vor 1170 schrieb sie nochmals nach Zwiefalten:

Hildegard an den Mönch Berthold von Zwiefalten

Ich sehe, wie ich gesehen, und höre, wie ich gehört habe. Dich aber sehe ich wie einen Menschen, den Gott will und den Er liebt. Dennoch ist dein Wandel unstet und [du bist] zuweilen in deinem Herzen wie ein schwankendes Schilfrohr[a]. Sigebod schaue ich leuchtend in seinem Streben und ermattet durch das Angefordertsein von vielerlei, wenn auch nützlichen Arbeiten. Nur diese wenigen Worte sage ich euch jetzt. Aber so Gott will, werdet ihr mich bald persönlich sehen.

[a] vgl. Lk 7, 24.

Dieses Schreiben beschließt den Briefwechsel mit dem Kloster Zwiefalten. Es ist verständlich, daß Hildegard sich gedrängt, ja zuinnerst verpflichtet fühlte, das Doppelkloster auf ihrer Reise nach Schwaben persönlich aufzusuchen[19] *und die Mönche und Nonnen*[20] *zur Umkehr zu ermahnen. — Die Zwiefaltener Mönche trugen den Sterbetag der Meisterin vom Rupertsberg am 17. September in ihr Totenbuch ein*[21].

Unter den kostbaren Handschriften der Zwiefaltener Mönchsabtei befindet sich auch der Hildegard-Briefkodex, eine zwischen 1154 und 1170 entstandene Abschrift von Briefen nach Rupertsberger Vorlagen. Sowohl Zwiefaltener Mönche als auch Schreiber bzw. Schreiberinnen aus dem Rupertsberger Skriptorium sowie ein Disibodenberger Mönch haben diese interessante Handschrift gefertigt. Die feinen Schriftzüge des Zwiefaltener Chronisten, *Abt Bertholds, auf der letzten Seite dieser Hildegardhandschrift*[22] *zeugen von der Sorgfalt des Schreibers und von seiner Liebe zur heiligen Hildegard. Der Kodex enthält u. a. den Briefwechsel Hildegards mit Bernhard von Clairvaux, Papst Eugen III. sowie ihre Schreiben an die Päpste Anastasius IV. und Hadrian IV., ferner drei Briefe an Kaiser Friedrich I. und die Briefe, die um Richardis von Stade kreisen. Darüber hinaus nahm dieser Kodex in Verbindung mit anderen Hildegardhandschriften eine Schlüsselstellung ein beim Echtheitsnachweis des gesamten Hildegardischen Schrifttums*[23].

HIRSAU

Das zwischen Pforzheim und Calw gelegene, um 830 gegründete Benediktinerkloster Hirsau im Nagoldtal wurde von dem bedeutenden Abt Wilhelm (1069—1091) von Grund auf erneuert und war ein Mittelpunkt der kirchlichen und klösterlichen Reformbewegung. Die Hochblüte hielt auch unter seinen drei Nachfolgern an. Manegold, der am 25. März 1156 zum Abt gewählt wurde, trat also ein bedeutsames Erbe an. Am Samstag der Herbstquatember, dem 22. September 1156, konnte er fünfundzwanzig Mönche seines Konventes durch Bischof Günther von Speyer zu Priestern weihen lassen. Er selbst wurde am Tag darauf, Sonntag, 23. September, vom Speyerer Bischof unter Assistenz von sechs Äbten benediziert. Die ältesten Quellen bezeichnen Abt Manegold, der bei seinem Amtsantritt im 60. Lebensjahr stand, als milden und lauteren Charakter[24]. *Während seiner neunjährigen Regierungszeit wurde Abt Manegold von vielen Prüfungen heimgesucht, da die Mönche ihm manches Leid bereiteten. In seiner Not wandte er sich an Hildegard und erhielt mehrere Schreiben von ihr.*

Hildegard an Abt Manegold

Die Geheimnisse Gottes sprechen: Gott will, daß der Himmel gestützt wird. Wieso? Ein Vater, der es auf sich genommen hat, eine Herde zu weiden, ist solch ein Himmel. Denn wie der Himmel alle Leuchten schenkt, so zeigt dieser Vater seiner Herde die Gebote Gottes, damit sie nicht nachlässig dem Überdruß verfalle und zu ihm Sein Herr nicht spreche: „‚Du böser Knecht‘[a]! Warum entlässest du Meine Schafe?“ Vielmehr möge Sein Herr zu ihm sagen: „‚Wohlan, guter Knecht‘[b], du sollst — im Gedenken an Mich — die Schafe auf die Weide führen, solange die Herde selbst nicht spricht: ‚Wir wollen nicht, daß dieser über uns herrscht‘“[c]. Spricht die Herde so, dann muß man sie verlassen, so wie auch Christus die ungläubigen Juden verlassen hat. Doch du, o Mensch, wirst auf ewig im Herrn verbleiben. Treffe für alles rechte Vorsorge!

---

[a] Lk 19, 22 [b] Mt 25, 21 [c] Lk 19, 14.

Der Abt scheint im Kampf gegen die Widerstände mutlos geworden zu sein.

Hildegard an Abt Manegold

O Vater und mildester Bruder, ich sehe in dir etwas wie eine untaugliche Neigung zum Erschlaffen und Vergessen. Auch sehe ich in deiner Seele und in deiner Herde das Feuer nicht stark brennen. Doch du sagst: „Ich kann ihnen keinen Widerstand leisten.“ Und so nimmst du eine Geisteshaltung ein, als ob du schliefest. Das darf nicht sein! Und doch: der Tag des Heiles leuchtet in dir, denn Gott steht dir in allem bei, was du durch Ihn beginnst, hat Er doch alle Geschöpfe hervorgebracht und bei sich benannt. Er, der sie am Jüngsten Tage um sich sammelt, möge das Feuer in dir aufs stärkste entfachen!

Die Bemühungen des Abtes um die Aufrechterhaltung der monastischen Zucht führten nicht zum erwünschten Erfolg. Tiefe Traurigkeit legte sich auf das Gemüt des geistlichen Vaters. Diese lähmende, unfruchtbare Geisteshaltung, die Hildegard in ihrem Scivias[25] als ein vom Widersacher eingeflößtes Übel bezeichnet, erkennt sie auch hier als Gefahr und heißt den Abt, sie aus dem Herzen zu verbannen:

Hildegard an Abt Manegold

O du, der du Vater in deinem Amt und Bruder in der Liebe Gottes bist, wische aus dem Auge deines Herzens die Geistesunruhe und schüttle die Traurigkeit in bezug auf dich und deine Herde ab. Denn jetzt ist die Zeit des

Kampfes in der Lebensführung der Menschen gekommen, weil sie nicht in der Zucht noch in der Strenge der Gottesfurcht stehen. Du aber sei ohne Angst, denn du bist ein Gefäß des Feuergeistes. Auch darüber fürchte dich nicht, daß du zuweilen Trübsal und Bedrängnis auszustehen hast. Denn der Sohn Gottes hat Gleiches erlitten. So lebe denn in Ewigkeit, und der Heilige Geist möge nicht von dir weichen!

Doch die Wogen der Schwierigkeiten ebben nicht ab. Hildegard sieht, daß der Hirsauer Konvent aus einem Gemisch recht verschiedener Elemente besteht. Der Abt aber darf trotz alledem nicht kraftlos werden:

Hildegard an Abt Manegold

O mildester Vater und Bruder in der Liebe Christi! Ich sehe einen Topf von hellem Glanz umflossen, daß ich kaum sehen kann, daß es wirklich ein Topf ist. Ich sehe darin etwas bitter Schmeckendes, von Zänkerei Zerriebenes, und danach einen Wirbelsturm, der dennoch für den Lohn Gottes vorausbestimmt ist.

Und doch liegt auf dieser schweren Last, die du trägst, nicht die Ungnade Gottes. Zwar werden wilde Bären und Panther, bisweilen sogar giftige Nattern auf dich losfahren. Aber das Schwert Gottes wird sie töten, und du wirst dich unter ihnen als erprobter Streiter erheben.

Nun mahne ich dich, deinen Jüngern Zügel anzulegen und nicht zu erlauben, daß sie Böses wider dich reden. Das wahre Licht spricht zu dir: Warum schlägst du die nichtswürdigen Knechte nicht, die dir insgeheim nachstellen wie stechende Spinnen? Sei also äußerst wachsam! Das fordert jetzt der sittliche Zustand deines Volkes.

O mildester Vater, ich armseliges Gebilde schaue im wahren Lichte nicht, daß du deines Amtes ganz und gar enthoben wirst. Denke aber daran, daß du ein irdischer Mensch bist, und fürchte dich nicht so sehr, denn Gott sucht nicht immerzu Himmlisches in dir.

Der Abt sehnte sich in seiner Bedrängnis nach ungestörter Ruhe und einem Dauer-Frieden. Hildegard sandte ihm folgenden Brief:

Hildegard an Abt Manegold

O Vater, du warst der Meinung, in deinen Tagen müsse der Friede gesichert sein. Keineswegs! Wie wäre das in dieser Zeit überhaupt möglich? Helle Tage sind dir beschieden, das heißt, Tage, die der schreckliche Geist des Unglaubens und Absinkens nicht umwölkt. Denke also daran, daß Gott den David auserwählte, daß sein Reich mit ihm nicht unterging und Gott seine Seele rettete. Und doch hatte David große Pein und Mühsal durchzustehen. Trotzdem nannte Gott die Tage Davids nicht finster. Blicke auf Elias, der weinend beklagte, daß fast kein Mensch Gott im Morgenrot des Glaubens erkenne. Lerne doch, welche Antwort er von Gott empfing[a]. Das ist auch die Antwort für dich!

In deiner Schar sind viele Seelen, die wie leuchtendes Morgenrot funkeln, weil Gott sie sehr liebt. So ist es auch mit deiner Seele. Auch Adam wurde aus dem Paradies vertrieben, und keiner seiner Söhne sah hernach das Paradies mit leiblichen Augen. Heilige, glücklich zu preisende Seelen allein bereiten sich durch die Blüten ihrer Tugenden das Paradies und lechzen nach den Höhen des Himmels. Und solche sind in der Miliz der Deinen hundert- und tausendfach, mehr als bei anderen, die in Gegensatz zu ihnen stehen.

Aber auch zum israelitischen Volk sprach Gott, Er werde ihnen ein Land geben, das von Milch und Honig fließt. Dennoch fielen aus Gottes Zorn viele Blitze und Donner auf sie herab.

Jetzt sei gläubig und nicht ungläubig! Denn kein Mensch besitzt einen gesicherten Frieden schon in diesem, sondern erst im ewigen Leben. Du bist jedoch trotzig in einer gewissen Schwärze. Schöne Mägdlein pochen an die Tür deines Herzens. Doch du antwortest ihnen nicht sofort, sondern sprichst: „Von so großer Belastung durch Verdrießlichkeiten, Überlegungen und häufige Störungen unruhiger Geister bin ich niedergedrückt, daß ich nicht mit euch zusammensein kann.“ Und diese schönen Gotteskräfte sagen zu dir: „Bei deiner Erschaffung hatten wir keinen Überdruß, und deine Bedürfnisse haben wir nicht im Stich gelassen. Warum also gibst du uns eine solche Antwort?“

Nun umgürte dich mit heiliger Liebe, dann wird sie deinem in reinster Demut [geläuterten] Herzen den Kuß geben.

[a] vgl. 3 Kö 19, 9 ff.

Manegold starb am 1. August 1165. Zwischen seinem Nachfolger, Abt Rupert, und Hildegard sind keine brieflichen Beziehungen nachweisbar. Die klösterliche Zucht geriet unter diesem energielosen und nachgiebigen Abt mehr und mehr in Verfall.

Hildegard an die Mönche von Hirsau

Das lebendige Licht spricht: O Schar, du ruderst in der schiffbrüchigen Welt, warum schwindest du dahin in den Schwächungen der großen Gefahren übelriechender Leichtfertigkeit durch unbedachte [Selbst-]Verfinsterung? Niemand werfe jetzt das Schwert weg von seiner Hüfte, denn gegenwärtig herrscht in der Welt durch den Ansturm des schwarzen Tyrannen eine Zeit der Ungerechtigkeit und des Absturzes von der Höhe des glorreichen Sieges. Also steht auf, bewaffnet euch gegen die wilden Geschosse, die in die Brunst des Fleisches und den Unflat des Teufels eingefestigt sind. Folgt den Spuren dessen, der das verlorene Schaf auf dem Arm Seiner Macht zur Höhe heimtrug durch den Kuß Seiner Menschheit. Nehmt also den Trauernden, der ob seines törichten Verhaltens flüchtig geworden war, mit der Innigkeit milden Erbarmens wieder auf. Verzeiht ihm seine Schuld, schließt ihn mit aller Inbrunst in eure Arme und führt ihn in die Hürde eurer brüderlichen Gemeinschaft zurück. Gott entzünde Sein Licht in euch, damit ihr nicht ausgelöscht werdet im Lichte der Wahrheit!

Hildegard hat auf ihrer apostolischen Fahrt nach Schwaben (nach 1170) auch Kloster Hirsau[26] *aufgesucht und die Mönche zur monastischen Zucht ermahnt.*

ST. MICHAEL IN SIEGBURG

Die angesehene Benediktinerabtei St. Michael in Siegburg, die einige Jahrzehnte zuvor unter ihrem dritten Abt Kuno (1105—1126) mit hundertzwanzig Mönchen den Höchststand erreicht hatte und ein Reformzentrum für viele Klöster war[27], *erwählte Hildegard zu ihrer* Mutter, *sandte häufig Boten mit Briefen auf den Rupertsberg mit der Bitte um Antwort, die aber ausblieb. Nun wenden sich die Mönche nochmals an Hildegard und bitten um ein Schreiben:*

Die Mönche von Siegburg an Hildegard

Hildegard, der Herrin und geliebten Mutter, entbieten die Brüder von St. Michael in Siegburg einmütig alles, was Diener ihrer Herrin und Söhne ihrer Mutter schulden.

Daß wir Euch mit besonders herzlicher Zuneigung zu unserer geistlichen Mutter erwählt und in unsere Gebetsgemeinschaft aufgenommen haben, weiß der, der alle Geheimnisse kennt, und Eure Liebe konnte es aus den häufigen Botschaften ersehen, die wir Euch zusandten. Ihr dagegen habt uns niemals die Zuneigung einer Mutter erzeigt. Denn nie habt Ihr uns ein Ermahnungsschreiben zukommen lassen, das Ihr — wie eine Mutter an ihre Söhne — sogar an solche hättet richten müssen, die es gar nicht wollen, um wie viel mehr an die, die sich danach sehnen. Allein wir werden, wie bisher, nicht aufhören, an die Tür Eures Herzens zu klopfen, auf daß, wenn Ihr nicht deswegen aufsteht, weil Ihr unsere Mutter seid, Ihr doch unserer Zudringlichkeit[a] wegen Euch erhebt und uns zuteilt, was uns nottut.

Wir bitten Euch nämlich, uns etwas über den Stand unseres Klosters, worüber Ihr in wahrhaftiger Schau belehrt seid, zu eröffnen, dazu auch Mahnungen und Zurechtweisungen an uns zu richten. Das ist es, geliebte Mutter, worüber wir hauptsächlich Nachforschung von Euch ersehnen. Demütig bitten wir Euch, uns dies und anderes, wovon Ihr wißt, daß es uns besonders nottut, zu schreiben und uns — wie wir Euch — in Eure Gebetsgemeinschaft aufzunehmen. Lebt wohl!

---

[a] vgl. Lk 11, 5—8.

Hildegard an die Mönche von Siegburg

In der Schau des Geistes, in der ich häufig schaue, schaute und erkannte ich folgendes:

Eure Gemeinschaft erschaue ich wie eine Wolke, dem [Zwie-]Licht gleich, wenn der Tag schwindet und die Nacht naht. Einige unter euch erblicke ich, die in ihrem guten Streben wie Sterne leuchten, andere, die im Dunkel der Erschlaffung nachlässig werden. Deshalb steht auf und „ergreifet die Zucht, damit der Herr nicht zürnt und ihr zugrunde geht, fern vom rechten Weg“[a].

Auch sah ich etwas wie eine Krone, die zwei Reifen hatte, einen unteren und einen oberen, voll von Engeln. Und inmitten dieser Krone stand der Erzengel Michael wie ein Turm, so daß die beiden Engelkreise sich wie zwei Mauern um ihn schlossen. Auf seiner Brust strahlte die Gestalt des Menschensohnes, rings umschrieben von den Worten: „Den Stab deiner Kraft wird der Herr von Sion ausgehen lassen. Herrsche inmitten deiner Feinde!“[b] Er streckte den rechten Arm aus und hielt mit der rechten Hand den Schild. Neben ihm erschien etwas gleich einer Wolke, wie goldener Rauch aufsteigend aus einem Rauchfaß. In ihr leuchteten die Verdienste der Gebete und die heiligen Werke dieses Volkes auf[c].

Und ich hörte, wie er [Michael] zu diesem Volke sprach: „Solange ich in euch den Glanz der Heiligkeit erblicke, will ich für euch wider die schwarzen

Wurfgeschosse kämpfen, die ich von ruchlosen Tyrannen gegen eure Wohnstätten aufflammen sehe." Da erkannte ich, daß dieser „Stab der Kraft" der Stab Aarons war, in dessen Zweigen die Kräfte Blüten trieben. Diese hatte Gott am ersten Tag in den Engel gelegt, der dann selbst durch seinen Stolz die Seligkeit von sich warf. Gott aber erschaute den Stab der Erbschaft auf dem Berge Sion[d], der in seiner ganzen Kraftfülle in einem Menschen erblühte, da der allmächtige Gott selbst als Blume aus der Jungfräulichkeit [Mariens] aufsproßte. Und diese Blume ging aus von Sion. Von daher ergießen sich auch viele Wasser und entsenden einen gar zarten Hauch — die aufsprossenden Werke der Heiligkeit — in die Herzen der Menschen, so daß sie in allem Gott erkennen. Daher leuchtet in ihnen das Antlitz Gottes auf, wenn sie die Einflüsterung des Teufels von sich abschneiden und wider ihn kämpfen — gleichsam inmitten seiner Macht. Dabei haben sie zwei Flügel: sie lieben Gott mehr als sich selbst, und sie verrichten heilige Werke. Wie eine Wolkensäule stehen sie inmitten ihrer Feinde[e] und schlagen sie nach beiden Richtungen, Gott liebend und heilige Werke vollbringend. So erstrahlt die Sonne „im Glanze der Heiligen"[f].

Der erste Engel aber wollte lieber Gott überflügeln und auf Seinem Throne stehen als Ihn lieben oder gute Werke tun. Deshalb ehrt der Mensch, der doch die Möglichkeit hat, Böses zu tun, die Gottheit, wenn er sich selbst besiegt. Wenn er unter dem Königsbanner in Jungfräulichkeit ausharrt und wenn andere beim Verkosten der Sünde sich von der Belastung des Bösen abkehren, indem sie die Welt verlassen, so ist das alles „im Glanze der Heiligen"[f]. Gottes Wort ließ sie im Willen des Vaters aufsprossen.

Deshalb gilt dieser Schar im Heiligen Geiste offensichtlich das Wort: „Der Segen des Herrn sei über auch ‚im Glanze der Heiligen'[f]! Und alle, die euch segnen, sollen erfüllt werden mit Segen, und die euch fluchen, von denen soll der Segen fliehen!"

[a] Ps 2, 12 [b] Ps 109, 2 [c] vgl. Apk 8, 3 [d] Ps 73, 2 [e] vgl. Ps 109, 2
[f] Ps109, 3.

Als Hildegard auf ihrer dritten Reise, der Rheinfahrt (zwischen 1160 und 1163), in Siegburg[28] *haltmachte und den Konvent des St. Michael-Klosters besuchte, haben die* Söhne *ihre geliebte* Mutter Hildegard *gewiß mit großer Freude empfangen und ihre Worte begierig in sich aufgenommen.*

ST. MICHAEL IN BAMBERG

Auch dieses Benediktinerkloster, das ebenfalls unter dem Schutz des Erzengels Michael stand, suchte in inneren Nöten Rat und Hilfe bei Hildegard.

An den Abt dieses Klosters richtete Hildegard zwei Schreiben. In dem Brief, den wir hier in seinem zweiten Teil wiedergeben, mahnt sie den Abt, seinen Eifer um die Aufrechterhaltung der klösterlichen Zucht mit Milde und Barmherzigkeit zu verbinden.

Hildegard an Abt Helmrich

... Du liebender und besorgter Vater! Verstehe die an dich gerichteten Darlegungen. Zeige deinen Söhnen entschlossen — mit Barmherzigkeit und großer [Ehr-]Furcht — die hohen Urteilssprüche und Satzungen Gottes. Haben sie den Krieg böser Werke begonnen und wollen sie diese auf den Straßen ihres Eigenwillens vollführen, so blende die Augen ihres Begehrens mit der Sonne der Gerechtigkeit und der Wolke strafender Zucht. Denn dem Geiste nach sind sie himmlisch, dem Leibe nach christusgehörig. Laß nicht zu, daß sie ihre Seelen, die droben im Himmel viele Verdienste haben, auslöschen. Reiche ihnen den Verteidigungsschild aus der Sonne der Gerechtigkeit, die Armspangen und Waffen des Gehorsams aus der Wolke der Zucht, obgleich sie sich — wegen ihrer Sündenschwerfälligkeit — deren kaum werden bedienen können. Spanne auch das Netz der Zurechtweisung vor ihnen aus und zwinge sie so, den geraden Weg zu wandeln. Denn Gott hat Himmel und Erde in großer Herrlichkeit erstellt. Hartes hat Er durch Mildes so gemäßigt, daß es tragbar ist. Ahme auch die Barmherzigkeit nach, die alles so ebnet, daß man es überwinden kann. Unterscheide auch die einen Zeiten von den andern, und berücksichtige die Körperschwäche deiner Söhne nach dem Worte Gottes, der sprach: „Barmherzigkeit will ich und nicht Opfer“[a], wie auch der Apostel sagte: „Milch tut not und nicht feste Speise“[b]. Salbe sie auch mit Öl, damit sie nicht durch Verbitterung dahinschwinden noch aus Unwissenheit in die Irre gehen.

Jetzt also, teurer Sohn Gottes, achte darauf, daß dein Tempel von Wohlwollen leuchte und dein Geist nicht durch Wolkenwechsel wie in Kriegsunruhe umherschweife. Stelle dein Herz fest in [Gott,] den reinsten Quell, und umfange Ihn mit zartester Liebe.

---

[a] Os 6, 6; Mt 9, 13; 12, 7 [b] vgl. 1 Kor 3, 2; Hb 5, 12 f.

Abt Helmrich hat wegen zu großer Strenge einer eindringlichen Ermahnung zur Güte bedurft. Das geht auch aus dem Brief hervor, den Hildegard an die Mönche dieses Klosters richtete. Wir geben hier den zweiten Teil des Schreibens wieder.

Hildegard an die Mönche von St. Michael

... Nun also hört und versteht, geliebteste Söhne Jerusalems, die ihr in dieser Berufung steht! Gleich den Tauben sitzt ihr in Mauerklüften[a], bekleidet mit dem Gewande Christi, der, als Er sich mit der Menschheit bekleidete, das annahm, was Er zuvor nicht besaß, und doch Gott blieb. Wandelt also wie Er, der sprach: „Nicht wie Ich will, sondern wie Du willst, Vater!"[b] Dann tragt auch ihr die goldene Fessel des Gehorsams. Nun also: ahmt Ihn nach, im Spiegel des Meisters. Wie ein Mensch im Spiegel sein Antlitz schaut, so sollt ihr in eurem Meister (dem Abt) das Antlitz Gottes sehen. Sagt zu ihm „Benedicite"[29] („Gebt den Segen") und „Herr und Meister, dem Beispiel, das du uns gegeben, wollen wir folgen"[c]. Seht ihr denn nicht und denkt ihr nicht an den ersten gefallenen Engel, der seinen Meister nicht in seiner Ehre belassen wollte, sondern sich über Ihn erhob? Die Hand des Meisters aber schleuderte ihn in den Abgrund[d]. Jetzt also nehmt euch in acht, daß ihr nicht der gleichen Züchtigung verfallet, weil ihr nicht richtig zuschaut und ungerecht über euern Meister urteilt. Wenn aber euer Meister in Erregung euch mit der Zuchtrute droht, so demütigt euch vor ihm und sprecht in demütiger Ergebenheit: „Vater, Vater, das können wir nicht dulden. Wir bitten dich, uns zu schonen." Und dann sucht mit geneigtem Haupte in Demut den Rat anderer Meister. Tut es mit großer Zurückhaltung und Selbstbeherrschung, damit ihr nicht von dem höchsten Richter angeklagt werdet.

Geliebteste Söhne, nun schaut, mit welchem Eifer ihr zu Anbeginn gepflanzt worden seid, und hütet euch, einander zu verführen! Gott aber rechne euch zu der goldenen Zahl, und die brennende Sonne des Heiligen Geistes lasse euch in allem Guten wachsen!

---

[a] vgl. Hl 2, 14 [b] vgl. Mt 26, 42 [c] vgl. Jo 13, 15 [d] Is 14, 12 ff.

Hildegard warnt die Mönche vor dem Murren und dem ungerechten Urteilen über die Vorgesetzten. Sollten sie das Srafverfahren des Abtes als zu streng und hart empfinden, so mögen sie den Abt demütig um Schonung bitten und, wenn nötig, den Rat der höheren geistlichen Oberen einholen.

Hildegard an den Prior Dimon von St. Michael

In wahrhaftiger Schau sah und hörte ich folgende Worte: Das Leben sieht den Tod und überwindet ihn, wie der Knabe David den Goliath überwand[a]. Hoch oben erblickt man den Berg, das Tal liegt tief unten und läßt in seiner Grüne bisweilen Blumen sprießen, bringt aber viel öfter Unkraut, Dornen und Disteln hervor. Nun verstehe, o Mensch! In einem Hause saßen zwei Männer, der eine war Soldat, der andere Sklave. Zu diesem Hause kamen zwei schöne und weise Mädchen, klopften an die Tür und sprachen zu den Männern: „In weitentfernten Gegenden hörten wir ein ungutes Gerücht über euch: daß ihr den König häufig bespitzelt und darüber geredet hättet. Und der König sagte von euch: ‚Wer sind diese Schmutzkerle? Und wer bin ich?' Hört also jetzt unseren Rat, euch zum Sieg! Ich, die Demut, habe in der Menschwerdung des Sohnes Gottes das Leben geschaut und den Tod zertreten." Die Werke des Gehorsams sind der Berg. Das gute Wollen ist das Tal mit den Blumen. Dornen und Disteln überwuchern es infolge des Ansturms vieler Laster. Im Haus deines Herzens, o Mensch, sitzen der Soldat, der Gehorsam, und der Sklave, der Stolz. Liebe und Gehorsam klopfen an die Tür deines Herzens, damit du nicht alles ausführst, was an Bösem in deiner Möglichkeit liegt. Jetzt entscheide dich! Der Soldat überwindet den Sklaven, damit nicht die Schönheit des Gehorsams unter die Füße des Sklaven zu liegen kommt. Denn der Stolz spricht: „Es ist unmöglich, die Fesseln zu zerreißen, mit denen ich die Menschen binde." Ihm sollst du antworten, hinhorchend auf die Liebe, die zu dir sagt: „Unversehrt throne ich im Himmel und habe die Erde geküßt. Der Stolz verschwor sich gegen mich und wollte über die Sterne fliegen. Ich aber habe ihn in den Abgrund geschleudert. Jetzt zertritt den Sklaven mit mir und stehe fest in mir, der Liebe, o Sohn! Umfange die Demut als Herrin, und du wirst niemals zuschanden werden noch des Todes sterben[b]."

---

[a] 1 Kö 17, 49 [b] vgl. Gn 2, 17.

Bamberg gehört zu den Städten, in denen Hildegard öffentlich vor Klerus und Volk gesprochen hat[30]. *Da sie über die innerklösterlichen Verhältnisse des St. Michael-Klosters genau unterrichtet ist, dürfen wir annehmen, daß sie es auf dieser Reise in den fünfziger Jahren besucht hat. Die Spannung zwischen Abt und Konvent war 1170 so stark geworden, daß Abt Helmrich sein Amt niederlegte. Das Kloster stellte die Ernennung seines Nachfolgers dem Bamberger Bischof Eberhard anheim. Dieser wandte sich an den Reformabt Gottfried von Admont in Österreich und bat ihn um einen Mönch aus seinem* sanctissimum collegium. *Auch die Reformäbte Adalbert von Sankt Emmeran in Regensburg und Erbo von Prüfening setzten sich in Admont für das Anliegen des Bamberger Klosters ein. Abt Gottfried von Admont entsandte daraufhin seinen leiblichen Bruder, den Mönch Irmbert, als Abt in das St. Michael-Kloster*[31].

Die Briefe Hildegards an den Abt, die Mönche und den Prior Dimon von St. Michael in Bamberg dürften kurz vor der Amtsniederlegung des Abtes Helmrich, also 1169/70, geschrieben worden sein.

EBRACH

Kloster Ebrach im Steigerwald, zwischen Kitzingen und Bamberg gelegen, war 1127 gegründet worden und stand mit Hildegard in besonders freundschaftlicher Verbindung.

Der erste Abt, Adam, ein Mönch von Morimond, hatte als Freund Bernhards von Clairvaux 1147 die Kreuzzugspredigten in Bayern gehalten. Bei Konrad III. hatte er in hohem Ansehen gestanden und war 1152 Gesandter Friedrichs I. bei Papst Eugen III. gewesen[32]. *Hildegard richtete drei längere Schreiben an Abt Adam, von denen wir eines hier wiedergeben, zwei Schreiben sandte sie an seinen Notar, einen Brief an den Mönch, der die Almosen an die Armen zu verteilen hatte, und ein Schreiben an den Mönch Rüdiger von Ebrach. Ein Brief des hochangesehenen Abtes an Hildegard ist uns überliefert.*

Abt Adam von Ebrach an Hildegard

Bruder Adam, unwürdiger Abt von Ebrach — so wenig das besagt —, an die Herrin Hildegard, seine geliebte Mutter, die Meisterin der Schwestern von St. Rupert.

Als ich zuerst Kenntnis von Eurem Namen erhielt, habe ich mich mit großer Freude gefreut[a]. Gott erhöhte meine Freude, da Er es in Seiner gütigen und wunderbaren Anordnung so lenkte, daß in unserer Gegend Euer Antlitz gesehen und Eure Stimme gehört wurde und daß Er mir, was ich kaum hoffen konnte, ein Zwiegespräch mit Euch gewährte. Ich vertraue darauf, daß Ihr nicht vergessen habt, was ich Euch damals als Grund meiner Angst gesagt habe. Weil aber verschiedene Verschiedenes denken, die einen dies, die anderen jenes, so möge Gott gepriesen sein, wenn es etwas Gutes ist und Heil beim Herrn. Ist es gefahrvoll, so bittet Gott, Er möge mir Gutes und das Heil der Seele verleihen und jede Gefahr ausschließen.

Jetzt aber sende ich in Eurer Angelegenheit das Schreiben und unseren Boten zu unserem Herrn, dem Kaiser, und hoffe durch Gottes Gnade, daß wir erhört werden. Und wo immer Ihr unseres Dienstes bedürft, werden wir bereit sein, Euch zu dienen.

Auch bitten wir: Ihr möget für uns beten — da wir um der Sorge unserer Brüder willen uns tatsächlich in einem Sturm befinden —, damit die Gnade des Heiligen Geistes, die durch Prophetengeist viel Wunderbares in Euch wirkt, auch uns anblicke und festige. Überdies bitten wir, Ihr wollet Euch würdigen, uns durch Euer Schreiben zu trösten und zu stärken.

---

[a] vgl. Mt 2, 10.

Die Begegnung unweit des Klosters Ebrach, an die Abt Adam sich mit so großer Freude erinnert, fand auf Hildegards erster Reise, der Mainfahrt, in der zweiten Hälfte der fünfziger Jahre statt. Bei dieser Unterredung hatte der Abt Hildegard versprochen, sich in ihrem Interesse beim Kaiser zu verwenden. Um welches Anliegen es sich hier handelt, ist uns nicht bekannt.

Das Antwortschreiben der Rupertsberger Meisterin an Adam von Ebrach, den nach Bernhard von Clairvaux berühmtesten Zisterzienserabt seiner Zeit, zeigt uns Hildegard als schauende Theologin, die in Gott, der wesenhaften Liebe, die Schöpfung und Erlösung in eins zusammen erblickt. In ihr Bild baut sie die Gotteskräfte ein, die den Abt aufrufen, die Last seines Hirtenamtes unter ihrer Begleitung und Mithilfe weiterzutragen. Der Hinweis auf Samson und Salomon, die, durch Torheit verführt, ihrer Gottesgaben verlustig gingen, offenbart die Vertrautheit Hildegards mit den Gestalten und Geschehnissen des Alten Testamentes.

Hildegard an Abt Adam

In wahrer Geistesschau, mit wachem Körper, sah ich etwas wie ein überaus schönes Mägdlein. Es strahlte in solch hellem Blitzesleuchten seines Antlitzes, daß ich nicht vollkommen hineinzuschauen vermochte. Es trug einen Mantel weißer als Schnee und leuchtender als die Sterne. Auch war es mit Schuhen wie aus reinstem Gold bekleidet. Sonne und Mond hielt es in seiner Rechten[a] und umfaßte sie liebevoll. Auf seiner Brust war eine Elfenbein-Tafel, auf der eine Menschengestalt von saphirblauer Farbe erschien. Und die ganze Schöpfung nannte dieses Mägdlein „Herrin". Und es sprach zu der Gestalt, die auf seiner Brust erschien: „Bei dir ist die Herrschaft am Tage deiner Kraft, im Glanze der Heiligen. Aus dem Schoße habe ich dich gezeugt, vor dem Morgenstern"[b].

Und ich hörte eine Stimme, die zu mir sprach: Das Mägdlein, das du siehst, ist die Liebe. In der Ewigkeit hat sie ihr Zelt. Denn als Gott die Welt erschaffen wollte, neigte er sich in zärtlichster Liebe herab. Alles Notwendige sah Er voraus, gleichwie ein Vater seinem Sohne das Erbe bereitet, und erstellte so in glühendem Liebeseifer alle Seine Werke. Da erkannte die Schöpfung — in all diesen Arten und ihren Formen — ihren Schöpfer. Denn die Liebe war im Anfang der Urgrund dieser Schöpfung, da Gott sprach: „Es werde!" Und es ward[c]. Wie in einem Augenblick wurde die ganze Schöpfung durch sie gebildet.

Das Mägdlein strahlt in solch hellem Blitzesleuchten seines Antlitzes, daß du nicht vollkommen hineinschauen kannst. Denn es stellt die Furcht des Herrn in solch lauterer Ein-Sicht dar, daß der sterbliche Mensch nicht bis zu ihrem letzten vorzudringen vermag. Es trägt einen Mantel weißer als Schnee und leuchtender als die Sterne. Denn ohne Trug, in strahlendweißer Unschuld umfängt die Liebe alles — in den Heiligen — mit helleuchtenden Werken. Auch ist es bekleidet mit Schuhen wie aus reinstem Gold. Denn die Liebe wandelt auf Wegen, die zum besten Teil der Erwählung Gottes[d] gehören. Sonne und Mond hält es in seiner Rechten und umfängt sie liebevoll. Denn die Rechte Gottes umfängt alle Geschöpfe und ist insbesondere ausgestreckt über die Völker, die Reiche und über alle Guten. Daher steht auch geschrieben: „Es sprach der Herr zu meinem Herrn: Setze dich zu meiner Rechten"[e]. Auf der Brust des Mägdleins [der Liebe] ist eine Elfenbein-Tafel. Denn immerdar blühte in Gottes Erkennen das unversehrte Land, die Jungfrau Maria. Und so erscheint auf der Tafel eine Menschengestalt von saphirblauer Farbe. Denn in der Liebe strahlte aus dem „Alten der Tage"[f] der Gottessohn auf.

Die ganze Schöpfung nennt dieses Mägdlein „Herrin". Denn aus ihr ist sie hervorgegangen, weil die Liebe das Erste war. Sie erschuf alles. Darauf deutet auch die Gestalt auf seiner Brust. [Aus Liebe] bekleidete Gott sich um des Menschen willen mit der menschlichen Natur. Denn wie die ganze Kreatur auf Gottes Geheiß vollendet ward, da Er sprach: „Wachset und mehret euch und erfüllet die Erde!"[g], so stieg die Glut der wahren Sonne wie Tau in den Schoß der Jungfrau herab und bildete aus ihrem Fleisch den Menschen, so wie sie auch aus dem Lehm der Erde Adam zu Fleisch und Blut gebildet hatte. Die Jungfrau aber gebar Ihn in Unversehrtheit.

Doch ziemte es sich nicht, daß die Liebe der Flügel entbehre. Denn als das Geschöpf im Anfang [das All] umkreiste, so daß es in diesem Drang fliegen wollte und fiel, da hoben die Schwingen der Liebe es empor. Das war die heilige Demut. Als nämlich dieses ungeheuerliche Sinnen Adam zu Boden warf, achtete Gott genau darauf, daß er im Fall nicht ganz zugrunde gehe, daß Er ihn vielmehr durch die heilige Menschwerdung erlöse. Diese Flügel waren von großer Macht, weil die Demut den verlorengegangenen Menschen aufhob. Das geschah durch die Menschheit des Erlösers. Die Liebe hat den Menschen erschaffen, die Demut hat ihn erlöst. Die Hoffnung ist wie das Auge der Liebe, die Liebe zum Himmlischen ist ihr Zusammenhalt. Der Glaube ist gleichsam das Auge der Demut, der Gehorsam ihr Herz, die Verachtung des Bösen ihr Zusammenhalt. Die Liebe war in der Ewigkeit und brachte im Anfang aller Heiligkeit alle Geschöpfe ohne Beimischung des Bösen hervor. Auch Adam und Eva hat sie aus der reinen Natur der Erde erzeugt. Und wie diese zwei alle Menschenkinder erzeugten, so bringen auch diese beiden Gotteskräfte alle übrigen Tugenden hervor.

Nun aber klopfen diese Gotteskräfte an deine Tür, o Mensch, zu dem ich dies spreche, und sagen: „O das Zelt dieses Mannes, der in der Frühe bei uns weilt, ist schon schlaff!" Und die „Liebe" spricht zu dir: „Treuer Freund, wir wollen nicht, daß du dich der Bindung deines Amtes entziehst. Als nämlich Gott im Umkreis des Himmels alle Geschöpfe aussäen wollte, umfingen wir alle Seine Werke und wirkten mit Ihm. Der Mensch jedoch fiel, und wir weinten mit ihm und verließen ihn nicht, obgleich er uns ins Gesicht schlug." Und die Demut ihrerseits spricht: „O weh, unter welch großen Schmerzen habe ich den Menschen ertragen! Du aber sagst: ‚Ich will fliehen.' Du hast jedoch eine Last, die du zum Weinberg tragen sollst, und du stehst und willst nicht gehen. Du hast dich vielmehr in Überdruß verstrickt und schaust auf einen andern Weg. Wer sich uns anschließt, wird sicher nicht so handeln. Wenn das Volk dich liebt, so mühe dich mit ihm ab. Wenn aber Sturmgeheul losbricht mit Kriegsbedrohung und mit dem Wirbel menschlicher Unsitten, so schaue auf mich, und in der kreisenden Macht meiner Flügel werde ich dir helfen."

Samson verlor durch die Torheit eines Weibes seine ungemein starke Kraft[h]. Hüte dich also, daß es dir nicht auch so ergehe, wenn du aus Überdruß zustimmend antwortest. Auch Salomons Ruhm wurde durch Weibertorheit zunichte[i]. Achte ferner mit Sorgfalt darauf, daß durch die Wechselhaftigkeit dieser deiner Gedanken die grünende Kraft, die du von Gott hast, in dir nicht dürr wird. Hüte vielmehr den Schmuck von Gold und kostbarem Gestein, den die „Liebe" und die „Demut" in dir besitzen. Gib auch Gott die Ehre wegen des Armschmuckes, den dir die „Weisheit" gab und um dessentwillen das Volk dir zueilt. Mühe dich mit dem Volk. So wirst du gleich der Sonne Bestand haben.

---

[a] vgl. Apk 1, 16 [b] Ps 109, 3 [c] Gn 1 [d] vgl. Lk 10, 42 [e] Ps 109, 1 [f] Dn 7, 9, 13, 22 [g] Gn 1, 28 [h] Ri 16, 17 ff. [i] 1 Kö 11, 1—11.

Hildegard an den Almosenverteiler

Dein Herz betet, deine Sehnsucht ist in Durst entbrannt nach der Gerechtigkeit, und du sprichst: „Wo bin ich? Und wohin gehe ich?" Und mit klagender Stimme suchst du in deinen Sünden nach einem Heilmittel. Dein

Geist wird durch Zweifel und Furcht vor dem Gerichte Gottes wie von einem Wind auseinandergeblasen. Und du sprichst nicht voll Freude: „Gott wird mich in Seinem großen Erbarmen aufnehmen." Doch nicht so! Sondern glaube, vertraue und hoffe, weil Gott dich liebt, dich will und dich aufnehmen wird. Reinige dich aber in Bekenntnis und Buße, und du wirst leben in Ewigkeit.

Hildegard an Rüdiger, Mönch von Ebrach

Die klare Enthüllung spricht in wahrer Schau: Sohn Gottes in deinem Menschsein und in der Treue deiner guten Werke! Achte darauf, daß all dein Vermögen einzig in Gott und durch Gott Bestand hat. Gott weiß alles. Er schenkt sein Wissen keinem Menschen völlig, es sei denn, Er sähe voraus, daß es dienlich ist. Denn kein Mensch weiß alles, weder durch Prophetie noch durch Gottes Inspiration noch durch Weisheit, und er sagt nur so viel aus, wie Gott ihm auf wunderbare Weise zeigen will.

Jenes Licht aber, das ich in wahrer Schau in deiner Seele erblickte, besagt folgendes: Du bist ein Sohn der Erlösung. Dennoch lebst du in großer Mühsal, zuweilen in Ermattung und Schwäche des Fleisches und in vielerlei Gedanken, die bald in dir nach oben streben, bald auf irdische Händel zielen, bald durch eitle Ruhmsucht dich anfechten — ein wunderbarer Beweis für das, was geschrieben steht: „Der Herr kennt die Gedanken der Menschen, daß sie nichtig sind"[a].

Hüte dich also, deine Gedanken und Träume verwegen zu befragen, wie lange du auf diesem Wege lebst und wo du einmal enden wirst. Denn über Papst Eugen hat Gott mir keine anderen Zeichen kundgetan. Dich aber sehe ich in starker Fessel, von der du dich in diesem Leben freimachen mußt. Gott hat mir auch nicht die Länge oder Kürze der Tage jenes Bruders kundgetan, über den du mich befragst, weder die Jahre noch die Geschicke. Dennoch geht die [ihm belassene] Zeit noch nicht dem Ende zu. Er soll mit aller Kraft laufen, denn er ist manchmal lässig, manchmal matt infolge fleischlicher Schwächen. Bisweilen gehen auch seine Gedanken auf Irrwege. Das möge er dem Priester in der Beichte offenbaren.

Weiterhin sah ich in bezug auf den Leib Christi, daß jene Kraft, die in den Schoß der Jungfrau hinabstieg, so daß Gottes Wort wahrhaft Fleisch wurde[b], auch heute noch weiterwirkt, wie geschrieben steht: „Mein Sohn bist du, heute hab Ich Dich gezeugt"[c]. Und die gleiche Kraft wird fortbestehen — von der Zeit an, da das Wort Gottes Fleisch wurde in der Jungfrau — bis zum Jüngsten Tag. Auch sah ich, daß dieselbe Kraft über dem Altar in Feuer und funkelnder Morgenröte erscheint. Und Er, der sich im Schoße der Jungfrau Fleisch und Blut bildete, bewirkt jetzt auch, daß auf dem Altare Brot und Wein zu Fleisch und Blut werden.

Nun aber sehe ich, daß du bei der Erhebung deiner Hände wechselnden Wolken gleichst. Deine vielen Gedanken schweifen umher, so daß du zuweilen sogar zu zweifeln beginnst. Laß das fahren! Sieh zu, wer der ist, der auf dem Altare Seine Werke wirkt. Und wer ist es, der diese Wundertaten bis ins letzte zu künden vermöchte[d]? Wenn du so in Einfalt denkst, schaue ich dich rein wie die Sonne. Gott hat Wohlgefallen an deinem Opfer und wird deine Seele retten.

---

[a] Ps 93, 11 [b] vgl. Jo 1, 14 [c] Ps 2, 7 [d] vgl. Ekkli 36, 10; 42, 17.

Nüchtern und klug beantwortet Hildegard die Fragen des Mönches. Gott allein weiß alles. Er offenbart Sein Wissen nur dann, wenn es förderlich ist. Hildegard bringt dem Priestermönch zum Bewußtsein, daß die Kraft, die im Schoße der Jungfrau Maria die Menschwerdung Christi bewirkte, auf dem Altare Brot und Wein in Christi Fleisch und Blut verwandelt. In einer straffen theologischen Gedankenführung zieht Hildegard im Anschluß an Psalm 2, 7, die Linie von der ewigen Zeugung des Sohnes im Schoße des Vaters zur Inkarnation des göttlichen Sohnes in Maria und weiter zum Gottmenschen Jesus Christus in der Eucharistie.

Kloster Ebrach, das keiner Reform bedurfte, hat Hildegard auf ihren Reisen nicht aufgesucht. Der Gründerabt Adam, der 1161 starb, wird als Seliger verehrt. Sein Fest ist am 25. Februar[33].

ST. GEORGEN IM SCHWARZWALD

Das Benediktinerkloster St. Georgen[34] *im Schwarzwald (s. Karte I) war im 12. Jahrhundert ein Mittelpunkt der Reform in Südostdeutschland. Withelo, der 1152 urkundlich als Abt bezeugt ist, war möglicherweise zuvor Mönch in Prüfening*[35].

Hildegard an Abt Withelo

Im Spiegel der wahren Schau sah ich dich sehr aufgewühlt, wie wenn eine gefahrbringende Luft durch den Einstrom eines von starkem Regen erfüllten Windes aufgewirbelt wird. So sind deine Gedanken, weil dein Geist beunruhigt ist durch eine Angelegenheit, die du mitten im Herzen trägst.

Und ich hörte eine Stimme, die also von dir sprach: Ein Mann, der mit Pflug und Ochsen auf dürrem Land arbeitet, spricht zu sich selbst: „Diese schwere Arbeit kann ich nicht leisten, sie ist zu hart für mich." Und so geht er in wasserlose Gegenden, wo zwar zarte Blumen ohne menschliche Anstrengung wachsen, jedoch von Unkraut erstickt werden. Und wiederum spricht er zu sich selbst: „Ich will den Pflug stehen lassen und dieses Unkraut ausreißen." Was für ein Nutzen ist dabei? Jetzt, du Mensch, sieh zu, ob jener Mann sich mehr bewährt, wenn er durch Benutzung des Pfluges am Land oder durch Ausreißen des Unkrautes an den Blumen arbeitet.

Ich sah aber, daß die Sache, die du erstrebst, für dich ohne Nutzen ist. Reiß dich zusammen bei deinem Amt und ergreife den Pflug. Gott aber komme dir in all deinen Nöten zu Hilfe und lasse nicht zu, daß du dich umsonst abmühst.

ST. WALBURG IM ELSASS

Das Kloster St. Walburg (nördlich von Hagenau) wurde 1074 als Mönchszelle gebaut und um 1106 zur Benediktinerabtei erhoben. Barbarossas Vater, Friedrich II. von Schwaben, der das Kloster so reich ausstattete, daß er als der eigentliche Gründer von St. Walburg gilt, fand nach seinem Tode am 4. (oder 6.) April 1147[36] *hier seine letzte Ruhestätte*[37] *(vgl. Stammtafel B und Karte I).*

Hildegard an Abt Dietmar von St. Walburg

Das lebendige Licht sagt dir, daß du eifrig wachen und keinen Überdruß im Korb deines Herzens sammeln sollst, als ständest du abseits und hättest nicht die Möglichkeit zu sprechen. Das aber sucht Gott bei dir, da du ja die Möglichkeit hast, deine Herde zurechtzuweisen. Daher klage dich selber an, daß du in dieser Angelegenheit Gott nicht im reinsten Quell anschaust, sondern bloß sagst: „Gott, mein Gott, hilf mir!" Durch solches Handeln berührst du Ihn nicht. Guter Kämpfer, jetzt steh auf, denn die Gnade Gottes eilt auf dich zu. Dann wirst du ewig leben als lebendiger Stein im himmlischen Jerusalem.

Es ist auffallend, daß auch einige burgundische Klöster mit Hildegard in Briefwechsel standen. Diese Verbindung kam wahrscheinlich durch Barbarossa, der Hildegard besonders zugetan war, und seine Gemahlin Beatrix zustande, der Erbin von Burgund. Beatrix blieb den Klöstern ihrer Heimat freundschaflich verbunden. Die fünf burgundischen Zisterzienserabteien

BELLEVAUX, CHERLIEUX, CLAIREFONTAINE, LA CHARITÉ, BITHAINE

wandten sich in einem gemeinsamen Schreiben an Hildegard. Bellevaux, Cherlieux, Clairefontaine erfreuten sich der besonderen Gunst Barbarossas. Der Herrscher stellte ihnen 1156 Schutzurkunden aus, in denen auch Beatrix, obgleich sie noch nicht gekrönt war, römische Kaiserin genannt wird. Ihr Vater hatte diese Klöster besonders geliebt *und mit Besitzungen ausgestattet*[38]. *Am 25. November 1157 nahm Friedrich I. auch das Kloster Bithaine in seinen Schutz*[39].

Die fünf burgundischen Äbte an Hildegard

Die Äbte von Bellevaux, G. von Cherlieux[39a], A. von Clairefontaine, R. von La Charité und G. von Bithaine wünschen Hildegard, der auserwählten Braut Christi, sie möge blühen in der Gnade und einstimmen in das Loblied[a].

Gott, dem Spender aller Charismen, bringen wir jubelvollen Herzens unseren Dank dar, da Er sich würdigt, die Gnadenwunder der Vorzeit in unseren Tagen zu erneuern. Können wir doch daraus leicht ersehen, daß Seine Verheißungen uns nie im geringsten enttäuschen, mit denen Er uns einst tröstete, da Er sprach: „Seht, Ich bin bei euch bis ans Ende der Welt“[b]. Obwohl wir dieser Verheißungen unwert erfunden werden, erkennen wir doch, daß, obwohl Ihr nicht gelernt habt, Bücher zu verfassen und sehr viel anderes Wunderbare zu tun, dennoch durch Dinge, die heutzutage Staunen erregen, himmlischer Gesang wunderbar aufklingt, und, was zuvor den Sterblichen unbekannt war, durch Euch offenbar wird. Wie könnte das auch wundernehmen? Denn als wahre, unbefleckte Braut Christi, die sich auf ihren Geliebten stützt, dessen Linke unter Eurem Haupte ruht und der mit Seiner Rechten Euch umarmt[c], führte Er Euch in Sein Gemach und erschloß Euch in herrlicher Weise Seine Geheimnisse. Daß der Herr Euch hierin stärke, wünschen wir inständig und bitten demütig, daß, wenn Gott Euch über unseren Zustand etwas offenbart, Ihr Sorge traget, es uns mitzuteilen.

Die Überbringerin dieses Briefes ist aber eine adlige Frau und die Gattin eines geliebten Mannes. Sie kommt in tiefer Frömmigkeit zu dir, sehr schlicht, obgleich sie zu Pferd und mit großem Gefolge reisen könnte. Der Grund ihres Kommens ist folgender: Schon lange Zeit blieb sie unfruchtbar, obwohl sie zu Anfang einigen Knaben das Leben schenkte. Da diese aber starben und sie keine weiteren Kinder gebar, sind sie und ihr Gatte tief betrübt. Das ist es, weshalb sie zu dir, der Magd und Vertrauten Christi, ihre Zuflucht nimmt. Sie hofft zuversichtlich, du werdest durch deine Verdienste und Bitten bei Gott erlangen, daß sie noch fruchtbar werde und die gesegnete Frucht ihres

Leibes zur Fortpflanzung ihres Geschlechtes Christus darbieten könne. Daher ersuchen auch wir dich, gebeten von ihr und ihrem Gemahl, du wollest in diesem Anliegen für sie bei Gott eintreten, auf daß sie gewürdigt werden, zu erlangen, wonach sie sich sehnen.

---

[a] vgl. Ekkli 39, 19 [b] Mt 28, 20 [c] vgl. Hl 2, 6.

Hildegard an die fünf burgundischen Äbte

Ihr Menschen, die Ihr durch die Gnade Gottes in die Berufung zur Hirtensorge hineingestellt seid, erfaßt den ersten Anruf, der an Adam erging, da Gott zu ihm sprach: „Wo bist du?"[a], nachdem dieser durch Ungehorsam zum Übertreter geworden war. Damals war ihm sein Name wie ein mit Finsternis bedecktes Land. Doch Gott gab ihm ein Gewand, wissend, daß Er um seinetwillen das Gewand der Menschheit annehmen würde. Mit der gleichen hellen Stimme des Erbarmens rief Gott den in die Fremde gegangenen Sohn zurück, als dieser sich auf sich selbst besann und sprach: „Wie viele Tagelöhner haben im Hause meines Vaters Überfluß an Brot, ich aber komme hier vor Hunger um!"[b] Und sein Vater nahm ihn mit Freuden auf.

Euch, den Meistern, ziemt es, mit dem ursprünglichen Auge der Klarheit zu schauen, daß Gott den Adam auf einen anderen Weg zuückrief, nämlich durch die Liebeseinigung mit der menschlichen Natur, da er beim gemästeten Kalb [beim Freudenmahl zur Heimkehr des verlorenen Sohnes] sprach: „Der Mensch war durch Ungehorsam zugrunde gegangen; Ich will ihn durch Reue wieder heimführen."

Steigt auf den hohen Berg, errichtet Zelte im Tal und weilt allzeit darin! Schaut Ihr nämlich in die Höhe, so ersteigt Ihr, wenn Ihr Gott folgt, den Berg. Und dann blickt auch in die Tiefe der Demut, weil der Sohn Gottes in Seiner Menschheit den ganzen Menschen trug. In all Euren Werken habt, bei Euch selbst und bei anderen, acht auf die Demut und verharrt allzeit in ihr.

Hütet Euch also, daß Euer Herz nicht einem schwarzen Berge gleiche, wo auf glühenden Kohlen durch die Kunst des Schmiedes das Erz zubereitet wird. Das bedeutet gewohnheitsmäßiges unsauberes Verhalten. Bald denkt, bald wünscht, bald tut man Dinge, die unnütz sind, nicht zur Heiligkeit führen, sondern Wunden der Ausschweifung schlagen. Das flieht, Ihr Streiter Gottes! Schaut auf das Licht, das Ihr ein wenig gekostet habt, und erhebt Euch schnell zu heiligem Tun, denn Ihr wißt nicht, wann Euch das Ende gesetzt ist.

Gott gab dem Menschen die Vernunft. Denn durch das Wort Gottes ist der Mensch vernunftbegabt. Das vernunftlose Geschöpf ist wie ein [bloßer] Schall. So hat Gott alle Kreaturen im Menschen zusammengefaßt. Der Vernunft aber gab Er zwei Flügel. Der rechte bedeutet die Erkenntnis des Guten, der linke die Erkenntnis des Bösen. Durch diese ist der Mensch gleichsam beflügelt. Auch ist er wie Tag und Nacht. Wenn der Tag die Nacht im Menschen niederzwingt, wird der Mensch ein tapferer Streiter genannt, weil er mit kämpferischer Tüchtigkeit das Böse überwindet. Darum streitet, o Söhne Gottes, für Christus durch den Tag und fliehet ruhigen Geistes den Nebel, der den Tag verdunkelt. Wehrt auch die nächtlichen Nachstellungen ab, die eigenwillig durch übermäßiges Schwatzen dem Herzen Luft machen wollen. Seid wie der Tag, der vom niederfallenden Tau in der Frühe berührt und nachher zu sanfter Kühle gemildert wird. So sollt Ihr alles unterscheiden und prüfen und in rechter Weise für das sorgen, was für Euch und andere gut ist.

Wohnt mit lauterer Einfalt in den Mauerklüften, damit Ihr Jubel und Heil singen könnt in den Hütten der Gerechten[c]. Denn Gott hat den lebendig aufbrechenden Schall des Lebensodems — das heißt den Schall des Frohlockens, das durch die Erkenntnis des Guten Gott im Glauben schaut und erkennt — der Vernunft eingesenkt. Dieser Schall ertönt in den Werken des Wohlwollens wie auf volltönender Posaune. Er trägt allumfassende Liebe in sich, so daß er auch durch Demut die Sanftmütigen um sich sammelt und durch Barmherzigkeit die Wunden salbt. Mit dem niederbrausenden Wasser des Heiligen Geistes strömt die Liebe — und in ihr der Friede der Güte Gottes — dahin. Und die Demut bereitet den Garten mit all den fruchttragenden Bäumen der Gnade Gottes, die alles Grün der Gaben Gottes umgreift. Die Barmherzigkeit hingegen träufelt Balsam für alle Bedürfnisse, die dem Menschen anhaften. Dieser Schall der Liebe tönt im Zusammenklang aller Dankeshymnen für das Heil. Er tönt durch die Demut in der Höhe, wo die Liebe Gott schaut und siegreich wider den Hochmut kämpft. Sie ruft in Barmherzigkeit mit weinender und doch lieblicher Stimme. Sie sammelt die Armen und Lahmen um sich und bittet so sehr um die Hilfe des Heiligen Geistes, daß sie alles durch gute Werke zur Erfüllung bringt. Sie erklingt in den Zelten, wo die Heiligen auf den Sitzen leuchten, die sie sich in dieser Welt erbaut haben.

Ihr aber, Söhne Gottes, eint Euch der Stimme der Guten, Gerechten droben, und Gott wird Euch aufnehmen, weil Er Euch will, und Ihr werdet leben in Ewigkeit.

Was Eure Bitte betrifft, die Frau möge durch Gottes Beistand fruchtbar werden, so steht dies in Gottes Willen und Macht. Er weiß, wo Er Nachkommenschaft gewährt und wo Er sie entzieht. Denn Er urteilt nicht nach menschlichem Ermessen, sondern nach Seinem verborgenen Ratschluß. Ich werde, weil Ihr mich darum ersucht habt, Gott für sie bitten. Er aber tue, was Er gütig und barmherzig zu tun beschlossen hat.

---

[a] Gn 3, 9 [b] Lk 15, 17 [c] vgl. Ps 117, 15.

ALBON

Zu den burgundischen Abteien, die von Hildegard Briefe empfingen, gehörte — wie die Berliner Handschrift 699 ausweist — auch dieses Kloster.

Hildegard an Abt Wolfard

Das klare Licht — beherzigenswert sind seine Worte — spricht: O Mensch, in deiner Gesinnung hast du Vertrauen zum Sohne Gottes. Dennoch trägst du Bedenken, das Brot zu brechen, das zu genießen dein Herz dich drängt. Warum kreisest du [mit deinen Gedanken] abseits, sondierend und von allen Seiten erspähend, wo der Gegenstand der heiligen Handlung zu finden sei? Warum tust du das? Gott wirkt in jedweder Ursache, die gut und entsprechend ist. Erhebe dich also zum Licht, und du wirst leben in Ewigkeit. Gott bereitet sich ein Ganzopfer in Seinem Werkzeug. Selig, wer Gott in all Seinen Wirkursachen festhält. Der Teufel wird ihn nie betrügen.

Lebe also, o Mensch, und sei siegreich in dieser düsteren Welt!

Hildegard an den Prior Friedrich

Der da IST[a], spricht: Ein König erblickte eine Leiter, die durch vielfachen Witterungswechsel umdunkelt war. Da ging die Sonne auf und zerriß die Finsternis. Das gefiel dem König, und er sprach: Diese Leiter, auf der man [allem] entfliehen könnte, läßt einem keine Ruhe. Bald führt sie geradewegs in die Höhe, bald hüllt sie sich in Dunkel. So ist auch dein Herz, o Mensch. Am Tage, da dein Geist [Heilung] sucht, steigst du in heller Freude zu Mir hinauf, bei schadenbringender Witterung nährst du die schleichende Krankheit — als ob man nicht nach einem Heilmittel suchen dürfte. Unmöglich ist es der Asche [dem Menschen], unveränderlich zu sein. Schau zu Mir auf und suche stets, bei Tageslicht und im Sturmesdunkel, die Salbe der Heilkunst, und du wirst leben in Ewigkeit. Halte dich an das klare Gesetz und flieh den Zweifel. Dann wird Gott dich retten.

---

[a] Ex 3, 14; Apk 1, 4.

PARK

In den Niederlanden waren die Klöster Park, Gembloux und Villers Stätten der Hildegard-Verehrung.

Es ist eine Freude, die Beziehungen zwischen der Prämonstratenserabtei Park bei Löwen und dem Rupertsberg noch heute an den Parker Handschriften des 12. Jahrhunderts verfolgen zu können. Zwei Briefe Hildegards an Abt Philipp von Park und ein Schreiben des Abtes an die rheinische Seherin seien hier wiedergegeben.

Hildegard an Abt Philipp

Der Glaube an Gott, den der Mensch durch Einhauchung des Heiligen Geistes in glühendem Herzen trägt, ist gar herrlich, wenn er in wahrer Liebe das Unsichtbare genauso umfängt wie das Sichtbare, das ihn ergötzt. So ist es auch löblich von dir, daß du dich aus Liebe zu Gott gewürdigt hast, mich schwache und ungelehrte Frau zu sehen und zu hören.

Ein Wind blies von einem hohen Berg und brachte mit seinem Wehen vor geschmückten Bürgern und Türmen eine kleine Feder in Bewegung, die aus sich selbst keinerlei Fähigkeit zum Fliegen besaß, sondern diese nur durch den Wind empfing. Zweifellos veranlaßte dies der allmächtige Gott, um zu zeigen, was Er durch ein Wesen, das von sich nicht das Geringste sich zumuten würde, zu wirken vermag.

Ihr aber, die Ihr mannhaft im Prophetenamt steht, mit dem die Sorge des Apostolischen Amtes verbunden ist, schenkt mir Eure Gebetshilfe, damit ich in der Gnade Gottes verharre. Denn immer noch liege ich — wie Ihr es persönlich gesehen habt — auf meinem Krankenlager. Und da ich keinerlei Sicherheit in mir zurückbehalte, habe ich all meine Hoffnung und mein ganzes Vertrauen einzig auf die Barmherzigkeit Gottes gesetzt.

Nun aber, o Vater, der du an Christi Stelle stehst, trage Sorge für die Schafe deiner Herde mit dem Stab der Gebote Gottes, durch die du sie zurechtweisen und lenken sollst, damit sie sich nicht in Hochmut erheben. Denn dieses Laster gleicht einer Stadt, die nicht auf Fels gegründet ist und daher zerstört wird und zusammenfällt, weil sie kein festes Fundament besaß[a]. Salbe auch häufig die Sünder — von welchem Laster sie auch immer verwundet sein mögen — mit dem Öl der Barmherzigkeit, damit sie nicht durch böse Gewohnheit zu sündigen übel riechen, wie Lazarus, der vier Tage im Grabe lag[b].

Richte in all den Deinen das Horn des Heiles auf, das heißt die Kraft der wahren Demut. Diese Tugend gleicht einer saphirblauen Wolke, durch die die Sonne mächtig hindurchleuchtet. Darin gleicht sie der wahren Sonne, dem Sohn der Jungfrau, der in tiefster Demut zur Erde niederstieg und in ihr zur

Rechten des Vaters aufstieg. Schneide auch die böse Gewohnheit zu sündigen von ihnen ab und eifere danach, sie mit Edelsteinen gleich einem Halsband zu schmücken, auf daß Ihr gemeinsam — du mit ihnen und sie mit dir — zur ewigen Freude gelangt.

Jetzt mache dich die Gnade des Heiligen Geistes zu einer Leuchte der wahren Liebe vor dem allmächtigen Gott, der dir auch für die Hilfe, die du mir an Seele und Leib erweisest, ewigen Lohn verleihen möge.

---

[a] vgl. Mt 7, 24 ff. [b] Jo 11, 39.

Als Hildegard diesen Brief schrieb, lag sie schwerkrank danieder. Zwar war sie fast ständig mehr oder weniger leidend. Doch scheinen drei Krankheitsphasen von besonderer Heftigkeit und Dauer gewesen zu sein. Die erste schwere Krankheit fällt in die Zeit vor Hildegards Ritt zum Disibodenberg, als sie die Güter ihrer Nonnen von Abt und Mönchen zurückforderte[40]. Für die zweite schwere Erkrankung sind die Jahre 1158 bis 1162 anzusetzen. Hildegard berichtet davon in ihrer Vita im Anschluß an die Schilderung einer zweiten größeren Unruhe in ihrem Kloster[41]. In dieser Zeit wurde auch der vorliegende Brief an Abt Philipp geschrieben. In den Jahren 1170 bis 1173 erkrankte sie zum drittenmal, wie sie am Anfang ihrer Vita des heiligen Disibod berichtet[42].

Zu ihren körperlichen Leiden hat Hildegard ein ganz konkretes Verhältnis. Sie bäumt sich nicht gegen sie auf, bezieht keine Abwehrstellung, noch begibt sie sich auf die Flucht in die Krankheit. *Sie erkennt und nutzt die auferlegten Leiden als gewinnbringende Aufgabe. Denn da sie ihre körperliche Schwäche so oft und schmerzlich erfährt, übergibt sie sich ganz der Barmherzigkeit Gottes.*

In ihrem zweiten Brief empfiehlt Hildegard in sehr diskreter Weise dem Abt eine Frau, die bereit ist zum Empfang des Bußsakramentes:

Hildegard an Abt Philipp

O Vater, der du bei all deiner Unachtsamkeit Gott fürchtest und Ihn so liebst, daß du für alle Unzulänglichkeiten zu Ihm aufseufzest, eile zum Quell des lebendigen Wassers, um nicht nur dich, sondern auch andere Kranke, die du mit Wunden bedeckt siehst, zu waschen. Gieße auch ihnen den Wein der Reue ein und höre nicht auf, sie mit dem Öl der Barmherzigkeit zu salben. Ahme hierin Den nach, der der lebendige Quell und das unversehrte Rad ist, der die Sünder, die zu Seiner helfenden Barmherzigkeit ihre Zuflucht nehmen, umfängt und die Gottlosen sowie die, die Ihm widersprechen, mit scharfem Urteil richtet. Den Umkreis dieses Rades vermag kein Berg zu berühren, denn sein Schatten ragt über alles hinaus. Er selbst kann von nichts Tieferem verdunkelt werden, weil er alles überragt. Denn Gott lebt einzig und allein durch sich selbst, daher hat Er weder Anfang noch Ende. Wer immer also zu Seiner helfenden Gnade Zuflucht nimmt, geht nie der Seligkeit des ewigen Lebens verlustig. Doch wird der Funke des Heiles aufs neue vom lebendigen Gott entfacht, denn Er will nicht den Tod des Sünders, sondern daß er anfange, aus Ihm zu leben[a].

Nun aber, o milder Vater, der du Christi Stelle vertrittst, nimm diese Frau Ida auf, die ihre geheimen Wunden noch nicht völlig bekannt hat. Versorge sie und die übrigen, die zu dir ihre Zuflucht nehmen, sehr behutsam mit dem Heilmittel der Buße, damit du im Kreise der wahren Dreieinigkeit in Ewigkeit lebest!

---

[a] vgl. Ez 18, 23; 33, 11.

Abt Philipp an Hildegard

Philipp, durch Gottes Gnade genannt Abt der Klostergemeinde der heiligen Maria zu Park bei Löwen, wünscht der ehrwürdigen Meisterin der Mägde Gottes zu Bingen das Gut des ewigen Heiles.

Glaube es, ehrwürdige Mutter, glaube es, Gottgeliebte: Seitdem ich — wie dein Ruhm kündet — von den Gnadengaben Kenntnis erhielt, mit denen die göttliche Güte ihre Magd wunderbar ausgestattet hat, liebe ich dich, habe häufig und unermüdlich dein Lob gekündet und bist du sehr oft das Sinnen meines Herzens gewesen. Dafür zeugt die Mühe der Reise, die ich auf mich nahm, um dein verehrungswürdiges Antlitz, den Spiegel deines erleuchteten Geistes, zu schauen und von Angesicht zu Angesicht mit dir zu sprechen. Dank sei Gott! Ich habe erlangt, was ich gesucht und innig gewünscht habe: das Glück deiner Gegenwart. Und du hast mir Unwürdigem eine Begegnung mit dir im Gespräch nicht versagt. Doch schmerzt es mich, daß ich meinen Brüdern, die mich begleiteten, nachgegeben habe, als sie mir nicht gestatteten, daß ich — wie ich wollte — länger bei dir verweilte. Ich hoffe aber, mich deiner noch im Herrn zu erfreuen, sei es in diesem, sei es nach diesem Leben, wenn ich kraft deiner Gebete in die Paradiesesherrlichkeit eingegangen bin. Bete also, ehrwürdige Mutter, bete für mich, der ich die Gnadengabe Gottes in dir liebe und verehre, und bete für die Gemeinschaft der Brüder und Schwestern, die ich zu leiten habe, damit der Herr uns Frieden und Herzenseintracht verleihe, die Sünden vergebe und uns in Seinem Dienst ausharren lasse.

Was nun die Büßerin Ida betrifft, so habe ich deinem Willen, den ich für den Willen Gottes halte, gehorcht. Ich habe ihr eine Buße auferlegt für ihre Sünde, die du, da der Herr sie dir offenbarte, klar aufgedeckt hast. Da sie aber durch Alter entkräftet und durch vorgeschriebene Bußübungen schon seit langem zermürbt ist, so bitte ich dich, du wollest zu ihrer Erleichterung ihr sorgsam auferlegen, was du als nützlich für ihre Seele erachtest. Lebe wohl!

Im Gegensatz zu Hildegard, die sich in ihrem ersten Brief demütig und dankbar, jedoch zurückhaltend über die Begegnung mit Abt Philipp äußerte, bringt der Abt seine Freude über den Besuch in Bingen spontan und lebhaft zum Ausdruck. Am Schluß seines Schreibens empfiehlt er der Seherin, sie möge sich der Frau Ida sorgsam annehmen.

Johannes Masius, in der ersten Hälfte des 17. Jahrhunderts Abt von Park, rühmt Abt Philipp als einen nicht nur frommen, sondern auch gelehrten Mann, *der sehr viele Bücher für seine Klosterbibliothek abschreiben ließ. Zu diesen Büchern zählt ohne Zweifel auch der Hildegard-Scivias-Kodex, der um 1160 von Mönchen aus dem Parker Skriptorium nach einer Rupertsberger Vorlage gefertigt wurde und zu den ältesten Handschriften dieses Werkes gehört. Der Kodex liegt heute in der Bibliothèque royale in Brüssel*[43].

Wibert von Gembloux, der um die engen Beziehungen zwischen diesem Abt von Park und Hildegard wußte, nennt in seinem Schreiben an den Villerenser Mönch Radulf Abt Philipp einen familiarius, *einen* Vertrauten *Hildegards*[44]. *Abt Philipp war es auch, der Wiberts dritte Reise nach Bingen im Jahre 1177 vermittelte*[45].

ST. EUCHARIUS IN TRIER

Ungemein rege waren die Beziehungen zwischen der Abtei des heiligen Eucharius in Trier, einem der ältesten Benediktinerklöster auf deutschem Boden, und der Meisterin vom Rupertsberg.

Abt Bertulf II. (1135–1159) gehörte zu den Männern, die das große Ereignis der Trierer Synode 1147/48 miterlebt hatten. Die Geschichtsbücher von Trier berichten unmittelbar nach der Schilderung vom feierlichen, glanzvollen Einzug des Papstes in Trier: In jenen Tagen konsekrierte Papst Eugen auf die Bitte des verehrungswürdigen Abtes Bertulf die Kirche des heiligen Eucharius und des heiligen Apostels Matthias am Oktavtag von Epiphanie, das ist am 13. Januar, zu Ehren des heiligen Evangelisten Johannes. *Der Feier wohnten zwei Erzbischöfe, vier Bischöfe, achtzehn Kardinäle, sehr viele Äbte und Fürsten sowie eine unübersehbar große Zahl von Gläubigen bei.* Zur ungeheuren Freude nicht nur des Volkes, sondern der ganzen Kirchenprovinz wurde diese Kirchweihe vollzogen[46].

Abt Bertulf an Hildegard

Hildegard, der hellglänzenden Perle, wünscht Bertulf, ein armer Knecht Christi und ohne sein Verdienst Abt von Sankt Eucharius, sie möge durch die gelobte Jungfräulichkeit dem Bräutigam der Jungfrauen gefallen.

Wir haben den Ruf Eurer Tugend vernommen, ja mehr noch, die Gotteskraft erkannt, die in Euch, einem gebrechlichen Gefäß der göttlichen Güte, wirksam ist. Wir hörten und erfuhren es und waren sofort der Überzeugung, daß sich an Euch das prophetische Wort erfüllt hat: „Gut ist es für den Menschen, wenn er das Joch [des Herrn] trägt“[a]. Ja wahrhaftig, im Übermaß habt Ihr es auf Euch genommen. Denn was wir in Angriff zu nehmen uns scheuen, darüber seid Ihr mit Mannesmut hinausgeschritten und habt es Euch so zur Gewohnheit gemacht, daß Ihr mit dem Apostel sprechen könnt: „Unser Wandel ist im Himmel“[b]. Ihr dürft aber — obwohl wir, verhindert durch die Fluten dieser aufrührerischen Welt, es lange unterließen, Eure Heiligkeit durch unsere Boten zu grüßen — doch nicht glauben, daß das Feuer der Liebe, das einmal in unseren Herzen für Euch zu brennen begann, irgendwie erkaltet sei. Möge daher Eure Heiligkeit unserer geistigen Schwerfälligkeit vor Dem gedenken, mit dem Ihr *ein* Geist seid, und auch die Euch Anvertrauten unablässig mahnen, dies für uns und unser Kloster zu tun. Wir sehnen uns nach Euren aneifernden Worten und wünschen von ganzem Herzen, es möge Euch allzeit gut gehen. Lebt wohl!

---

[a] Klgl 3, 27 [b] Phil 3, 20.

Hildegard an Abt Bertulf

Der da IST[a], spricht: O Mensch, du bist angetan mit dem Panzer des Glaubens[b] und umgürtet mit dem Gurt der Heiligkeit. Du gleichst einem Menschen, der sein Antlitz im Spiegel betrachtet, aber keine rechte Freude daran hat, weil er hin und her zweifelt, ob sein Antlitz schön ist oder nicht. Denn dein Herz ist wie ein Gebäude, das man von weitem sieht, das aber der Nebel manchmal verdeckt. Auch fällst du nach vorn wie ein Träger, der seine Last eiligst zum Markt trägt. Sieh also zu, was in feindlicher Umwelt mehr von Nutzen ist: Ochs oder Esel, grünes oder dürres Land, Name oder Vorname, Berg oder Tal.

Der erprobte Streiter ist weit nützlicher als seine Gefolgschaft, wie auch die Luft nützlich ist, da sie durch ihre Schwingen mannigfache Früchte hervorbringt.

Denn die Werke des Menschen sind wenig wert ohne die Vorsorge eines Meisters. Nun hüte dich, lässig zu werden in der Leitung, solange du noch ein Auge hast. Biete den Deinen das Licht dar in mütterlicher Zärtlichkeit und trockne ihre Wunden ohne den Geruch der Tyrannei. Denn der gute Arzt

[Christus] salbte ohne Zögern die Wunden der Menschen mit Barmherzigkeit. Er küßte ja das Schaf, das Ihm gehörte, und wusch es in Seinem Blute.

O Mensch, nimm die Barmherzigkeit, diese schöne Königstochter, in das Brautgemach deines Herzens, lege in zartester Liebe die Heiligkeit an wie einen Purpurmantel und ein schmuckreiches Diadem und sammle liebliche Gewürze in deinem Schoß, und du wirst, gleich einem Berg von Myrrhe und Weihrauch, leben in Ewigkeit.

Wache also und trage deine Lasten, die dir den [ewigen] Lohn erschließen, so daß du, wenn die Sonne ohne das Vielerlei der Sturmeswirbel über allem erstrahlt, du dich droben als erprobt erkennst.

---

[a] Ex 3, 14; Apk 1, 4 [b] vgl. 1 Thess 5, 8.

Kurz nach ihrer Trierer Reise im Jahre 1160 sandte Hildegard ein kurzes Schreiben:

Hildegard an den Konvent von St. Eucharius

Erde verwirft die Erde nicht und verachtet nicht ihresgleichen, sondern baut sie auf, soweit ihre Möglichkeit reicht. Daher ziemt es auch euch, um der Hilfe und Barmherzigkeit Gottes willen, durch weise Beratung das irrende Schaf in den Schafstall zurückzuführen. Dann wird Gott auch euch in euren Sünden verschonen. Denn ihr seid *eine* Erde.

Der Brief läßt uns in das gütige Herz der Äbtissin Hildegard blicken, die sich des davongelaufenen Mönches erbarmt und ihn liebevoll besorgt in die heimatliche Hürde zurückführen möchte. Den Vergleich mit der Erde verbindet sie mit dem Bild vom Guten Hirten und schließt beides in den präzisen Schlußsatz: Denn ihr seid *eine* Erde: *ein Anklang an das Anliegen des Herrn „Daß alle eins seien" (Jo 17, 21). Dieser Brief ist ein Juwel.*

Hildegard hatte bei ihrem Aufenthalt in Trier von den inneren Schwierigkeiten erfahren, mit denen ein Mönch zu ringen hatte. In einem Schreiben erhielt er Rat und Trost von der Seherin:

Hildegard an den Priestermönch Berthold von St. Eucharius

Vernimm die Geheimnisse Gottes! Ein Herr, der eine Familie mit Hörigen besitzt, wählt aus dieser einen aus und gibt ihm ein heiliges Amt, damit er mit ihm die Last trage. Wenn dieser sich entschuldigt, er sei nicht würdig, diese

Bürde zu tragen, sein Herr aber ihn hierin nicht erhört, weil es ihm gefällt, daß er die Last trägt, so soll er seinen Herrn nicht weiter bedrängen, sondern ihm nach Kräften in Demut gehorchen. Wenn nun später in dieser Angelegenheit wegen unzureichendem Sinn und Verstand sich ein Mangel an Brauchbarkeit herausstellt, so wird ihm dies nicht zum Schaden gereichen, denn sein Herr wird Vorsorge dafür treffen. Jetzt, Bruder und Freund an Christi Statt, schaue auf dieses Wort und lebe in der Seligkeit Gottes.

Es sind uns mehrere Hildegardbriefe überliefert, die an den Mönch Gerwin (Gerwich) von St. Eucharius gerichtet sind oder von ihm handeln.

HILDEGARD AN DEN MÖNCH GERWIN (GERWICH)

Gott sieht dich voraus und fordert von deinem Herzen in Einfalt ein Opfer. Denn Er selbst ist wahrhaftig und will keine Zwiespältigkeit auf dem *einen* Wege. Dieser Weg ist die gegenseitige Treue untereinander, wie auch das Auge Gottes einzig und allein auf das Glück der Menschen schaut. Das gewähre dir Gott! Er befreie dich von jedwedem Sturm leidenschaftlicher Laster. Darum reinige das Auge deines Herzens!

Inzwischen wurde diesem Mönch die Abtswürde in St. Eucharius, einem der ältesten Klöster, angeboten, und Gerwin fragte bei Hildegard an, ob er die Wahl annehmen soll. Hildegard sandte ihm folgenden Brief:

HILDEGARD AN DEN MÖNCH GERWIN (GERWICH)

O geliebter Sohn Gottes, ich will dir antworten. Die Wahl Gottes ist so: Gott wollte nicht, daß du ins Verderben und in gefährliche Sünden gerietest, wie dies der Eigenwille des Menschen oft zur Folge hat. Diese Wahl entspricht nicht dem dir gewordenen Auftrag. Dennoch sehe ich nicht, daß Gottes Zorn auf diesem Vorgang liegt, durch den du kraft menschlicher Berufung in Anspruch genommen bist. Für dich aber wird die Züchtigung darin liegen, daß du deinen Willen mitunter nicht so erfüllen kannst, wie du es gerne möchtest. Gott trage Sorge für dich und lenke all dein Geschick an Seele und Leib!

Zugleich richtete Hildegard ein Schreiben an den Abt von St. Eucharius, um auch ihm ihre Ansicht über die Wahl Gerwins zum Abt mitzuteilen:

Hildegard an Abt Bertulf II. (1135–1159)

Unser Vater und Tröster! Was die Bürde angeht, die deinem Sohne auferlegt werden soll, so habe ich zum wahren Licht aufgeschaut. Und ich sah, daß diese Sache weder heiß noch kalt, sondern lau[a], weil ohne jedwede nutzbringende Wirkung ist. Ich sah nämlich in der Schau diese Bürde — falls er sie auf sich nähme — wie einen dürren Baum, der nur einen oder zwei Zweige mit ganz kleinen grünen Ansätzen hatte, durch die er jedoch nicht wieder aufblühen konnte. Dieser Baum sinnbildet den klösterlichen Wandel und das Leben jener [Mönche], unter denen kaum einer oder zwei zu finden sind, die in der Triebkraft der Liebe zu heiligem Wandel und gutem Rat erstarkt sind. Daher würde diese Bürde weder ihm selbst noch den Mönchen förderlich sein. Denn weil ihm Hilfe und Rat in der Gemeinschaft fehlen, würde er selbst gänzlich dahinschwinden.

Gott umfängt diese Wahl nicht mit Seiner Liebe, auch Sein Zorn ereifert sich nicht über sie, sondern Er erträgt sie wie vieles andere, das mit Seiner Zulassung geschieht. Es ist deshalb viel besser für den Mönch, die Wahl, wenn er kann, auszuschlagen als sie anzunehmen.

---

[a] vgl. Apk 3, 15 f.

Gerwin konnte dem lockenden Angebot nicht widerstehen, er nahm die Wahl an. Wie es ihm erging, zeigt das nächste Schreiben Hildegards:

Hildegard an Abt Gerwin (Gerwich), 1162–1164

Noch ist die rechte Zeit der Heilung für dich nicht da. Denn die Erde schreit nach der Rache Gottes, und der Himmel ist umwölkt von Ungerechtigkeit. Und wieder: nach nicht langer Zeit wird der Himmel das Lob Gottes jubeln, und die Erde wird von ihrer Gefangenschaft erlöst. Die Gänge des Klosters, in dem du wohnst und den Stab der Zucht führst, sind finster durch unbeständigen und unruhigen Wandel. Sie riechen nach Begierlichkeit und Ungehorsam, woraus Unruhe und Zwistigkeiten entstehen.

O hochgestellter Mann, erachte dich selbst nicht für hoch in Geistesüberheblichkeit! Tobe auch nicht in ausbrechendem Zorn über die Schafe deiner Herde. Salbe sie vielmehr und weise sie zurecht, so gut du kannst, und du wirst ewig leben. Später, wenn Gott es will, wird das Bild der ersten Morgenröte wieder aufleuchten.

Was lag näher, als daß auch der Konvent von St. Eucharius ein Schreiben an Hildegard sandte? Dieser Brief zeigt die glühende Verehrung, die die Mönche ihrer

Mutter Hildegard *entgegenbringen. Wir erfahren die interessante Tatsache, daß man im St. Eucharius-Kloster Hildegards* Scivias *gelesen hat. Die Lektüre dieses Buches hat die Liebe zur Seherin noch mächtiger entflammt. Nun erbitten sie ein Schreiben von ihr, das ihren heiligen Eifer zum klösterlichen Wandel kräftig anspornen soll.*

Die Mönche von St. Eucharius an Hildegard

Hildegard, die dem himmlischen Bräutigam in ständiger Umarmung anhangt, und allen, die mit ihr in Christus wandeln, wünscht der ganze Konvent des Klosters Sankt Eucharius zu Trier das, was durch nichts überboten werden kann.

Alle, die sich mühen, den Willen des Vaters zu tun, der im Himmel ist, werden Brüder, Schwestern und Mütter des Herrn genannt[a]. Wer sich aber bestrebt, andere durch Ermahnen zum Besseren zu führen, und sie so gleichsam an seiner Brust nährt, wird in besonderem Sinne die Würde einer Mutter erlangen. Nicht zu Unrecht verehren wir dich daher vor anderen als eine Mutter im Herrn, an deren Brust wir zuinnerst überreich erquickt werden mit Trost und Weisheit. Auch verherrlichen wir den, der allein große Wundertaten wirkt[b]. Bis jetzt hat Er vor Weisen und Klugen das verborgen, was Er in unseren Tagen wunderbar deiner Demut enthüllt[c] hat. Deshalb wünschen wir, da wir den Weg der Gebote Gottes noch nicht mit weitem Herzen zu laufen vermögen, mit Ungestüm, durch den Sporn deiner Ermahnung angestachelt zu werden, so wie Gott es dir eingibt. Im übrigen kannst du ohne Zweifel gewiß sein, daß wir uns über deine Schrift, nämlich über das Buch Scivias, gefreut haben wie über einen großen Reichtum[d]. Zum Schluß bitten wir Euch demütig, durch Eure heiligen Gebete bei Gott gestützt und durch Eure heiligen Ratschläge gefestigt zu werden.

[a] vgl. Mt 12, 50; Mk 3, 35 [b] Ps 135, 4 [c] vgl. Mt 11, 25; Lk 11, 21 [d] vgl. Ps 118, 14.

Hildegard an die Mönche von St. Eucharius

Ihr, die ihr das Gewand Christi[47] angezogen habt und Ihm nachfolgen wollt, höret, was der Psalmist spricht: „Der du zu deiner Auffahrt die Wolken erstellst und daherfährst auf den Flügeln der Winde“[a]. Was heißt das? Bei der Grundlegung der Welt hast du die Wolke zum Aufflug der geflügelten Lebewesen erstellt, die hoch oben in der Luft sind. Man kann es auch anders verstehen: Gott wußte voraus, daß Er in sich ein geistliches Volk begründen werde, wie der Prophet sagt: „Wer sind die, die da wie Wolken fliegen und wie Tauben zu ihren Schlägen?“[b] Die geistlich gesinnten Herzen sind wie die Wolke, die gleichsam der Untergrund (materia) für die Himmelslichter ist, die Sonne, den Mond und die Sterne. So ist der Gehorsam der Untergrund (materia) für die Demut, die Liebe und die anderen Gotteskräfte, auf denen die Gläubigen wie Tauben fliegen, wenn sie durch Bindung des Eigenwillens ihre Begierden von sich abschneiden, so daß sie aus dem Taubenschlag der Unschuld in die Sonne schauen, als wären sie nicht Menschen mit fleischlichem Willen.

So wandelte auch der Schöpfer aller Dinge auf den Flügeln der Winde dahin, da Gottes Sohn als schöne Blume in der Demut der Keuschheit aufsproßte und somit in sanfter Stille zur Ruhe kam. Darum steht geschrieben: „Ich ruhe nur auf dem, der demütig und sanft ist und vor Meinen Worten erbebt“[c]. [Hier wird klar], was die Flügel des geistlichen Volkes sind. Die, denen sie fehlen, werden fallen wie Vögel, die keine Flügel zum Fliegen haben. Mit ihnen wendet sich auch [wie die Schrift sagt] die Meeresflut und strömt die Stärke der Völker [dir zu][d]. Denn eine unzählbare Menschenmenge eilt zu diesen Flügeln hin. Doch blicken einige von ihnen nach Norden, aufgepeitscht durch eitlen Ruhm und Hochmut. Bei einem weltlichen Leben in Überfluß vertrauen sie auf sich selbst und folgen nicht dem Psalmisten, der da sagt: „Besser ist es, auf den Herrn zu hoffen, als auf Fürsten seine Hoffnung zu setzen“[e]. Was heißt das? Es ist weit besser und nützlicher, im Gewande Christi emporzublicken und in die Wolke zu fliegen, als auf sich selbst zu vertrauen, wie es bei der Schuld des gestürzten Engels der Fall war. Er wollte sich in seinem Hochmut über Den erheben, vor Dem er so nicht bestehen konnte, doch fiel er wie Blei in den Abgrund.

Im gleichen Hochmut floh auch Adam das Leben, er geriet in die Fremde. In seiner Heimatlosigkeit erschien ihm sein Vater als ein Fremder, obgleich er Ihn im Zustand der Demut und Unschuld doch gut gekannt hatte. So setzen auch die Menschenkinder auf sich selbst ihr Vertrauen. Sie täuschen sich, da sie ihre Hoffnung auf Fürsten setzen. Doch als Gott rief: „Adam, wo bist du?“[f], wußte Er voraus: das Geschöpf Seiner Hände sollte durchaus nicht verlorengehen, sondern dereinst erlöst werden, wie geschrieben steht: „Du hast den Stab deines Erbes erlöst; das ist der Berg Sion, auf dem du wohnst“[g]. Was heißt das? Gott gedachte des Menschen, da Er durch das Weib den Kopf der Schlange zertrat, als das Wort Fleisch wurde. Das war der Berg Sion, auf dem Gott in Niedrigkeit wohnt und zugleich als Sohn im Herzen des Vaters [verblieb].

Nun aber höre, versammelte Gemeinde, damit du der Berg Sion seiest. Gott hat von Anfang an vorausgesehen, daß er alle Kreatur erschaffen wollte. Das Wort des Vaters erstand im jungfräulichen Reis [Maria] als Mensch. Und dieses Reis war die Grundfeste (materia) aller Gotteskräfte der Heiligkeit, der auch ihr, o geistliche Völker, entstammt. Eva hat zwar das ganze Menschengeschlecht hervorgebracht. Doch dieses Reis hat es in Wahrheit in seiner Lebenskraft von neuem wiederhergestellt, als aus seinem Schoß der Sohn Gottes hervorging. Und so seid ihr, o Geistliche, der Berg Sion, denn der Vater hat euch in Seinem Worte gepflanzt. Der Sohn des erhabenen Vaters hat im Zelt der Jungfrau Maria gewohnt, und wie ein starker Löwe ging Er aus ihr hervor, so daß die ganze Welt Ihn sah.

Er hat auch euch als geistliche Völker in sich zusammengeschlossen, da ihr Ihm gleich Wolken zufliegt und eure Sünden nicht tragt als willentlich vollzogene Tat. Er selbst war ja ohne Sünde. Dann ahmt auch ihr Ihn nach, wenn ihr Ihm nachwandelt; wenn ihr euch selbst zurückweist, um nicht zu sündigen; wenn ihr nicht seid wie Staub, den der Wind vom Antlitz der Erde wegfegt, noch wie Natterngift noch wie Blei in tobenden Wasserfluten[h]. Wenn ihr aber in eitlem Prunk herumlauft, seid ihr wie Staub, der hier- und dorthin zerstreut wird und nicht fruchtbaren Samen der Gerechtigkeit sät, noch einen erlesenen Weinberg pflanzt, sondern großspurige Gerüchte erzeugt und eure Seelen verletzt. Wenn ihr gar dem boshaften Hochmut verfallt, nehmt ihr unheilvolles, tödliches Natterngift[i] in euch auf. Erhebt sich aber Unruhe der Geister unter euch, dann seid ihr wie Blei, das schwer in einen Brunnen fällt. Denn eitler Ruhm und Bosheit sind der Kern des Hochmutes, und wenn sie sich bei Unruhe der Geister ineinander verstricken, so bieten sich ihnen Neid und Haß zum Dienste an. Deshalb entschwinden hier Friede und Sicherheit. Die Liebe Christi zieht sich zurück. Und die in diesen Übeln stecken, werden „wie Blei in tobende Wasserfluten sinken“[j], weil sie keine Flügel haben, sich zu erheben. Denn der Eifer des Herrn klagt laut über sie in seiner Rache, wie er einst erscholl, als er den stolzen Feind in den Abgrund schleuderte. So sagt der Psalmist: „Erhebe deine Hände gegen ihren Hochmut für immer! Wieviel Böses hat der Feind im Heiligtum verübt!“[k]...

Jetzt aber spricht das lebendige Licht zu den Söhnen dieser Gemeinschaft: Ihr seid die Tempelmauern, weil die frühe Kirche euch gepflanzt hat. Flieht daher die eitle Ruhmsucht, den Hochmut und den Sturm häufiger Unruhen. Schaut jetzt mit lebendigen Augen und hört mit inneren Ohren folgendes:

Ich sehe nicht, daß eure Stätte dem Untergang anheimfällt, obwohl sie viele Geißelschläge erleiden wird. Lebt also und seid wachsam in Gott!

Denn in wahrer Schau sah ich einige in dieser Gemeinschaft wie das Morgenrot leuchten, andere wie Saphir glänzen, wieder andere wie das Licht der Sterne strahlen. Die wie Morgenrot leuchten, sind gottesfürchtig. Die Vorschriften des Regelgesetzes beobachten sie freudig aus Liebe zu Gott, obgleich sie dem Fleische nach manchmal wie vom Wege abweichen, gleich dem Opfertier, das zur Schlachtbank geführt wird. Die wie Saphir glänzen, lieben Gott und begehen daher keine schweren Sünden, wenngleich sie sich verfehlen. Auch züchtigen sie sich gern wegen ihrer Vergehen und machen sich all dies zur Gewohnheit. Die wie das Licht der Sterne strahlen, sind erfüllt von Wohlwollen und streiten sich daher nicht mit den Menschen. Sie bewahren die Unbeschwertheit kindlichen Wandels, enthalten sich sorgsam der schweren Sünden, die ihnen verhaßt sind. Dagegen sah ich andere wegen der Gewohnheit ihres unsauberen Wandels in der Schwärze eines bitteren Rauches. Einige darin sind bitter wegen ihres Eigenwillens. Sie lieben die irdischen Güter und haben daher keine Liebe zum geistlichen Wandel. Oft betrüben sie die, die nach den drei oben beschriebenen Weisen leben.

Und ich höre eine Stimme, die vom Himmel rief: „Solange diese Gemeinschaft an diesen drei Lebensweisen festhält, wird sie von Gott nicht verlassen werden.“ Aber auch zu denen, die sich, wie gesagt, in der Schwärze befanden, hörte ich die Stimme sagen: „Erhebe dich, Nordwind, und komm, Südwind, durchwehe meinen Garten, und seine Düfte werden strömen!“[1] Das heißt: Weiche zurück, Übel der Ungerechtigkeit, und komm, Gut der Gerechtigkeit, und netze mit Gotteskräften die Pflanzung der Heiligkeit, damit darin Werke aufstrahlen, die nicht verwelken. Der Nordwind sinnbildet nämlich die Streitsüchtigen, die mit zänkischer Rede, habsüchtiger Entschuldigung und schmähender Herausforderung die süßen, nützlichen Pflanzungen der Gotteskräfte niedertreten wollen, gleichwie der Nordwind alles zugrunde richtet. Diejenigen aber, die auf solche Weise von ihnen bedrängt werden, lernen dadurch Geduld. Unter Weinen und Seufzen flehen sie zu Gott für ihre eigenen Sünden und für die der andern. Daher packt sie auch zuweilen der Ekel vor dem Sündigen. So steigt duftender Rauch aus ihren Herzen empor, und die Engel nehmen ihn auf. Also weht selbst der Nordwind den Guten Lebenskraft zu.

Die, welche sich an irdischem Besitz ergötzen, machen den drei Gruppen, die in der geschilderten Weise leuchten, irgendwelche Vorhaltungen, damit sie in Verwirrung geraten. Auch in bezug auf die notwendigen Gehorsamsakte trachten sie danach, diese niederzuschlagen. Sie selbst verwickeln sich oft in den Schmutz des Fleisches, wie ein Schwein sich im Kote wälzt, und machen bei diesem schweren Gewohnheitslaster zuweilen auch die anderen mürbe durch das Zwinkern ihres Schlangenauges.

Ihr aber, die ihr die Ungerechtigkeit liebt, haltet diese Mahnung fest im Gedächtnis, damit ihr erkennt, daß die Eigenstrebigkeiten eures Willens Götzendienst sind, unvereinbar mit den Ordnungen der „Engel“, das heißt dem geistlichen Stand, so wie der Götze des Truges unvereinbar ist mit dem wahren Gott. Auch von den andern Sünden sollt ihr ablassen und zum sprudelnden Quell fliehen, um euch zu waschen. Blickt auch hin auf das Bad eurer Profeß[48], durch die ihr die Welt verlassen habt, damit ihr zurückweicht vor den Sünden. Müht euch darum, daß euer Opfer fett werde[m], damit ihr ausharrt im Guten, das ihr begonnen. Denn sooft der Mensch seinen Willen auf dem [Folter-]Rad seines Fleisches zermürbt, ist dies ein Opfer für Gott. Es wird angenommen wie das Opfer Abrahams, als dieser seinen Sohn im Gehorsam fesselte, um ihn zu opfern[n]. Die Hände beherrscht, wer die bösen Werke fahren läßt; die Füße bindet, wer den Wegen seines Eigenwillens Grenzen steckt, sich beugt und gehorcht, wie Isaak das Haupt unter das Schwert beugte; und den Leib beherrscht, wer das fleischliche Begehren abschüttelt.

Hierin besteht der Sieg, der das Banner trägt, dessen Wehen den guten Ruf und die zarten Düfte der Tugenden verströmt. Wer diesen Sieg erringt, schreitet vor all seinen Feinden sicher einher. Dadurch wird das Opfer gleich dem gemästeten Kalb, das ohne jeden Fehl war, fett, und an der Seele wird der Mangel der Dürre schwinden. Denn das vollwertige Opfergut ist fett. Christus blieb, obgleich von Ungerechtigkeiten verfolgt, ohne Sünde und heiligte dadurch die Geduld der Heiligen.

Daher, ihr Gläubigen, rüstet auch ihr eure Herzen zum Kampf für den, der euch das Beispiel gab. Werft ab die Sorge um das, was euch nicht vonnöten ist, und eifert danach, im Alpha und Omega[o] [in Christus] zu stehen. Durch den Hang der Sinne zum Sündigen seid ihr zwar verfinstert. Habt ihr euch aber aus euren Sünden erhoben, so werden die Tugenden herrlich in euch Gestalt annehmen. So schütze euch Gottes Hand!

---

[a] Ps 103, 3 [b] Is 60, 8 [c] Is 66, 2 [d] vgl. Is 60, 5 [e] Ps 117, 9 [f] Gn 3, 9 [g] Ps 73, 2 [h] vgl. Ex 15, 10 [i] vgl. Dt 32, 33 [j] vgl. Ex 15, 10 [k] Ps 73, 3 [l] vgl. Hl 4, 16 [m] vgl. Ps 19, 4 [n] Gn 22 [o] vgl. Apk 22, 13.

Eine besonders herzliche Freundschaft verband Abt Ludwig, der 1168 die Leitung von St. Eucharius übernahm, mit Hildegard. Wahrscheinlich hat er sie schon als Mönch 1160 in Trier persönlich kennengelernt. Abt Ludwig war es auch, unter dessen persönlicher Mithilfe Hildegards Neffe Arnold 1169 sein erstes Schreiben als Erzbischof von Trier an Hildegard verfaßte, wie Arnold am Schluß seines Briefes bemerkte: Da dies in Anwesenheit unseres getreuen und geliebten Abtes von St. Eucharius niedergeschrieben wurde, hat er uns beigestanden und unsere Worte mit seiner Süßigkeit gewürzt. So ist es unser Wunsch, daß Ihr auch durch ihn uns Euer Antwortschreiben übersendet. *Hildegard selbst schreibt am Schluß eines Briefes an ihren Neffen Erzbischof Arnold:* Mit der ganzen Inbrunst meines Herzens empfehle ich deinen Gebeten meinen geliebten Sohn, den Abt von St. Eucharius, der mich trotz meiner Unwürdigkeit „Mutter" nennt.

Daß Abt Ludwig seine Briefe zu würzen verstand, ersehen wir aus seinem eigenen Schreiben an Hildegard. Im Hinblick auf ihre Genialität und Heiligkeit bekundet er Hildegard seine hohe Verehrung und uneingeschränkte Bewunderung. Das Schwergewicht liegt auf dem Schlußteil des Briefes. Abt Ludwig wartet brennend auf Hildegards Ansicht über eine Angelegenheit, die er ihr zur Entscheidung vorgelegt hatte. Es handelte sich hier um ein Anliegen, das ihn persönlich betraf. Die Mönche der Abtei St. Willibrord in Echternach hatten ihn zu ihrem Abt gewählt, nachdem Abt Gerhard II. von Echternach am Fest Mariä Himmelfahrt 1173 auf sein Amt verzichtet hatte[49]*. Nun sah sich Abt Ludwig vor die entscheidungsschwere Frage gestellt, ob er es verantworten könne, die Leitung von zwei Klöstern zu übernehmen. Er wandte sich an Hildegard und erbat ihren Rat. Als die Antwort sich verzögert, sendet er nochmals ein Schreiben an die Seherin und bittet am Schluß wiederum um ihre Ansicht über die ihr anvertraute Angelegenheit.*

Abt Ludwig (1168–1186) an Hildegard

Der heiligen, gottgeweihten Jungfrau Hildegard, seiner geliebten Mutter, entbietet Ludwig, nur dem Namen nach Abt vom heiligen Eucharius, seinen Gruß und solch ergebene Zuneigung, wie es niemand außer mir weiß. Glaubte er es zu wissen, so wüßte er entweder nichts oder etwas, das man nicht wissen kann.

Höchst lächerlich würde es erscheinen, wollten Schmetterlinge an Adler, Flöhe an Hirsche und Würmer an Löwen Briefe schreiben und sie grüßen. So verwunderlich, ja noch verwunderlicher oder, besser gesagt, so lächerlich ist es, daß ein Sünder, der in göttlicher und menschlicher Kunst wenig oder gar nichts vermag, sich herausnimmt, an dich zu schreiben, die du von Gott mit dem erhabenen Vorzug der Jungfräulichkeit und zugleich mit solch überragender Genialität ausgestattet bist, daß du nicht nur die Verstandesschärfe der Philosophen und Diskussionsgewandten übertriffst, sondern auch die Geistesgipfel der alten Propheten. Und doch wirst du, mildeste Mutter, meiner vermessenen Anmaßung in gewohnter Güte die Verzeihung nicht versagen, da die Kühnheit meines nochmaligen Schreibens ihren Grund hat in unserem Vertrauensverhältnis.

Die Beschwerlichkeit des Weges wird mich nicht davor zurückschrecken, dir zu schreiben und oft zu dir zu kommen, da der Gewinn deiner Worte mich um so lieblicher lockt, je größer die aufgewandte Mühe ist. Denn wir besitzen das um so lieber, was wir uns mühsam erwerben. Deshalb, unsere Herrin, möge meine ungestüme Art dich nicht abschrecken. Denn die Kräfte, die die Schwäche des Körpers dir versagt, wird mitfühlende Liebe dir zuführen. Das von dir verheißene Schreiben erwarte ich mit großer Sehnsucht. Zögere nicht, es mir durch den Überbringer dieses Briefes zu senden. Schreibe mir auch, welche Ansicht du über die dir anvertraute Angelegenheit hast.

Hildegard an Abt Ludwig

Zur wahren Schau, die ich in meiner Seele schaue, blickte ich wegen deiner Bitte auf. Ich sah und hörte folgende Worte: Du, der du erwählt bist, diese Gemeinschaft mit dem Stab der Zucht zu regieren, setze deine ganze Kraft für sie ein, so sehr du es mit der Gnade Gottes vermagst. Denn diese Wahl hat ihre Würde vor Gott.

In vielen, die den engen Weg des geistlichen Lebens laufen, ist durch ihren Eigenwillen der gerechte Wandel vor Gott geschwunden. Wohl tut die gegenwärtige Zeit dir nicht die volle Heiligkeit kund, die vom Heiligen Geist zu Anfang an jenem Orte gepflanzt wurde. Darum nimm dich in Zucht, damit du auf Grund deines ehrenvollen Titels oder durch weltliche Lebensführung in der Festigkeit deiner guten Absichten nicht wankend wirst: Ahme dabei in Demut, Geduld und Barmherzigkeit den mildesten Vater nach, so daß du für deine gute Arbeit von Ihm das Wort zu hören verdienst: „Wohlan, guter Knecht!"[a] und dann in ewiger Seligkeit glücklich lebst.

Deine leibliche Krankheit aber und deine ganze Herzensbedrängnis empfehle ich mit all meinen Schwestern aufs inständigste Gott an. Darum fürchte dich nicht[b]. Denn Gott, durch dessen Gnade du Weisheit und Erkenntnis besitzest, wird dich niemals verlassen.

Gott und auch dir, milder Vater, sage ich Dank, daß du dich gewürdigt hast, mit meiner Schwachheit und meinem Schmerz — bin ich doch ein so armseliges Wesen — Mitleid zu haben. Denn ich arbeite jetzt allein, wie ein Waisenkind, am „Werke Gottes", da mein Helfer, wie es Gott gefiel, mir genommen ist. Das Buch aber, das ich durch die Gnade des Heiligen Geistes in wahrhaftiger Schau mit seiner Hilfe geschrieben habe und das noch nicht vollendet ist, werde ich dir zum Verbessern vorlegen, sobald es vollendet ist.

---

[a] Mt 25, 21 u. 23 [b] Is 40, 9; 43, 5; Mk 5, 36; Lk 5, 10; 8, 50; Jo 12, 15; Apg 18, 9.

Hildegard rät Abt Ludwig zur Annahme des angebotenen Amtes. Er soll durch seine kraftvolle Leitung in Echternach die klösterliche Zucht wiederherstellen.

Die Seherin dankt dem Abt für seine Anteilnahme an ihrem Schmerz über den Verlust eines geliebten Menschen, den Gott ihr durch den Tod entriß. Es ist ihr Sekretär Volmar, über dessen Verlust sie trauert. Von 1141 bis 1173, also zweiunddreißig Jahre lang, hatte der kluge Disibodenberger Mönch ihr selbstlos und in großer Diskretion bei ihren Arbeiten die treuesten Dienste geleistet[50]*. Nun fühlt sich Hildegard vereinsamt und sucht nach einer Stütze.*

Das Buch, an dem sie seit 1163 unter Volmars Mithilfe gearbeitet hatte und das, wie sie Abt Ludwig mitteilte, unvollendet dalag, war ihre dritte und letzte große Visionsschrift De operatione Dei, Vom Wirken Gottes. *In ihrer Not kam Abt Ludwig Hildegard zu Hilfe. Sofort setzte er selbst sich ein und sandte außerdem begabte Mönche von St. Eucharius auf den Rupertsberg, die Hildegard bei der Vollendung ihres Werkes unterstützten. Im Epilog ihrer letzten Visionsschrift gedenkt Hildegard in großer Dankbarkeit der tatkräftigen Hilfe von seiten ihrer Freunde. Dieses Memoire findet sich als Nachtrag im Riesenkodex:*

In jener Zeit hatte ich in der wahren Schau an der Niederschrift des Buches [Vom Wirken Gottes] unter der Mithilfe eines gottesfürchtigen Mönches, der nach der Regel St. Benedikts lebte [Volmar], gearbeitet. Da durchbohrte Traurigkeit mir Seele und Leib, weil ich, durch das Geschick des Todes dieses Mannes beraubt, eine Waise in dieser Welt war. Denn im Dienste für Gott hatte er alle Worte dieser Schau mit großer Sorgfalt in ununterbrochener Mühe aufgenommen und sie korrigierend durchgesehen. Und immer hat er mich ermahnt, sie nicht wegen irgendwelcher Schwäche meines Körpers aufzugeben, sondern Tag und Nacht an dem, was mir in dieser Schau gezeigt wurde, zu schreiben und zu arbeiten. Das tat er bis zu seinem Tode und konnte sich an den Worten dieser Schau nicht genug ersättigen. Daher rief ich nach seinem Hinscheiden unter Tränen zu Gott:

„O mein Gott, Du hast mit Deinem Diener, den Du mir als Helfer bei diesen Gesichten gabst, getan, wie es Dir gefiel. Jetzt hilf mir, wie es Dir ziemt!"

Dann aber war der hochwürdigste Abt Ludwig von St. Eucharius in Trier, ein höchst weiser Mann vor Gott und den Menschen, über meinen Schmerz von so großem Mitleid bewegt, daß er mir in ständiger Bereitschaft durch sich persönlich und durch andere kluge Männer zuverlässig Hilfe gewährte. Und weil er selbst den obengenannten Mann seligen Angedenkens [Volmar] sowie mich und meine Schauungen schon früher gut gekannt hatte, freute ich mich in tränenreichem Seufzen so über ihn, als hätte ich ihn von Gott empfangen.

Da war auch noch ein anderer Mann aus adligem Geschlecht, Wezelin, Propst von St. Andreas in Köln, der in großer Beständigkeit einen ehrenhaften Wandel vor Gott und den Menschen führte. Da er in heiligem Verlangen danach strebte, gute Werke zu tun, nahm er alle Worte dieser Schauungen mit sorgfältigem Eifer in der Liebe des Heiligen Geistes auf und schrieb sie nieder. Auch dieser gütige Mann half mir in all meinem Schmerz und meiner Verlassenheit und spendete mir durch sich selbst und durch andere weise Männer Trost. Und alle Worte dieser Schauungen hat er ohne zu erlahmen getreulich angehört und geliebt, denn sie waren ihm süßer als Honig und Honigseim. Und so ist dank der Gnade Gottes mit Hilfe der genannten ehrwürdigen Männer die Niederschrift dieses Buches vollendet worden.

Ich aber hörte aus dem lebendigen Lichte, das mich diese Schauungen lehrte, eine Stimme so zu mir sagen:

„Diesen Männern, die dem einfältigen Menschen bei der Niederschrift meiner Schauungen halfen und ihn trösteten, werde Ich den Lohn für ihre Mühen schenken."

Und ich armselige Frau, belehrt in dieser Schau, sprach: „Schenke all denen, die mir bei diesen Schauungen, die Du mir von meiner Kindheit an eingeprägt hast und an denen ich mich in großer Furcht mühte, den Lohn ewiger Herrlichkeit im himmlischen Jerusalem, so daß sie sich durch Dich ohne Ende in Dir freuen!"[51]

Diesen Helfern und Mitarbeitern war eine ganz bestimmte, festumrissene Aufgabe zugewiesen. Sie hatten nach Hildegards Weisung die von ihr verfaßten Texte nach den Regeln der Grammatik zu überprüfen und zu korrigieren, ohne den Stil oder den Inhalt abzuändern.

Der Briefwechsel mit Abt Ludwig von St. Eucharius und der Epilog zu ihrem Werk Vom Wirken Gottes *zeigen, daß Hildegard in warmer Fühlungnahme mit ihren Sekretären stand. Sie schenkte ihnen Anteil an ihrem Ergehen und nahm ihrerseits persönlichen Anteil an den Freuden und Leiden ihrer Freunde.*

Nach Hildegards Tod machte Abt Ludwig dem Rupertsberger Kloster eine Stiftung als Anniversarium zum Gedächtnis der Herrin und seligen Jungfrau Hildegard. *Pfalzgraf Konrad am Rhein, der Stiefbruder Barbarossas, war, wie bereits früher erwähnt, Zeuge dieser Urkunde*[52].

Wie sehr es Abt Ludwig am Herzen lag, Hildegards Lebensbild der Nachwelt zu überliefern, wird daraus ersichtlich, daß er nach dem Hinscheiden der Seherin den Echternacher Mönch Theoderich damit beauftragte, die vom Disibodenberger Mönch Gottfried begonnene Hildegard-Vita (er schrieb das Buch I) fortzusetzen und zu vollenden (Buch II und III). Bis zum Jahre 1181 behielt Abt Ludwig die Leitung der beiden Klöster St. Eucharius und St. Willibrord inne. 1181 verzichtete er auf Echternach und war noch acht Jahre lang, bis 1188, Abt von St. Eucharius in Trier[53].

Die Rupertsberger Nonnen bewahrten dem besonderen Freund ihrer geistlichen Mutter und ihres Klosters nach seinem Tod ein treues Gedenken. Im ältesten Rupertsberger Totenbuch findet sich der Eintrag: G III kal. Ianuarii Ludowicus abbas de Sancto Euchario — am 30. Dezember Ludwig, Abt von St. Eucharius[54].

Der Mönch Theoderich von Echternach schrieb in der Hildegard-Vita:

Außer anderen auffallenden Ereignissen ist vor allem bemerkenswert, daß Hildegard, vom göttlichen Geist nicht nur angetrieben, sondern genötigt, nach Köln, Trier, Metz, Würzburg und Bamberg kam und der Geistlichkeit und dem Volke den Willen Gottes verkündete[1].

Dieser kurze, nüchterne Bericht gewinnt Farbe und sprühende Lebendigkeit, wenn wir ihn in Zusammenhang bringen mit Hildegards Briefen. Wir besitzen einige Niederschriften der unerhört kühnen Predigten, die Hildegard öffentlich in diesen Städten auf großen Plätzen oder in Kirchen gehalten hat und die sie auf Wunsch dem Klerus zusandte. Aus diesen Briefen spüren wir den Geist der Seherin, die bezwingende Macht ihres prophetischen Wortes.

Das Schreiben an den Klerus von Trier kann hier nur kurz gestreift werden. Der berühmte Brief an den Kölner Klerus wird in einem längeren Auszug wiedergegeben.

TRIER

Als Hildegard an den Pfingsttagen[2] *1160 in Trier ihre Stimme vor Klerus und Volk erhob, wurden die Herzen der Zuhörer erschüttert und die Gewissen aufgerüttelt. Die Worte der Prophetin waren von solch gewaltiger Wirkung, daß die Geistlichkeit von Trier Hildegard um die Zusendung der Ansprache bat:* ... Wir bitten Eure mütterliche Liebe inständig, uns das, was Ihr uns kürzlich persönlich eröffnet habt, durch den Überbringer dieses Briefes [schriftlich] zuzusenden, damit die Nachwelt künftighin sowohl die Rache Gottes als auch Seine uns erwiesene Barmherzigkeit schaue und erkenne, daß Ihr die wahrhafte und geliebte Mitwisserin Seiner Geheimnisse seid[3]. *Hildegard erfüllte die Bitte und sandte ihnen ihre Pfingstansprache*[4]. *Darin rügte sie vor allem die Verweltlichung und Trägheit des Klerus und sagte unter anderm:* Die Magister und Prälaten haben die Gerechtigkeit Gottes verlassen und schlafen[5] ... Man neigt dazu, viele Sünden zu vergessen. Daher werden von den Feinden feurige Strafgerichte über die Stadt kommen, wenn die Sünden nicht durch Buße getilgt werden, wie es bei Jonas geschah (Jon 2 u. 3)[6].

KÖLN

An die Reise nach Trier und Lothringen von 1160 schloß sich in den folgenden zwei Jahren die Rheinfahrt an, die Hildegard nordwärts über Köln nach Werden an der Ruhr, ja vielleicht bis nach Lüttich führte.

Ihr Aufenthalt in Köln wurde für den Klerus und die gesamte Bevölkerung der Stadt zu einem tiefgreifenden, erregenden Erlebnis. Denn hier hatte Hildegard eine ganz bestimmte Botschaft Gottes zu verkünden. Seit zwanzig Jahren suchten die Katharer, eine neumanichäische Sekte, die von Südfrankreich her über Mainz rheinabwärts zog, besonders in Köln den katholischen Glauben zu unterminieren[7]*. Hildegard erkannte die Gefahr. Sie sah sich genötigt, das Treiben der Katharer, die die Eucharistie verwarfen, die Ehelosigkeit propagierten, insgeheim aber Unzucht trieben, öffentlich zu kennzeichnen. Sie tadelte den Klerus wegen seiner Lauheit, rief ihn zur Pflicht der Wortverkündigung und zum guten Beispiel auf und warnte das Volk vor der Annahme der Irrlehre.*

Nach ihrem Auftreten in Köln richteten der Domdekan Philipp von Heinsberg (der nachmalige Erzbischof der Metropole) und der Klerus von Köln ein Schreiben an die Seherin.

Domdekan Philipp und der Klerus von Köln an Hildegard

Philipp — obwohl unwürdig —, Domdekan von Köln, wünscht mit seinem Klerus Hildegard von Sankt Rupert in Bingen, der verehrungswürdigen Erstreberin jenes besten Teiles, den Maria erwählte[a], sie möge jetzt durch Herzensreinheit und im zukünftigen Leben von Angesicht zu Angesicht Gott schauen.

Weil wir Eure mütterliche Güte lieben, lassen wir Euch wissen: Nachdem Ihr von uns gegangen waret — Ihr seid ja auf göttliches Geheiß zu uns gekommen und habt uns, wie Gott es Euch eingegeben, Worte des Lebens eröffnet —, waren wir von größter Bewunderung ergriffen, daß Gott in einem so zerbrechlichen Gefäß, im schwachen Geschlecht, solche Wunder Seiner Geheimnisse wirkt. Doch „der Geist weht, wo Er will"[b]. Denn aus vielerlei Zeichen ist offenbar geworden, daß Er sich Euer Herz als einen Ihm wohlgefälligen Thron erwählte. Mit Recht treten auch wir in unserer Bewunderung zu Euch wie zu einem lebendigen Tempel Gottes, bringen unsere Bitten vor und begehren von Eurem Herzen als dem wahrhaften Orakel Gottes die Aussprüche der Wahrheit. Wir bitten Eure Seligkeit so dringend wie möglich, unsere Wünsche aufs inständigste Gott zu empfehlen, da sie das Heil der Seelen betreffen. Und wenn Euer gottanhangender Geist, wie gewohnt, in der wahren Schau etwas über uns sehen sollte, so traget Sorge, es uns brieflich mitzuteilen. Auch bitten wir Euch, das uns damals persönlich Gesagte schriftlich niederzulegen und zu übersenden. Denn da wir den fleischlichen Begierden ausgeliefert sind, lassen wir das Geistige, das wir weder sehen noch hören können, aus Nachlässigkeit leicht in Vergessenheit geraten. Eure Liebe lebe wohl! Und Er, den Ihr aus ganzem Herzen liebt, sei mit Euch!

[a] vgl. Lk 10, 42 [b] Jo 3, 8.

Hildegard an den Domdekan Philipp und den Klerus von Köln

Der da war und der ist und der kommen wird[a], spricht zu den Hirten der Kirche:

... Geliebte Söhne, die ihr nach der ausdrücklichen Weisung des Herrenwortes Meine Herde weidet: warum schämt ihr euch nicht, während doch alle anderen Kreaturen die Vorschriften, die sie von ihrem Meister haben, nicht vernachlässigen, sondern erfüllen! Ich habe euch eingesetzt wie die Sonne und die übrigen Lichter, damit ihr den Menschen leuchtet durch das Feuer der Lehre, damit ihr glänzet durch euren guten Ruf und die Herzen brennen macht. So habe Ich es in der ersten Weltzeit gemacht. Abel habe Ich auserwählt[b], Noe geliebt[c], dem Abraham Mich gezeigt[d], Moses zur Aufstellung des Gesetzes [mit Meiner Erleuchtung] durchtränkt[e] und die Propheten als Meine geliebtesten Freunde eingesetzt. So ist in Abel das Priestertum vorgebildet, in Noe die oberste Führung, in Moses das Amt des königlichen Botschafters und in den Propheten die Vielfalt der anderen Ämter. Abel ergoß seinen Glanz wie der Mond, weil er in seiner Opfergabe die Zeit des Gehorsams ankündigte, Noe wie die Sonne, weil er das Gebäude des Gehorsams vollendete, Abraham wie die großen Planeten, weil er die Beschneidung einführte, Moses wie die übrigen Sterne, da er durch den Gehorsam das Gesetz empfing. Und die Propheten gleichen den vier Weltangeln, die die Grenzen der Erde tragen. Denn sie harrten starkmütig aus, da sie den Erdkreis ob der hereinbrechenden Frevel zurechtwiesen und dadurch zugleich Gott offenbarten.

Eure Zungen aber sind stumm beim laut rufenden Posaunenschall der Stimme des Herrn. Ihr liebt nicht das heilige Erkennen, das gleich den Sternen seinen eigenen Kreislauf hat.

Die Posaune des Herrn ist die Gerechtigkeit Gottes, die ihr mit großem Eifer in Heiligkeit überdenken solltet. Ihr müßtet sie auch pflichtgemäß und im Gehorsam immer wieder den Leuten zu geeigneten Zeiten mit heiliger Diskretion vor Augen stellen und nicht im Übermaß sie ihnen einhämmern. Das tut ihr aber nicht wegen der Halsstarrigkeit eures Eigenwillens. Deshalb fehlen bei euren Predigten dem Firmament der Gerechtigkeit Gottes die Lichter, wie wenn die Sterne nicht leuchten. Ihr seid Nacht, die Finsternis aushaucht, und wie ein Volk, das nicht arbeitet und aus Trägheit nicht im Lichte wandelt. Wie eine nackte Schlange sich in ihre Höhle verkriecht, so begebt ihr euch in den Gestank niedrigen Viehes.

Ach, ach, ihr solltet — wie es heißt — „der Berg Sion sein, auf dem du wohnst"[f]. Denn gesegnet und gesiegelt zu himmlischen Menschen, solltet ihr eine Wohnstätte sein, die von Weihrauch und Myrrhe duftet und in der Gott wohnt. Aber das seid ihr nicht . . . Sondern was immer euer Fleisch verlangt, das tut ihr. Darum gilt von euch das Wort: „Erhebe endgültig deine Hände gegen ihre stolzen Taten. Wieviel Böses hat der Feind im Heiligtum verübt!"[g] Die Macht Gottes wird eure von Bosheit hochgereckten Nacken niederzwingen und zunichte machen, was wie durch Windstoß aufgebläht ist. Denn ihr erkennt weder Gott noch fürchtet ihr den Menschen noch verachtet ihr die Ungerechtigkeit so, daß ihr danach verlangtet, sie in euch zu vernichten. Ihr schaut ja nicht auf Gott und verlangt auch nicht, Ihn zu schauen. Ihr blickt vielmehr auf eure Werke und urteilt nach eurem Gefallen, indem ihr nach Belieben tut und laßt, was ihr wollt.

O wie groß ist solche Bosheit und feindselige Haltung, daß der Mensch weder um Gottes noch um des Menschen willen nicht in der Richtung zum Guten stehen will, sondern Ehre ohne Anstrengung und ewigen Lohn ohne Entsagung begehrt, und daß er verlangt, nach Heiligkeit zu klingen! Doch es ist leerer Schall, wie der Teufel sagt: „Ich bin gut und heilig!" Das darf nicht sein!

Was sagt ihr jetzt? Ihr habt keine Augen, wenn eure Werke den Menschen nicht leuchten im Feuer des Heiligen Geistes und ihr ihnen das gute Beispiel nicht immer wieder vorlebt. Darum fehlt dem Firmament der Gerechtigkeit Gottes in euch das Licht der Sonne, und der Luft fehlt der zarte Duft aus dem Bau der Tugenden. Daher heißt es: „Sie haben Augen und sehen nicht, sie haben Nasen und riechen nicht"[h]. Denn wie die Winde blasen und über den ganzen Erdkreis hin wehen, so solltet ihr allem Volk wie schnelle Winde sein mit eurer Lehre, wie es heißt: „Über die ganze Welt ergeht ihr Schall"[i]. Ihr aber laßt euch durch jeden daherfliegenden weltlichen Namen lahmlegen. Bald seid ihr Soldaten, bald Knechte, bald Possenreißer. Mit eurem leeren Getue verscheucht ihr aber bestenfalls im Sommer einige Fliegen.

Auch durch die Lehre der vom Feuer des Heiligen Geistes verfaßten Schriften müßtet ihr die starken Eckpfeiler sein, die die Kirche stützen wie die Eckpfeiler, welche die Grenzen der Erde tragen. Allein ihr seid zu Boden geworfen und seid kein Halt für die Kirche, sondern flieht in die Höhle eurer Lust. Und wegen eures ekelhaften Reichtums und Geizes sowie anderer Eitelkeiten unterweist ihr eure Untergebenen nicht und gestattet nicht, daß sie bei euch Belehrung suchen, indem ihr sprecht: „Wir können unmöglich alles schaffen . . ." Ihr solltet eine Feuersäule sein, den Menschen vorausziehen, sie aufrufen, gute Werke vor ihren Augen zu tun, und sprechen: „Ergreift die

Zucht, damit der Herr nicht zürnt und ihr zugrunde geht, fernab vom rechten Weg!"[j] ...

Der Teufel sagt sich bei euch: „Speisen zum Fressen und was ich nur an Schmausereien will, finde ich bei ihnen. Auch meine Augen, meine Ohren, mein Bauch und meine Adern sind von ihrem Geifer erfüllt, und meine Brust ist voll von ihren Lastern ..."

Ich aber, der Ich bin, sage zu denen, die auf mich hören: Zu der Zeit, da dies geschieht, wird ein irrendes Volk, das noch schlimmer sein wird als das irrende, das jetzt da ist [die Katharer], über euch herfallen, um euch zu stürzen, die ihr die Pflicht verletzt und das Gesetz übertretet. Es wird euch überall verfolgen und eure Werke nicht verbergen. Nein, es wird sie aufdecken und von euch sagen: „Skorpione sind sie in ihren Sitten und Schlangen in ihren Werken ..."

Weshalb haltet ihr solche Leute bei euch auf? Warum duldet ihr die unter euch, die die ganze Erde mit ihren schmutzigen Schändlichkeiten besudeln? Der Trunksucht sind sie ergeben und ausschweifend. Wenn ihr sie nicht ausweist, wird die ganze Kirche zugrunde gehen ...

Denn der Teufel ist bei diesen Leuten ... Er sagt sich: „Gott liebt die Keuschheit und Enthaltsamkeit. Das will ich bei diesen Menschen nachäffen." Und so bläst der alte Feind durch die Geister der Lüfte sie an, daß sie sich der Unzuchtsünden enthalten. Daher lieben sie die Weiber nicht, sondern fliehen sie. So werden sie sich nach außen, vor den Menschen, in aller Heiligkeit darstellen und spöttisch sagen: „Die andern, die vor uns die Keuschheit besitzen wollten, dörrten aus wie ein gebratener Fisch. Uns aber wagt keine Besudelung des Fleisches und der Begierlichkeit anzutasten, denn wir sind heilig und vom Heiligen Geiste durchströmt." ... Auf diese Weise angeln sie sich die Weiber und fangen sie in ihren eigenen Irrtum ein. Im Hochmut ihres aufgeblähten Geistes behaupten sie: „Wir übertreffen alle." Und hinterher treiben sie doch insgeheim mit jenen Weibern Wollust. So kommt ihre Verdorbenheit und ihr Sektenwesen offen ans Tageslicht.

Ich aber, der Ich bin, sage: Also wird die Schlechtigkeit, die das Böse reinigen wird, über euch kommen, wie geschrieben steht: „Und er machte Finsternis zu seinem Versteck, ringsum sich her zu seinem Zelt Wasserdunkel und dichte Wolken der Lüfte"[k]. Denn Gott hat Strafe angesetzt für eure bösen, lichtlosen Werke ... Vom Himmel stammen Gesetz und Lehre, in denen Er bei euch wohnen sollte. [Das aber wäre nur möglich], wenn ihr eine Zier der Tugenden und ein duftender Garten der Wonne wäret.

Aber ihr seid ein böses Beispiel in den Herzen der Menschen, da das Bächlein guten Rufes von euch nicht ausgeht. Ihr habt keine rechte seelische Einschätzung für das, was ihr essen und womit ihr euch bekleiden sollt, sondern tut böse Werke, weil euch das Gut der Erkenntnis mangelt. Deshalb wird eure Ehre schwinden und die Krone von eurem Haupte fallen[l]. So fordert die

Ungerechtigkeit die Gerechtigkeit heraus. Sie erforscht und untersucht alle Ärgernisse, wie geschrieben steht: „Ärgernisse müssen zwar kommen. Doch wehe dem Menschen, durch den Ärgernisse kommen!“[m] Wohl müssen die bösen Werke der Menschen durch Verfolgungen und Kümmernisse gereinigt werden. Doch wird viel Jammer sich auf die häufen, die durch ihre Ruchlosigkeit andere in Not stürzen.

Diese ungläubigen, vom Teufel verführten Menschen werden wie eine Rute sein, um euch zu züchtigen, weil ihr Gott nicht in Lauterkeit anbetet. Und so lange werden sie euch peinigen, bis all eure Bosheiten und Missetaten abgewaschen sind.

Doch werden diese Übeltäter nicht jene Betrüger sein, die vor dem Jüngsten Tage kommen sollen, wenn der Teufel in die Höhe fliegt, wie er im Anfang wider Gott zu kämpfen begann[n], sondern sie sind ihr aufsprossender Keim. Nachdem sie aber in den Verkehrtheiten Baals und in anderen schlechten Werken erfunden sind, werden die Fürsten und die anderen Großen über sie herfallen und sie gleich wütenden Wölfen töten, wo immer sie sie finden. Dann wird das Morgenrot der Gerechtigkeit heraufsteigen, und eure letzten Dinge werden besser sein als die ersten.

Von allem Vergangenen in [heilsame] Furcht versetzt, werdet ihr leuchten wie reinstes Gold und lange Zeit also verharren. Viele Menschen werden sich dann wundern, daß einer solchen Lindigkeit ein so gewaltiger Sturm vorausging. Die Menschen, die vor diesen Zeiten lebten, hatten gegen ihren Willen unter Lebensgefahr viele schwere Kämpfe zu bestehen, aus denen sie sich nicht zu retten vermochten. In euren Zeiten aber werdet ihr wegen eures Eigenwillens und ungeordneten Wandels viel Kriegsunruhe erleben, in der ihr zunichte werdet.

Wer also diesen Gefahren entfliehen will, hüte sich, daß seine Augen verfinstert werden, daß er sich in die Netze der Trübsal verstrickt. Jeder soll nach Kräften durch gute Werke und die Blickrichtung seines Willens auf das Gute diese Netze fliehen, und Gott wird ihm zu Hilfe kommen.

Ich furchtsame, armselige Frau bin zwei Jahre hindurch sehr dazu gedrängt worden, dies vor Magistern, Doktoren und anderen Gelehrten an bedeutenden Orten, wo sie wohnen, persönlich vorzutragen. Weil aber die Kirche in einer Spaltung war, habe ich dies Predigen aufgegeben.

---

[a] vgl. Apk 1, 4 [b] Gn 4 [c] Gn 6, 8 [d] Gn 17, 1; 18, 1 [e] Ex 3, 5; 20
[f] Ps 73, 2 [g] Ps 73, 3 [h] Ps 113, 6 [i] Ps 18, 5 [j] Ps 2, 12 [k] Ps 17, 12
[l] vgl. Ps 8, 6; Hb 2, 7 [m] Mt 18, 7 [n] Is 14, 12 ff.

Die Mainzer Prälaten hatten von Hildegards Schreiben an den Kölner Klerus gehört und baten nun ihrerseits die Meisterin vom Rupertsberg um ein Gutachten über die Katharer: „... Von Leuten, die die Wahrheit sagen, wurde uns berichtet, daß Ihr etwas über die Irrlehre der Katharer geschrieben habt, so wie Ihr es in der Schau der Geheimnisse Gottes gesehen. Wir bitten euch ergebenst, uns dies zu übersenden, da wir der himmlischen Schau und Antwort mehr Glauben schenken als der menschlichen[8] ..."

In ihrer Antwort[9] schildert Hildegard die Lehre und den lichtscheuen Umtrieb der Katharer. Hildegard warnt nicht nur vor der Annahme der Irrlehre, sondern sie fordert in Mainz wie zuvor in Köln die Bürger auf, in ihren Städten den Irrlehrern keinen Wohnsitz zu gewähren. Im Mittelalter war eine Häresie sowohl ein Irrtum im Glauben als auch ein Attentat gegen die Kirche und Gesellschaft. Man verurteilte nicht nur die Lehre, man vernichtete auch ihre Urheber. *Diese Ansicht wurde durchweg auch von den mittelalterlichen Konzilien vertreten[10].*

Hildegard ruft in ihrem Schreiben Klerus und Volk eindringlich zum lebendigen Glauben an den einen wahren Gott auf.

Hildegard an das Mainzer Domkapitel

... Ihr Menschen, die ihr den unverfälscht reinen Glauben habt, schaut auf zu Gott, hört die Stimme dessen, der war und der ist und der kommen wird[a]! Er spricht zu euch: Hört auf die Worte der Priester, die Meine Satzungen halten und bewahren ... Vertreibt sie [die Irrlehrer] aus den unseligen Höhlen und Schlupfwinkeln, denn sie wollen euch verführen ... Ihr könnt vor Gott nicht Meister und Priester, Könige, Herzöge und Fürsten genannt werden, solange ihr ihnen bei euch Wohnsitz gewährt ... Der Geist Gottes spricht: Wer diese Meine Worte vernimmt und sie aus Nachlässigkeit nicht versteht, wer ihnen nicht glauben will, den wird das Schwert des Wortes Gottes mit großer Drangsal töten. Und bald hörte ich in dieser Schau die schauererregende Stimme zu mir sagen: Was du gesehen und gehört, schreibe nieder und sende es ganz schnell den Priestern der Kirche, die im unverfälscht reinen Glauben Gott verehren, damit sie überall ringsum es den Leuten predigen, auf daß sie sich vor den teuflischen Künsten in acht nehmen ...

Ich armselige Frau wurde sodann viele Tage hindurch von Krankheit bedrängt und war so erschöpft, daß ich kaum auf den Beinen stehen konnte, bis ich dies schriftlich niedergelegt hatte[11].

---

[a] Apk 1, 4.

Das Schreiben an das Mainzer Domkapitel wurde einige Zeit nach 1163 verfaßt. Es ist im Gegensatz zu den Briefen an die Geistlichkeit von Trier und Köln frei von Vorwürfen gegen den Klerus.

Mit der Mainzer Metropole war Hildegard auch durch familiäre Beziehungen verbunden. Denn ihr Bruder Hugo gehörte zu jener Zeit als Kantor dem Mainzer Domkapitel an.

Die unerhört kühne Sprache der Prophetin zwingt uns noch heute, nach achthundert Jahren, Staunen und Bewunderung ab.

Nie zuvor hatte eine Frau, eine Nonne und Äbtissin, in aller Öffentlichkeit das Wort ergriffen, und auch in den folgenden Jahrhunderten spricht keine Frau in der Weise, wie sie es getan. Hildegards Predigten vor Klerus und Volk in den Städten Köln, Trier[12]*, Metz, Würzburg und Bamberg sind ein einmaliges Phänomen in der Geschichte des Abendlandes.*

KIRCHHEIM – BOLANDEN

Auf einer ihrer Reisen hatte Hildegard einen Ort namens Kirchheim aufgesucht. Die Forschung hatte bisher diesen Ort als Kirchheim unter Teck in Schwaben angesehen. Doch ist neuerdings erwiesen, daß es sich um Kirchheim-Bolanden bei Alzey handelt (siehe Karte II), das bis zum 19. Jahrhundert Kirchheim hieß. Hier hatte Hildegard zu einer Gemeinschaft von Geistlichen gesprochen. Ein Priester namens Werner, der dieser societas als einer Art Dekan vorstand, bat Hildegard um die Zusendung ihrer Ansprache.

Werner von Kirchheim-Bolanden an Hildegard

Werner von Kirchheim und die übrigen Brüder seiner Gemeinschaft, die in ihren Pfarreien Gott — wenn auch nur unvollkommen — dienen, wünschen Hildegard, der an Leib und Seele unbefleckten Jungfrau und von der Wiege an Gottgeweihten, sie möge unter Gottes Führung nach dem Vorbild der Debora die feindlichen Scharen zunichte machen[a].

Der Wohlgeruch Eurer Tugenden hat sich über nicht geringe Strecken der Erde ausgebreitet. Denn Ihr vollbringt nicht nur gute Werke, sondern die Gnade des Heiligen Geistes hat auch Euer reines Herz zum Weissagen des Zukünftigen und zur Betrachtung himmlischer Dinge erleuchtet. Deshalb haben wir, obwohl unwürdig, im Hinblick auf unsere brüderliche Verbundenheit es für wert erachtet, uns Eurer Heiligkeit zu empfehlen. Wir glauben, mit Euch Glieder Christi zu sein — allerdings die letzten —, und sprechen deshalb die feste Zuversicht aus, Ihr werdet uns das, was wir in Seinem Namen von Euch erbitten, nicht versagen, wenn Ihr es gewähren könnt. Wir bitten also Eure Güte, Mutter und Braut des Lammes, Ihr wollet in Euren Gebeten gütigst unser gedenken. Der unseren, wenn sie bei Gott etwas vermögen, seid Ihr gewiß, denn wir werden allzeit beim Beten Euer eingedenk sein[b].

Wir erkühnen uns, Euch noch eine Bitte vorzulegen: Versäumt es nicht, in mütterlicher Güte das niederzuschreiben und uns zu übersenden, was Ihr, vom Heiligen Geiste belehrt, uns und sehr vielen anderen in Kirchheim Anwesenden mündlich über die Nachlässigkeit der Priester beim Gottesdienst eröffnet habt, damit es nicht unserem Gedächtnis entfalle, sondern wir es um so aufmerksamer uns vor Augen halten. Denn da wir leider mehr als nötig nach irdischen und weltlichen Dingen gieren, schlagen wir oft genug bloß gesprochene Worte gleichgültig in den Wind. Eure mütterliche Liebe lebe wohl!

---

[a] Ri 4 [b] vgl. Phil. 1, 4.

Hildegard an Werner von Kirchheim – Bolanden

Als ich im Jahre 1170 nach der Menschwerdung des Herrn geraume Zeit auf dem Krankenbette lag, schaute ich, wach an Körper und Geist, die Gestalt einer sehr schönen Frau. Von auserlesener Anmut, anziehend in ihrer Lieblichkeit, besaß sie solche Schönheit, daß Menschengeist es nicht zu fassen vermochte. Ihre Gestalt ragte von der Erde bis an den Himmel hinan. Ihr Antlitz funkelte von höchstem Glanz. Mit ihren Augen blickte sie in den Himmel hinein. Bekleidet war sie mit einem strahlendhellen Gewand aus weißer Seide und einem Mantel, der mit kostbaren Steinen — Smaragd und Saphir —, auch mit Perlchen und Perlen geschmückt war. An den Füßen trug sie Schuhe aus Onyx. Aber ihr Antlitz war mit Staub bestreut, ihr Gewand an der rechten Seite zerrissen. Auch hatte der Mantel seine erlesene Schönheit verloren. Und ihre Schuhe waren von oben her beschmutzt. Mit lauter, klagender Stimme schrie sie zum hohen Himmel hinauf und sprach: „Horch auf, Himmel, denn mein Antlitz ist besudelt. Trauere, Erde, denn mein Kleid ist zerrissen. Erzittere, Abgrund, denn meine Schuhe sind beschmutzt. Die Füchse haben ihre Höhlen und die Vögel des Himmels ihre Nester[a], ich aber habe keinen Helfer und Tröster noch einen Stab, auf den ich mich stützen könnte und der mir Halt wäre.“

Und weiter sprach sie: „Im Herzen des Vaters war ich verborgen, bis der Menschensohn, in Jungfräulichkeit empfangen und geboren, Sein Blut vergoß. Mit diesem Blut, als Seiner Mitgift, hat Er sich mir vermählt, damit ich in der reinen und einfachen Wiedergeburt aus dem Geiste und dem Wasser

[Taufe] die vom Geifer der Schlange Verkrümmten und Besudelten neu gebäre. Meine Pfleger (nutritii), die Priester, die bewirken sollten, daß mein Antlitz funkle wie das Morgenrot, mein Gewand aufleuchte wie der Blitz, mein Mantel strahle wie kostbares Gestein und meine Schuhe hell glänzten, haben mein Antlitz mit Staub bestreut, mein Gewand zerrissen, meinen Mantel dunkel und meine Schuhe schwarz gemacht. Die mich ganz und gar hätten schmücken sollen, haben mich in allem treulos verlassen. Mein Antlitz besudeln sie, indem sie, behaftet mit der großen Unreinheit ihrer ausschweifenden Sitten, dem argen Schmutz der Hurerei und des Ehebruchs, mit reißender Habsucht übelster Art bei Kauf und Verkauf aller möglichen ungeziemenden Dinge, das Mysterium vollziehen und den Leib und das Blut Meines Sohnes empfangen. Und sie wickeln es so in Schmutz ein, wie wenn man ein Kind vor die Schweine in den Kot hineinlegen würde ...

Die Wundmale meines Bräutigams bleiben frisch und offen, solange die Sündenwunden der Menschen offen sind. Eben dieses Offenbleiben der Wunden Christi ist die Schuld der Priester. Sie, die mich strahlend rein machen und mir in Reinheit dienen sollten, wechseln aus maßloser Habsucht [durch Simonie] von Kirche zu Kirche. Auch mein Gewand zerreißen sie dadurch, daß sie Übertreter des Gesetzes, des Evangeliums und ihrer Priesterpflicht sind. Und meinem Mantel nehmen sie den Glanz, da sie die ihnen auferlegten Vorschriften in allem vernachlässigen. Sie erfüllen sie nicht — weder in gutem Wollen noch in vollbrachtem Werk — durch Enthaltsamkeit, die dem Smaragd gleicht, und nicht durch andere gute und gerechte Werke, mit denen Gott wie mit mannigfachen Arten von Edelsteinen verherrlicht wird. Sie beschmutzen meine Schuhe von oben her, weil sie die geraden, das heißt die harten und rauhen Wege der Gerechtigkeit nicht einhalten und auch ihren Untergebenen kein gutes Beispiel geben. Dennoch finde ich unten an meinen Schuhen — gleichsam von meinem [Wesens-]Geheimnis her — bei einigen das Leuchten der Wahrheit ..."

Und ich hörte eine Stimme vom Himmel, die sprach: Dieses Bild stellt die Kirche dar. Deshalb, o Mensch, der du das schaust und die Klageworte hörst, künde es den Priestern, die zur Leitung und Belehrung des Gottesvolkes bestellt sind und denen gleich den Aposteln gesagt wurde: „Gehet hin in alle Welt und verkündet das Evangelium der ganzen Schöpfung!"[b] Denn als Gott den Menschen erschuf, zeichnete Er in ihm die ganze Schöpfung, wie man Zeit und Zahl eines ganzen Jahres auf ein kleines Stück Pergament aufzeichnet. Daher nannte Gott den Menschen „die ganze Schöpfung".

Und ein andermal erblickte ich armselige Frau ein aus der Scheide gezogenes Schwert, das in der Luft schwebte. Die eine Schneide war gegen den Himmel, die andere gegen die Erde gekehrt. Dies Schwert war über die Geistlichkeit ausgestreckt, die einst der Prophet vorausgesehen hatte, als er voller Staunen rief: „Wer sind diese, die wie Wolken fliegen und wie Tauben zu ihren Schlägen?"[c] Denn diese Menschen sind über die Erde erhoben und von dem gemeinen Volk gesondert. Heilig sollten sie leben und in Taubeneinfalt wandeln und wirken. Jetzt sind sie böse in ihrem Wandel und Werk. Und ich sah, daß das Schwert einige Stätten dieser Geistlichen vernichtete, wie einst Jerusalem nach dem Leiden des Herrn vernichtet ward. Doch sah ich auch, daß Gott in dieser Heimsuchung viele gottesfürchtige, reine und einfältige Priester für sich bewahrte, so wie Er dem Elias antwortete, da Er sagte, Er wolle siebentausend Mann in Israel übriglassen, die ihre Knie nicht vor Baal gebeugt hätten[d].

Jetzt aber möge das unauslöschliche Feuer des Heiligen Geistes sich in euch ergießen, auf daß ihr euch dem besseren Teil zuwendet!

---

[a] Mt 8, 20 [b] Mk 16, 15 [c] Is 60, 8 [d] 3 Kö 19, 18.

Hier wird deutlich, daß Hildegard mit glühendem Herzen für die innere Reform der Kirche eifert, die naturgemäß zuerst vom Klerus ausgehen mußte. Daher stellt die Prophetin den Priestern erschreckend deutlich die Priester-Sünden vor Augen und ruft jeden einzelnen zur Umkehr auf. Doch gedenkt sie am Schluß ihres Schreibens auch der vielen gottesfürchtigen Priester, die in Reinheit und Einfalt des Herzens wandeln.

Es seien hier Briefe Hildegards eingereiht, die neue Züge ihrer Persönlichkeit beleuchten und zum Teil eigene Themen behandeln. Es sind Schreiben an Äbte, geistliche Obere, Priester und Mönche. Leider sind — abgesehen von einer Ausnahme — uns die Namen der Briefempfänger und die Namen der Klöster nicht überliefert.

Hildegard an einen Abt

O milder Vater, über das vielfältige Schicksal der Menschen und das, was auf sie zukommen wird, pflege ich nicht zu sprechen. Denn ich armselige und ungelehrte Frau kann nichts anderes wissen als das, worüber ich in der wahrhaftigen Schau belehrt werde. Doch will ich gern für jene Frau beten, daß sie durch Gottes Gnade an Leib und Seele gelenkt werde und sich in gotteswürdiger Weise eines Erben erfreue.

Ich hörte aber in der Schau meiner Seele folgende Worte: Hüte dich, o Mensch, höher emporzusteigen, als deine Kraft zu tragen vermag. In all deinen Unternehmungen umfange vielmehr die süßeste Mutter der Gotteskräfte, die Maßhaltung, damit du von ihr durch alles hindurchgeführt wirst und nicht etwa zu Fall kommst. Denn der Hirte, der den Stab der Zucht ohne Diskretion handhabt, ist Gott nicht wohlgefällig und wird auch von seinen Schafen nicht geliebt, sondern wird ihnen eher Anlaß zum Haß. Guter Vater, leite deine Herde mit Barmherzigkeit! So ahmst du Gott nach, der die Barmherzigkeit lieber will als das Brandopfer[a]. Bemühe dich auch, all deine Werke in jener wahren Demut zu tun, durch die die wahre Sonne, Gottes Sohn, von der Burg des Vaters in den Schoß der Jungfrau herabstieg, auf daß du in Ewigkeit mit Ihm lebest!

[a] vgl. Os 6, 6; Mt 9, 13; 12, 7.

In dem folgenden aufschlußreichen Brief, der an einen Abt gerichtet ist, befaßt sich Hildegard mit den spezifischen Veranlagungen der Menschen. Wie die verschiedenen Elemente im Menschen geordnet und zu einer Einheit zusammengefaßt sind, so muß sich der Mensch mit dem ganzen Spannungsfeld seiner Veranlagung in Zucht nehmen und das Kräftespiel mit Hilfe der Gnade in den von Gott gewollten Einklang bringen — ein lebenslänglicher, schmerzlicher Läuterungsprozeß.

Hildegard an einen Abt

Die verborgenen Geheimnisse Gottes können nicht begriffen und gewußt werden von Wesen, die durch [geschöpflichen] Ursprung hervorgegangen sind. Dennoch sind alle Gerichte Gottes gerecht. Denn keine Leere ist in Ihm, sondern wie Er war und ist, so ist Er.

Wie aber der Mensch aus den Elementen besteht und die Elemente in eins verbunden sind und keines von ihnen ohne das andere durch sich etwas vermag, so sind auch die Anlagen im Menschen ungleich, wenn sie auch aus ein und demselben Lebenshauch hervorgehen.

Vierfach sind die Veranlagungen der Menschen: hart (duri), luftig (aerii), stürmisch (quasi turbo) und feurig (ardentes).

Der Mensch mit harter Veranlagung ist in allem scharf, in all seinen Belangen nimmt er keinerlei Rücksicht auf den andern, sondern berechnet alles einzig im Hinblick auf sich selbst. Und darin gefällt er sich.

Wer luftiger Veranlagung ist, dessen Gemüt ist ständig in Schwankung. Dennoch ist Gottesfurcht in ihm. Er hält seine Sünden im Zaum, weil ihm mißfällt, was er tut.

Den Menschen von stürmischer Veranlagung fehlt die Weisheit. All ihr Tun mischen sie mit Torheit und werden durch Worte der Weisheit nicht aufgerichtet. Im Gegenteil, sie sind darüber entrüstet und entsetzt.

Die Menschen mit feuriger Veranlagung streben allem Weltlichen zu und entfremden sich dem Geistlichen. Sie fliehen den Frieden, und wo immer sie ihn sehen, bekämpfen sie ihn durch ihr weltliches Getriebe.

Gott kennt die Anmaßung derer, die nicht durch Gehorsam zu Ihm aufblicken, sondern alles Ihrige auf sich selbst gründen, als ob sie Seiner nicht als ihres Helfers und Meisters bedürften. Er wird sie reinigen mit den Besen der Ängste und der Unbilden feindlicher Anfechtung, bis sie sich reuig wieder auf Gott besinnen. Denn sie wandelten nicht im Eifer der Liebe und der Beobachtung Seiner Gesetze.

Doch von all denen, die solche Veranlagungen haben, sammelt sich Gott [Seine Herde], wenn sie, zur Erkenntnis der Wahrheit gelangt, über das, was ihrem Seelenheil zuwider ist, zu Gott [aufseufzend] in große Furcht geraten, wie es bei Saul und vielen anderen geschah.

O du, der du kraft deines Amtes als Abbild des höchsten Vaters „Vater" genannt wirst, deine Krankheit kommt aus deiner luftigen Veranlagung, und darum fürchtest du Gott sehr. Doch in der dir anvertrauten Herde des Herrn sind manche mit harter, stürmischer oder feuriger Veranlagung. Diese drücken dich nieder. Von ihnen hast du keinerlei lindernden Trost. Doch freue dich, weil Gott dich liebt! Durch die Krankheit, die dich beschwert, läutert Er deine Seele, die Er in Sein Erbe einführen wird. Gott hat deine Stätte nicht vergessen. Er wird die unbeständigen Sitten, die Ihm mißfallen, läutern. Du hast wirklich niemals — soweit es an deiner Erkenntnis lag — deiner Stätte zu schaden gesucht, sondern geglaubt, ihr durch dein Tun zu nützen. Jetzt aber freue dich über die Rettung deiner Seele, denn du wirst ein lebendiger Stein[a] im himmlischen Jerusalem sein!

[a] vgl. 1 Pe 2, 4 ff.

Im folgenden Schreiben tröstet Hildegard einen Abt, der über den unheilvollen Zustand seines Klosters tief betrübt und voller Sorgen ist. Der Abt soll die Schuld aber nicht allein bei sich, sondern auch und vor allem bei seinen Mönchen suchen, die in ihrem geistlichen Leben stark gefährdet sind, wenn sie stolz über sich selbst bestimmen. Zwar werden die Klöster mit solch eigenwilligen Mönchen nicht gänzlich zugrunde gehen, doch fällt die geistliche Ehrenkrone von ihrem Haupte.

Hildegard an einen Abt

O Sohn Gottes — denn Er hat dich erschaffen und zu Seinem Dienste bestellt! Dein Herz möge sich doch nicht durch allerlei Gedanken über den trostlosen Zustand deiner klösterlichen Gemeinschaft derart von Schmerz niederdrücken lassen, daß du es einzig für deine Schuld erachtest, wenn die, die als deine Helfer die Zügel führen, sie nicht so fest anziehen, wie sie müßten. Durch den Kummer deines Herzens wirst du auch geschwächt, und es häufen sich die Erkrankungen in den Adern, im Mark und in deinem ganzen Körper. Überlaß all dieses Gott, auf Ihn setze dein Vertrauen! Denn ich sehe in der wahren Schau, daß Gott dich nie verlassen wird, auch wenn Er dich mit der Zuchtrute schlägt, wie Er oft den züchtigt, den Er retten will. Bedenke auch, daß es in der heutigen Zeit traurig um die Abgeschlossenheit der Klöster bestellt ist, weil man sich nicht mehr an die Bindung des Gehorsams hält. Daher kommen auch die vielen Gottesgerichte über sie. Denn viele von denen, die in den Klöstern leben, vertrauen stolzen Geistes auf sich selbst. Sie stimmen nicht demütigen Herzens dem Rate der heiligen Väter zu, die Söhne des Gehorsams waren. Darum fällt die geistliche Ehrenkrone[a] von ihrem Haupte. Dennoch wird Gott die Klöster wegen ihres Dienstes, den sie im heiligen Umlauf [des liturgischen Jahres] Ihm darbringen, nicht der Zerstreuung preisgeben. Nun aber, geliebter Vater, der du ein Sohn Gottes bist, ertrage geduldig alle dir zugefügten Unbilden, damit du in der ewigen Seligkeit, in der Gott dich von jedweder Unbill befreien wird, glückselig lebest!

[a] vgl. Klgl 5, 16.

Hildegard an einen geistlichen Oberen

O Meister, der du von der Lehre der Heiligen Schrift ganz durchtränkt bist! Gott, der Schöpfer der Welt, flöße dir Durst nach den Werken der Gerechtigkeit ein, und der lebendige Quell berausche dich aus dem Strom seiner Wonne[a] mit guter und heiliger Gesinnung und erleuchte dich so, daß du im Lichte des Vaters das Licht schaust[b] und im Schauen gleich den Engeln, die hineinzuschauen verlangen, dich ersättigst[c] ohne Ende.

Ich armselige Frau, die ich der Lehre der Meister gehorche und kaum die Buchstaben der Schrift kenne, fürchte mich sehr, das, was ich in meiner Seele ohne jedwede Wahrnehmung meiner äußeren Sinne im wahren Lichte schaue, den Meistern — Männern — zu sagen oder zu schreiben. Dennoch sage ich dir: In der wahren Schau sah ich, daß diese Frauen dem Volke gleichen, das unter das alte Gesetz gestellt war, in dem zwar die Wurzel des „Gerechten“ [des verheißenen Erlösers] lag, die aber fast dürr blieb. Denn die Lehre des Sohnes Gottes, die die Propheten lautrufend gekündet hatten, nahm es nicht auf. So haben auch diese Frauen den Glauben zwar erkannt, doch die Werke des Glaubens führen sie nicht konsequent durch, da sie in üppiger Fleischeslust leben. Mit zerknirschtem Herzen sollen sie oft Gott anrufen. Man muß ihnen sagen, daß sie sich hüten sollen, allein durch den Glauben — der ohne Werke tot ist[d], gleich denen, die unter dem alten Gesetze standen — dem ertötenden Buchstaben nachzustreben statt dem lebendigmachenden Geist[e]. Man muß diese Frauen also ermahnen, daß sie ihren schlimmen Sündenwandel, der durch schuldhafte Lauigkeit zum Dauerzustand wird, aufgeben und, wie der Hirsch nach den Wasserquellen dürstet[f], der Fülle der Gerechtigkeit entgegeneilen. Denn sie ergötzen sich an der Sündenlust wie am Geschmack von Speisen. Zum rechten Lebenswandel sollen sie ihre Zuflucht nehmen. Sie mögen, um das ewige Leben zu gewinnen — gleich dem Manne, der all seine Habe verkaufte, um die eine kostbare Perle zu erwerben[g] —, den Wandel, den sie zur Zeit führen und in dem sie kein Heil finden können, aufgeben und sich zum geistlichen Kriegsdienst gürten. O Meister, Gott mache dich zu einem Spiegel der Heiligkeit, auf daß du mit Ihm ohne Ende selig seiest!

---

[a] vgl. Ps 35, 9 [b] vgl. Ps 35, 10 [c] vgl. Ps 16, 15 [d] vgl. Jak 2, 17 [e] vgl. 2 Kor 3, 6 [f] vgl. Ps 41, 1 [g] vgl. Mt 13, 46.

Hildegard an einen Abt

Du, der du in deinem Amt als Stellvertreter Christi Seinen Namen trägst, höre! Die jetzige Zeit ist nicht eine Zeit der Heilung. Durch eine Lebensweise gleich der der Schlange, die bald mit den Menschen spielt, bald sie beißt, steht unsere Zeit in neuen und alten Wunden voller Schmerzen da. Denn die Kirche hat den Stand der Gerechtigkeit verlassen. Der Nordwind stürmt nämlich über die Kirche hin, rüttelt an ihrem Diadem und zerrt an ihren Gewändern, so daß die führende Geistlichkeit herrscherlichen Namens ins Wanken kommt. Das wird so lange dauern, bis die Reinigung durchgeführt ist, die die Sünden des gemeinen Volkes fordern. Denn gar viele sind Mitläufer der Sadduzäer [d. h. der Katharer] in ihrer Lächerlichkeit. Durch diese und andere Sünden der Menschen wird das Gewand der Kirche — die Gerechtigkeit — verzerrt und ihr herrscherlicher Name von Trauer umflort. Und doch bewahrt die Kirche das Vertrauen zu ihrem Bräutigam, daß sie durch Ihn wieder den Glanz ihrer Krone und ihres Gewandes zurückempfangen und den herrlichen Tag schauen wird, da sie nach der Zerstörung der Bosheit und Treulosigkeit durch das Sonnenlicht des Glaubens wie mit Ohrgehängen geschmückt wird.

Nun möge der Heilige Geist dich entflammen, daß du durch Gottes Gnade dich von jeglicher Sünde reinigst und zum Glanz der Kirche so weit wie möglich beitragest, damit du wegen treuen Ausharrens vom höchsten Richter die Worte vernehmest: „Mein Knecht bist du, an dir hat Meine Seele Wohlgefallen.“ So wirst du in Ewigkeit selig leben.

Der folgende Brief an einen Priester macht deutlich, wie Hildegard den Menschen als Leib-Seele-Wesen in seiner Ganzheit sieht, in dem Leib und Seele aufeinander bezogen sind, der Mensch als Ganzes aber auf Gott hin ausgerichtet ist. Hildegard ist zutiefst durchdrungen von der Wirklichkeit und Wirksamkeit des Wortes Gottes. Das kommt in diesem Trostschreiben lebendig zum Ausdruck:

Hildegard an einen Priester

O Diener Gottes im Schmucke des Amtes Christi! Fürchte nicht die Schwere, die dich im Schlafe aufschreckt. Sie entspringt in dir durch die blutreichen Säfte, die durch den Schwarzgallekomplex in Unruhe geraten. Daher ist dein Schlaf beschwert, und die Bilder in deinem Schlaf entsprechen sehr oft nicht der Wirklichkeit. Denn in ihnen bringt der alte Betrüger, wenn er auch deine Sinne nicht verletzt, dich durch seine Gaukeleien doch in Verwirrung. Aber kraft der Verfügung Gottes wirst du durch solche Bedrängnis gezüchtigt, damit durch diese Furcht das fleischliche Begehren in dir gezähmt wird. Lies jede Nacht mit frommer Gesinnung, die Hand aufs Herz gelegt, das Evangelium: „Im Anfang war das Wort“[a], und sprich danach die Worte: „Herr, allmächtiger Gott, in der Fülle Deiner Güte hast Du mich durch den Hauch des Lebens erweckt. Bei dem hochheiligen Gewand der so zarten menschlichen Natur, mit der sich Dein Sohn um meinetwillen bekleidete, beschwöre ich Dich: Laß nicht zu, daß ich weiter von der Bitterkeit dieser Unruhe gepeinigt werde, sondern um der Liebe Deines eingeborenen Sohnes willen befreie mich von dieser Bedrängnis durch deine erbarmende Hilfe und verteidige mich gegen alle Nachstellungen der Geister in den Lüften!"

Der Heilige Geist mache dich zu einem Zelt der Heiligung, auf daß du immerdar mit Gott in den Freuden der höchsten Seligkeit lebest!

[a] Jo 1, 1.

Hildegard an den Priester Eberold

Wenn jemand aus Sand einen Berg zusammenhäuft und ein Zelt darauf erbaut ohne Fundament und festes Gestein, arbeitet er vergebens[a], denn es stürzt zusammen. Baut er aber auf ebener Erde und mit kräftigem Gestein, so wird es fest dastehen. Dies ist in bezug auf die Frau gesagt, nach der du fragst. Der Heilige Geist hat ihr die Berufung zum beschaulichen Leben noch nicht geschenkt. Daher verbleibe sie im tätigen Leben [in der Welt], doch in der Haltung einer Gottgeweihten, mit Enthaltsamkeit, Almosen und Gebet. Sie tue es in der Einsamkeit ihres Erbgutes. So wird sie Gnade finden bei Gott.

[a] vgl. Mt 7, 24 ff.

Hildegard an einen Priester

O Sohn Gottes, den Gott als Seinen Stellvertreter mit dem strahlenden Zeichen der Hirtensorge gesiegelt hat, höre! Und merke auf die Worte, die in wahrhaftiger Schau über dich gesagt werden:

O Diener Gottes, du lebst im finsteren Land dieses Lebens. Du mußt dich mit Aufwendung aller Mühe dafür einsetzen, aus diesem dahinschwindenden und unsteten Dasein durch einen guten Tod in jenes immerwährende, unveränderliche Leben hinüberzusegeln, das nicht mit dem Blick der leiblichen Augen, sondern durch den Glauben des Herzens erfaßt wird. Du verlangst zwar, die Zahl der Tage des sterblichen Lebens zu wissen, die du zu leben hast. Doch das hat keinen Nutzen. Gleichwohl stehen die Tage, die du unter den vernunftlosen Gestirnen verbringen wirst, im Buche des Lebens, das heißt im Wissen Gottes. Die Tage eines guten und tüchtigen Werkmeisters — die Tage guter Werke und heiliger Tugenden — werden verlängert. Schlechte und nutzlose Tage des Menschen werden oft abgekürzt.

Du hast nämlich den Bau eines Hauses begonnen, dessen sämtliche Mauern, mit Ausnahme derjenigen, die gen Westen schaut, errichtet sind. Aber sein Fundament ist noch nicht gelegt. Jetzt beeile dich also, tapferer Streiter, dieses

Haus mit all seinem Zubehör in Ehren zu vollenden, um aus guten Werken und heiligen Tugenden den Bürgern des himmlischen Palastes ein Freudenmahl darin zu bereiten. Der süße Duft des guten Beispiels ströme daraus den Menschen entgegen und bewirke, daß sie für dich den allmächtigen Gott bitten und Ihn loben. — Was aber dieses Gebäude bedeutet, das mir in der Schau gezeigt wurde, werde ich dir darlegen, wenn du kommst.

Geliebter Sohn, eifere danach, mit innigen Seufzern dich zu Gott zu erheben und deine Sünden in wahrer Reue zu bekennen, damit du durch den lichten Morgen guten Strebens und heiligen Wirkens der Nacht schlechter Sündengewohnheit entfliehst. Hierzu entflamme das unauslöschliche Feuer des Heiligen Geistes dein Herz! So wirst du das begonnene Gebäude glücklich vollenden und in der Freude des ewigen Lebens dich satt trinken am lebendigen Quell. Amen.

Immer wieder empfiehlt Hildegard als echte Benediktinerin sowohl den Äbten wie den Priestern für ihre Seelsorge Diskretion, weise Unterscheidung, Maßhaltung, die — nach St. Benedikt — die Mutter der Tugenden *ist.*

Hildegard an einen Abt

Ehrwürdiger Vater, der du mich aus Liebe zu Gott in dein innerstes Erbarmen hineingenommen hast, ich bitte dich um Gottes willen, erhöre mich unwürdige Dienerin Gottes! Nimm diesen büßenden Menschen, der wegen seiner Sünden danach verlangt, eingeschlossen zu werden, in väterlicher Barmherzigkeit auf. Und gib ihm Rat, damit er nicht durch unvernünftige Enthaltsamkeit den Körper derart zugrunde richtet, daß er dahinschwindet. Lege ihm eine maßvolle Buße auf, durch die er den Teufel, der ihn zu überlisten versucht, mit Hilfe der Diskretion besiegt, die eine kraftvolle Mutter ist und alle Tugenden leitet und ordnet, auf daß er Gott gefalle. Denn die alte Schlange hüllt sich in übertriebene Enthaltsamkeit ein, um den Menschen, der ohne weise Unterscheidung nach Tugend strebt, zu überlisten und zu verschlingen. Bringe also dieses Schaf dem allmächtigen Gott zum Opfer dar, aus Liebe zu dem, der die neunundneunzig Schafe zurückließ und das eine auf seine Schulter nahm[a]. Hoffe auf Gott, daß dein Streben der brennenden Sonne gleiche und du ein treuer Diener Gottes seiest und vor Ihm in Ewigkeit lebest.

[a] Mt 18, 12 ff.; Lk 15, 4 ff.

Welch verschiedenartige Fragen gerade von Geistlichen Hildegard zu beantworten hatte, zeigt folgendes Schreiben:

Hildegard an einen Priester

Wenn jemand infolge körperlicher Schwäche an Erbrechen leidet und mit großer Andacht nach dem Leib des Herrn verlangt, so nehme der Priester sich nicht heraus, ihm das Sakrament zu reichen, aus Ehrfurcht vor dem Leib Christi, der unter der Gestalt des Brotes verborgen ist. Aber er halte den Leib des Herrn über das Haupt dieses Menschen und rufe Gott an, der die Seele in den Leib gesandt hat, Er möge sich würdigen, durch Seinen Leib und Sein Blut die Seele dieses Menschen zu heiligen. Er halte Ihn auch über dessen Herz und spreche: „Allmächtiger Gott, dessen Sohn von Maria im Glauben empfangen wurde, gib, so bitten wir, daß die Seele und der Leib dieses Menschen in wahrem Glauben geheiligt werden durch die Heiligkeit dieses Leibes und Blutes." Denn das göttliche Sakarament ist unter der Gestalt des Brotes verborgen, wie auch die Seele des Menschen unsichtbar ist. Die unsichtbare Seele zieht daher die unsichtbare Heiligung auf der Stelle in sich hinein. Denn der Geist des Menschen erspürt alsbald den, der ihn gesandt hat. Und niemals wird Gott sich von dem zurückziehen, der Ihn im Glauben empfängt. Von dem Unwürdigen aber wird jene Heiligkeit wie von Judas hinweggenommen. — Wer an Erbrechen leidet, muß also aus Vorsicht und aus Ehrfurcht sich vom Empfang des Herrenleibes enthalten. Der Glaube an dieses Sakrament, das in der Gestalt des Brotes feierlich geheiligt ist, muß aufs festeste bewahrt werden.

Es sei hier noch ein kurzes Schreiben Hildegards an den Mönch Zeizolf eingereiht. In diesem Briefempfänger möchten wir den Grafen Zeizolf von Spanheim-Lavantthal, den einzigen Bruder der Markgräfin Richardis von Stade erkennen (s. Stammtafel C)[1]*. Zeizolf wurde, wie man leicht versteht, von inneren Nöten gequält, vielleicht auch von seinen Verwandten bedrängt, daß er als letzter männlicher Nachkomme dieser Linie sein Geschlecht nicht weiterführte, sondern Mönch geworden war. Hildegard kommt ihm in seiner Not zu Hilfe.*

Hildegard an den Mönch Zeizolf

Ich schaue dich wie schönes Morgenrot in deinen Werken und als geliebten Sohn, den Gott sich zum Erben gesetzt hat. Darum fürchte die dich quälenden Sorgen nicht. Denn wie das Gold im Feuer geprüft und vom Blei gesondert wird, so prüft und läutert dich dein Vater. Du bist also ein lebendiger Stein[a] in Jerusalem.

---

[a] vgl. 1 Pe 2, 5.

Aus dem umfangreichen Briefwechsel Hildegards mit den Nonnenklöstern seien einige Schreiben herausgegriffen. Sie zeigen, wie die kluge und durch Erfahrung gereifte Äbtissin vom Rupertsberg aus dem Charisma ihrer Schau den Suchenden und Fragenden Rat und Weisung gibt.

WECHTERSWINKEL UND BAMBERG

Gertrud, die Gemahlin des Pfalzgrafen Hermann von Stahleck, war die Schwester König Konrads III. und Herzog Friedrichs II. von Schwaben und eine Tante Barbarossas (s. Stammtafel B). Die Edelfrau und ihr Gemahl gaben ihrer Freundschaft mit Hildegard durch reiche Schenkungen an das Rupertsberger Kloster Ausdruck[1]. Das kinderlose pfalzgräfliche Paar stiftete das Zisterzienserkloster Bildhausen[2] (bei Münnerstadt). Hier fand Pfalzgraf Hermann, der nach seinem Tode (am 20. September 1156) zunächst in Ebrach beigesetzt worden war, nach Vollendung des Baues seine letzte Ruhestätte[3].

Die Witwe Gertrud faßte den heroischen Entschluß, ihr Leben Gott zu weihen, zog sich von der Welt zurück und trat in das Zisterzienserinnenkloster Wechterswinkel in der Diözese Würzburg ein.

Hildegard wußte, daß dieses Leben der engsten Nachfolge Christi für Gertrud mit großen inneren Kämpfen verbunden war, und sandte bald nach dem Klostereintritt ein Schreiben.

Hildegard an Gertrud, die ehemalige Pfalzgräfin

Jene Tage, die dir durch den Adel und Reichtum dieser Welt zu Gebote standen, hat Gott zur Neige gehen lassen, damit die Eigenart deines Geistes dir nicht durch Adams Fall zur Verführung werde. Doch dein Herz werde nicht verwirrt[a]. Noch läßt Gott diese Neige weiterbestehen, damit nicht der Berg des Stolzes deinen Geist niederdrücke. Denn den Menschen, den Gott sehr liebt, züchtigt Er[b], damit er nicht die breiten Wege des Eigenwillens laufen könne.

Darum freue dich, Tochter Sion[c], denn der Herr hat dich so in der Hand, daß du dich in keiner Weise auf die eigene Sicherheit zu stützen brauchst. Und auch das wirkt Gott in dir, daß du ein Eckstein seiest. Gott sieht und kennt dich, und Er wird dich niemals verlassen.

[a] vgl. Jo 14, 1 u. 27 [b] vgl. Spr 3, 12 [c] Soph 3, 12; Zach 9, 9.

Auch an den Konvent richtete Hildegard ein Schreiben, das von der Verbundenheit der Klöster Rupertsberg und Wechterswinkel zeugt.

Hildegard an die Schwestern von Wechterswinkel

In der wahrhaftigen Schau des lebendigen Lichtes sage ich: O Töchter Jerusalems, ich künde euch, daß ich euch nichts anderes zu sagen wagte als das, was der Herr mir gezeigt hat. Dennoch sehe ich in eurer klösterlichen Gemeinschaft den Glanz der Furcht und Liebe Gottes, wie es heißt: „Wer ist die, die da heraufsteigt aus der Wüste wie eine Rauchsäule aus den Düften von Myrrhe und Weihrauch?“[a] Und darum freut sich meine Seele über eure Gemeinschaft, als sei sie bei euch. Nun also kündet von mir und meinen Schwestern eurem Bräutigam und Tröster, daß wir uns allesamt dort zusammenfinden, wo „der Winter vorüber, der Regen dahin und vorbei ist, die Blumen sich zeigen, die Weinblüten ihren Duft geben“ und „die Stimme der Turteltaube gehört wird“[b], so daß unsere Erde ein Garten aller Wohlgerüche wird und wir alle hineingenommen werden in die innige Umarmung der Liebeswonne unseres gemeinsamen Bräutigams. Aber auch du, Tochter Gottes, A., die du den Qualen dieser Welt entflohen und gekommen bist, um Blumen im Paradies zu sammeln, harre starkmütig aus in der Beharrlichkeit guter Werke. Amen.

[a] Hl 3, 6 [b] Hl 2, 11 ff.

Doch fand Gertrud in Wechterswinkel nicht die Heimat, die sie gesucht hatte. So hielt sie Ausschau nach einer anderen Stätte, wo sie Gott im Kloster dienen könnte. In einem Brief, der uns nicht überliefert ist, bat sie Hildegard um ihren Rat. Sie erhielt folgende Antwort:

Hildegard an Gertrud, die ehemalige Pfalzgräfin

O Tochter Gottes[a], tief im Innern trägst du Sorge um die Seelen. O geliebtes Gotteskind Gertrud, immerfort beunruhigt in deiner Seele! Was du in bezug auf jene Stätte fragst, wo deine Bleibe sein soll zur Weide für Seele und Leib, das hat Gott mir nicht gezeigt. Doch habe ich folgende Worte im Lichte gehört: Erforscht beim Durchsuchen eure eigene Einsicht und auch die von anderen Weisen und erwählt euch eine Wohnstätte, wie sie euren Bedürfnissen entspricht, nicht aber eine solche, die ein unvereinbares Gemisch von Geistlichem und Weltlichem darstellt. Denn Gott stellt euch die Aufgabe, das Lebensnotwendige euch gegenseitig darzureichen und dabei leeren Prunk zu fliehen. Denn *der* findet Gott allerorts, der Ihn mit aufrichtigem Rufen sucht[b]. Also, o Töchter Gottes, das in heiliger Erkenntnis gewonnene Wissen verachtet Gott nicht, denn Er schuf den Menschen nach Seinem Bilde[c]. Doch sehe ich eure Wohnstätte leuchten, an was immer für einem Ort Gott sie vorausschaut. Nun seid wieder froh und haltet in Gott an eurem Vorhaben fest!

[a] vgl. Hl 4, 1 u. 3 [b] vgl. Ps 144, 18 [c] Gn 1, 26 f.; 5, 3; 9, 6.

Einen bestimmten Ort, wie Gertrud wohl erwartet hatte, gibt Hildegard nicht an, weil Gott ihr die Stätte nicht gezeigt hat. Die Nonnen sollen selbst suchen und forschen, dazu den Rat kluger und erfahrener Leute einholen und dann einen Ort wählen, wo sie durch eigenes fleißiges Schaffen sich den Lebensunterhalt erwerben können. Damit warnt Hildegard vor der Bequemlichkeit, die sich in das klösterliche Leben einschleichen kann. Um die gleiche Zeit sandte Hildegard ein Schreiben:

Hildegard an Bischof Eberhard von Bamberg

Ein Mann stand bei Tagesanbruch auf und pflanzte einen Weinberg. Hernach heftete er aus allerlei Überlegungen seinen Blick auf andere Wege. Da war es mit seinem Eifer aus. Jetzt, Vater, schau auf deine heimatlose Tochter Gertrud, die, gleich Abraham[a] herausgerufen aus ihrem Land, die Heimat verließ. Denn sie gab alles Ihrige hin und kaufte die Perle[b]. Jetzt ist ihr Gemüt in großer Bedrängnis, gepreßt wie eine Traube in der Kelter. Hilf ihr also, soviel du kannst, aus Liebe zu Dem, der vor Anfang war und in Barmherzigkeit alles erfüllte, damit der Weinberg in dieser Tochter nicht zerstört werde.

[a] Gn 12 [b] Mt 13, 44.

Diese freundschaftlich-warme Empfehlung hatte Erfolg. Bischof Eberhard setzte sich sogleich tatkräftig für die ehemalige Pfalzgräfin ein. Er überwies noch im Jahre 1157 das dem Domstift Bamberg gehörende Hospital an die Edelfrau Gertrud und ihre Nonnen[4]. Damit gründete und stiftete er das Nonnenkloster St. Theodor und St. Maria in Bamberg. Hier faßte Gertrud Fuß und baute mit Eifer und Hingabe ein blühendes monastisches Leben auf.

Hildegard richtete auch ein Schreiben an die Schwestern, die mit Gertrud aus Wechterswinkel in die Neugründung nach Bamberg übergesiedelt waren.

Hildegard an die Schwesterngemeinschaft in Bamberg

Im Vorherwissen Gottes ist alles: das Gute, das Böse und auch der Widerspruch. Gott hat das Gute vollbracht, das Böse zertreten und den Widerspruch zunichte gemacht. Ihr aber möget gezeichnet sein mit der Zahl derer, die selig bei Gott sind! Denn ihr habt den weltlichen Pomp zertreten. Nun weiset auch die Bosheit der Gottvergessenheit zurück! Vielmehr sei immerzu jener Sommer in euch, der die Rosen und Lilien und die anderen Würzkräuter des Heiligen Geistes sprießen läßt, so daß kein Unkraut in euch wächst — trübe Sitten, die mit dem Stolz und der Eitelkeit liebäugeln. Und nun verharrt im Umfangen [der Liebe], die von Tugend zu Tugend voranschreitet, damit der Bräutigam, wenn ihr an Seine Türe klopft, euch mit Freuden aufnimmt.

Im Jahre 1158 erneuerte und bestätigte Gertrud in Würzburg die reichen Schenkungen, die ihr Gemahl und sie dem Rupertsberger Kloster gemacht hatten, und zwar in Gegenwart des Erzbischofs Arnold von Mainz, des Bischofs Eberhard von Bamberg und vieler anderer Adliger. Hugo vom Stein trug die Urkunde als rechtskräftige Opfergabe feierlich auf den Altar der Domkirche zu Würzburg[5].

Bald darauf hat Hildegard auf ihrer apostolischen Mainfahrt Gertrud und ihr Kloster in Bamberg auch persönlich besucht.

Am 11. August 1182 nahm Friedrich I. mit Bezugnahme auf seine geliebte Blutsverwandte, die ehemalige Pfalzgräfin Gertrud, *das Nonnenkloster des heiligen Theodor unter seinen kaiserlichen Schutz*[6]. *Gertrud von Stahleck starb im Jahre 1191*[7], *nachdem sie vierunddreißig Jahre Gott in diesem Kloster treu gedient hatte.*

SCHÖNAU

Der Briefwechsel Hildegards mit der jungen Benediktinerin Elisabeth von Schönau trägt ein eigenes Gepräge, weil auch Elisabeth Visionärin war.

Im Jahre 1141 war Elisabeth als Zwölfjährige von ihren Eltern dem Nonnenkonvent von Schönau, einem benediktinischen Doppelkloster in der Nähe von St. Goarshausen am Rhein, übergeben worden, 1147 hatte sie den Schleier empfangen. Ihre Sehergabe trägt andere Züge als die charismatische Schau der Meisterin vom Rupertsberg. Hildegard wurde die Visio schon im Mutterschoße eingeprägt, *Elisabeth empfing ihre Gesichte erst im Alter von dreiundzwanzig Jahren. Das war in der Pfingstzeit 1152, also ein Jahr nach Vollendung von Hildegards Scivias. Elisabeths* Buch der Gotteswege *(1156/57) erinnert zwar in seinem Titel an Hildegards Erstlingswerk, ist aber inhaltlich und formal nicht von ihm abhängig. Hildegard lebte immerzu* im Schatten des lebendigen Lichtes *und nahm Schau und Auftrag stets mit wachem, klaren Geist wahr; Elisabeth empfing ihre Visionen nur zu bestimmten Zeiten, meist an kirchlichen Festen, und immer in entrücktem Zustand, während Hildegard nie eine Ekstase erlebte. Elisabeths Wissen reicht über die begrenzten Kenntnisse einer einfachen Klosterfrau ihrer Zeit nicht hinaus und ist mit Hildegards Rezeptionsbegabung und Genialität nicht vergleichbar. Gemeinsam ist beiden die prophetische Verkündigung.*

Das Jahr 1155 sollte für Elisabeth und die Verbreitung ihrer Visionen von entscheidender Bedeutung werden. Ihr Bruder Egbert, bis dahin Kanonikus in St. Kassius und Florentius (dem heutigen Münster) in Bonn, wurde auf Elisabeths Verlangen Mönch in Schönau. Er war an den Visionen seiner Schwester lebhaft interessiert, zeichnete sie auf, redigierte sie nach Form und Stil und leitete sie weiter an seine vielen Freunde. Durch ihn ist Elisabeth berühmt geworden. Egbert, der mit Rainald von Dassel studiert hatte, beeinflußte seine Schwester, sich — selbst in ihren Visionen! — zum Kaiserpapst zu bekennen. Elisabeths Schriften übten wegen ihres moralisierenden Charakters und ihrer apokalyptischen Mahnrufe sowohl auf die Zeitgenossen wie auf die Nachwelt einen weitreichenden Einfluß aus, wie die ungemein vielen Handschriften, die sich schnell über das ganze Abendland verbreiteten, beweisen[8].

Elisabeth, die 1157 als Meisterin *die Leitung des Schönauer Nonnenkonventes übernahm, zeichnete sich durch kindliche Frömmigkeit und brennende Gottesliebe aus. Im Hinblick auf die Mißstände in der Kirche fühlte sie sich zu schweren Bußwerken angetrieben. Aufgezehrt durch ein außergewöhnlich strenges asketisches Leben, starb sie im Alter von erst sechsunddreißig Jahren.*

Sie hinterließ drei Visionsschriften. 1156/57 wurde sie durch die Auffindung der vermeintlichen Gebeine der heiligen Ursula und ihrer Gefährtinnen zur Abfassung der Ursula-Visionen *angeregt. 1156 bis etwa 1160 schrieb sie ihre* Visionen über die Himmelfahrt Mariens *und 1156/57 das* Buch der Gotteswege. *Außerdem sind uns dreiundzwanzig Briefe von ihr überliefert*[9].

Es liegen drei Briefe Elisabeths an Hildegard und zwei Schreiben Hildegards an die Schönauerin vor.

Aus dem ersten Schreiben Elisabeths erfahren wir, daß Hildegard um die innere Not ihrer Mitschwester in Schönau weiß und sie deshalb besonders in ihr Gebet aufgenommen hat. Das eigentliche Thema des Briefes ist die ausführliche Darlegung ihrer Ekstasen und der mit ihnen zusammenhängenden Ereignisse. Gerade dieser Bericht verdeutlicht den Gegensatz zu Hildegard, die in ihre umfassende Schau den ganzen Kosmos und das gesamte Heilsmysterium einbezieht.

Elisabeth an Hildegard

Frau Hildegard, der ehrwürdigen Meisterin der Bräute Christi in Bingen, entbietet Elisabeth, eine einfache Nonne, mit aller Liebe inbrünstige Gebete.

Die Gnade und der Trost des Allerhöchsten mögen Euch mit Freude erfüllen, weil Ihr mit meiner Verwirrung gütig Mitleid habt, wie ich aus den Worten meines Trösters erkannte, den Ihr eifrig angegangen seid, mich zu trösten. Neulich kam — wie Ihr sagtet, daß es Euch kundgetan sei — wahrhaftig, ich gestehe es, eine Wolke von Verwirrung über meinen Geist wegen der unangebrachten Reden von Leuten, die vieles von mir behaupten, was nicht der Wahrheit entspricht. Allein das Gerede der Menge würde ich noch leicht ertragen, wenn nicht auch die, die das Ordensgewand tragen, mein Herz gar bitter betrübten. Denn auch sie spotten, ich weiß nicht wodurch angestachelt, über die Gnade des Herrn in mir und scheuen sich nicht, anmaßend Dinge zu beurteilen, die sie nicht verstehen. Ich höre, daß sie sogar etliche Briefe, die sie nach eigener Sicht verfaßt haben, unter meinem Namen in Umlauf bringen. Zudem verbreiteten sie das Gerücht, ich hätte über den Tag des [Jüngsten] Gerichtes prophezeit, was ich mir jedoch niemals herausgenommen habe, da das Wissen über seine Ankunft jedem Sterblichen entzogen ist. Doch Euch möchte ich den Anlaß dieses Gerüchtes eröffnen, damit Ihr beurteilt, ob ich in dieser Angelegenheit etwas getan oder gesagt habe.

Wie Ihr durch andere erfuhrt, hat der Herr Seine Barmherzigkeit herrlich an mir erwiesen, mehr als ich verdient habe oder je verdienen könnte, so sehr, daß Er sich würdigte, mir häufig gewisse himmlische Geheimnisse zu offenbaren. Oft ließ Er mir auch durch Seinen Engel andeuten, was für Dinge in diesen Tagen über Sein Volk kommen würden, wenn es nicht Buße tue wegen seiner Sünden. Auch befahl er mir, dies öffentlich zu verkünden. Ich aber bemühte mich, dies alles, so gut ich konnte, geheimzuhalten, um Anmaßung zu vermeiden und nicht als Urheberin von Neuerungen zu erscheinen.

Als ich also eines Sonntags in gewohnter Weise im Geiste entrückt war, trat der Engel des Herrn zu mir und sprach: „Warum verbirgst du Gold im Kot — ich meine das Wort Gottes, das durch deinen Mund an die Erde ergangen ist, nicht damit es verborgen, sondern daß es zum Lobe und zur Verherrlichung unseres Herrn und zur Rettung Seines Volkes offenbar werde?" Nachdem er dies gesprochen, schwang er die Geißel über mich, mit der er wie in großem Zorn mich fünfmal sehr schmerzhaft schlug, so daß ich von dieser Geißelung drei Tage lang an meinem ganzen Körper wie erschlagen war.

Danach legte er den Finger an meinen Mund und sprach: „Du wirst stumm sein bis zur neunten Stunde, da du offenbaren wirst, was der Herr an dir getan."

Ich blieb also stumm bis zur neunten Stunde. Dann machte ich der Meisterin ein Zeichen, sie möge mir ein Büchlein bringen, das ich in meinem Lager verborgen hatte. Es enthielt schon teilweise, was der Herr an mir getan.

Als ich es dem Herrn Abt, der mich besuchte, in die Hand gab, löste sich meine Zunge mit den Worten: „Nicht uns, Herr, nicht uns, sondern Deinem Namen gib die Ehre!“[a] Als ich ihm danach noch einiges andere enthüllte, was ich nicht schriftlich niederlegen wollte — das große Strafgericht des Herrn, das, wie ich vom Engel erfahren, bald über die ganze Welt kommen sollte —, bat ich ihn inständig, er möge dieses Wort still für sich behalten. Doch gebot er mir, ich solle mich aufs Beten verlegen und vom Herrn erflehen, Er möge mir zu verstehen geben, ob Er wolle, daß das, was ich gesagt, mit Stillschweigen bedeckt werde oder nicht.

Als ich mich nun eine Zeitlang schwer im Gebet darum abgemüht hatte, fiel ich in Ekstase. Es war im Advent, am Fest der heiligen Barbara [4. Dezember] in der ersten Nokturn [des Nachtgottesdienstes]. Der Engel des Herrn stand neben mir und sprach: „Rufe laut und sprich ‚Wehe‘ zu allen Völkern, denn die ganze Welt ist in Finsternis gewandelt. Sage weiter: ‚Geht hinaus! Er hat euch gerufen, der euch aus Erde gebildet hat. Und Er spricht: Tut Buße, denn das Reich Gottes ist nahe‘!“[b] Durch diese Rede veranlaßt, begann der Herr Abt, das Wort unter den kirchlichen Behörden und den Ordensmännern zu verbreiten. Einige von ihnen nahmen das Wort ehrerbietig auf, andere nicht, sondern machten finsteres Gerede über den Engel, mit dem ich in vertrautem Verkehr stehe. Sie sagten, er sei ein Truggebilde, verwandelt in einen Lichtgeist. Deshalb befahl er mir unter der Bindung des Gehorsams, ihn, sooft er mir erscheine, im Namen des Herrn zu beschwören, er möge mir anzeigen, ob er ein wirklicher Engel Gottes sei oder nicht. Mir aber erschien dies als Anmaßung, und ich nahm das Gebot nur mit großer Furcht an.

Eines Tages, als ich in meiner Entrückung war, bot er sich in gewohnter Weise mir dar und stand vor meinem Blick. Und zitternd sprach ich zu ihm: „Ich beschwöre dich bei Gott, dem Vater und dem Sohn und dem Heiligen Geist, daß du mir offen sagst, ob du wahrhaftig ein Engel Gottes bist und ob die Gesichte, die ich in meiner Entrückung geschaut, und die Worte, die ich aus deinem Munde gehört, wahr sind.“ Er antwortete mir: „Sei fest davon überzeugt: Ich bin wirklich ein Engel Gottes, und die Gesichte, die du geschaut, sind wahrhaftig; und was du aus meinem Munde gehört, ist wahr und wird in Wahrheit geschehen, wenn die Versöhnung zwischen Gott und den Menschen nicht wiederhergestellt wird. Ich aber bin der gleiche Engel, der sich seit langem um dich gemüht hat.“

Danach erschien mir an der Vigil von Epiphanie, als ich betete, wiederum mein Gebieter. Doch stand er weit von mir entfernt und hatte sein Gesicht von mir abgewandt. Ich erkannte also seine Entrüstung und sprach in Furcht zu ihm: „Mein Gebieter, wenn ich aufdringlich war, indem ich dich beschwor, so rechne, ich bitte dich, es mir nicht an! Wende mir, so flehe ich, dein Antlitz zu, und laß dich versöhnen! Denn durch Gehorsam gebunden, habe ich es getan und nicht gewagt, das Gebot meines Gesetzgebers zu übertreten.“ Als ich bei diesen Worten viele Tränen vergoß, wandte er sich zu mir und sprach: „Du hast mir und meinen Brüdern Schmach angetan, weil du Mißtrauen gegen mich hegtest. Daher sollst du mit Sicherheit wissen, daß du fürderhin mein Antlitz nicht mehr sehen noch meine Stimme hören wirst, wenn es nicht zur Versöhnung kommt vor dem Herrn und zwischen uns." Ich erwiderte: „Mein Gebieter, wie kannst du versöhnt werden?" Er sprach: „Sag deinem Abt, er solle zu meinem und meiner Brüder Gedenken inbrünstig den göttlichen Dienst feiern!"

Als daraufhin, sowohl vom Herrn Abt als auch von den übrigen Brüdern, nicht einmal, sondern wiederholt, feierliche Messen zu Ehren der heiligen Engel zelebriert worden waren und auch die Schwestern sie durch Psalmengebet geehrt hatten, erschien mein Gebieter mir wieder mit versöhntem Antlitz und sprach zu mir: „Ich weiß, daß das, was du getan, in Liebe und Gehorsam geschah. Darum hast du Verzeihung erlangt, und von nun an werde ich dich häufiger besuchen als bisher."

Als danach der Herr Abt sich entschloß, auf Bitten einiger Geistlicher deren Wohnort aufzusuchen, um dort die Drohrede des Herrn an Sein Volk zu verkünden — ob sie nicht doch Buße täten und der Zorn Gottes von ihnen abgewandt würde —, ging er gemeinsam mit uns allen zuerst daran, den Herrn zu bitten, Er möge Seiner Magd gnädig offenbaren, ob die Rede, die schon zum Teil bekannt geworden war, noch weiter veröffentlicht werden sollte oder nicht.

Da er nun die göttlichen Geheimnisse feierte und wir inbrünstig beteten, löste sich plötzlich das Gefüge meiner Glieder, die Kräfte schwanden mir, und ich geriet in Geistesentrücktheit. Und siehe! Der Engel des Herrn stand vor mir, und ich sprach zu ihm: „Mein Gebieter, denke daran, was du mir, deiner Magd, gesagt: das Wort Gottes sei durch meinen Mund an die Erde gesandt, nicht, damit es verborgen, sondern daß es offenbar werde zur Ehre Gottes und zur Errettung Seines Volkes. Und nun zeige mir, wie es mit der Mahnrede weitergehen soll, die du mir mitgeteilt hast. Ist sie schon genügend bekannt, oder soll sie weiter verkündet werden?" Er aber schaute mich ernsten Blickes an und sprach: „Du sollst Gott nicht versuchen; denn die Ihn versuchen, gehen zugrunde. Und sage dem Abt: ‚Fürchte dich nicht, sondern führe zu Ende, was du begonnen hast.' Wahrhaft selig, die deine Mahnworte hören und sie bewahren und die kein Ärgernis an dir nehmen. Laß ihn wissen, er solle an seiner bisherigen Predigtweise nichts ändern. Denn dabei bin ich selbst sein Ratgeber gewesen. Sage ihm, er solle keineswegs den Reden derer Aufmerksamkeit schenken, die aus Neid Zweifel über das äußern, was an dir geschehen ist. Er bedenke vielmehr, was geschrieben steht: ‚Bei Gott ist kein Ding unmöglich'[c]."

Durch diese Rede ermutigt, begab er sich an den Ort, wohin er hatte gehen wollen, und ermahnte das Volk, das schon auf seine Ankunft wartete, zur Buße.

Er verkündete, daß der Zorn Gottes über alle kommen werde, wenn sie sich nicht bemühten, Ihm durch fruchtbare Buße zuvorzukommen. Doch was für Strafgerichte der Welt drohten, hat er keineswegs in irgendeiner Predigt, wie man es verleumderisch behauptet hat, namhaft gemacht.

Also geschah es, daß viele, denen diese Predigt bekannt wurde, sich während der ganzen Fastenzeit in großer Furcht mit Bußübungen peinigten und sich eifrig aufs Almosengeben und Beten verlegten.

In jener Zeit hat jemand, von was für einem Eifer getrieben, weiß ich nicht — Gott weiß es —, Briefe an die Stadt Köln gerichtet, aus denen schreckliche Drohungen vorgelesen wurden. Alles Volk hörte zu. Wenn nun auch aus diesem Anlaß einige Toren über uns spotteten, so haben doch die Klugen, wie wir hören, die Rede ehrerbietig aufgenommen und nicht versäumt, Gott durch fruchtbare Buße zu ehren.

Nun geschah es am Mittwoch vor dem Osterfest, daß ich nach großen körperlichen Leiden in Verzückung geriet. Der Engel des Herrn erschien mir, und ich sprach zu ihm: „Herr, was wird aus dem Wort, das du zu mir gesprochen?" Er antwortete mir: „Sei nicht traurig und beunruhige dich nicht, wenn das, was ich dir vorausgesagt habe, nicht an *dem* Tag eintrifft, den ich dir angegeben habe. Denn der Herr ist durch die Genugtuung wieder versöhnt worden."

Danach geriet ich am Freitag um die Stunde der Terz unter schweren Leiden in Geistesentrückung. Und wiederum stand er vor mir und sprach: „Der Herr hat die Bedrängnis Seines Volkes gesehen[d] und den Zorn Seiner Entrüstung von ihm abgewandt[e]." Ich entgegnete ihm: „Was aber, o Herr, wird mir? Werde ich nicht allen, unter denen diese Rede verbreitet wurde, zum Gespött werden?" Er sprach: „Alles, was dir aus diesem Anlaß widerfährt, sollst du geduldig und willig ertragen. Richte dein Auge aufmerksam auf den, der, obwohl Er der Schöpfer der ganzen Welt ist, den Spott der Menschen ertrug. Jetzt prüft der Herr deine Geduld zum erstenmal."

Schaut, meine Herrin, ich habe Euch die ganze Sache der Reihe nach dargelegt, damit Ihr meine Unschuld und die unseres Abtes erkennen und andern kundtun könnt. Doch bitte ich Euch, mir Anteil an Euren Gebeten zu schenken und, wie der Geist Gottes es Euch eingibt, mir einige Worte des Trostes zu schreiben.

---

[a] Ps 113, 9 [b] vgl. Mt 3, 2; Lk 21, 31 [c] vgl. Lk 1, 37 [d] vgl. Apg 7, 34 [e] vgl. Ps 84, 4.

Der Brief, den Elisabeth noch als einfache Nonne, also vor 1157, schrieb, zeigt, daß ihre Gesichte trotz des ekstatischen Charakters objektive, prophetische Züge tragen. Elisabeths visionäre Aussagen stießen — im Gegensatz zu Hildegards Verkündigung — im Anfang auf vielfachen Widerstand, der ihr viel seelisches Leid brachte.

Hildegard an Elisabeth

Ich armseliges Gebilde und zerbrechliches Gefäß spreche folgendes nicht aus mir, sondern aus dem klaren Lichte: Der Mensch ist ein Gefäß, das Gott für sich gebildet und mit Seinem Geist erfüllt hat, um Seine Werke in ihm zu vollbringen. Denn Gott wirkt nicht wie der Mensch, sondern allein durch Sein befehlendes Wort trat alles vollendet ins Dasein. Kräuter, Gehölz und Bäume kamen hervor. Auch Sonne, Mond und Sterne gingen auf und taten ihren Dienst. Die Wasser entsandten Fische und Vögel. Auch Vieh und wilde Tiere standen auf, die, wie Gott es jedem zugewiesen hat, dem Menschen mit allem dienen.

Einzig der Mensch erkannte Ihn nicht. Denn obgleich Gott dem Menschen große Erkenntnisse verlieh, erhob sich der Mensch in seinem Herzen und wandte sich von Gott ab. Gott hatte den Menschen so in Seinen Blick gestellt, daß Er in ihm alle Seine Werke zur Vollendung brachte. Doch der alte Betrüger hinterging den Menschen und steckte ihn in schmeichelndem Hauch, durch den er mehr erstrebte, als er sollte, mit der Seuche des Ungehorsams an. Ach, o weh! Da verwickelten sich alle Elemente in den Wirbel von Licht und Finsternis, so wie es auch der Mensch beim Übertreten der Gebote Gottes tat.

Gott aber hat bestimmte Menschen [mit Einsicht] betaut, damit der Mensch nicht gänzlich dem Gespött verfiel. Abel war gut, Kain ein Mörder[a]. Und viele schauten Gott in geheimnisvollem Lichte, andere aber begingen sehr viele Sünden, bis jene Zeit kam, in der das WORT Gottes aufleuchtete, wie es heißt: „Schön von Gestalt, mehr als die Menschenkinder“[b]. Da ging die Sonne der Gerechtigkeit auf und machte die Menschen leuchtend von guten Werken — in Glaube und Tat, so wie zuerst das Morgenrot heraufsteigt und dann die weiteren Tagesstunden folgen, bis die Nacht hereinbricht.

So ändert sich die Welt, o Tochter Elisabeth! Die Welt hat nicht mehr die Triebkraft, aus der das Grün der Tugenden aufsproßt, weder in der Morgenfrühe noch zur ersten, dritten, noch vor allem zur sechsten Tagesstunde. In unserer Zeit ist es wahrhaftig notwendig, daß Gott bestimmte Menschen betaut, damit Seine Werkzeuge nicht müßig sind.

Höre, meine bekümmerte Tochter! Die Einflüsterung der ehrgeizigen Schlange sucht manchmal gerade *die* Menschen, die Gott durch Seine Eingebung unterwies, mürbe zu machen. Denn wie die alte Schlange eine erlesene Gemme erspäht, fährt sie zischend hoch und spricht: „Was ist das?“ und quält mit vielen Nöten das Herz, das danach brennt, über die Wolken zu fliegen — wie sie selbst getan —, als wären die Menschen Götter.

Und jetzt höre weiter! Die danach verlangen, Gottes Werke zu vollbringen, müssen stets beachten, daß sie, weil Menschen, Gefäße von Ton[c] sind, und mögen ständig ihren Blick darauf richten, was sie sind und was sie sein werden.

Das Himmlische sollen sie dem überlassen, der himmlisch ist, weil sie selbst Verbannte sind, die das Himmlische nicht kennen. Sie künden die Geheimnisse nur wie eine Posaune, die den Ton zwar erklingen läßt, ihn aber nicht selbst hervorbringt. Denn ein anderer bläst in sie hinein, damit sie töne.

Den Panzer des Glaubens[d] sollen sie anlegen, mild, sanft, arm und verachtet sein, wie jenes Lamm es war, dessen Posaunenton sie sind, von Kindeseinfalt in ihrem Gehaben. Gott aber züchtigt immer die, die Seine Posaune blasen, und achtet darauf, daß das Tongefäß nicht zerbricht, sondern Ihm wohlgefällt.

O Tochter, Gott mache dich zu einem Spiegel des Lebens! Aber auch ich, die ich kleinmütigen Herzens daniederliege und immer wieder von Furcht beunruhigt erlahme, erklinge zuweilen wie ein schwacher Posaunenton des lebendigen Lichtes. So helfe mir Gott, daß ich ausharre in Seinem Dienst!

---

[a] Gn 4 [b] Ps 44, 3 [c] vgl. 2 Kor 4, 7 [d] vgl. 1 Thess 5, 8.

Gerade dieser Brief macht deutlich, wie sehr die Meisterin vom Rupertsberg der jungen Schönauerin überlegen ist. Hildegard kennzeichnet sich selbst, wenn sie die Prophetin, die Künderin der göttlichen Geheimnisse, Posaune *Gottes nennt, die den Ton erklingen läßt, ihn aber nicht selbst hervorbringt.*

Diesen Kerngedanken, das Werkzeug-sein, greift Elisabeth in ihrer Antwort begeistert auf:

ELISABETH AN HILDEGARD

Freue dich mit mir, Herrin und Tochter des ewigen Königs! Denn der Finger Gottes schreibt in dich hinein, damit du das Wort des Lebens kündest. Selig bist du, und immer wird dir Heil sein[a]. Ein Instrument des Heiligen Geistes bist du, denn deine Worte haben mich entzündet, wie wenn eine Flamme mein Herz berührt hätte, und so brach ich in diese Worte aus.

---

[a] Ps 127, 2.

Um 1163/64, als ihr Bruder Egbert seine Dreizehn Reden gegen die Katharer *schrieb, sandte Elisabeth folgenden Brief:*

ELISABETH AN HILDEGARD

Meine Herrin Hildegard! Mit Recht wirst du Hildegard genannt. Denn mit wunderbarer Kraftentfaltung wirkt Herrliches in dir der Ansporn Gottes zum Aufbau Seiner Kirche. Erstarke durch den Heiligen Geist! Selig bist du, denn der Herr hat dich erwählt und dich bestellt als eine, von denen Er selber sagt: „Ich habe euch bestellt, damit ihr hingehet und Frucht bringet und eure Frucht bleibe“[a]. So schreitest du auf dem Wege der Gottesschau und gleichst der Taube in den Felsspalten, im Mauergeklüft[b]. Er, der dich erwählt, wird dich krönen mit dem Kranz der Freude. Der Weg des Herrn ist geebnet vor dir.

O Herrin Hildegard, führe das Werk des Herrn wie bisher weiter! Denn der Herr hat dich zur Arbeiterin in Seinem Weinberg bestellt. Der Hausvater suchte ja Arbeiter für seinen Weinberg und fand sie alle müßig, da niemand sie gedungen hatte[c]. Der Weinberg des Herrn hat keinen Bebauer. Der Weinberg des Herrn geht zugrunde. Das Haupt der Kirche ist lahmgelegt, und ihre Glieder sind tot.

Wehe, was wird daraus werden! Denn der Herr findet wenige in Seiner Kirche, die mit brennendem Herzen darüber nachsinnen. Jeder trachtet danach, sich selbst zu regieren und den eigenen Willen durchzusetzen. Der Herr hat die Kirche geprüft und sie schlafend gefunden. So kam der Dieb, untergrub und zerstörte den Grundstein und warf ihn in eine wasserlose, unberieselte Zisterne. Der Grundstein ist das Haupt der Kirche, das verworfen ward. Die Kirche Gottes ist dürr, sie hat keine Feuchtigkeit, sondern ist erkaltet in der Gottesliebe.

Doch ich entsinne mich, daß mir einst folgendes gezeigt wurde: Giftige Schlangen würden in die Kirche eindringen und danach trachten, sie insgeheim zu zerfleischen. Und das verstehe ich so: Es bezieht sich auf die Katharer, die jetzt im Verborgenen der Kirche nachstellen. Vertreibe sie, Herr, Du, unser Schützer!

Und selig, wer kein Ärgernis nimmt in dieser Zeit[d]! David, der Patriarch, sagt: „Der jetzt schläft und daniederliegt, wird doch nicht wieder aufstehen?“[e] Steht auf, reißt euch hoch und seid wachsam! Denn die Rache Gottes ruft euch zu: Weinet, ihr Hirten, schreit, bestreut euch mit Asche[f] und tut Buße! Gebt dem Teufel nicht Raum[g], denn er geht umher wie ein brüllender Löwe und sucht, wen er verschlingen kann[h].

Selig der Mensch, der den Herrn der ganzen Schöpfung so fürchtet, daß er Ihn, den Hohenpriester, anfleht, die Schmach von Seinem Volke zu nehmen! Und dann wird ganz Israel gerettet werden.

---

[a] Jo 15, 16 [b] vgl. Hl 2, 14 [c] vgl. Mt 20, 4 ff. [d] vgl. Mt 11, 6 [e] Ps 40, 9 [f] Jer 25, 34 [g] Eph 4, 27 [h] 1 Pe 5, 8.

Nicht nur Egbert, auch Hildegard hatte um diese Zeit zwei Schriften gegen die Katharer verfaßt: den berühmten Brief an den Kölner Klerus (1162/63) und das Schreiben an das Mainzer Domkapitel (1163/64).

Bald darauf wandte sich Hildegard noch einmal an Elisabeth, die, geschwächt durch ungewöhnlich strenge Askese, schwerkrank daniederlag. Es sollte ihr letzter Brief an Elisabeth sein:

Hildegard an Elisabeth

In einer wahren Schau sah und hörte ich folgende Worte: O Tochter Gottes, die du aus Liebe zu Gott mich armseliges Gebilde „Mutter" nennst, lerne Maßhaltung! Sie ist für Himmlisches und Irdisches die Mutter aller Tugenden. Denn durch sie wird die Seele geleitet und ebenso der Leib in rechter Zucht ernährt. Der Mensch, der mit Seufzern der Reue seiner Sünden gedenkt, die er durch die Eingebung des Teufels in Gedanken, Worten und Werken begangen hat, umfange die Mutter Diskretion und bekehre sich nach dem Rat seiner geistlichen Oberen von seinen Sünden in wahrer Demut und echtem Gehorsam. Wie durch unangebrachten Sturzregen die Frucht der Erde Schaden leidet und wie in ungepflügter Erde nicht gute Frucht, sondern unnütze Kräuter aufsprießen, so wird auch der Mensch, der sich mehr Mühsal auferlegt, als sein Körper aushalten kann — da in ihm das Wirken der heiligen Diskretion geschwächt ist —, durch maßlos auferlegte Mühsal und Enthaltsamkeit seiner Seele keinen Nutzen bringen.

Wenn daher der pechschwarze Vogel, der Teufel, spürt, daß der Mensch durch Fasten, Beten und Enthaltsamkeit von seinen unerlaubten Begierden und Sünden ablassen will, rollt er sich zusammen wie eine Natter in ihrer Höhle und flüstert ihm zu: „Deine Sünden können nur getilgt werden, wenn du deinen Leib durch Trauer, Tränen und Anstrengungen ohne Maß derart niedertrittst, daß er ganz verdorrt." Ein solcher Mensch lebt dann ohne Hoffnung und ohne Freude, nicht selten schwindet ihm das Lebensgefühl, und er wird von einer schweren Krankheit ergriffen. Durch diese teuflische Hinterlist des Verdienstes der Heiligkeit beraubt, läßt er unvollendet liegen, was er ohne Maßhaltung begonnen hat. Und so werden die letzten Dinge ärger sein als die ersten[a].

Der Mensch, der nach dem Beispiel Christi in der Bindung des Gehorsams steht, hüte sich mit aller Sorgfalt davor, nach seinem Eigenwillen sich etwas auszuwählen, indem er mehr auf sich selbst als auf den guten Rat anderer vertraut, damit er nicht durch den vom Himmel herniedergestürzten Hochmut überwunden wird, weil er besser sein will als andere gute Menschen und sich selbst als gut und heilig anrechnet, was immer er sich zurechtgelegt hat. Der Mensch kann ja durch sein eigenes Wesen belehrt werden, daß er seinem Eigenwillen nicht beipflichten darf, weil er aus Leib und Geist besteht, die ihrer Natur nach einander widersprechen. Was dem einen gefällt, mißfällt dem anderen. Und wie könnte der Mensch, weil dies so bei ihm ist, ohne Schaden für das Heil der Seele seinem Eigenwillen zustimmen, der ja dem Leiblichen angehört? Der Mensch, der um der Furcht und Liebe Gottes willen seinen Eigenwillen verachtet, sich den Vorschriften und der Lehre der Regel und seiner Oberen unterwirft und so in wahrer Demut anderen das Beispiel guter Werke gibt, macht sich zu einem lebendigen Zelt im himmlischen Jerusalem. Und auf ihm ruht der Heilige Geist.

O glückliche Seele, die du in großer Tapferkeit — wie der Hirsch zur Wasserquelle — schnell zum lebendigen Gott geeilt bist, merke auf diese Worte, damit der starke König dich in dieser Tapferkeit erhalte und glücklich zur ewigen Seligkeit führe!

[a] vgl. Lk 11, 26.

Elisabeth von Schönau starb am 18. Juni 1165. Sie wird als Selige verehrt.

ANDERNACH

Einen völlig anderen Charakter trägt der Briefwechsel zwischen Tengswich, der Meisterin des Kanonissenstiftes St. Marien in Andernach, und Hildegard. Tengswich schneidet ganz konkrete, aktuelle Probleme an, die ihr auf der Seele brennen. Sie fragt, mit welcher Begründung Hildegard gewisse Bräuche in ihrem Kloster eingeführt hat. Am meisten aber beunruhigt sie die Struktur der Gemeinschaft auf dem Rupertsberg. Unter Anführung gewichtiger Bibelstellen meldet Tengswich ihre Bedenken gegen einige Usancen und die Ständeordnung im Kloster an und bittet Hildegard um Aufklärung und Rechtfertigung ihrer Handlungsweise.

Meisterin Tengswich an Hildegard

Hildegard, der Meisterin der Bräute Christi, wünscht Tengswich, genannt Meisterin der Andernacher Schwestern, sie möge dereinst im Himmel den höchsten Geistern zugesellt werden.

Der ehrenvolle Ruf vom Geruch Eures heiligen Lebens hat sich weithin verbreitet. Wunderbare, staunenswerte Dinge sind uns dabei zu Ohren gekommen. Das hat unserer bescheidenen Person das Überragende Eurer Gottverbundenheit und einzigartigen Stellung zum Bewußtsein gebracht. Denn durch das Zeugnis vieler Menschen haben wir erfahren, daß Euch im Auftrag Gottes von einem Engel vieles über himmlische Geheimnisse enthüllt wurde, was für den

Menschen schwer zu verstehen ist, damit Ihr es niederschreibt, und daß Ihr, nicht durch menschliche Überlegung, sondern von Gott selbst belehrt, zu Euerm Handeln veranlaßt werdet.

Auch von einem sonst nicht üblichen Brauch bei Euch drang etwas an unser Ohr: daß nämlich Eure Nonnen an Festtagen beim Psalmengesang mit herabwallendem Haar im Chore stehen und als Schmuck leuchtend weiße Seidenschleier tragen, deren Saum den Boden berührt. Auf dem Haupt haben sie goldgewirkte Kränze, in die auf beiden Seiten und hinten Kreuze und über der Stirne ein Bild des Lammes harmonisch eingeflochten sind. Auch sollen die Finger der Schwestern mit goldenen Ringen geschmückt sein. Dies alles, obgleich der erste [Völker-]Hirt der Kirche solches verbietet, da er mahnt und sagt: „Die Frauen sollen sich sittsam halten, nicht mit Haargeflecht und Gold und Perlen oder mit kostbarem Gewand"[a] [sich schmücken].

Außerdem — und das scheint uns nicht weniger merkwürdig — gewährt Ihr nur Frauen aus angesehenem und adligem Geschlecht den Eintritt in Eure Gemeinschaft. Nichtadligen und weniger Bemittelten hingegen verweigert Ihr fast durchweg die Aufnahme in Eure Gemeinschaft. Auch darüber sind wir geradezu erstarrt und ratlos in der Unsicherheit starken Zweifelns, da wir im Geiste schweigend überdenken, daß der Herr selbst für die entstehende Kirche unansehnliche und arme Fischer erwählt und der heilige Petrus den damals zum Glauben bekehrten Völkern gesagt hat: „In Wahrheit habe ich erfahren, daß bei Gott kein Ansehen der Person gilt"[b]. Auch haben wir die Worte des Apostels an die Korinther im Sinn: „Da sind nicht viele Mächtige, nicht viele Hochgeborene, nein, was töricht, was verächtlich ist im Urteil der Welt, hat Gott erwählt"[c]. Alle Anordnungen der früheren Väter, aus denen alle, namentlich die Menschen geistlichen Standes, sich unterrichten sollten, haben wir nach bestem Vermögen genau durchforscht und nichts Derartiges in ihnen gefunden.

Denn eine solch große Neuerung im Brauchtum, verehrungswürdige Braut Christi, übersteigt bei weitem das Maß unserer bescheidenen Fassungskraft und hat in uns nicht geringe Verwunderung ausgelöst. Wir winzig Kleinen, die wir in der Euch schuldigen Liebe uns von Herzen über Eure Fortschritte mitfreuen, möchten in bezug auf diese Sache Genaueres von Euch erfahren. Es schien uns deshalb am besten, ein Schreiben an Eure Heiligkeit zu richten mit der demütigen und ergebenen Bitte, uns bald mitteilen zu wollen, auf wessen Autorität hin ein derartiger klösterlicher Brauch gerechtfertigt ist. Lebt wohl und seid in Euren Gebeten unser eingedenk.

[a] vgl. 1 Tim 2, 9 [b] Apg 10, 34; vgl. Rö 2, 11 [c] 1 Kor 1, 26 f.

In ihrer Antwort macht Hildegard zunächst grundlegende Aussagen über die vermählte Frau, die mulier, und die gottgeweihte Jungfrau, die virgo, um dann die Bräuche und die Struktur ihres Klosters zu begründen und zu rechtfertigen.

Hildegard an Meisterin Tengswich

Der lebendige Quell spricht: Das Weib halte sich mit großem Zartgefühl verborgen in seinem Gemach. Denn große Gefahren schrecklicher Ausschweifung hat die Schlange dem ersten Weibe eingeblasen. Inwiefern? Die Urform des Weibes blitzte und strahlte in der ersten Wurzel, in der schon [keimhaft] das gestaltet liegt, worin verborgen jedes Geschöpf [vorgezeichnet] ist. Wieso? In zweifacher Hinsicht: einerseits im Hinblick auf das, wozu sie durch den Finger Gottes geschaffen ist; anderseits im Hinblick auf ihre gnadenhafte Schönheit.

Was ist es doch Wunderbares um dich, Frau, die du in die Sonne dein Fundament verlegst und die Erde überwindest! Daher sagt Paulus, *der* Apostel, der zum Höchsten emporflog und auf Erden schwieg, um nicht zu enthüllen, was verborgen war: Das Weib, das der männlichen Gewalt ihres Ehegatten unterworfen[a] und ihm in der ersten Rippe [Eva] verbunden ist, muß große Schamhaftigkeit[b] besitzen. Sie darf die Ehre des Gefäßes[c], das sie ihm zu eigen gegeben hat, nicht an fremder Stelle, wo es ihr nicht zukommt, darbieten und enthüllen. So verhalte sie sich auf Grund des Wortes, das der Herrscher der Erde — dem Teufel zum Hohn — gesprochen: „Was Gott verbunden hat, soll der Mensch nicht trennen“[d].

Höre! Die Erde läßt das grünende Gras sprossen, bis der Winter über sie kommt und ihr die Schönheit des Blühens nimmt. Diese kann sich fürder nicht mehr so offenbaren, als wenn sie niemals verwelkt wäre. Denn der Winter hat sie hinweggerafft.

Daher soll auch das Weib sich mit seinen Haaren nicht großtun, sich nicht schmücken noch hervortun durch irgendwelche Kostbarkeit von Krone und Goldschmuck, außer nach dem Willen ihres Mannes, damit sie ihm gefällt, wie es sich gebührt.

Das alles gilt nicht für die Jungfrau. Diese steht vielmehr in Einfalt und Unversehrtheit wie im schönen Paradies, das nie verdorrt dastehen wird, sondern immer in der vollen grünenden Kraft ihrer Blüte, die dem Reis[e] [Christus] entsprang. Für die Jungfrau besteht nicht die Vorschrift, die Schönheit ihres Haares zu bedecken, sondern aus eigenem freien Willen verhüllt sie in tiefster Demut ihr Haupt. Denn der Mensch soll seine Seelenschönheit verbergen, damit der Habicht des Hochmutes sie nicht raubt. Die Jungfrauen sind im Heiligen Geiste der Heiligkeit vermählt und der Morgenröte der Jungfräulichkeit. Daher sollen sie sich dem Hohenpriester nahen wie ein Gott geweihtes Brandopfer. Deshalb steht es der Jungfrau zu, ein leuchtend weißes Gewand anzulegen — kraft der Ermächtigung und Offenbarung durch den geheimnisvollen Anhauch dessen, der der „Finger Gottes“ heißt. Es ist die klare Hindeutung auf ihre Vermählung mit Christus.

Doch soll sie darauf schauen, daß ihr Geist durch Unversehrtheit gefestigt werde, im Gedenken daran, wer der ist, dem sie vermählt ist, wie geschrieben steht: „Sie tragen Seinen Namen und den Seines Vaters auf ihrer Stirne geschrieben“[f], und weiter: „Sie folgen dem Lamme, wohin immer es geht“[g].

Die Untersuchung [über die Standesunterschiede] steht bei Gott. Er hat acht, daß der geringere Stand sich nicht über den höheren erhebe, wie Satan und der erste Mensch getan, da sie höher fliegen wollten, als sie gestellt waren. Welcher Mensch sammelt seine ganze Herde in einen einzigen Stall, Ochsen, Esel, Schafe, Böcke, ohne daß sie auseinanderlaufen? Darum soll man auch hier den Unterschied wahren, damit nicht die, die aus verschiedenen Volksschichten kommen, wenn sie zu *einer* Herde zusammengeschlossen würden, in stolzer Überheblichkeit, beschämt über die Standesunterschiede, auseinandergesprengt werden. Vor allem aber damit, wenn sie sich in gegenseitigem Haß zerfleischen — indem der höhere Stand über den geringeren herfällt und der niedere sich über den höheren stellt —, die Standesehre nicht verletzt werde.

Denn Gott hat dem Volk auf Erden Unterschiede gesetzt, wie Er auch im Himmel Engel, Erzengel, Throne, Herrschaften, Cherubim und Seraphim gesondert hat. Sie alle werden von Gott geliebt und haben doch nicht die gleichen Namen. Dem Stolz sind die Fürsten und Adligen als Personen von hohem Rang lieb, werden ihm aber verhaßt, wenn sie ihm den Garaus machen. So steht es geschrieben: „Gott verwirft nicht die Machthaber, da Er selbst *der* Machthaber ist“[h]. Doch liebt Er nicht die Personen nach ihrem Ansehen, sondern die Werke, die nach Ihm schmecken, wie der Sohn Gottes sagt: „Meine Speise ist es, den Willen des Vaters zu tun“[i]. Wo Demut ist, da hält Christus allzeit Gastmahl. Daher ist es notwendig, die Menschen danach zu sondern, ob sie mehr nach eitler Ehre als nach Demut trachten, da sie nach dem ausschauen, was höher ist als sie. Auch muß man das kranke Schaf wegschaffen, damit nicht die ganze Herde angesteckt wird (Benediktusregel, Kap. 28).

Gott gieße den Menschen die rechte Einsicht ein, damit ihr Name nicht ausgetilgt werde. Denn es ist gut, daß der Mensch sich eines Berges nicht zu bemächtigen sucht, den er nicht von der Stelle rücken kann, sondern er verharre im Tal und begreife allmählich, was er leisten kann.

So spricht das lebendige Licht und nicht ein Mensch. Wer es hört, der schaue und glaube, woher es ist.

---

[a] vgl. Eph 5, 24 [b] vgl. 1 Tim 2, 9 [c] vgl. 1 Thess 4, 4 [d] Mt 19, 6 [e] vgl. Is 11, 1 [f] Apk 14, 1 [g] Apk 14, 4 [h] Job 36, 5 [i] vgl. Jo 4, 34.

Mit der Frage nach der ständischen Struktur in Hildegards Kloster hatte Tengswich ein tiefgehendes soziales Problem aufgeworfen. Ihre Ansicht entspricht entschieden unserem modernen Empfinden und ist nicht nur in der Bibel, die Tengswich mit Recht anführt, sondern auch in der Benediktusregel begründet (Kapitel 2 und andere Stellen). Hildegard steht mit ihrer Auffassung, nur Adlige in ihren Konvent aufzunehmen, jedoch nicht allein, da viele Klöster in jener Zeit der gleichen Ansicht waren. Das erweist die Reform von Gorze, die die feudale Ordnung nie scharf ablehnte, während Cluny von vornherein die antifeudale Richtung vertrat[10]. *So bestanden und entwickelten sich im Mittelalter zwei einander entgegengesetzte Richtungen. Immerhin ist es erstaunlich, daß Tengswich als Meisterin eines Kanonissenstiftes nicht feudal ausgerichtet war. Denn die Stifte nahmen im Mittelalter durchweg nur Adlige auf. Sankt Marien zu Andernach war im 12. Jahrhundert mit regulierten Kanonissen neu eingerichtet worden*[11].

Hildegard begründet ihre Ansicht mit dem Hinweis darauf, daß die Ordo-Unterschiede im Himmel und auf Erden von Gott gesetzt seien. Zudem verlegt sie den Schwerpunkt vom objektiven auf das subjektive Sein, das in der Vollkommenheit des einzelnen gründet. Für Hildegard ist die Christusförmigkeit des Menschen entscheidend, die durch die demütig vollzogene Erfüllung des göttlichen Willens erreicht wird. Die Meisterin vom Rupertsberg will ihre geistlichen Töchter um jeden Preis vor dem Hochmut bewahren, der nach ihrer Ansicht dadurch aufkommen könnte, daß die Nichtadligen mit Neid auf die Adligen schauen. Wenn das geschähe, wäre die Eintracht der Gemeinschaft — und damit die innere Einheit — gefährdet, ja vielleicht im Mark zersetzt.

Auf dem Rupertsberg gab es außer den adligen Nonnen (moniales) auch Schwestern (conversae) und Laien (laicae), wie das älteste Totenbuch bezeugt[12].

Auf ihrer Rheinfahrt nach 1160 hat die Seherin in Andernach[13] *haltgemacht. Wir dürfen annehmen, daß sie auch das Stift St. Marien besucht hat. Ob die Meisterin Tengswich zu dieser Zeit noch lebte — sie ist 1152 urkundlich bezeugt —, ist bis jetzt nicht nachgewiesen.*

KITZINGEN

Eng waren die freundschaftlichen Bande zwischen der Meisterin vom Rupertsberg und der Äbtissin Sophia des Benediktinerinnenklosters Kitzingen am Main, das einst vom heiligen Bonifatius gegründet worden war. In diesem Kloster hat Hildegard auf ihrer Mainfahrt gerastet[14], *bevor sie weiterfuhr nach Bamberg. Äbtissin Sophia hatte sich an Hildegard gewandt mit der Frage, ob sie die Bürde ihres Amtes niederlegen oder weitertragen solle. Hildegard antwortete ihr.*

Hildegard an Äbtissin Sophia von Kitzingen

O Sophia, in geheimnisvoller Schau sage ich dir: Deine Seele werde durch Gott gestärkt, indem sie mit rechtem Seufzen Ihn anrührt. Gut ist es für dich, die Last der Arbeit zu tragen, die du in Gott auf dich genommen hast, vorausgesetzt, daß die Schafe die Ermahnung Gottes unter deiner Führung hören wollen. Wenn auch nur ein einziger Funke in ihnen aufleuchtet, so verlasse sie nicht, damit der Räuber sie nicht raubt. Deine Seele werde hell in Gott, und deine Tage mögen brennen im feurigen Geber!

In einem zweiten Brief rät Hildegard der Äbtissin noch einmal, die ihr Anvertrauten nicht zu verlassen. Sie soll als Fischerin das Netz nicht zu straff und nicht zu locker halten noch es fallen lassen, sondern in der rechten Weise ergreifen:

Hildegard an Äbtissin Sophia von Kitzingen

Im wahren Lichte schaute ich einen Feuerring wie ein Rad in dir kreisen. Und du wandelst den schmalen Pfad, auf dem du zur Sonne aufblickst. Dennoch werden durch Wolkenwechsel Stürme über dich kommen, weil dein Geist umherschweift. Und du schreist: „Wann wird Gott mich befreien?“ Er antwortet dir: „Ich will dich nicht verlassen. Doch ist dies Mein Wille: Fasse das Netz so, daß es nicht zerreißt. Denn wenn du es loslässest, dreht es sich in eine andere Richtung, und das ist Gottes unwürdig.“ Nun freue dich in Gott und lebe in Ewigkeit. Denn Gott liebt dich.

Auch an eine Schwester dieses Klosters richtete Hildegard ein Schreiben und ermahnt und ermutigt die innerlich Bedrängte, Heil und Hilfe bei Gott zu suchen.

Hildegard an Schwester Rumunda von Kitzingen

Das geheimnisvolle Licht spricht: Du bist matt wie eine, die aus dem Hause dessen entlassen ist, der dich erschaffen hat. Doch wirst du aus der Schar der Fremdlinge zurückgerufen werden. Laß daher ab von deinen Sünden. Denn Gott hat dich nicht zu [endgültigem] Untergang verkauft, sondern [sucht und] findet dich als verlorenes Schaf, das zum Leben zurückgerufen ist. Warum zweifelst du, als seiest du nicht erlöst? Suche also Gott in der Bedrängnis und im Schmerz deines Herzens, und du wirst leben!

WOFFENHEIM

Der Briefwechsel Hildegards mit dem Benediktinerinnenkloster Woffenheim im Elsaß kreist um die Wahl einer neuen Äbtissin und läßt den Ernst und die Verantwortung der entscheidungsschweren Lage erkennen. Pietätvoll gedenkt die Seherin der wahrscheinlich hochbetagten geistlichen Mutter des Klosters, die ihr Amt niedergelegt hatte, und warnt den Konvent vor den Fehlhaltungen bei der Neuwahl: Widerspenstigkeit, Stolz und Gottvergessenheit.

Hildegard an die Schwesterngemeinschaft vom Heiligen Kreuz

Wenn die Sonne in ihrem Strahlen umwölkt wird, liegt Trauer über der Welt, so wie es jetzt bei eurer liebenswerten Mutter der Fall ist. Daher ermahne ich euch im Heiligen Geiste: Bei dem Vorhaben, eine andere Mutter zu wählen, sollt ihr das Laster des Widerspruchs, das Fehlgehen des Stolzes und die Schande der Gottvergessenheit fliehen. Dann wird die wahre Sonne euch ihre Strahlen zusenden, so daß ihr diejenige zur Mutter wählt, die die Stelle Christi in guter Absicht unter euch vertritt. Die Vatergüte Gottes behüte euch, damit ihr zu jener unermeßlichen Herrlichkeit gelangt, die Gott Seinen Auserwählten bereitet hat.

Hildegard sandte auch ein Schreiben an die Priorin des Klosters, in der sie wohl die künftige Äbtissin sah.

Hildegard an Christine, Priorin vom Heiligen Kreuz

Es ist ein Schatz und eine große Gabe Gottes, wenn ein Mensch von solcher Weisheit ist, daß er den Himmel [die klösterliche Gemeinschaft] stützen kann. Das soll heißen: Kein Mensch darf sich zurückziehen, der fähig ist, mit dem Stab Gottes die Gemeinschaft der Heiligen zu stützen. Doch Gottes Gabe hauche dir dies ein, daß du Sein Licht sorgsam tragen kannst.

Vielleicht hat Hildegard auf ihrer lothringischen Reise auch das Kloster Heilig-Kreuz in Woffenheim besucht.

Auf dieser Fahrt von 1160 war Hildegard in dem Benediktinerinnenkloster Krauftal[14] *bei Zabern in der Diözese Straßburg eingekehrt. Denn hier lagen die Dinge im argen. Auf den Besuch kommt die Äbtissin Hazzecha in einem Schreiben an Hildegard zurück.*

Äbtissin Hazzecha an Hildegard

Hildegard, der fürsorglichen Hausverwalterin des höchsten Hausvaters, erzeigt als ihrer Mutter die geringe und unwürdige Äbtissin Hazzecha von Krauftal ihre Verehrung in jener Liebe, durch die wir in Christus verbunden sind.

Nachdem Ihr durch Euren langersehnten Besuch und Eure Liebenswürdigkeit mir aus der Kleinmütigkeit meines Geistes und über den damaligen Sturm hinweggeholfen habt, kam ich in etwa zur Ruhe. Und obgleich ich nicht zweifle, daß Eure Worte nicht aus menschlicher Erfindung, sondern vom wahren Lichte stammen, das Euch mehr als andere Menschen erleuchtet hat, so habe ich doch die Ausführung dessen, was ich mir auf Euren Rat hin vorgenommen hatte, bis jetzt noch verschoben. Ihr müßt aber wissen, Herrin und geliebte Schwester, daß, wie ich früher Euch zu sehen wünschte, ich auch jetzt nicht weniger danach verlange. Und da ich es dem Leibe nach nicht kann, hange ich doch dem Herzen nach allzeit Euch an. Weil es gewiß ist, daß die Liebe in Euch und Ihr in der Liebe bleibt, so bitte ich Euch bei dieser Liebe, zögert nicht, mir zu schreiben, was das lebendige Licht Euch durch Seinen Geist an mir als tadelnswert oder besserungsbedürftig kundtat.

Hildegard an Äbtissin Hazzecha

Der alles sieht, spricht: Du hast Augen, damit du sehen und ringsum alles überschauen kannst. Wo du Schmutz siehst, wasche ihn ab, was dürr ist, laß grün werden, und sorge, daß deine Gewürze schmackhaft sind. Wenn du keine Augen hättest, könntest du dich entschuldigen. Nun aber hast du Augen. Warum schaust du nicht um dich, sondern hältst lange Reden in deinem Denken? Häufig urteilst du über andere in Dingen, in denen du selbst nicht beurteilt werden möchtest. Zuweilen allerdings sagst du das, was du vorbringst, mit Weisheit. Achte also darauf, daß du deine Bürde in rechter Weise trägst, und lege das gute Werk im Beutel deines Herzens nieder, damit du nicht zugrunde gehst. In einem Leben der Einsamkeit, worauf der Klang deiner

Worte hinzielt, würdest du wegen deiner unbeständigen Lebensart nicht zur Ruhe kommen, und deine letzten Dinge würden ärger sein als die ersten[a] und so schwer wie ein Steinwurf. Ahme doch in Züchtigkeit die Taube nach, trage aber mit Umsicht Sorge für deinen auserwählten Weinberg, damit du geraden und reinen Antlitzes zu Gott aufschaust.

[a] vgl. Mt 12, 45; Lk 11, 26.

Aus dem Brief geht hervor, daß Äbtissin Hazzecha ihr Kloster nicht mit wachsamem Eifer und kluger Umsicht geleitet hat. Da sie selbst nicht auf der Höhe ihres Berufes stand, war sie nicht das Vorbild für ihre geistlichen Töchter. Ihr Streben nach dem Leben der Einsamkeit *entspringt nicht einem echten gottsuchenden Verlangen, sondern eher dem Hang zur Trägheit und dem Mangel an Opferfreudigkeit.*

Hildegard sah sich genötigt, auch an den Konvent mahnende Worte zu richten:

Hildegard an den Konvent von Krauftal

Die erste Pflanze, die in der Stammwurzel Jesse erblühte, spricht zu dieser eurer Gemeinschaft: „Jemand hatte einen Feigenbaum in seinem Weinberg stehen“[a]. Wie der Segen die Früchte des edlen Sprößlings vervielfältigt hat, so hat Gott mit großer Sorgfalt und Seinem Segen einen geistlichen Sproß im Weinberg Sabaoth gepflanzt. Dieser Sproß war lieblich und süß durch beginnende Heiligkeit, und er wuchs durch seinen guten Ruf in die Breite wie das Laub des Feigenbaumes. Aber der gute Ruf ohne Frucht würde nichts nützen, wenn die Frucht nicht schmackhaft würde durch den Gehorsam. Denn der Feigenbaum muß mit Hingabe umsorgt werden, damit er nicht verdorrt. Anfangs ist seine Frucht bitter, später aber süß. So muß auch das geistliche Leben mit viel Hingabe umsorgt werden, damit nicht winterliches Erkalten es im Herzen des Menschen zum Verdorren bringt. Anfangs ist das bitter in seiner Mühe. Denn es fordert die Absage an die Eigenwilligkeit und Lust des Fleisches und ähnliches. Doch wird einer heiligen Seele, wenn sie sich von der Heiligkeit bestricken läßt, selbst die Weltverachtung süß und lieblich. Nur muß man vorsorglich darauf bedacht sein, daß die Seele nicht verwelkt.

Der Mann, dem der genannte Baum gehörte, besaß auch eine Quelle, der viele Bächlein entströmten. Und es kamen schaurige, pechschwarze, bitterböse Bestien, die das Fließen der Quelle verhindern wollten. Einige von ihnen hatten Stengel in ihrem Maul, andere Schilfrohre, wieder andere einen Blasebalg, und damit spien sie Feuer aus gegen die Quelle.

Nun aber, o Schwesternschar, machte der Hochbetagte dich zur Quelle, der die Wasser der Heiligkeit entströmen. Aber die schlimmen Bestien geistiger

Lasterhaftigkeit, schauerlich und pechschwarz in ihrer Verwerflichkeit, kommen, weil ihnen die strahlendhelle Unschuld zuwider ist, und wollen dich zu Fall bringen, damit die Heiligkeit nicht von dir ausstrahle. Manche haben Stengel vorne im Maul — schmierige Sitten —, andere Schilfrohre — die Hohlheit der Unlust zu guten Werken —, wieder andere einen Blasebalg — die Aufgeblasenheit der Anmaßung. Sie alle speien Feuer wider dich, bis inmitten all der Bedrängnisse eine große Geschwulst in den Geistern entsteht, so daß sie das Leben in Gott für eine Pein halten.

All das sind die schrecklichen Bestien, die euch, Töchter Jerusalems, zum Verdorren und zum Verzweifeln am Leben bringen wollen.

Aber der Hochbetagte, der den Feigenbaum pflanzte, prüft die Früchte des Baumes — die mannigfachen Werke. Seinen Stecken hält er in der Hand. Er will kraft der Verdienste der heiligen Seelen, die beharrlich Gott anhingen, von euch die Laster entfernen und euch in Seiner Hand behalten. Denn wenn die Vorschriften der heiligen Regel, des Gehorsams und der guten Bräuche, die von den altehrwürdigen Heiligen festgelegt wurden, in euch verdorren, so spricht jener Mann zu dem, der den Weinberg — die Vorschriften der Zucht — betreuen soll: „Siehe, schon drei Jahre komme ich hierher und suche Frucht an diesem Feigenbaum, finde aber keine“ [b], wenn ich die Werke der Liebe, des Gehorsams und der Beharrlichkeit im Guten an ihm prüfe. Er rauscht nur und läßt die lebendige eßbare Frucht nicht zur Reife kommen, da er weder Blüten noch Früchte — Tugenden — noch Blattgrün — heilige Werke — noch den vollen Ertrag — die Zucht körperlicher Abtötung — hervorbringt. Und der Hochbetagte, der die Zuchtrute führt, spricht: „Hau ihn also um, warum nimmt er den Platz weg!“ [c] Und doch behält er ihn weiter mit seinen Heimsuchungen in Zucht.

In der ersten Pflanzung ward eure Stätte geheiligt. Hernach vereinsamte sie, da sie nicht mehr in Heiligkeit und Auserwählung die mütterlichen Worte trinken will. Deshalb wird sie mit Drangsal und Ängsten gezüchtigt, aber nicht ganz vertilgt. Denn Gott behält im Auge, daß Er Seine erste Pflanzung sehr geliebt und hier heilige Werke in geheiligten Seelen erbaut hat. Deshalb wird Er sie nie im Stich lassen, wie die Vorschriften der Zucht durch Belehrung des Heiligen Geistes besagen: „Herr, laß ihn nur noch dieses Jahr stehen, ich will um ihn herum aufgraben und Dünger einlegen“ [d]. Und Gott blickte auf das Blut Seines Sohnes, wie geschrieben steht: „Fordere von Mir, und Ich werde Dir die Völker zu Deinem Erbe geben“ [e], denn „an Dir habe Ich Mein Wohlgefallen“ [f].

Und so zieht Er diese Gemeinschaft durch Zucht, Bitternis und Armut an sich, wie geschrieben steht: „Jerusalem, bekehre dich zum Herrn, zu deinem Gott!“ [g] Und: „Erhebe dich, steh auf hoher Warte und schaue die Freude, die dir kommt von deinem Gott!“ [h] Schmücke dich mit Tugenden, denn Gott verlangt das Opfer des Lobes von dir. Er will dich wieder so haben, wie Er dich in deiner ersten Pflanzung erschaute. Dann werden die Gaben des Heiligen Geistes nicht von dir weichen, und du wirst verharren in Heiligkeit.

[a] Lk 13, 6 [b] Lk 13, 7 [c] ebd. [d] Lk 13, 8 [e] Ps 2, 8 [f] vgl. Mt 3, 17 [g] Os 14, 2 [h] Bar 4, 36.

Das Schreiben läßt eine Erschlaffung des geistlichen Lebens in Krauftal erkennen. Deshalb ruft Hildegard die Nonnen auf, sich aus der Wurzelkraft ihrer ersten Pflanzung *zu erneuern.*

ALTWICK

Von den niederländischen Nonnenklöstern, die Hildegards Rat einholten, greifen wir den Briefwechsel mit dem Benediktinerinnenkloster Altwick bei Utrecht heraus.

Äbtissin Sophia von Altwick an Hildegard

Hildegard, der hochverehrten Meisterin von Sankt Rupertus, wünscht Sophia, nur dem Namen nach Äbtissin des Klosters Altwick-Utrecht, sie möge eingehen in den Chor, der erleuchtet ist vom Licht der Lichter.

Weil kein Mensch den weltlichen Lüsten entsagen und mit ganzem Streben nach dem himmlischen Vaterland verlangen kann, wenn es ihm nicht von oben durch Christi Hilfe gegeben wird, drängt es mich, Eurer Frömmigkeit die Anregung mitzuteilen, die ich unter Gottes Antrieb und Mitwirkung der Gnade Seines Geistes in meinem Herzen empfangen habe. Unser Herr, der nicht will, daß eines von Seinen Schafen in die Irre gehe, sondern als Guter Hirt wünscht, alle auf den Weg des Heiles zurückzurufen, hat, wie ich glaube, meinem Herzen eingegeben, ich solle die Last der Regierung, an der ich schwer trage, aufgeben und mich in die Einsamkeit einer kleinen Zelle einschließen. Das Wollen zu diesem Vorhaben liegt mir sehr am Herzen, doch das Können und Vollbringen steht in der Macht unseres Herrn. Weil ich also weiß, wie Euer Verdienst bei Gott so viel gilt, daß Ihr aus der Offenbarung des Heiligen Geistes erkennen könnt, was dem Menschen zu tun frommt, deshalb flehe ich zu Eurer Liebe mit demütigem Herzen: Fraget meinetwegen den Herrn um Rat, ob Ihm mein klösterlicher Wandel gefällt, damit nicht das Wort Gregors auf mich zutrifft, das da sagt: „Es wäre besser für sie gewesen, den

Weg der Wahrheit gar nicht erkannt zu haben, als nach dem Erkennen zum Schlimmeren hin abzuweichen." Und nun lebt wohl im Herrn! Eure Liebe wolle mir nicht versagen, das, was ich begehrt, durch den Überbringer dieses Briefes mir schriftlich kundzutun, sowie alles, was Gottes Gnade durch Seinen Heiligen Geist Euch darüber enthüllen will.

Hildegard an Äbtissin Sophia von Altwick

Kraft der wahren Schau der Geheimnisse Gottes vernimm diese Worte! O Tochter, hervorgegangen aus der Seite des Mannes, als Gott die Gestalt [des Weibes] baute! Warum härmst du dich ab, so daß dein Geist wechselnden Wolken gleicht, die ein Sturm umherwirbelt, so daß es bald hell ist wie Licht, bald plötzlich sich verfinstert? So ist dein Geist durch die aufsehenerregenden Sitten derer, die nicht leuchten vor Gott. Du aber sprichst: „Ich will Ruhe haben und eine Stätte aufsuchen, wo mein Herz ein Nest findet, in dem meine Seele zur Ruhe kommt."

O Tochter, vor Gott hat es keinen Wert, daß du deine Bürde abwirfst und die Herde Gottes im Stich lässest, da du doch das Licht hast, um ihr zu leuchten und sie hinauszuführen auf die Weide. Nimm dich jetzt zusammen, damit dein Herz nicht lodere in jener Weichlichkeit, die durch die Unbeständigkeit weltlichen Lebens dir sehr schadet. Du aber sollst leben, weil die Gnade Gottes dich will. Hüte dich also, dich ihr durch Umherschweifen deines Geistes zu entziehen. Gott helfe dir, daß du wach seiest in reiner Erkenntnis!

ZWIEFALTEN

Wir möchten noch den Briefwechsel zwischen der Benediktinerinnenabtei Zwiefalten und Hildegard wiedergeben, der ein ungünstiges Licht auf den Konvent wirft. Das Kloster war der Mönchsabtei Zwiefalten benachbart, an die Hildegard, wie wir schon erfuhren, sehr ernste Mahnworte hatte richten müssen. Die Nonnen von Zwiefalten erkannten ihren traurigen Zustand und baten Hildegard um ihren Rat, wie sie sich aus ihrem Tiefstand erheben könnten, um auf den Weg der Besserung zurückzukehren.

Die Nonnen von Zwiefalten an Hildegard

Hildegard, der durch Gottes besondere Gnade Erleuchteten, wünscht die geringe Gemeinschaft der Schwestern von Zwiefalten, sie möge weiter in den vom Himmel empfangenen Gnaden wachsen.

Die göttliche Güte hat ihre Allmacht wunderbar an Euch verherrlicht. Sie trug Sorge, daß Ihr, obgleich gebrechlichem Stoff entnommen, in neuer Rangstufe mit den Schätzen Seiner Gnade erfüllt wurdet. Über diese Eure Herrlichkeit freuen wir uns mit und empfehlen uns und alles Unsrige inständig Euren Gebeten. Auch bitten wir Eure Güte, Ihr möget, wenn Ihr der göttlichen Schau obliegt, ermahnende Worte an uns richten und nicht unterlassen, uns zu zeigen, wie wir vom Weg der Nachlässigkeit auf den Weg der Besserung zurückkehren sollen. Eure Liebe lebe wohl in Christus!

Hildegard an die Nonnen von Zwiefalten

Der alles sieht und dem nichts verborgen ist, spricht: Ein adliger Mann ging in hohem Eifer eine eheliche Verbindung ein mit einer Braut, die sehr schönen Antlitzes war, mit saphirblauen Augen, wohlgestaltet und ohne jede Mißbildung, anmutig in all ihrer Zier. In ihrem ganzen Gehaben war sie liebenswert, so daß ihr jegliche Symphonie — Zitherspiel und alle andere Musik — gebührte. Dabei aber wollte sie keineswegs eine Dirne oder eine Tänzerin in buhlerischer Haltung sein, nicht umherschweifen auf allerlei Straßen und mit Scherzen den jungen Leuten den Kopf verdrehen. O Eitelkeit und Schmutz solch teuflischer Geschosse! O schändliche Ausschweifung solcher Mädchen! Erzittere, von derlei Dingen zu reden!

Wenn eine Frau die eheliche Bindung an einen Gatten verschmäht, weil sie — Gottes wegen — sich einem Manne nicht vermählen will: welch großer Adel ist das in ihr! Die bräutliche Verbindung mit dem höchsten König steht ihr zu, weil sie einem irdischen Mann entsagt hat. Sie muß bleiben, wie Eva war, bevor Gott diese dem Adam zuführte. Nicht auf Adam schaute sie, sondern auf Gott.

So tue die Frau, die aus Liebe zu Gott den irdischen Mann zurückweist. Sie schaue auf Gott, nicht auf einen andern Mann, den sie ja zuvor nicht haben wollte. Doch sehr hart und bitter ist es, wegen der alten Schlange, daß die Triebkraft des Fleisches immer verdorrt bleibt. Wenn aber die Frau sich mit stärksten Waffen rüstet, indem sie sich in das Brautgemach des höchsten Königs begibt und Ihn, den König, in zärtlichster Liebe umfängt, wenn sie sich nicht in Begierlichkeit dem Vollzug fleischlicher Glut ausliefert, sondern, bewußt den Blick ihres Herzens auf Gott gerichtet, die Begierde ihres Fleisches zurückweist, dann schaut sie wie ein Adler in die Sonne und wie eine Taube durch ihre Fenster[a]. Dann sinnt und trachtet sie, wie sie ihr Herz den Reichtümern und Freuden der Welt und der Gemeinschaft mit einem irdischen Mann entzieht.

So muß die Frau, die aus Liebe zu Gott nicht in das Gemach eines irdischen Mannes eintreten will, im geistlichen Leben bei Mir ausharren, der Ich ohne Anfang und ohne Ende bin. Sie ergebe sich nicht diebischen Umarmungen, indem sie heimlich einen gemeinen Mann liebt. Tut sie das dennoch, so ist sie nicht [mehr] bei Mir. Sie benimmt sich wie eine Viper. Ein Weib, das derart brennt, daß sie die Welt nicht verlassen kann, soll sich nicht in Gefahr begeben und einen hohen Berg ersteigen, damit sie später nicht in die Tiefe versinkt, weil sie sich zuvor Mir anvertraute und hernach sich in fleischliche Umarmung begab.

Die Jungfrau Maria war lieblich in der Glut des Heiligen Geistes, und ihre Jungfräulichkeit blühte. Doch keine Frau möge beginnen, was nicht der Heilige Geist in sie hineingelegt hat, damit sie hernach nicht leer bleibe. Eine Frau, die auf Mich schauen will, ergebe sich nicht der Vielfältigkeit eines durch weltliche Süchte zersplitterten Herzens. Sie verunstalte sich nicht durch das Flackern stolzer Großsprecherei, sondern stehe fest im Schmuck der Gotteskräfte und im Adel der Liebe und Gerechtigkeit, die unter allen Kostbarkeiten des höchsten Königs die hervorragendsten sind.

Nun höre, o Jungfrauenschar, was die himmlische Stimme dir zuruft: Sei keine Buhlerin und setze deinen Sinn nicht auf die hochgeschraubte Nichtigkeit des Stolzes, indem du unterschiedslos jedem die Königsehre zuerkennen willst, weil du wähnst, Mir sei es nicht möglich, Sonne und Mond und den übrigen Himmelsleuchten ihre Stelle zuzuweisen. Die Dirne hält sozusagen alles für ähnlich und gleichwertig, der Fürst gilt ihr nicht mehr als der gemeine Mann. Wer so handelt, entehrt Mich. Die Weisheit stellt er der Torheit, die Frömmigkeit der Eitelkeit und die übrigen Tugenden dem Kupfer gleich. O ihr Jungfrauen, seid doch keine Tänzerinnen, gebt nicht nach Belieben das Beispiel übelster Sitten, damit ihr nicht, wenn ihr solches tut, durch das eine wie durch das andere betrogen werdet. Denn die Tänzerin ist jedermann zu Willen mit ihrem Tanz. Lustwandelt auch nicht wegen eurer schmutzigen Gesinnung bei offenen Türen, noch winkt aus der Leichtfertigkeit eures ausschweifenden Herzens mit lüsternem Zuwinken, als wenn ihr auf der Straße das liebtet, was ihr in der Umarmung des Königs verschmäht, da ihr den gemeinen Mann anstatt den König in eure Arme schließt. Eine Frau, die nicht mit einem irdischen Mann Gemeinschaft eingehen will, halte sich daher auf keine Weise in der Öffentlichkeit auf, denn das ziemt sich nicht für sie, sondern mit Leib und Geist verbleibe sie im Verborgenen wie die Taube im Felsenspalt[b], damit der Habicht, das heißt das Begehren eines Mannes, sie nicht raube.

Jetzt, o Jungfrauenschar, erhebe dich rasch zur ersten, königlichen Brautschaft mit deinem ersten, fürstlichen Gemahl. Denn Er ruft dich. Bessere also und mache wieder gut, daß du Ihn beleidigt hast, dann wird Er dich zu ewiger Erlösung aufnehmen, und du wirst leben.

---

[a] vgl. Is 60, 8 [b] vgl. Hl 2, 14.

Nie hat die Meisterin vom Rupertsberg die Zersetzung der geistlichen Substanz, die Untreue der gottgeweihten Jungfrau so konkret benennen und ernst rügen müssen wie bei dem Nonnenkonvent von Zwiefalten. Der Brief zeigt ergreifend, wie Hildegard, erfüllt von Christusliebe, um die Schwachen, die Sünder besorgt ist. Sie ringt mit ihrer ganzen Liebeskraft, um die Gefährdeten zu retten und die Gefallenen für Christus zurückzugewinnen.

Unter den Briefen der Berliner Handschrift 674, die keine Adressaten aufweisen, befindet sich ein Schreiben, das seinem Inhalt nach vielleicht an eine ehemalige Nonne gerichtet ist.

Hildegard an eine ehemalige Nonne

O Tochter Adams, merke auf! In deinen Fehltritten handelst du wie Adam. Er verachtete seinen Herrn und schenkte dem allerschmutzigsten Wurm Gehör. Dieser warf seine Ehre und das Engelsgewand hinter sich und empfing als Erbe statt des Paradieses die Hölle. So hast auch du getan, als du das himmlische Gewand, das du trugst, ablegtest und auf die Eitelkeit dieser Welt zurückschautest, der du doch entsagt hattest. Obgleich du dich damit entschuldigen willst, dieses Gewand unfreiwillig angezogen zu haben, so bedenke doch: Das Kind wird unfreiwillig ins Taufbad getaucht; wenn es auch weint und schreit, ist es dennoch ein Christ.

Geliebte Tochter, in tränenreichem Gedenken bete ich allzeit zu Gott für dich und das Heil deiner Seele: Er möge dich wiedererwecken, wie Er den Lazarus, der vier Tage im Grabe gelegen, zum Leben zurückgerufen hat[a], damit dein himmlischer Vater sich über dich freue und spreche: „Ich habe Mein verlorenes Schaf wiedergefunden, das vom Wolf geraubt worden war"[b]. Denke auch an den jüngeren Sohn jenes Familienvaters, der, nachdem er das Vermögen vom Vater empfangen, fortzog in ein fernes Land, dort in einem verschwenderischen Leben alles verpraßte und in solch große Not geriet, daß er Schweine hütete und nach deren Nahrung, nach Schoten, sich sehnte, die ihm aber niemand gab[c]. So hast auch du jetzt, besiegt von fleischlichen Lüsten und unzüchtiger Liebe, [Hunger und sehnst dich nach den Trebern der Schweine. O daß du doch erkänntest] an diesem deinem Tage, was dir zum Frieden dient[d] [und heimfändest zum] Überfluß [an Brot im Hause deines

Vaters[e]. Bestimmt werden bald über dich die anderen Tage kommen, an denen deine Feinde dich von allen Seiten umzingeln werden[f] — Tage, die nicht in deiner Gewalt sind. Deine zerquälte, elende Seele werden sie deinem Leibe entreißen und sie mit sich in das Land von Pech und Schwefel, in die von Tod und Todesdunkel erfüllte Unterwelt hinabziehen, wo keine Ordnung, sondern ewiger Schrecken haust, wo der Wurm nicht stirbt und das Feuer nicht erlischt[g]. Dein Fleisch, das du jetzt der Wollust unterwirfst, werden sie fressen, wenn du nicht eilends in der Beichte vor das Antlitz des Herrn trittst und unter bitteren Tränen der Reue in entsprechender Genugtuung die Verfehlungen deiner Jugend besserst.

Daher beschwöre ich dich, geliebte Tochter, ziehe Christus, den du ausgezogen hast, wieder an. Mit gebeugten Knien nimm zu Gott deine Zuflucht, daß Er dich vom Tode zum Leben erwecke, bevor der Tag deines Hinscheidens kommt. Denn deine Tage sind kurz[h]. Der gütige Herr Jesus Christus, der unsere Sünden am Kreuz getragen, möge dir die wahre Reue einflößen und dich so zum Leben zurückrufen, auf daß du ewig lebest.

---

[a] Jo 11, 1—45 [b] vgl. Lk 15, 4—7 [c] Lk 15, 11—16 [d] Lk 19, 42 [e] vgl. Lk 15, 17 [f] vgl. Lk 19, 43 [g] vgl. Mk 9, 43 ff. [h] vgl. 1 Kor 7, 29.

Nicht nur an Geistliche, auch an Laien sandte Hildegard ein gemeinsames Schreiben. In ihrem Brief Ad saeculares homines — An Weltleute, *den wir auszugsweise wiedergeben, wird deutlich, wie genau die Seherin von Bingen die Probleme, Konflikte und Gefahren, die Verfehlungen und Sünden der Laien kannte und wie offen sie sie beim Namen nannte. Die Aufgaben der Laien werden von ihrem Ursprung und Wesen her erfaßt und von den Pflichten der Geistlichen abgehoben.*

Hildegard an die Weltleute

All ihr Menschenkinder, die ihr durch Gottes Weisheit geboren werdet und wachset, höret, was Ich, das strahlende Licht und euer aller Schöpfer, euch sage! Ihr waret in Mein Herz gepflanzt beim Anbrechen des ersten Schöpfungstages. Als Ich den ersten Menschen erschuf, machte Ich ihm einen Prüfstein, dessen der Teufel spottete. Das heißt, Ich gab ihm das Gebot, das der Teufel durch seine Bosheit auf die Seite schob. Doch Bosheit entspricht nicht Meinem Wesen, der Ich das Gute in Fülle, Macht und durchdringender Klarheit bin.

Du aber, o Mensch, weißt nicht, was du sagst. Der listige Betrüger hat dich hintergangen, da er dich das Gegenteil lehrte. Als Ich euch das Gebot gab, schrieb Ich euch nicht vor, Unzucht zu treiben, Ehebruch, Menschenmord, Raub, Einkerkerungen; auch nicht, daß ihr jemand einkerkern solltet, den ihr nicht erschaffen habt, sondern Ich befahl, ihr solltet euch vermehren durch Nachkommenschaft in der rechtmäßigen Institution [der Ehe], nicht aber in Wollust. Auch bestimmte Ich, ihr solltet die Erde besitzen, indem ihr sie durch eure Arbeit mit Frucht und Wein und allem Lebensnotwendigen bebaut. Daher müßt ihr Mein Gebot festhalten und nicht verwerfen. Denn Ich schrieb euch vor, die Kinder in rechtmäßiger Liebe, nicht aber in giftigem Ehebruch zu lieben. Ihr aber handelt so, als wäre es euch freigestellt, zu tun, was immer ihr wollt, und jedwedes Übel auszuführen, das ihr vollbringen könnt.

Warum schüttelt ihr diese Gesetzesbindung von euch ab mit den Worten: „Die Vorschrift, uns einzuschränken und Zucht zu üben — als wären wir himmlische Wesen —, besteht für uns nicht. Denn die Welt erlaubt uns nicht, himmlisch zu sein. Und auch unsere Kinder und Äcker, unsere Schafe und Rinder und all unser sonstiges Vieh sowie unser ganzer Besitz machen uns diese Ausrichtung unmöglich.“ Dies alles hat Gott euch gegeben. Warum vergeßt ihr Ihn, der euch erschaffen und euch dies alles gegeben hat? Wenn Er euch das Notwendige gibt, so tut Er es so, daß Er es euch manchmal läßt, manchmal entzieht.

Ihr aber sagt: „Es ist nicht unsere Sache, ein gutes, zuchtvolles Leben zu führen. Das ist Sache der Priester und der anderen geistlichen Stände." Hört also, die ihr nicht um diese Dinge besorgt seid: Mehr als all diese Geistlichen seid ihr gebunden, da Gott euch vorschrieb, so zu leben, wie euch verkündet wurde. Denn die Geistlichen lehnen es ab, das Gesetz zu tragen, das euch auferlegt ist. Daher sind sie frei, weil die Bindung des Gebotes, das euch in besonderer Weise gesetzt wurde, für sie nicht besteht. Sie umfangen Mich aber mit dem Kuß der Liebe, wenn sie um Meinetwillen die Welt verlassen, den Berg der Heiligkeit ersteigen und so Meine geliebten Kinder werden. Ihr aber seid durch die Bindung des euch im besonderen auferlegten Gesetzes Knechten gleich. So versteht Mich denn und beobachtet euer Gesetz, damit, wenn der Herr kommt, euer Gewissen euch nicht anklagt, daß ihr Seine Gebote verworfen habt. Denn mit großer Liebe umfing euch der, der als das unschuldige Lamm sich wegen eurer Missetaten in die Kelter des Kreuzes legen ließ . . .

O geliebteste Söhne, gedenket eures gütigen Schöpfers, der euch von allen Wunden eurer Laster erlöste und im Blute Seines geliebten Sohnes euch von der schlimmsten Sünde, vom Menschenmord, reinigte. Weh diesem Übel, das Kain durch die Schandtat seines Zornes, diesen Genossen des Todes, vollbrachte! Denn auch euch haftet das Ende an, das die Auflösung eures Leibes unter großen Schmerzen in euern Adern herbeiführt. Das erfuhr Abel in seinen Schmerzen, als sein leibliches Leben durch den Mord in Schmerzen endete, da sein Bruder in sündhaftem Mord seine Seele zwang, vorzeitig das Zelt ihres Leibes zu verlassen.

Nun sei im Blute Meines geliebten Sohnes all denen, die wegen ihrer Sünden darauf bedacht sind, den Weg wahrer Buße zu laufen, Heil und Erlösung!

Auch viele einzelne Laien, Männer und Frauen, erhielten von Hildegard Antwort auf ihre Fragen, Rat, Weisung und Trost in ihren persönlichen Anliegen. Aus der großen Zahl dieser Schreiben seien einige herausgegriffen, die zeigen, welche Fragenkomplexe an Hildegard herangetragen wurden und wie Hildegard die Probleme zu lösen suchte. Die Briefempfänger sind uns nicht näher bekannt.

Im folgenden Brief erschließt Hildegard einem Kranken den Sinn seines Leidens. Auch auf das Schisma kommt sie zu sprechen und macht den Briefempfänger auf die dreifache Mitschuld der Menschen aufmerksam: die Sünden des Volkes, die neumanichäische Lehre und gottwidrige Lebensführung der Katharer (die sie Sadduzäer *nennt) sowie das feige oder gleichgültige Verhalten der Christen gegenüber dieser Lehre. Hildegard ruft den Mann auf, alles daranzusetzen, um von der über ihn verhängten Exkommunikation befreit zu werden und warnt ihn vor der Blutsverwandten-Ehe.*

Hildegard an einen Exkommunizierten

O Mensch, du bist Gottes Bild, denn Er hat dich im ersten Menschen gebildet! Jetzt ist Er es auch, der dich durch das Gericht der Krankheit siebt. Höre! Der allmächtige Gott will, daß jegliche Sünde des Menschen, sei es am Leib, sei es an der Seele, gereinigt wird. So trage auch du die Krankheit deines Leibes nicht als unverdiente Last und mit wehem Herzen. Denn selig ist der Mensch, der zum Heil seiner Seele von Gott gezüchtigt wird. Doch wer ohne Gottesfurcht nach seinem Eigenwillen ungestraft sündigt, dessen Seele rennt sehr oft auf die Verdammnis zu.

Daß aber die Kirche schon so lange durch Gottes Gericht unter der Bedrängnis des Apostolischen Stuhles solch schwere Demütigung erleidet, hat einmal seinen Grund in der Sünde des ganzen Volkes, das zum Hohn auf die Gebote Gottes einzig seiner Eigenwilligkeit folgt. Dann aber auch in dem sinnlosen Unglauben der Sadduzäer, die [mit ihrer Lehre] den Gesetzesvorschriften widersprechen und durch ihren ungerechten Lebenswandel vor Gott wie begraben sind. Dazu kommt der Unverstand derer, die der Lehre dieser Menschen dadurch zustimmen, daß sie ihr keinen Widerstand leisten.

Als Folge dieser und vieler anderer Sünden droht die Kirche, die schon so lange in ihrem Haupte gespalten ist, in dieser Zweiheit zugrunde zu gehen, da sie keinen von beiden einmütig [als den rechten Papst] anerkennen will. Daher soll jeder Gläubige in der Sorge für seine Seele zum geistlichen Lehrer seine Zuflucht nehmen, um zu erfahren, was nach dem richtigen Glauben zu tun sei. Denn die Seelen der Untergebenen müssen immer durch die Lehre ihrer geistlichen Oberen geleitet werden. Doch vor der den Priestern zuerst im Apostelfürsten verliehenen Bindegewalt muß man große Ehrfurcht haben. Der Priester selbst aber, der die Macht zu binden und zu lösen hat, soll mit Eifer darauf schauen, daß er nicht vom höchsten Richter unter die Anklage gestellt wird, seinen Bruder durch ungerechte Exkommunikation getötet zu haben. Du aber, Diener Gottes, bemühe dich unter der Rute Seiner Züchtigung aufs eifrigste, mit Hilfe deiner weltlichen und geistlichen Freunde von der Bindung der Exkommunikation und dem Strafurteil befreit zu werden. Hüte dich, vom höchsten Richter angeklagt zu werden, du seiest lässig in Seiner Furcht. Mit größter Sorgfalt muß man sich vor der Eheschließung mit Blutsverwandten hüten, denn sie ist gegen Gottes Vorschrift. Regle diese Angelegenheit nach dem Rat der Priester, damit du an deiner Seele gesund und heil werden kannst.

In der wahren Schau meiner Seele sehe ich, daß deine Krankheit dich nicht durch jene Frau, sondern durch Gottes Zulassung befallen hat. In bezug auf eine Ehe mit dieser Frau handle so, wie die Priester es dir aus den göttlichen Büchern nachweisen. Suche die Heilung deiner Wunden bei Gott. Eile zu Ihm wie der irregegangene Sohn zu seinem Vater, der ihn in väterlicher Liebe und mit frohem Festmahl aufnahm[a], auf daß du ewig im himmlischen Vaterland lebest.

[a] Lk 15, 11—32.

Hildegard an einen unbekannten Laien

O Sohn Gottes, in deinem Leben gleichst du der Erde, die nützliche und unnütze Kräuter hervorbringt. Denn durch die himmlische Natur deiner Seele freust du dich, Gutes zu tun. Doch das Unnütze, das du an dich ziehst, hindert und hemmt dich, das Gute auszuführen. Und so tust du unter Vernachlässigung der Gebote deines Schöpfers und des Sehnens deiner himmlisch gesinnten Seele sehr oft das, was dein Fleisch begehrt.

Nun aber belehre dich die Ermahnung des Heiligen Geistes, als starker Kämpfer, herrlich bekleidet mit der prächtigen Waffenrüstung des wahren Salomon, in Kraft und Festigkeit mannhaft und unermüdlich zu streiten wider die Lust des Fleisches und deines Begehrens und wider die Feinde deiner Seele, durch die du lebst und zu Gott hinstrebst. Treibe also in der Furcht und Liebe dessen, der dich erschaffen und erlöst hat, das vielfältige Sinnen der Geisteslaster aus deinem Herzen. Wenn der Hochmut eitler Ruhmsucht dich anfällt, so daß du dich für weiser und bewährter als andere dünkst und dir deshalb ihr Handeln mißfällt, dann denke daran, daß du Asche bist und zur Asche zurückkehren wirst[a] und ohne die Gnade Gottes nichts zu tun vermagst. Wenn aber deine fleischliche Natur dich anstachelt, dann richte deinen Blick auf das Leiden Christi, das Er am Kreuze in größter Geduld ertrug. Ermüde auch deinen Körper durch Beten, Nachtwachen und Geißelungen in dem Maße, wie du dir bewußt wirst, in Sünden eingewilligt zu haben. Wenn du so tust, wird der Feind, von dir besiegt, in seiner Beschämung brüllen, und Gott wird sich über dich freuen und dich zu Seinem erwählten und geliebten Zelte machen.

[a] vgl. Gn 3, 19; Job 34, 15.

Hildegard an Hartmut, einen Laien in Kuntichun

Die Gnade Gottes ist dir nahe, schenkt dir Freigebigkeit und will dich. Vertreibe sie nicht von dir! Denn der finstere Vogel eilt von Mitternacht auf dich zu und treibt sein Spiel mit dir. Er entreißt deinem Herzen das Ganzopfer, das du Gott schuldest. Denn Gott liebt das Einssein in der Treue, die du mit deiner Rippe [deiner Gattin] haben mußt. Deshalb fliehe das finstere Spiel dieses Vogels. Erhebe vielmehr jetzt deine Augen zu dem, der dich erschaffen hat und in Seinem Blute reinigt. Zeige Ihm deine Wunden und erbitte von Ihm die Arznei. Denn jede nicht gebeichtete Sünde ist für den Teufel ein Schatz gleich jenem Schatz, den ein törichter Mensch nutzlos in seinem Beutel verbirgt. Hat man aber die Sünde vor Gott bekannt, so entzieht Gott dem Teufel seine Beute. Bessere also dein sündhaftes Leben, bevor der Zorn Gottes über dich kommt, damit du nicht im Tode endest. Denn Gott will dich. Doch du verschließest deine Augen vor Ihm. Wenn du also willens bist, zu Gott zu eilen, wird Er dir helfen.

Hildegard an Konrad, einen Laien in Andernach

Ich warne und ermahne dich bei Gott, von der Reise, die du unternehmen möchtest, Abstand zu nehmen, denn weder für die Seele noch für den Leib ist sie dir von Nutzen, weil deine Kräfte geschwächt sind. Gib vielmehr dein Almosen für einen guten Zweck entweder zum Nutzen eines Klosters oder zur Unterstützung der Armen, zur Ehre Gottes und jenes Heiligen, zu dem du wallfahren willst.

Im Herbst 1177 treffen wir in der Rupertsberger Schreibstube einen Mönch von ausgeprägter Eigenart: Wibert von Gembloux, den Sekretär der Seherin. Im Laufe der zwei vorausgehenden Jahre hatte er zahlreiche und lebhafte Briefe an die prophetissa teutonica *geschrieben, auf die Hildegard — wenn auch nicht ebenso häufig — mit bedeutsamen Schreiben geantwortet hatte. Dieser feurige Wallone und reichbegabte Geist ist ein so interessanter Charakter — zumal in seiner Beziehung zu Hildegard —, daß wir seinen Lebensweg kurz skizzieren möchten.*

Wibert wurde Ende 1124 oder Anfang 1125 in dem Städtchen Gembloux bei Namur geboren und erhielt in der Klosterschule der dortigen alten, hochberühmten Benediktinerabtei außer einer vortrefflichen Erziehung eine ausgezeichnete wissenschaftliche Ausbildung. Die Abtei besaß eine der reichhaltigsten Bibliotheken des Abendlandes. So erwarb sich Wibert eine umfassende Kenntnis der Heiligen Schrift und der antiken Klassiker, verfügte später über einen gewandten lateinischen Stil und zitierte außer der Bibel und den Kirchenvätern auch Ovid, Virgil und Horaz. Wibert trat in die Abtei ein und war zeitlebens ein von religiösem Eifer beseelter, vorbildlicher Mönch. Von den bedeutenden Männern, mit denen er in Beziehung stand, seien hier die Mainzer Erzbischöfe Konrad von Wittelsbach und Siegfried von Eppstein genannt sowie der Kölner Erzbischof Philipp von Heinsberg, der sich eine Zeitlang in Lüttich aufhielt, als er infolge eines Konfliktes mit Barbarossa Köln verlassen mußte[1]*. Über die letzten vier Jahrzehnte dieses begabten Mönches berichten wir im Zusammenhang mit den Beziehungen Wiberts zu Hildegard.*

In den siebziger Jahren des 12. Jahrhunderts war der Ruhm der rheinischen Seherin schon längst in die Niederlande gedrungen. Hier kannte und las man ihre Schriften. Die Bischöfe von Lüttich und Utrecht standen mit ihr in Briefwechsel. Auch Wibert wurde von der Hildegard-Bewegung *erfaßt. Da drängte es ihn mächtig, Näheres, ja Genaues über Hildegards charismatische Begabung zu erfahren. Er faßte sich ein Herz und sandte folgendes Schreiben an die Seherin:*

WIBERT VON GEMBLOUX AN HILDEGARD

Hildegard, der Dienerin Christi, ausgezeichnet durch Verdienst und Namen, die ich nur mit Ehrfurcht anzureden wage, wünscht Wibert, der geringste der Brüder von Gembloux, sie möge vom Bräutigam der Jungfrauen mit ihnen in der ewigen Seligkeit die Ruhmeskrone erlangen.

Wenn wir alle, denen deine Schriften in die Hände kamen, die ungewöhnlichen, fast alle Jahrhunderte hindurch bis auf den heutigen Tag unerhörten Gaben ins Auge fassen, so sagen wir, ehrwürdige Mutter, dem Urheber der Gabe aus den [empfangenen] Gaben Dank. Und zwar deshalb, weil wir — obgleich unsere Sünden uns hindern, sie unmittelbar zu empfangen — sie dennoch durch dich immer wieder schöpfen können. Denn du, dem sie wie einem reinen Gefäß eingegossen sind, strömst davon über und leitest sie uns zu.

Wahrhaftig, deine Fruchtbarkeit ist für uns besser als Wein und süßer duftend als die kostbarsten Salben[a]. Wenn du aus den Kellern der Schauungen, in die der ewige König dich als Seine Braut häufig einführt, in die Außenwelt zurückkehrst und uns durch deine Schriften Anteil an den heiligen Visionen schenkst, die du enthüllten Antlitzes in der Umarmung des Bräutigams schaust, dann folgen wir eilends dem Duft deiner Salben. Du ziehst uns dir nach[b] ...

Was übrigens mich angeht: ich versinke im tiefen Schlamm[c], meine Wunden sind infolge meiner Torheit faul und eitern[d]. Ich bitte dich bei der Milde des allmächtigen Gottes, du wollest mich zu deinen Vertrauten zählen und mir nicht verübeln, daß ich allzeit deiner eingedenk bin. Und indem ich die reinen Hände zum Gebet erhebe, flehe ich die unermeßliche Güte des liebenden Erlösers an, sie wolle nicht zögern, mir Verzeihung des vergangenen, Besserung des gegenwärtigen und Behutsamkeit vor künftigem Bösen zu gewähren.

Weil ich aber ein klausurierter Mönch bin und keinerlei Gelegenheit oder Erlaubnis sich bietet, zu dir zu reisen, um mit dir persönlich über das zu sprechen, was ich brennend gern von dir selbst erfahren möchte, so bitte ich, du wollest dem, was ich durch die Überbringerin dieses Briefes vertraulich mitteile, deine ganze Aufmerksamkeit schenken. Für diese und meine übrigen Nöte erbitte ich, mir zu Nutz und Frommen, die Offenbarung des Heiligen Geistes. Zögere nicht, mir anzuzeigen, was ich daraufhin tun soll.

Auch bitte ich, es möge dir keine Belastung sein, meine Fragen schriftlich zu beantworten. Wir möchten nämlich wissen — ich und viele andere mit mir —, ob es wahr ist, was bei uns das Gerücht über dich verbreitet — obgleich ich mich nicht leicht davon überzeugen lasse —: daß deine Visionen, nachdem sie auf dein Geheiß und nach deiner Weisung von den Notaren schriftlich aufgenommen wurden, deinem Gedächtnis entfallen, so daß du dich gar nicht mehr des Gesagten erinnerst. Auch möchten wir wissen, ob du diese Visionen in lateinischer Sprache diktierst oder sie in deutscher Sprache vorbringst und ein anderer sie ins Lateinische überträgt. Auch das möchten wir nicht weniger gern wissen, ob du der Heiligen Schrift durch eifriges Lesen — oder einzig unter Führung der göttlichen Salbung, die ihre Erwählten über alles belehrt — innegeworden bist.

Da ich also, meine Herrin, dein, wie ich glaube, vom göttlichen Licht widerstrahlendes Antlitz nicht persönlich schauen kann, so laß mich wenigstens durch ein Schreiben deine Stimme hören. Denn lieblich ist mir deine Stimme[e]. Und damit ich dich nicht etwa nur so im Gedächtnis behalte wie das vom Spiegel zurückgeworfene Bild, möge das Bild deiner Heiligkeit mir aufleuchten und dem Gedächtnis meines Herzens je häufiger um so fester innewohnen.

Der Herr erhalte dein heiliges Unter-uns-Sein, ehrwürdige Mutter, noch lange zur Ehre und zum Nutzen Seiner Kirche. Amen.

Es grüßen dich der Herr Abt und unser Prior mit der ganzen ihnen anvertrauten Klostergemeinschaft von Gembloux. Sie bitten bei Gott für dein Heil und flehen ihrerseits, daß auch du dies für sie tuest. Besonders herzlich grüße ich dich, der ich dir diesen Brief geschrieben habe. Und viele andere erbitten mit mir deine Fürsprache. Leb wohl in Christus, mir allzeit teuerste Herrin!

---

[a] vgl. Hl 1, 1 ff. [b] Hl 1, 3 [c] Ps 68, 3 [d] Ps 37, 6 [e] vgl. Hl 2, 14.

Wibert ließ das Schreiben, das seine Frömmigkeit und seinen Scharfsinn bezeugt und kundtut, wie glühend er Hildegard bewundert, durch die Nonne Schwester Ida im Sommer 1175 auf den Rupertsberg bringen. Als diese jedoch ohne einen Brief der Seherin nach Gembloux zurückkehrte, schrieb Wibert im brennenden Verlangen nach einer Antwort am 14. August zum zweitenmal an Hildegard und legte ihr wieder eine Anzahl von Fragen bezüglich ihrer Visionen vor[2]. *Am folgenden Tag, Mariä Himmelfahrt, fügte es das Glück, daß Wibert sein Schreiben Siger von Wavra mitgeben konnte, einem Ritter aus der Nachbarschaft, der gerade zum Rupertsberg reiste. Schon bald kehrte er heim mit einem kostbaren Schatz: Hildegards Antwort an Wibert. Die Art und Weise, wie Wibert in den Besitz des berühmten Schreibens* De modo visionis suae *gelangte und wie er es las, ist so bezeichnend sowohl für den temperamentvollen Wallonen wie für die Sitten der damaligen Zeit, daß dies kurz geschildert werden soll.*

Siger traf am späten Abend zu Hause ein, sandte am frühen Morgen des folgenden Tages einen vertrauten Diener mit einem Pferd zu Wibert und bat ihn zu kommen. Sofort machte sich Wibert auf den Weg, traf aber den Ritter nicht zu Hause an. Doch seine Gattin Elisabeth überreichte ihm ehrfurchtsvoll *das ersehnte Schreiben. Wibert, zutiefst bewegt, wagte nicht, es sogleich zu lesen. Er ging in die nächstgelegene Kirche, legte Hildegards Brief auf den Altar und betete inbrünstig zum Heiligen Geist um eine würdige Herzensverfassung. Dann nahm er das Schreiben vom Altar, las es zweimal, dreimal unter Schweigen und geriet vor Bewunderung* fast in Ekstase[3]. *Als Siger am Abend heimkam, richtete er Hildegards Grüße aus, und als er erfuhr, daß Wibert den Brief schon gelesen hatte, sagte er mit feinem Spott:* Ich bitte dich, erkläre ihn mir in französischer Sprache, damit ich nicht dem Maultier gleiche, das den Wein zwar trägt, ihn aber nicht zu schmecken bekommt. *Wibert bat um Aufschub bis zum folgenden Tag. Dann las er den Brief einer Versammlung von Geistlichen und Laien vor. Der ehemalige Abt Rupert von Königstal, einer Prämonstratenserabtei in der Diözese Toul, saß während der Lesung schweigend da, wiegte nachdenklich das Haupt und rief voller Begeisterung: diese*

Worte könnten von niemand anderem als vom Heiligen Geiste stammen. Die scharfsinnigsten Meister Frankreichs bringen so etwas nicht zustande ... Sie machen mit trockenem Herzen und aufgeblasenen Backen großes Geschrei, verlieren sich in Untersuchungen und Streitfragen ... Aber diese gottselige Frau ... betont nur das eine Notwendige, nämlich die Ehre des dreifaltigen Gottes. Sie schöpft aus ihrer inneren Fülle und gießt sie aus, um den Durst der Dürstenden zu stillen[4].

Wibert selbst schildert diese Vorgänge eingehend in seinem dritten Schreiben an Hildegard[5]. Das Schreiben, das Wibert und alle Zuhörer in höchste Begeisterung versetzte, geben wir in seinen wichtigsten Teilen wieder:

HILDEGARD AN WIBERT VON GEMBLOUX

Die Worte, die ich spreche, habe ich nicht von mir noch von einem anderen Menschen, sondern ich sage sie aus der Schau, die ich von oben empfing ...

O getreuer Diener! Wenn es Gott gefallen hat, meinen Leib wie auch meine Seele zu [prophetischer] Schau zu erheben, so könnte doch nicht die Furcht aus meinem Geist und meinem Herzen weichen. Denn ich weiß, daß ich ein Mensch bin, obgleich ich von meiner Kindheit an eingeschlossen bin. Viele Weise wurden so von Wundern durchströmt, daß sie sehr viele Geheimnisse kundtaten. Doch aus eitler Ruhmsucht schrieben sie diese sich selbst zu und kamen deshalb zu Fall. Diejenigen hingegen, die im Aufstieg der Seele die Weisheit aus Gott schöpften und sich für nichts erachteten, wurden Säulen des Himmels. So geschah es bei Paulus, der die anderen Jünger im Predigen überragte und dennoch sich selbst dem Nichts gleichachtete. Auch der Evangelist Johannes war erfüllt von zarter Demut, weshalb er so vieles aus dem göttlichen Quell zu schöpfen vermochte.

Wie wäre es also zu verstehen, wenn ich Armselige mich nicht erkennen würde? Gott wirkt, wo Er will, zur Ehre Seines Namens und nicht zur Ehre des erdhaften Menschen. Ich aber bin ständig von zitternder Furcht erfüllt. Denn keine Sicherheit irgendeines Könnens erkenne ich in mir. Doch strecke ich meine Hände zu Gott empor, daß ich von Ihm gehalten werde, wie eine Feder, die ohne jedes Gewicht von Kräften sich vom Wind dahinwehen läßt.

Das, was ich schaue, kann ich nicht vollkommen wissen, solange ich in der Dienstbarkeit des Leibes und der unsichtbaren Seele bin; denn an beidem besteht beim Menschen ein Mangel.

In der Schau sah ich auch, daß das erste Buch meiner Visionen Scivias genannt werden sollte, weil es auf dem Wege des lebendigen Lichtes kundgetan wurde und nicht aus der Lehre stammt.

Von meiner Kindheit an, als meine Gebeine, Nerven und Adern noch nicht erstarkt waren, erfreue ich mich der Gabe dieser Schau in meiner Seele bis zur gegenwärtigen Stunde, da ich doch schon mehr als siebzig Jahre alt bin. Und meine Seele steigt — wie Gott will — in dieser Schau empor bis in die Höhe des Firmamentes ... Ich sehe aber diese Dinge nicht mit den äußeren Augen und höre sie nicht mit den äußeren Ohren, auch nehme ich sie nicht mit den Gedanken meines Herzens wahr noch durch irgendwelche Vermittlung meiner fünf Sinne. Ich sehe sie vielmehr einzig in meiner Seele, mit offenen leiblichen Augen, so daß ich dabei niemals die Bewußtlosigkeit einer Ekstase erleide, sondern wachend schaue ich dies, bei Tag und Nacht.

Das Licht, das ich schaue, ist nicht an den Raum gebunden. Es ist viel, viel lichter als eine Wolke, die die Sonne in sich trägt. Weder Höhe noch Länge noch Breite vermag ich an ihm zu erkennen. Es wird mir als der „Schatten des lebendigen Lichtes" bezeichnet. Und wie Sonne, Mond und Sterne in Wassern sich spiegeln, so leuchten mir Schriften, Reden, Kräfte und gewisse Werke der Menschen in ihm auf.

Und ich werde durch Krankheiten stark gehemmt und oft derart in schwere Schmerzen verstrickt, daß sie mich zu Tode zu bringen drohen. Doch hat Gott mich bis jetzt immer wieder neu belebt.

Alles, was ich in der Schau sehe und lerne, das behalte ich lange Zeit in meinem Gedächtnis, weil, sobald ich es sehe oder höre, es in mein Gedächtnis eingeht. Ich sehe, höre und weiß gleichzeitig, und wie in einem Augenblick erlerne ich das, was ich weiß. Was ich aber nicht sehe, das weiß ich nicht, denn ich bin ungelehrt und wurde nur unterwiesen, in Einfalt Buchstaben zu lesen. Und was ich schreibe, das schaue und höre ich in der Vision und setze keine anderen Worte als die, die ich höre und in ungefeilten lateinischen Worten, so wie ich sie in der Vision höre, kundtue. Denn ich werde in der Schau nicht gelehrt, wie die Philosophen zu schreiben. Die Worte in dieser Schau klingen nicht wie die aus Menschenmund, sondern sie sind wie eine blitzende Flamme und wie eine im reinen Äther sich bewegende Wolke. Die Gestalt dieses Lichtes vermag ich aber nicht zu erkennen, wie ich ja auch die Sonnenscheibe nicht ungehindert anschauen kann.

In diesem Licht sehe ich zuweilen, aber nicht oft, ein anderes Licht, das mir das „lebendige Licht" genannt wird. Wann und wie ich es schaue, kann ich nicht sagen. Aber solange ich es schaue, wird alle Traurigkeit und alle Angst von mir genommen, so daß ich mich wie ein einfaches junges Mädchen fühle und nicht wie eine alte Frau ...

In beidem, in Leib und Seele, kenne ich mich selbst nicht und erachte mich gleich dem Nichts. Ich strecke mich aus nach dem lebendigen Gott und überlasse all dies Ihm, damit Er, der weder Anfang noch Ende hat, mich in all dem vor dem Bösen bewahre. Deshalb bete auch du für mich, der du diese Worte erfragst, gemeinsam mit allen, die sie gläubig zu hören verlangen, damit ich im Dienste Gottes ausharre.

Aber auch du, o Sohn Gottes, der du Ihn im Glauben suchst und von Ihm begehrst, Er möge dich retten: achte auf den Adler, der mit seinen zwei Flügeln der Wolke zufliegt. Verletzt er sich einen Flügel, so fällt er auf die Erde herab und kann sich nicht aufrichten, so gern er sich auch zum Flug erheben möchte. So fliegt auch der Mensch mit den beiden Flügeln der Vernunft, nämlich der Erkenntnis des Guten — dem rechten Flügel — und der Erkenntnis des Bösen — dem linken Flügel. Die Erkenntnis des Bösen dient dem Guten, das Gute wird durch die Erkenntnis des Bösen geschärft und geleitet, und so wird der Mensch in allem weise durch die Erkenntnis.

O teurer Sohn Gottes, Gott erhebe die Flügel deiner Erkenntnis zu den rechten Wegen, damit, wenn du die Sünde anleckst und kostest — denn du bist so geboren, daß du nicht ohne Sünde sein kannst —, du sie dennoch nicht durch die Tat genießest. Dann hast du einen guten Flug. Über einen Menschen, der so handelt, singt der himmlische Chor das Lob Gottes und preist Ihn, weil ein aus Asche gebildeter Mensch Gott so sehr liebt, daß er um Gottes willen sich selbst ganz und gar verachtet. So verhalte dich, bewährter Streiter, in diesem Kampf, damit du in die himmlische Harmonie eingehst, wo dir von Gott gesagt wird: Du gehörst zu den Kindern Israels! Denn im Eifer der Himmelssehnsucht hältst du durch Gitterspalten Ausschau nach dem Bergesgipfel.

Aber auch alle, die du in dem mir zugesandten Brief nanntest, mögen so vom Heiligen Geist geleitet werden, daß sie im Buche des Lebens eingeschrieben werden.

Hildegard offenbart in diesem Schreiben ihr Innerstes, und zwar — das ist erstaunlich — einem ihr unbekannten Menschen. Wir müssen annehmen: ihr Seherblick hat in das lautere Herz dieses Mönches geschaut. Vergleichen wir den Brief an Wibert mit dem Schreiben an Bernhard von Clairvaux aus dem Jahre 1146/47 über den gleichen Gegenstand — das Geheimnis ihrer Sehergabe —, so erkennen wir in dem Brief von 1175 die durch Erfahrungen und Erlebnisse geprüfte und gereifte Frau: die Heilige. Als Heilige wird sie von Wibert und den vielen anderen, ja letztlich von allen erkannt, geliebt und verehrt.

Nun drängte es Wibert mehr denn je, die Seherin auch persönlich kennenzulernen. Tatsächlich bot sich ihm im Herbst 1175 die günstige Gelegenheit, einen angesehenen Kanoniker von St. Lambert in Lüttich auf seiner Reise nach Bingen zu begleiten. In einem Brief an seinen Freund Radulf, Mönch der Zisterzienserabtei Villers in Brabant, berichtet Wibert von diesem Besuch auf dem Rupertsberg. Die beiden Gäste wurden aufs freundlichste empfangen und genossen vier Tage lang die aufmerksame, liebenswürdige Gastfreundschaft des Klosters und die Gespräche mit Hildegard[6]*. Der Disibodenberger Mönch Gottfried war damals Hildegards Sekretär und versah dazu das Amt des Klosterpropstes.*

Wibert kehrte bei seiner Rückreise erst bei den Villerenser Mönchen ein, um ihnen Bericht zu erstatten. Diese hatten inzwischen ein ganzes Bündel spitzfindiger theologischer Fragen zusammengestellt, die sogenannten Achtunddreißig Fragen, *die sie durch Wiberts Vermittlung der Seherin zur Beantwortung vorlegen wollten. Doch Wibert ließ die* Fragen *in Villers liegen und kehrte nach Gembloux zurück.*

Kurz nach dem 2. Februar 1176 treffen wir ihn wieder in Villers, wo der Ritter Siger inzwischen Mönch geworden war, und hier erfährt Wibert vom Tod des Rupertsberger Klosterpropstes (Gottfried). Als Abt Johannes von Gembloux (1159—88) in der Fastenzeit 1176 eine Wallfahrt nach St. Quirin in Neuss unternimmt und auch in Hildegards Kloster einkehren will, ist Wibert ganz zufällig *sein Reisebegleiter. Als aber der Abt in Köln sich plötzlich gegen die Fahrt nach Bingen entscheidet, ist Wibert aufs schwerste betroffen und bitter enttäuscht*[7]. *Nun vertraut er die* Achtunddreißig Fragen, *die er mitgenommen hatte, seinem Freund Balduin an, der sie mit Wiberts Brief persönlich nach Bingen bringt*[8]. *Nach einer nochmaligen Anfrage Wiberts — es ist sein fünftes Schreiben an Hildegard — antwortet sie dem stürmischen Wallonen: sie arbeite an den* Fragen, *sei aber krank und beweine ihren* Stab des Trostes. *Denn seit Gottfrieds Tod Anfang 1176 fehlt ihr der Sekretär und Klosterpropst. Sie warnt Wibert vor Unbeständigkeit und empfiehlt ihm Demut, Einfalt des Herzens und Tapferkeit*[9]. *Nochmals senden die Villerenser und Wibert ein Schreiben an Hildegard mit der wiederholten eindringlichen, ja aufdringlichen Bitte um die Beantwortung und Zusendung der* Fragen[10]. *Außerdem läßt Wibert durch Siger der Seherin noch einen eigenen Brief überbringen. Darin heißt es:* Sei gegrüßt, nach Maria voll der Gnade, der Herr ist mit dir, du bist gebenedeit unter den Weibern, und gebenedeit ist das Wort deines Mundes, das die Geheimnisse des Unsichtbaren zu den Menschen trägt, das Himmlisches mit Irdischem verbindet, Göttliches mit Menschlichem vereint. Dies glauben wir mit dem Herzen, bekennen es mit dem Munde (vgl. Rö 10, 10): Du bist die Quelle der Gärten, der Brunnen mit lebendigen Wassern, die vom Libanon gewaltig herabfließen (vgl. Hl 5, 14)[11]. *Inzwischen hat Hildegard den Villerensern ihren* Liber vitae meritorum *gesandt, den die Mönche im Refektorium hochbeglückt als Tischlesung hören. Plötzlich dringt das Gerücht von Hildegards Tod nach Brabant. Sofort richtet Wibert ein Schreiben an die Rupertsberger Nonnen und fragt, ob und an welchem Tage und wo Hildegard gestorben sei; wer die Beisetzung vorgenommen habe; wie es mit den* Fragen *stehe. Man liest Hildegards* Liber vitae meritorum *jetzt in Gembloux als Collation vor der Komplet*[12].

Eine Nonne, Schwester Mathilde, nahm den Brief vor dem Allerheiligenfest (1. November) 1176 mit nach Bingen. Als sie nach der Oktav von Epiphanie 1177 endlich zurückkehrt, bringt sie die frohe Kunde mit, daß Hildegard lebt, nach überstandener schwerer Krankheit sich jedoch nur langsam erholt[13].

Im Januar 1177 bittet Wibert in einem Brief Hildegard nochmals um die Zusendung der beantworteten Fragen. *Daraufhin schreibt*

Hildegard an Wibert und die Villerenser Mönche

In der geistgewirkten Schau meiner Seele sah und hörte ich folgende Worte: O Söhne der Liebe! Getränkt aus dem unausschöpfbaren, ins ewige Leben hinübersprudelnden Quell, entzündet an der nie verlöschenden Leuchte des Wortes Gottes, sucht ihr unermüdlich in reinem Glauben, was Gottes ist, und verlangt danach, es zu finden. Höret mit dankbarer Aufnahmebereitschaft folgende Worte!

„Es führte mich der König in den Weinkeller, und Er ordnete in mir die Liebe. Erquicket mich mit Blumen, labt mich mit Früchten. Denn ich bin krank vor Liebe“[a]. Das ist so zu verstehen. Gott erstellte das Gesetz des Alten Bundes ähnlich wie eine Hohlform, die der Gießer kunstvoll nach seinem Entwurf aus Lehm fertigt, um später nach ihr das Werk selbst aus Metall zu gestalten. Der Alte Bund war der Schatten der edlen Blüte, die Gott nach ewigem Ratschluß aus der Jungfrau Maria hervorgehen lassen wollte. Diese Blüte ist der Sohn Gottes. Er ist die strahlende Sonne, die die ganze Welt erleuchtet, der wahre Weinstock, der uns mit dem besten Wein getränkt hat, als wir durch das Gewand Seiner Menschheit hindurch infolge Seiner freigebigen Gnade die herrliche Gestalt Seiner Gottheit erkannt und in Weisheit die wahre Lehre des reinen Glaubens erlernt haben.

So „hat Er in uns die Liebe geordnet“. Die Liebe ist ein nie verlöschendes Feuer. Aus ihm haben die Funken des wahren Glaubens ihr Feuer, die in den Herzen der Gläubigen brennen. Diese werden durch die Liebe zu Gott entzündet zum Glauben, den sie niemals haben könnten, wenn sie Ihn nicht zuvor im Herzen liebten. Das ist die „Ordnung der Liebe“ in uns.

Durch diese Funken, die aus dem wahren Glauben aufsprühen, sind die Martyrer Christi bei der Vergießung ihres Blutes zur Sehnsucht nach dem Himmel emporgeflogen. Glühend vom unauslöschlichen Feuer der Liebe, gestärkt durch die Blüten des Martyriums, gelangten sie zur ewigen Herrlichkeit. Die gleiche Liebe erfüllt noch heute durch die Funken des wahren Glaubens die Herzen vieler Getreuer, die nach der Gerechtigkeit Gottes hungern. Sie können sich nie genug an ihr ersättigen, wie auch die Engel sich an der Schau des Antlitzes Gottes, die sie immerdar genießen, nicht ersättigen können. Denn Er ist die Liebe, die weder Anfang noch Ende hat.

Diese glückseligen Menschen aber, die — wie mit Früchten — erfüllt sind von der zuversichtlichen Hoffnung auf die unzählbaren Güter der ewigen Glückseligkeit, seufzen allzeit auf zu Gott. Denn sie verachten die Fleischeslust — die in den Menschen einging, als Adam vom Apfel kostete —, da sie sie in sich selbst durch das Martyrium überwinden. Der lebendige Quell nämlich ergießt sich durch die Gnade so in sie, daß sie, der Fleischeslust abgestorben, durch den unstillbaren Hunger und Durst nach der Gerechtigkeit Gottes „krank sind vor Liebe“ zu Ihm, bis sie im ewigen Leben sich an Seiner großen Herrlichkeit glückselig ersättigen werden.

O Söhne Gottes, auch ihr seid mit dieser Liebe gesiegelt, denn in eurem Fleische habt ihr aus Liebe zur wahren Sonne, zum Sohne Gottes, der aus dem Fleische Mariens als wahrer Mensch erblühte, die Welt verschmäht. Er ist es auch, der „in uns Seine Liebe geordnet hat“. Nun möge euch das reine Licht der wahren Sonne erleuchten und euch lehren, im heiligen Wandel so auszuharren, daß ihr durch ein seliges Ende in der wahren Seligkeit lebet!

Ich armselige und ungelehrte Frau, die ich der Leitung eurer tiefgründigen Weisheit unterworfen bin, habe zur Erfüllung der gläubigen Bitte eurer Liebe zum wahren Licht aufgeschaut. Und soviel ich mit der Gnade Gottes vermochte, habe ich an den Lösungen Eurer „Fragen“ gearbeitet. Obgleich beschäftigt mit einer Schrift, die ich begonnen, aber noch nicht vollendet habe, und trotz einer schweren Krankheit, durch die ich nach Gottes Willen lange aufgehalten wurde, habe ich doch von diesen „Fragen“ vierzehn Lösungen fertiggeschrieben. Und so gut ich mit Gottes Hilfe kann, werde ich gern an den übrigen weiterarbeiten.

---

[a] Hl 2, 4 f.

Auf diesen Brief antwortet Wibert mit einem Dankschreiben, in dem er auch einige Freunde der Fürbitte Hildegards empfiehlt und sie zum Schluß noch einmal wegen der Fragen *bedrängt*[14].

Mit diesem Schreiben endet der Briefwechsel zwischen Wibert und Hildegard.

Bald darauf, im Juni 1177, begibt sich Wibert mit Erlaubnis seines Abtes auf den Rupertsberg, auf Einladung Hildegards, wie er mehrfach behauptet[15]*; doch fehlen die diesbezüglichen Hildegardbriefe. Wibert trifft, wie bereits an anderer Stelle erwähnt, hier zwei Männer an: Hildegards leiblichen Bruder Hugo, den Domkantor von Mainz, als Sekretär, sowie einen Kanonikus von St. Stephan in Mainz als Spiritual der Nonnen*[16]*. Als beide Männer kurz nacheinander sterben, erkennt Wibert darin eine Fügung Gottes und entschließt sich, einstweilen auf dem Rupertsberg zu bleiben. In einem Brief an seinen Freund Bovo, der später sein Mitbruder in Gembloux wurde, entwirft Wibert ein anschauliches, farbenreiches Bild vom Leben in Hildegards Kloster:*

Wibert von Gembloux an Bovo

Seinem Freund Bovo wünscht Frater Wibert, er möge von den breiten Wegen der Welt, die zum Tode führen, die Kehr nehmen zum Pfad des strengeren Lebens, auf dem man mit Gottes Hilfe zu den Vorhöfen des Himmels gelangt . . .

Durch Briefe der ehrwürdigen Herrin und Mutter Hildegard hierher gerufen, kam ich durch ihre Gebete, wie ich glaube, glücklich bei ihr an. Nicht nur von ihr, sondern auch von all denen, die ihr untergeben sind, wurde ich freudig aufgenommen. Und nun weile ich bei ihr in der schönen Atmosphäre des Friedens und aller Freude und Wonne. Durch ihre Ratschläge werde ich geleitet, durch ihre Gebete gestärkt, ihre Verdienste gestützt, ihr Wohlwollen getragen und täglich erquickt durch ihre Gespräche.

Was meine Bleibe angeht, so würde sie selbst zur Zeit nichts lieber sehen, als daß ich im Hause Gottes, das sie leitet, Wohnung nehme, um alle Tage meines Lebens hier zu verweilen. Ich soll nämlich sie und ihre Töchter geistlich betreuen und die Sorge um die hochwertigen Bücher übernehmen, die sie geschrieben hat. Daraufhin drängt sie mich mit Wünschen und Bitten, soviel sie kann. Und darüber hinaus ersucht sie mich häufig auch noch durch andere darum. Doch habe ich es wegen ihrer großen Heiligkeit, die ich zu beleidigen fürchte, bis jetzt weder gänzlich angenommen noch ausgeschlagen, wenngleich ich weit lieber in einem regulären Kloster weilen möchte. Denn ich weiß, daß manche, die sich auf meinen Rat stützen, auf mich warten und es übelnehmen würden, wenn ich [für immer] dort bliebe.

Ein wunderbarer Wettstreit der Tugenden wird hier sichtbar. Die Mutter umfängt ihre Töchter mit solcher Liebe und die Töchter unterwerfen sich der Mutter mit solcher Ehrfurcht, daß man kaum unterscheiden kann, ob in diesem Eifer die Mutter die Töchter oder die Töchter die Mutter übertreffen. Diese gottgeweihten Dienerinnen ehren in einmütiger Gesinnung Gott durch ihre Hingabe, sich selbst durch ihre Zucht, sich gegenseitig durch Ehrerbietung und Gehorsam mit solchem Eifer, daß in ihnen durch die Hilfe Christi wahrhaftig der Sieg des schwachen Geschlechtes über sich selbst, über die Welt und über den Teufel zum herzerfreuenden Schauspiel geworden ist.

Denn eingedenk der Einladung des Herrn: „Macht euch frei und sehet, daß Ich Gott bin“[a], enthalten sie sich an Festtagen der Arbeit, sitzen in geziemender Haltung unter Stillschweigen im Klaustrum, widmen sich mit Eifer der Lesung und dem Erlernen des Gesanges. Und gehorsam dem Apostelwort: „Wer nicht arbeitet, soll auch nicht essen“[b], widmen sie sich an Werktagen in geeigneten Räumen dem Abschreiben von Büchern, Anfertigen von liturgischen Gewändern oder anderen Handarbeiten. So erwächst aus der eifrigen Lesung das Licht der göttlichen Erkenntnis und die Gnade der Zerknirschung. Durch körperliche Arbeit wird der Müßiggang, dieser Feind der Seele, vertrieben und Possenreißerei, die durch müßiges Zusammensein aus leichtfertigem Gerede entstehen kann, unterdrückt.

Außerdem ist hier noch ein weiteres Wunder zu sehen. Dieses Kloster ist nicht etwa von einem Kaiser oder Bischof, einem Mächtigen oder Reichen dieser Erde, sondern von einer armen, zugezogenen, schwachen Frau gegründet worden. Innerhalb kurzer Zeit, seit siebenundzwanzig Jahren, hat es sich sowohl dem monastischen Geist wie auch dem äußeren Aufbau nach hoch entwickelt, so daß es durch nicht prunkvolle, wohl aber stattliche und geräumige Gebäude — wie sie sich für Nonnen eignen — und dadurch, daß man in sämtliche Arbeitsräume eine Wasserleitung gelegt hat, in allem wohlbestellt ist. Nicht nur für die vielen Gäste, die dem Hause Gottes niemals fehlen, und die verschiedenen Angestellten, deren es eine ganze Anzahl gibt, sondern auch für die rund fünfzig Schwestern sind alle Ausgaben für Kleidung und Nahrung zur Genüge gedeckt.

Diejenige aber, die die Mutter und Führerin einer so großen Heerschar ist, verschwendet sich in Liebe an alle. Die lasterhafte Überheblichkeit, die so häufig aus einer Ehrenstellung entspringt, zertritt sie durch das Gewicht ihrer Demut. Sie gibt die erbetenen Ratschläge, löst schwierige Fragen, die ihr gestellt werden, schreibt Bücher, unterweist ihre Schwestern, richtet Sünder auf, die zu ihr kommen, und ist dadurch voll und ganz in Anspruch genommen. Trotz der Last des Alters und des Krankseins leistet sie durch Übung aller Tugenden so Großes, daß sie vieles mit dem Apostel sagen könnte, wie zum Beispiel: „Allen bin ich alles geworden, um alle zu gewinnen“[c], und: „Mit Freuden rühme ich mich meiner Schwachheiten, damit die Kraft Christi in mir wohne; denn wenn ich schwach bin, bin ich stark“[d] . . .

---

[a] Ps 45, 11 [b] 1 Thess 1, 12 [c] vgl. 1 Kor 1, 29 [d] 2 Kor 12, 9 f.

Wibert fühlte sich überglücklich auf dem Rupertsberg. Welche Bestürzung aber überfiel ihn, als im September des gleichen Jahres 1177 plötzlich sein Abt vor ihm stand, um ihn auf Wunsch seiner Mitbrüder nach Gembloux zurückzuholen. Im Brief an seinen Freund Radulf von Villers schildert Wibert den Schrecken, der die Nonnen befiel: Sie wurden bleich, fröstelten und bekamen eine Gänsehaut. *Alle Herzen waren von Trauer erfüllt. Ihr stürmisches Bitten sowie das Drängen des Bischofs Radulf von Lüttich und des Erzbischofs Philipp von Köln bewogen Abt Johannes, Wibert weiterhin auf dem Rupertsberg zu lassen*[17]. *Wibert befaßte sich vor allem mit Hildegards Schriften, erbat sich aber die Erlaubnis, sie stilistisch zu überarbeiten. Die Meisterin machte ihm zwar dieses Zugeständnis, bemerkte jedoch, ihr* einzig geliebter Freund Volmar seligen Angedenkens *habe sich damit begnügt, ihre Schriften* nur nach den Regeln der Grammatik zu verbessern, *ohne den Stil zu korrigieren. Zum Glück hatte die Seherin ihre großen Werke abgeschlossen. Ihre* Vita des heiligen Martinus *ist im wesentlichen Wiberts Werk*[18]. *Die Rupertsberger Meisterin war übrigens genötigt, sich mit ihrem ausländischen Sekretär in lateinischer Sprache zu verständigen.*

Die aufdringliche Neugier der Villerenser Mönche, die sich nochmals nach den Achtunddreißig Fragen *ausstreckten, sollte nicht befriedigt werden. Hildegard beantwortete sie in knappster Form, doch gelangten sie nie nach Villers. Ihr Neffe Wezelin erhielt sie. Als Wezelin nach Hildegards Tod daranging, die theologischen Schriften der Heiligen im „Riesenkodex“ zusammenzufassen (ihre Visionstrilogie, die Vita [der Mönche Gottfried und Theoderich], ihre Briefe, die Wezelin persönlich redigierte und kompilierte*[19], *sowie ihre Lieder), ließ er auch die* Achtunddreißig Fragen *mit ihren* Lösungen *in diesen Kodex aufschreiben. Später nahm er das Konzept der* Fragen *mit nach Köln. Nach seinem Tode (1185) erhielt sie sein Neffe und Amtsnachfolger Gilbert, der seine Bücher mehreren Kirchen vermachte und auch bald starb. Schließlich riet Wibert den Villerensern, sie möchten sich mit ihren* Fragen *an die Pariser Doktoren wenden*[20].

Wibert erlebte den Tod der Heiligen am 17. September 1179 auf dem Rupertsberg persönlich mit, doch hat er uns keine Aufzeichnungen von ihrem Sterben hinterlassen. Dem Literaten fehlte der Sinn für Geschichte. Wibert blieb noch mehrere Monate in Bingen und wurde 1180 nach Gembloux zurückgerufen. 1188/89 übernahm er den Abtsstab von Florennes bei Namur. 1193 wählten ihn die Mönche von Gembloux einstimmig zu ihrem Abt. 1203/04 legte er den Abtsstab nieder und widmete sich als einfacher Mönch mit großer Liebe seiner literarischen Tätigkeit bis zu seinem Tode 1213 oder 1214. Eine Gemblazenser Handschrift schließt den Lebensbericht über Wibert, der zu den hervorragendsten Mönchs- und Abtsgestalten des 12. Jahrhunderts gehört, mit dem Wort: Herr Wibert besaß die Wissenschaft der Alten, er war das Auge unseres Gotteshauses[21].

Der Briefwechsel Wiberts von Gembloux mit der rheinischen Seherin und die Briefe Wiberts an seine Freunde über die Meisterin vom Rupertsberg gehören zu den wichtigsten Hildegard-Quellen.

Die letzten Briefe der Hildegard-Korrespondenz stammen aus dem letzten und schwersten Jahre ihres langen, mühevollen Pilgerweges. Drei Schreiben liegen vor, die um ein erregendes, schwerverständliches Thema kreisen: das Interdikt, das die Mainzer Domherren über Hildegards Kloster verhängt hatten: ein Brief Hildegards an die Mainzer Prälaten, ein Schreiben Hildegards an Erzbischof Christian von Mainz, die Antwort des Mainzer Erzbischofs an Hildegard.

Als das Mainzer Domkapitel das Rupertsberger Kloster mit dem Interdikt belegte und Hildegard um dessen Aufhebung einen zähen Kampf mit der Mainzer Kurie auf sich nahm, weilte der Mainzer Erzbischof, Christian von Buch, in Rom. Um die Verklammerung von Geistlichem und Weltlichem, von Kirche und Reich, und die dadurch verursachten Spannungen und Konflikte jener Zeit noch einmal in den Blick zu bekommen, sei der Lebensgang dieses Metropoliten kurz gestreift.

Der vielseitig begabte, hochgeehrte, aber auch stark umstrittene Kirchenfürst hatte eine glänzende Laufbahn hinter sich. Er entstammte einem thüringischen Fürstengeschlecht, wurde 1160 Propst von Mariagreden in Mainz, bald darauf Propst von St. Servatius in Maastricht. Schon früh stand er auf der Seite Barbarossas und war als dessen Kanzler eifrig für den Gegenpapst Paschalis III. tätig. Bereits 1160 war Christian von einer Partei zum Erzbischof von Mainz gewählt worden, konnte sich aber nicht behaupten, bis Friedrich I. ihn nach Absetzung des papsttreuen Erzbischofs Konrad von Wittelsbach 1165 zum Metropoliten von Mainz ernannte und ihm am Weihnachtsfest 1166 in Bagnolo die Investitur verlieh. Am 4. März 1167 weihte ihn Bischof Hermann von Verden in Imola zum Priester und am nächsten Tag Bischof Daniel von Prag zum Bischof.

In den folgenden Jahren blieb Christian von Buch als Erzkanzler, hervorragender Feldherr und ausgezeichneter Diplomat unentwegt im Dienste des Kaisers und kämpfte mit ihm gegen Papst Alexander III. Die Interessen seiner Erzdiözese wurden indes — das muß hier, auch im Hinblick auf das Interdikt, betont werden — seinen Vertretern überlassen und vielfach vernachlässigt. Non Christianus, sed Antichristus, *schrieb in jenen Jahren Johannes von Salesbury über ihn an Thomas Becket (Ep. 140). Am 29. Mai 1167 errang Christian den glänzenden Sieg gegen die Übermacht der Römer bei Tusculum. 1168 war er als kaiserlicher Gesandter bei den Königen von England und Frankreich, 1170 als kaiserlicher Gesandter in Griechenland tätig. Im Juni 1169 wurde durch seine Fürsprache auf dem Reichstag zu Bamberg Barbarossas zweiter Sohn, Heinrich, zum König gewählt.*

Am Zustandekommen der Aussöhnung zwischen Kaiser Friedrich I. und Papst Alexander III. im Frieden von Venedig (Mitte Mai bis zur zweiten September-

hälfte) 1177 hatte Christian den bedeutendsten Anteil. Die Rolle, die er hier spielte, bildete den Höhepunkt seiner kirchlich-politischen Tätigkeit. *Christian wurde jetzt von Alexander als Erzbischof von Mainz anerkannt, leistete den Gehorsamseid und erhielt vom Papst das Pallium, nachdem er das alte verbrannt hatte. Er begleitete Alexander nach Rom und nahm 1179 am dritten Laterankonzil teil. — Auf Veranlassung einiger Städte hielt Markgraf Konrad von Montferrat Erzbischof Christian von Ende September 1179 an ein Jahr und drei Monate in Gefangenschaft. Diese Haft hatte eine derartige Schwächung seiner Gesundheit zur Folge, daß er bei der Rückführung des neuen Papstes Lucius III. nach Rom in Tusculum, vom Papst versehen, am 25. August 1183 dem Fieber erlag. Erzbischof Christian, der zwölf Jahre in Italien verbracht hatte, wurde nach seinem Tode vom Volke hoch verehrt*[1].

Wie kam es, daß die Mainzer Prälaten über Hildegards Kloster das Interdikt verhängten?

Ähnlich wie die Disibodenberger Mönchsabtei[2] *hatte auch das Rupertsberger Kloster*[3] *die Erlaubnis, Freunde und Wohltäter auf dem Klosterfriedhof zu bestatten. Hildegard hatte 1178 — der Monat ist uns nicht bekannt — einen ehemals exkommunizierten Edelmann, der sich mit der Kirche ausgesöhnt hatte, auf ihrem Gottesacker beisetzen lassen. Da die Wiederaufnahme dieses Mannes in die Kirche privat und nicht offiziell stattgefunden hatte, verlangte das Mainzer Domkapitel von Hildegard die sofortige Entfernung der Leiche vom Rupertsberger Friedhof. Im Weigerungsfall sei ihr Kloster mit dem Interdikt belegt.*

Die Nachricht traf Hildegard wie ein Blitz aus heiterem Himmel. Und dann geschah das für uns fast Unbegreifliche: Sie nahm das Interdikt auf sich. Warum sie so handelte und nicht anders, erfahren wir aus ihren Briefen. Das Interdikt war für sie und ihre Nonnen der schmerzlichste Schlag, der sie je getroffen. Auf die Opferfeier und den Kommunionempfang mußten sie verzichten. Der öffentliche Vollzug des Opus Dei — nach der Benediktusregel ihre vornehmste Aufgabe und Pflicht — wurde ihnen untersagt. Mit gedämpfter Stimme rezitierten die Nonnen nunmehr die kanonischen Horen hinter der verschlossenen Kirchentür. Dann aber begann für Hildegard der Kampf um ihr Recht, um das Recht des Toten, um das Recht Gottes. Mit ihrem Äbtissinnenstab zeichnete sie ein Kreuz über das betreffende Grab und verwischte, um es unkenntlich zu machen, seine Grenzen[4].

Über den Hergang der Geschehnisse verfaßte sie ein ausführliches Schreiben und begab sich nach Mainz, um es den Prälaten vorzulesen.

Hildegard an die Mainzer Prälaten

In der Schau, die meiner Seele schon vor der Geburt vom Schöpfergott eingeprägt wurde, sehe ich mich gezwungen, hinsichtlich der uns von unseren geistlichen Oberen auferlegten Bindung folgendes zu schreiben.

Es handelt sich um einen Toten, dessen Überführung und Begräbnis auf unserem Friedhof durch seinen Priester widerspruchslos stattgefunden hat. Als unsere Oberen wenige Tage nach seiner Beisetzung uns befahlen, ihn aus unserem Friedhof zu entfernen, wurde ich darob von einem nicht geringen Schrecken befallen und habe, wie gewohnt, zum wahren Lichte aufgeschaut und mit wachen Augen in meiner Seele folgendes gesehen:

Würde gemäß ihrer Vorschrift der Leib dieses Toten ausgegraben, so würde durch die Entfernung unserem Orte eine große Gefahr drohen und uns umlagern gleich der schwarzen Wolke, die Sturm und Gewitter anzuzeigen pflegt. Deshalb maßen wir uns nicht an, den Leib des Verstorbenen — da er ja gebeichtet, die Salbung und Kommunion empfangen hatte und ohne Widerspruch bestattet worden war — herauszuholen. Auch stimmten wir nicht dem Rat oder der Vorschrift derer zu, die uns dies rieten oder befahlen. Nicht als ob wir dem Rat bewährter Männer oder der Vorschrift unserer Prälaten nicht das gebührende Gewicht beilegten, sondern wir wollten nur das Schauspiel vermeiden, daß den Sakramenten Christi, mit denen der Mann in seinem Leben gestärkt worden war, von erregten Frauen Schmach angetan würde. Um aber nicht als Ungehorsame zu erscheinen, haben wir bis jetzt gemäß dem Interdikt den Gesang des Gotteslobes eingestellt und uns der Teilnahme am Herrenleib, den wir jeden Monat zu empfangen pflegen, enthalten. Ich selbst und alle meine Schwestern wurden darob von großer Traurigkeit befallen. Da endlich, fast erdrückt von so schwerer Last, vernahm ich folgende Worte in meiner Schau:

Es ist nicht gut für euch, um menschlicher Worte willen die Mysterien Meines mit der menschlichen Natur bekleideten WORTES, das als euer Heil in jungfräulicher Natur aus der Jungfrau Maria geboren wurde, zu unterlassen. Ihr müßt deshalb von euren Prälaten, die euch diese Bindung auferlegt haben, die Freiheit erbitten.

Denn seitdem Adam aus dem lichten Land des Paradieses in die Verbannung dieser Welt vertrieben wurde[a], ist die Empfängnis aller Menschen mit der Schuld der ersten Übertretung belastet. Es war daher notwendig, daß nach dem unerforschlichen Ratschluß Gottes aus der menschlichen Natur *ein* Mensch ohne jeglichen Makel einer Verwundung geboren wurde. Durch Ihn sollen alle, die zum Leben bestimmt sind, von allem Schmutz gereinigt werden. Damit Er zu ihrer Festigung allzeit in ihnen und sie in Ihm verblieben, sollten sie im Empfang Seines Leibes mit Ihm eins und dadurch geheiligt werden. Wer aber wie Adam den Vorschriften Gottes gegenüber ungehorsam ist und Ihn ganz und gar vergißt, der muß vom Empfang Seines Leibes ausgeschlossen werden — wie er sich ja durch den Ungehorsam schon von ihm abgewandt hat —, bis er, durch Buße gereinigt, von den Oberen wieder die Erlaubnis erhält, sich dem Leibe des Herrn in der Kommunion zu vereinigen. Wer aber erkennt, einer solchen Unterbindung weder im Gewissen noch im Willen unterworfen zu sein, der schreite mit Zuversicht zum Empfang dieses lebenspendenden

Sakramentes, um durch das Blut des unbefleckten Lammes gereinigt zu werden, da Es im Gehorsam gegen den Vater auf dem Altar des Kreuzes sich opfern ließ, um für alle das Heil wiederherzustellen.

In der gleichen Vision hörte ich, ich sei schuldig geworden, weil ich mich nicht in aller Demut und Unterwürfigkeit zu meinen geistlichen Oberen begeben habe, um von ihnen persönlich die Erlaubnis zum Kommunizieren zu erbitten. Und dies vor allem deshalb, weil wir uns durch die Aufnahme des Toten in keine Schuld verstrickt hätten. Denn er sei, mit allem versehen, was einem Christen zusteht, von seinem Priester unter dem Geleit von ganz Bingen bei uns bestattet worden, ohne daß irgend jemand Einspruch erhoben habe.

Dies euch Herren Prälaten zu künden, wurde mir von Gott auferlegt.

Auch schaute ich etwas darüber, daß wir bis jetzt im Gehorsam gegen euch den Gesang des göttlichen Offiziums unterlassen haben und es nur mit leiser Rezitation verrichten. Und ich vernahm eine vom lebendigen Licht ausgehende Rede über die verschiedenen Arten [der Musikinstrumente] beim Gotteslob, von denen David spricht: „Lobt Ihn im Schalle der Posaunen, lobt Ihn mit Harfe und Zither" usw. bis: „Alles, was Odem hat, lobe den Herrn"[b].

In diesen Worten werden wir durch Äußeres über Inneres belehrt, nämlich wie wir entsprechend dem Material und der Eigenart der Instrumente unsere innere Hingabe am besten in das Lob des Schöpfers hineinlegen und zum Ausdruck bringen sollen. Wenn wir uns liebend darauf einstellen, so tun wir es in Erinnerung daran, wie der Mensch nach der Stimme des lebendigen Geistes auf die Suche ging. Adam hatte sie durch seinen Ungehorsam verloren. Vor seiner Übertretung im Stande der Unschuld stand seine Stimme in nicht geringem Einklang mit den Stimmen der lobsingenden Engel. Sie, die allzeit vom Geiste, der Gott ist, dazu angefeuert werden, verharren kraft ihrer geistigen Natur in dieser Chorgemeinschaft. Adam aber hatte den Gleichklang mit der Stimme der Engel, den er im Paradies besaß, verloren und ist — wie einer, der beim Erwachen aus dem Schlafe von dem, was er im Traum geschaut nichts oder nur Unsicheres weiß — dem Erkennen, mit dem er vor der Sünde begabt war, entschlafen. Denn als er sich, betrogen durch des Teufels Einflüsterung, gegen den Willen seines Schöpfers auflehnte, verwickelte er sich in die Finsternis innerer Unwissenheit. Das war seine Strafe.

Gott aber durchströmt die Seelen der Auserwählten mit dem Lichte der Wahrheit und rettet sie dadurch für die frühere Beseligung. Er trug in sich den Ratschluß, einst die Herzen vieler durch Eingießung des prophetischen Geistes zu erneuern. Durch dessen innere Erleuchtung sollten sie in etwa das verlorengegangene Licht zurückgewinnen, das Adam besessen hatte, bevor er der Strafe für seine Sünde verfiel.

Damit sie aber nicht aus der Erinnerung an seine Verbannung lebten, sondern im Gedenken an die himmlische Seligkeit und den Lobpreis, deren Adam vor seinem Fall sich mit den Engeln in Gott erfreute, und damit auch sie zum Gotteslob angeregt würden, verfaßten die heiligen Propheten, von dem gleichen Geist belehrt, den auch sie empfangen hatten, nicht nur Psalmen und Lieder, um die Andacht der Zuhörer zu entflammen, sondern sie erfanden auch verschiedene Musikinstrumente zu klangvoller Begleitung. All dies im Hinblick darauf, daß sowohl durch die Form und Eigenart dieser Instrumente als vor allem durch den Sinn der Worte, die dabei vorgetragen werden, die Zuhörer, wie gesagt, von außen her angeregt und in Schwung gebracht, sich innerlich am Sinn [der Lieder] erbauen.

In Nachahmung dieser Propheten haben eifrige und weise Männer auch ihrerseits durch menschliche Kunstfertigkeit vielerlei Musikinstrumente erfunden, um in Herzensfreude singen zu können. Und die Melodie brachten sie in entsprechenden Biegungen der Finger zur Darstellung[5], so daß sie auch hierin sich Adams erinnerten, der durch den Finger Gottes, den Heiligen Geist, gebildet ward und dessen Stimme vor dem Sündenfall in vollem, harmonischem Klang die Lieblichkeit aller Musikkunst in sich trug. Wäre er im ursprünglichen Zustand verblieben, so hätte die Schwäche des sterblichen Menschen die Kraft und die Klangfülle dieser Stimme nicht zu ertragen vermocht.

Als aber sein Betrüger, der Teufel, hörte, daß der Mensch auf Gottes Eingebung hin zu singen begann und dadurch sich eingeladen sah, an die lieblichen Gesänge des himmlischen Vaterlandes zu denken, spürte er, daß seine trügerischen Ränke vereitelt werden könnten. Darüber erschrak er so, daß es ihn ungemein quälte. Mit dem unaufhörlichen Lügengeschwätz seiner Bosheit sinnt und sucht er deshalb ohne Unterlaß, den Lobpreis Gottes und die Schönheit der geistlichen Lieder nicht nur durch böse Einflüsterungen, unreine Gedanken und vielerlei Zerstreuungen aus dem Herzen der Menschen, sondern, wo immer er nur kann, auch durch Zwietracht, Ärgernisse oder ungerechte Unterdrückungen aus dem Munde der Kirche in Disharmonie zu bringen und zu verbannen.

Deshalb müßt ihr und müssen alle geistlichen Oberen mit größter Behutsamkeit vorgehen. Ehe ihr den Mund einer Kirche, das heißt derer, die das Lob Gottes singen, durch Urteilsspruch schließt und ihnen den Vollzug und Empfang der Sakramente untersagt, müßt ihr die Gründe für diese Maßnahme aufs sorgfältigste prüfen und untersuchen. Ihr müßt darauf bedacht sein, euch dabei einzig vom Eifer der Gerechtigkeit Gottes, nicht aber von Entrüstung und ungerechter Geisteserregung oder von Rachsucht lenken zu lassen. Auch müßt ihr beim Fällen des Urteils euch ständig in acht nehmen, daß Satan, der den Menschen der himmlischen Harmonie und den Wonnen des Paradieses entriß, euch nicht umzingelt.

Bedenket also: Wie der Leib Jesu Christi vom Heiligen Geist aus der unversehrten Jungfrau Maria geboren wurde, so hat auch in der Kirche das

Singen des Gotteslobes als Widerhall der himmlischen Harmonie seine Wurzeln vom Heiligen Geist. Der Leib aber ist das Gewand der Seele, die der Stimme Leben gibt. Darum muß der Leib seine Stimme im Einklang mit der Seele zum Gotteslob erheben. So befiehlt auch — symbolhaft — der Geist des Propheten: Gott solle mit schallenden Zimbeln gelobt werden, mit Zimbeln hellen Jubels und mit den übrigen Musikinstrumenten, die kluge und fleißige Leute hergestellt haben. Denn alle Künste, die dem Nutzen und der Notdurft der Menschen dienen, sind von dem Hauch ersonnen, den Gott in den Leib des Menschen gesandt hat[c]. Und darum ist es gerecht, daß Gott in allem gelobt werde[d].

Beim Hören eines Liedes pflegt der Mensch manchmal tief zu atmen und zu seufzen. Das gemahnt den Propheten daran, daß die Seele der himmlischen Harmonie entstammt. Im Gedenken daran wird er sich bewußt, daß die Seele selbst etwas von dieser Musik in sich hat und fordert sie im Psalm auf: Lobet den Herrn mit Zitherspiel und psallieret Ihm mit der zehnsaitigen Harfe[e]. Die Zither mit ihren tieferen Tönen weist auf die Zucht des Körpers hin, die Harfe mit ihren höheren Tönen auf die Ausrichtung des Geistes. Die zehn Saiten möchte der Prophet auf die Betrachtung des Gesetzes [der zehn Gebote] bezogen wissen.

Diejenigen also, die der Kirche in bezug auf das Singen des Gotteslobes Schweigen auferlegen [durch ein Interdikt!], werden — da sie auf Erden das Unrecht begingen, Gott die Ehre des Ihm zustehenden Lobes zu rauben — keine Gemeinschaft haben mit dem Lob der Engel im Himmel, wenn sie das nicht durch wahre Buße und demütige Genugtuung gutgemacht haben[f]. Die also die Schlüssel des Himmels besitzen, sollen sich entschieden hüten zu öffnen, was zu schließen, und zu schließen, was zu öffnen ist. Denn das härteste Gericht wird über die Prälaten ergehen, wenn sie nicht, wie der Apostel sagt, ihr Vorsteheramt mit Sorgfalt führen[g].

Und ich hörte eine Stimme, die also sprach: Wer hat den Himmel erschaffen? Gott. Wer schließt Seinen Getreuen den Himmel auf? Gott. Wer ist Ihm gleich? Niemand. Und darum, o Gläubige, soll keiner von euch Widerstand leisten oder sich widersetzen, damit Er nicht mit Seiner Stärke euch überfalle und ihr keinen Helfer habt, der euch in Seinem Gerichte schützt. Dies ist eine „weibische Zeit", denn die Gerechtigkeit Gottes schwindet dahin. Doch die Stärke der Gerechtigkeit Gottes ist am Werk und erweist sich als Kämpferin gegen die Ungerechtigkeit, bis diese besiegt am Boden liegt.

[a] Gn 3, 23 [b] Ps 150 [c] Gn 2, 7 [d] vgl. 1 Pt 4, 11 [e] Ps 32, 2; 91, 4
[f] vgl. Wsh 11, 23 [g] vgl. Rö 12, 8.

In ihrem Schreiben beweist die Seherin durch die eingehende Darlegung der Vorgänge ihr Recht bzw. das Recht des verstorbenen Edelmannes. Da er vom Bann gelöst war, hatte er ein heiliges Recht auf kirchliche Bestattung. Dies wissentlich unbeachtet zu lassen, wäre in Hildegards Augen ein Frevel am Christenrecht gewesen. Aus Gewissensüberzeugung, aus der sicheren Erkenntnis ihrer Schau *widersetzt sich Hildegard der Bestimmung der bischöflichen Kurie und nimmt — mit ihren geistlichen Töchtern — das Schwerste auf sich und ihr Kloster. — Die Ausführungen über das Gotteslob, über Gesang und Instrumentalmusik gehören mit zum Schönsten, was Hildegard, die hochmusikalisch war und viel komponiert und musiziert hat, über die Tonkunst aussagt*[6].

Die Prälaten aber gaben nicht nach und nahmen das Interdikt nicht zurück. Mit schwerem Herzen war Hildegard nach Mainz gegangen, mit noch schwererem Herzen kehrte sie in ihr Kloster zurück.

Hildegard ließ sich jedoch nicht beirren. Sie mußte den Beweis, daß der Edelmann in voller Aussöhnung mit der Kirche gestorben war, noch zwingender führen. Wie dies geschah und welchen Erfolg Hildegard erzielte, berichtet sie selbst im zweiten Teil ihres Schreibens an Erzbischof Christian, der in Rom war und am dritten Laterankonzil vom 5. bis 19. März 1179 teilnahm.

Hildegard an Erzbischof Christian von Mainz

Gütigster Herr und Vater, der du an Christi Stelle als Hirte über die Schafe deiner Kirche gesetzt bist! In Demut sagen wir Gott dem Allerhöchsten und deiner väterlichen Güte Dank, daß du unseren Notbrief mitleidig aufgenommen und dich erbarmungsvoll gewürdigt hast, um unsertwillen, die wir so betrübt und geängstigt sind, ein Schreiben an unsere Prälaten nach Mainz zu senden. Auch danken wir für die liebevollen Worte deiner gewohnten Milde, durch die wir von Hermann, dem Herrn Dekan der heiligen Apostelkirche in Köln, so getröstet und erfreut wurden, daß wir in all unserer Trübsal und Angst wie Kinder zu dir, unserem geliebten Vater, vertrauensvoll unsere Zuflucht nehmen. Gütigster Herr, demütig dir zu Füßen geworfen, eröffnen wir, deine Dienerinnen, die in Trübsal und Niedergeschlagenheit dasitzen, unter Tränen in lauterer Wahrheit dir den Grund unseres untragbaren Schmerzes, im Vertrauen, die feurige Liebe, die Gott ist[a], werde dir eingeben, die Klagestimme, mit der wir Notgebeugte zu dir rufen, mit väterlicher Liebe erbarmungsvoll zu erhören.

Milder Vater! Unsere Mainzer Prälaten hatten uns befohlen, wir sollten die Leiche des jungen Mannes, der vor seinem Tode vom Bann befreit und mit allen Sakramenten des christlichen Glaubens gestärkt (wie wir dir bereits brieflich mitteilten) bei uns begraben worden war, von unserem Friedhof entfernen. Sonst hätten wir uns der Mysterienfeier zu enthalten. Daraufhin habe ich — wie immer — zum wahren Licht aufgeschaut. In ihm hat Gott mir befohlen: die Leiche dürfe niemals mit meiner willentlichen Zustimmung entfernt werden; denn Er selbst habe diesen Mann aus dem Schoße der Kirche als einen, der für die Herrlichkeit der Erlösten bestimmt sei, aufgenommen. Das Gegenteil würde für uns die Finsternis einer großen Gefahr heraufbeschwören, weil es dem Willen der Wahrheit zuwider sei. Hätte die Furcht vor dem allmächtigen Gott mich nicht daran gehindert, so hätte ich den Oberen demütig gehorcht. Ja, ich hätte allen, die in deinem Namen — der du unser Herr und Schützer bist — die Ausgrabung des Toten befohlen hatten, bereitwillig zugestimmt, um das Recht der Kirche zu wahren, wenn er noch exkommuniziert gewesen wäre.

Als wir aber eine Zeitlang nicht ohne großen Schmerz und tiefe Traurigkeit den Gottesdienst eingestellt hatten, begab ich mich, durch diese wahrhaftige Schau meiner Seele [belehrt] und vom höchsten Richter (dessen Gebot ich nicht zu widerstehen wagte) durch das Gewicht einer schweren Krankheit gezwungen, zu unseren Prälaten nach Mainz. Ich legte ihnen die Worte, die ich im wahren Lichte geschaut, wie Er selbst mir befohlen hatte, in einem Schriftstück vor, damit sie daraus den Willen Gottes in diesem Rechtsfall erkennen sollten. Unter bitteren Tränen bat ich die Anwesenden um Verzeihung und flehte sie klagend und demütig um Erbarmen an. Da aber ihre Augen so verfinstert waren, daß sie auch nicht *einen* Blick des Erbarmens für mich hatten, ging ich unter vielen Tränen wieder von ihnen weg. Doch waren gar viele Menschen von Mitleid mit uns bewegt. So wollten, aber sie konnten uns nicht helfen.

Da ging mein treuer Freund, der Erzbischof [Philipp] von Köln, nach Mainz. Ein freier Ritter begleitete ihn, der durch beweiskräftige Zeugen glaubhaft machen wollte, daß er selbst und der Verstorbene, als dieser noch lebte, sich gemeinsam in der gleichen verzweifelten Lage befunden hätten und daß sie auch gemeinsam, am gleichen Ort, zur gleichen Stunde, durch den gleichen Priester vom Bann gelöst worden seien. Auch der betreffende Priester, der sie losgesprochen hatte, war erschienen. Als somit der Prälat von ihnen den wahren Sachverhalt erfahren hatte, erwirkte er uns — dein Einverständnis setzte er dabei voraus — die Erlaubnis, bis zu deiner Rückkehr in Sicherheit und Frieden die Mysterien zu feiern. Als wir aber, gütigster Herr, das größte Vertrauen auf deine Barmherzigkeit setzten, erhielten wir von unseren gleichen Prälaten nach ihrer Rückkehr aus Rom dein Schreiben von der Synode mit dem Interdikt des Gottesdienstes, das du — so hoffe ich zuversichtlich von deiner väterlichen Liebe — niemals erlassen hättest, wenn du den wahren Sachverhalt gekannt hättest. Und so befinden wir uns, mildester Vater, durch deinen höchsteigenen Befehl in noch größerem Schmerz und noch größerer Trauer in der früheren Bindung.

Daraufhin erhielt ich in der Schau meiner Seele — nie hast du mich in bezug auf die Schau durch irgendein Wort in Verwirrung gebracht — den Auftrag, aus Herz und Mund zu sagen: „Besser ist es für mich, in die Hände der Menschen zu fallen, als das Gesetz meines Gottes zu verlassen“[b]. Also, mildester Vater, ich beschwöre dich bei der Liebe des Heiligen Geistes, um der Güte des ewigen Vaters willen, der zum Heil des Menschen in zarter Erweckungskraft Sein Wort in den Schoß der Jungfrau sandte: du wollest nicht die Tränen deiner betrübten und weinenden Töchter verachten, die wir aus Furcht vor Gott die Trübsale und Nöte dieser ungerechten Bindung ertragen. Der Heilige Geist gebe dir ein, daß du von Erbarmen über uns ergriffen werdest und dafür selbst nach Ablauf deines Lebens Barmherzigkeit erlangest.

[a] vgl. 2 Jo 4, 16 [b] vgl. Dn 13, 23.

Auf dieses Schreiben antwortete Erzbischof Christian aus Rom:

Erzbischof Christian von Mainz an Hildegard

Christian, durch Gottes Gnade Erzbischof des Mainzer Stuhles, wünscht der ehrwürdigen und in Christo geliebten Frau Hildegard und allen Bräuten Christi, die mit ihr Gott dienen, von Tugend zu Tugend aufzusteigen und den Gott der Götter in Sion zu schauen[a].

Obwohl wir in Erfüllung der Pflicht, die Macht Gottes und die Milde des Erlösers anzustaunen und zu preisen, durchaus unvollkommen, ja ihrer völlig unwürdig sind, sagen wir doch im Vertrauen darauf, daß deine eifrige Fürbitte uns ihrer würdig mache, teuerste Herrin in Christo, Ihm unablässigen Dank, Ihm, von dem alle gute Gabe und jegliches vollkommene Geschenk herniedersteigt, dem Vater der Lichter[b], der deine Seele Seines Wohlgefallens würdigte und sie mit Seinem wahren und unschätzbaren Licht erleuchtete.

Durch Seine zuvorkommende und nachfolgende Gnade wurde deiner heiligen Hingabe gewährt, mit Maria zu den Füßen des Herrn zu sitzen[c] und dich ganz offen zu halten für die Schauungen des himmlischen Jerusalem. Diese offenkundigen Kennzeichen deines heiligen Wandels und staunenswerten Zeugnisse der Wahrheit halten, in Christo teuerste Herrin, unsere Seele so im Bann deiner Befehle, um nicht zu sagen deiner Bitten, daß wir mit Recht unser Herz auf alles ausrichten und hinneigen müssen, wovon wir je erfahren, es entspreche deinen heiligen Wünschen. Wir hoffen und setzen nächst Gott auf deine Heiligkeit das größte Vertrauen, daß wir durch den heiligen Duft deiner Gebete die zuvorkommende und die nachfolgende Gnade Gottes erlangen und daß unsere sündige Seele die so ersehnte Milde ihres Schöpfers durch die Vermittlung deiner Heiligkeit erfahre.

Daher kommt es, daß wir mit der Trübsal und Bedrängnis, die der geweihte Konvent zusammen mit dir wegen der Suspension des Gottesdienstes erleidet, um so innigeres Mitleid haben, je klarer sich uns in dieser Sache Eure Unschuld darstellt. Es stand aber für die Kirche als wahr fest, daß bei Eurem Gotteshaus ein Mann begraben worden war, der zu seinen Lebzeiten der Strafe der Exkommunikation verfallen war, und zwar zu einer Zeit, da die Kirche über seine Absolution noch im ungewissen war. Im Hinblick auf die nicht zu umgehenden Satzungen der Väter war es für Euch höchst gefährlich, den Einspruch der Geistlichen zu mißachten und das Ärgernis vor der Kirche zu verheimlichen, bis durch das beweiskräftige Zeugnis rechtschaffener Männer vor dem Angesicht der Kirche der Nachweis seiner Lösung vom Bann erbracht war.

Selbstverständlich haben wir herzlichstes Mitleid mit Eurem Kummer und richteten daher an die Kirche von Mainz ein Schreiben folgenden Inhalts: Wir bestimmen, daß, wenn durch eine der Wahrheit entsprechende Aussage bewährter Männer die Absolution des genannten Verstorbenen nachgewiesen ist, der Gottesdienst bei Euch gefeiert werden soll.

Zugleich bitten wir Eure Heiligkeit inständig und flehentlich: Wenn wir Euch in dieser Angelegenheit durch unsere Schuld oder Unwissenheit zur Last gefallen sind, so entzieht Euer Erbarmen nicht dem, der um Verzeihung bittet. Bittet auch den Vater der Barmherzigkeit, daß Er uns gesund und wohlbehalten zu Eurer Heiligkeit und zur Mainzer Kirche zurückführe, Gott und Eurer Gemeinschaft zur Ehre und zum Heile unserer Seele. Der Herr erhalte Euch Gesundheit und Heiligkeit!

---

[a] vgl. Ps 83, 8 [b] vgl. Jk 1, 17 [c] Lk 10, 38—42.

Jetzt endlich wurde die Rechtslage geklärt und zu Hildegards Gunsten entschieden. Der Fall war gleich zu Beginn in eine Sackgasse geraten, weil die Aussöhnung des Mannes mit der Kirche, wie schon hervorgehoben wurde, in privater, nicht aber in offizieller Form stattgefunden hatte. Der Mainzer Kurie erschien diese Aussöhnung fragwürdig, sie hatte nach ihrer Ansicht keinen rechtsgültigen, verbindlichen Charakter. Aus dieser Sicht ist die Handlungsweise der Mainzer Domherren Hildegard gegenüber verständlich. Zudem hielt sich Erzbischof Christian, der in persönlicher Fühlungnahme mit Hildegard den Fall schnell und für den Rupertsberg befriedigend hätte lösen können, während der Rechtsverhandlungen in Rom auf. Die Erledigung der Geschäfte lag also in den Händen seiner wenig geeigneten Vertreter.

Werfen wir einen Rückblick auf diesen ernsten Konflikt und das heiße Ringen der beiden Exponenten, so läßt sich, wenn wir dieses nicht leicht verständliche Phänomen in einen größeren Zusammenhang stellen, vielleicht folgendes sagen.

Bei dem über Hildegards Kloster verhängten Interdikt der Mainzer Domherren und Hildegards Kampf um seine Aufhebung stießen — im Spannungsfeld der Kirche — zwei Exponenten hart aufeinander: Institution und Charisma. Die Institution (oder Amtskirche) in der juristischen Person des Mainzer Domkapitels und das Charisma in der Seherin und Prophetin Hildegard. Daß beide Parteien (wenn man so sagen darf) — die Domherren und Hildegard — so heiß und zäh miteinander um ihr Recht kämpften, ist ein nicht leicht zu lösendes Rätsel, ein Geheimnis, das sich uns in etwa erschließt, wenn wir es aus der uralten Spannung von Institution und Charisma zu begreifen suchen.

O. SEMMELROTH, *der das auch heute aktuelle Problem einer eigenen Darstellung und Untersuchung unterzogen hat*[7], *sagt:* Das Verhältnis von institutioneller Verfaßtheit und charismatischer Lebendigkeit ist nicht nur in seiner Tatsächlichkeit schwierig und voller Spannung, sondern auch seine wesensgerechte Darstellung fällt schwer. Sind doch beide Elemente von verschiedener Art, wirken verschieden und lassen sich deshalb nur mit Mühe in den Griff bekommen. Man muß sich aber ebenso davor hüten, ihre Verschiedenheit zum unvereinbaren Gegensatz zu übersteigern, wie davor, das in der Kirche wirkliche Miteinander beider Elemente zu einer spannungslosen Harmonie zu verharmlosen[8].

Diese allgemein gefaßte Aussage dürfte wohl auch auf den vorliegenden Sonderfall des Interdikts zutreffen. Vielleicht liegt hier letztlich der Wesenskern dieses so schwer begreiflichen Konfliktes. Es kommt hinzu, daß verschiedene äußere Umstände die zügige Klärung der Rechtslage erschwerten.

In dem wohlabgewogenen Schreiben des Mainzer Erzbischofs wird die Spannung von Institution und Charisma noch einmal in aller Deutlichkeit sichtbar. Diese Spannung bleibt aber nicht in ihrer Schärfe bestehen, sie löst sich, geht über in eine Entspannung, einen befriedigenden, versöhnenden Ausgleich.

Die Bitte Christians am Schluß seines Briefes, Hildegard möge ihm verzeihen und für ihn beten, ist ein demütiges Bekenntnis seiner Schuld.

Die einundachtzigjährige Seherin und Prophetin hat in diesen Monaten die schwerste Prüfung ihres Lebens in der Kraft ihres Charismas starkmütig bestanden. Auch ihre geistlichen Töchter waren in das Leid und den Kampf um das Recht einbezogen. Haben die Rupertsberger Nonnen die von ihnen geforderten Opfer gebracht, ohne zu murren oder ihrer Äbtissin Widerstand zu leisten? Die Quellen schweigen darüber. Doch gehen wir gewiß nicht fehl in der Annahme, daß Hildegard in ihrer gnadenhaften Einsicht wußte, welches Maß von Opferbereitschaft und tapferem Durchtragen sie von ihren Töchtern erwarten konnte. Gerade jetzt war sie in besonderer Weise die Mutter der Ihren.

Mehr noch als die übrigen Briefe bekunden die Schreiben, die das Interdikt betreffen[9]*, Hildegards Ehrfurcht vor der Würde des Menschen, zumal des Christen,* *der, geheiligt durch die Sakramente, ein Recht darauf hat, in der von der Kirche geweihten Erde bestattet zu werden. In ihrer Liebe zum Nächsten nimmt die Seherin den unerhört schweren Kampf, das größte Wagnis auf sich und geht dabei bis an die äußerste Grenze. Vielleicht besaß nur eine Frau, eine charismatisch begabte Frau wie Hildegard, die Fähigkeit, diesen Weg konsequent zu Ende zu gehen.*

Das feierliche Gotteslob wurde wieder in der Rupertsberger Kirche gesungen. Die Glocken, die nun vom Turm läuteten, sollten jedoch schon ganz bald den Tod der Heiligen ins Land hinaus verkünden. Noch im gleichen Jahre 1179, und zwar an jenem Tag, den sie ihren Nonnen vorausgesagt hatte[10]*, starb die Meisterin vom Rupertsberg.*

Hildegard, die rheinische Seherin und Prophetin, die Heilige, lebt weiter durch das leuchtende Bild und Vor-Bild, das sie uns durch ihr Leben und in ihren Schriften hinterlassen hat. Durch ihre Briefe bleibt sie in lebendigem Gespräch auch mit uns suchenden Menschen von heute.

ANMERKUNGEN

EINFÜHRUNG

[1] J. PIEPER hat im Anschluß an den heiligen Thomas von Aquin in: Glück und Kontemplation, München 1957, die natürliche innere Schaukraft des Menschen in ihren mannigfachen Bezügen aufgezeigt.

[2] Ultima felicitas [est] in contemplatione veritatis. C. G. 3, 37 (nach PIEPER 117 Anm. 2).

[3] J. P. MIGNE, Patrologia Latina, Tom. 197, S. Hildegardis opera omnia (= PL), mit Angabe der Spalte.

[4] J. B. PITRA, Analecta sacra, Tom. VIII, Nova S. Hildegardis opera (= Pi), mit Angabe der Seite.

[5] S. unten S. 86.

[6] H. LIEBESCHÜTZ, Das allegorische Weltbild der heiligen Hildegard von Bingen, Studien der Bibliothek Warburg. Hg. von F. Saxl, Nr. 16, Leipzig/Berlin 1930.

[7] Brief an eine Witwe. Unedierter Brief aus der Handschrift Berlin 674, f. 50[r].

[8] PL 194 B/C bietet einen fehlerhaften Text.

[9] Vgl. H. SCHIPPERGES, Das Schöne in der Welt Hildegards von Bingen, Jahrb. der Ästhetik IV (1958/59) 83—139.

BRIEFWECHSEL

BERNHARD VON CLAIRVAUX

[1] Die Textgestalt des Briefpaares in PL 189 A—190 D weicht wesentlich von der Fassung des Originals ab. Vgl. M. SCHRADER, A. FÜHRKÖTTER, Die Echtheit des Schrifttums der heiligen Hildegard von Bingen (= Echth.) 104—110.

[2] Hildegard lebte von 1106 bis 1150 auf dem Disibodenberg und bezog 1150 mit ihren geistlichen Töchtern die Neugründung auf dem Rupertsberg bei Bingen. Über die Lebensjahre der Seherin bis 1146/47 sowie über das ganze Leben Hildegards unterrichten die verschiedenen Biographien. Die beste, auf eingehenden Quellenstudien gründende, wenn auch in mancher Hinsicht überholte Biographie ist immer noch die von J. MAY, Die heilige Hildegard, Kempten/München 1911. Eine gute volkstümliche Darstellung bietet M. ZU ELTZ, Hildegard, Freiburg 1963. S. ferner: M. BÖCKELER in: Hildegard von Bingen, Wisse die Wege, Salzburg [5]1963. M. SCHRADER, Die heilige Hildegard. Nassauische Lebensbilder, Bd. 3, Wiesbaden 1948, 1—34. A. FÜHRKÖTTER, Hildegard von Bingen. In: Die Großen Deutschen V, Berlin 1957, 39—47. Eine gültige, umfassende Hildegard-Biographie nach den neuesten Forschungsergebnissen liegt noch nicht vor.

[3] Über den Mönch Volmar vom Disibodenberg, Hildegards treuesten Mitarbeiter und Sekretär, s. unten S. 164 ff.

[4] S. Echth. 110.

PÄPSTE UND BISCHÖFE

[1] Vita S. Hildegardis, PL 94 C—95 C. Der Einzug des Papstes, der auf Einladung des Erzbischofs Albero von Trier hierher gekommen war, wird ausführlich geschildert in den Gesta Treverorum, ed. G. Waitz (MG. SS. rer. Germ. XXIV [1879] 378), ebenfalls in den Gesta Alberonis, ed. G. H. Pertz (MG. SS. rer. Germ. VIII [1848] 255 f.). Auf die Weihe der Kirche von St. Eucharius und St. Matthias in Trier, die Papst Eugen auf Bitten des Abtes Bertulf von St. Eucharius am 13. Januar 1148 vornahm, kommen wir in einem andern Zusammenhang zurück.

[2] PL 94 C—95 C. Der erwähnte Schutzbrief Eugens für das Disibodenberger Mönchskloster wurde am 18. Februar in Metz ausgestellt, wo Eugen auf seiner Reise von Trier nach Reims sich aufhielt. Beyer, Eltester, Goerz, Urkundenbuch der mittelrhein. Territorien I, Coblenz 1860 (= MUB), S. 612 Nr. 552. Diese Papsturkunde bezeugt auch die Echtheit des Vitaberichtes.

[3] PL 104 A—B.

[4] PL 386 B.

[5] Orig. Bayrisches Hauptstaatsarchiv (HStA), München, Mainzer Urkunden, Nr. 3187. A. F. Stumpf, Acta Maguntina saec. XII, Innsbruck 1863.

[6] Vita, PL 97 C.

[7] H. Büttner, Erzbischof Heinrich von Mainz und die Staufer (1142—53). Ztschr. f. Kirchengeschichte, 69 (1958) 247—267. J. Böhmer, C. Will, Regesten zur Geschichte der Erzbischöfe von Mainz I, Innsbruck 1877.

[8] Böhmer-Will I, S. 352 f. Nr. 173.

[9] Lexikon für Theologie und Kirche (LThK) I, begründet von M. Buchberger, hg. von J. Höfer und K. Rahner, Freiburg 1957, Sp. 493. Die dem Papst abgezwungene Verleihung des Palliums an Bischof Wichmann von Magdeburg vollzog sich in der Weise, daß sein Kanoniker Dietrich von Hillersleben und ein Dienstmann das Pallium vom Altar ergriffen und es Wichmann übergaben. Die beiden Männer, der Kanoniker und der Dienstmann, seien (zur Strafe) noch in Rom gestorben. H. Simonsfeld, Jahrbücher des Deutschen Reiches unter Friedrich I. (1152—1158), Leipzig 1908, 215 f.

[10] Simonsfeld 268—275.

[11] Ders. 334 ff.

[12] Ders. 330 ff. u. ö.

[13] Pi 539.

[14] K. H. Hefele - H. Leclercq, Hist. des Conciles V_2, Paris 1913, 812 ff.

[15] Dies. 832 ff.

[16] Diese Briefstelle bezeugt Hildegards Liedschöpfungen; vgl. Echth. 21.

[17] Zu Beginn des Briefes wird Hildegard nicht — wie in späteren Briefen — als Meisterin des Rupertsberges angesprochen, sondern als domina Hildegardis.

[18] Die Handschriften von Wien und Zwiefalten haben: de ligno vitae. Der Fehler dürfte bei den wahrscheinlich nach Diktat gefertigten Abschriften unterlaufen sein.

[19] Vgl. Echth. 60 ff.

[20] PH. JAFFÉ, Vita Arnoldi archiepiscopi Moguntini, Berolino 1866, 625.

[21] SIMONSFELD 386 ff.

[22] DERS. 402 f.

[23] BÖHMER - WILL I 354—380. LThK I (1957) Sp. 895.

[24] a) Orig. HStA Koblenz Abt. 164 Nr. 1: Erzb. Arnold bestätigt dem Kloster Rupertsberg seine Besitzungen, 1158, Mai 22; MUB II S. 31 f. Nr. 46;
b) Orig. HStA Koblenz Abt. 164 Nr. 2: Erzb. Arnold vergleicht das Kloster Rupertsberg mit dem Kloster Disibodenberg in bezug auf Besitzungen und hinsichtlich geistlicher Befugnisse, 1158, Mai 22; MUB I S. 676 f. Nr. 615.

[25] MUB I 696.

[26] BÖHMER - WILL II 1—17: erstes Pontifikat; 59—120: zweites Pontifikat. LThK VI (1934) Sp. 157.

[27] Erzbischof Hillin ließ sich am 27. Juli 1161 von Viktor IV., dem ersten Gegenpapst, in vier Urkunden besondere Besitzungen und Rechte bestätigen. MUB I S. 684 f. Nr. 623; S. 685 f. Nr. 624; S. 686 Nr. 625; S. 687 Nr. 626.

[28] ST. HILPISCH, Erzbischof Hillin von Trier. Arch. f. mrh. Kirchengeschichte, 7. Jg. (1955) 9—21. SIMONSFELD 25 u. ö.

[29] In einer 1169 in Köln ausgestellten Urkunde vom Stift St. Kassius in Bonn erscheint als Zeuge: domno Arnolde treverensi tunc archielecto (MUB II, 2. Teil, S. 35 Nr. 1). In einer Urkunde des Abtes Fulbert von Laach aus dem Jahre 1169 heißt es: Facta sunt hec anno quo dominus Arnulfus consecratus est trevirensis archiepiscopus (MUB II, 2. Teil, S. 37 Nr. 3).

[30] Wezelin erscheint als Zeuge in der oben, Anm. 29, zuerst genannten Urkunde von 1169: Wezelino s. Andree preposito. Sein Name ist uns auch im Brief Wiberts von Gembloux an den Mönch Radulf von Villers überliefert: Pi 581. Ferner enthält das Fragment des ältesten Rupertsberger Nekrologs auf f. 2v den Eintrag: Wezelinus prepositus de colonia. S. Echth. Tafel III.

[31] Der Edelfreie Hildebert von Bermersheim erscheint mit seinem Sohne Drutwin in einer Mainzer Urkunde aus dem Jahre 1127. Mainzer Urkundenbuch I, hg. von M. STIMMING, Darmstadt 1932, S. 452 f., Nr. 545. Schwester MARIANNA SCHRADER hat das Verdienst, Geschlecht und Heimat Hildegards erkundet und entdeckt zu haben, und zwar hauptsächlich auf Grund der hier genannten Mainzer Urkunde. M. SCHRADER, Die Heimat und Abstammung der heiligen Hildegard. Studien und Mitteilungen zur Geschichte des Benediktinerordens (StMGBO) 54 (1936) 199—221. DIES., Zur Heimat und Familiengeschichte der heiligen Hildegard, StMGBO 57 (1939) 117—133.

[32] Vgl. Echth. 149 Anm. 97.

[33] Hugo ist Zeuge in den zwei Rupertsberger Urkunden vom 22. Mai 1158 (MUB I S. 667; II S. 32). Wibert von Gembloux berichtet in seinem Brief an den Mönch Radulf von Villers, daß Hugo, der „leibliche Bruder" Hildegards, 1177 (vier Jahre nach Volmars Tod) auf dem Rupertsberg die Stelle des Propstes versehen habe (Pi 578). Im gleichen Schreiben erfahren wir, daß der Bischof von Lüttich (Radulf von Zähringen) von Kindheit an vom Domkantor Hugo in Mainz erzogen worden ist.

[34] Die Namen der vier Schwestern sind im sog. Rupertsberger Fundationsbuch überliefert. HStA Koblenz, Abt. 701 A VII Nr. 5, f. 3r; MUB II S. 368.

[35] PL 122 D—127 A.

[36] PL 278 D—282.

[37] PL 258 B—D.

[38] LThK II (1931) Sp. 75; VIII (1936) Sp. 743.

[39] P. LADEWIG u. TH. MÜLLER, Regesta Episcoporum Constantiensium I, Innsbruck 1895, 96—112. W. BERNHARDI, Konrad III. 1. und 2. Teil, Jahrb. der deutschen Geschichte, Leipzig 1883. Als kanonischer Ehescheidungsgrund wurde von Wibald von Stablo die Verwandtschaft Barbarossas mit Adela von Vohburg angeführt: Friedrichs Urgroßvater und Adelas Ururgroßvater waren Geschwisterkind. SIMONSFELD 168.

[40] In der Zwiefaltener Briefhandschrift ist der Adressat am Rand von f. 44r in den „litterae ignotae" eingetragen.

[41] BERNHARDI 698 Anm. 33.

[42] DERS. 726 Anm. 32.

[43] DERS. 881.

[44] DERS. 886.

[45] SIMONSFELD 436.

[46] LThK II (1958) Sp. 1123.

[47] SIMONSFELD 138.

[48] DERS. 414.

[49] O. HAFNER, Regesten zur Geschichte des schwäbischen Klosters Hirsau. StMGBO 14 (1893) 241.

[50] FR. X. REMLING, Geschichte der Bischöfe zu Speyer. 2. Aufl. I, Landau-Queichheim 1945, 380—397.

[51] SIMONSFELD 419.

[52] DERS. 633.

[53] Orig. HStA Koblenz, Abt. 164, Nr. 3; MUB I S. 696 Nr. 636.

[54] SIMONSFELD 48.

[55] DERS. 128.

[56] DERS. 143.

[57] DERS. 380 f.

[58] MUB I S. 696 Nr. 636.

[58a] Pi 579; vgl. oben Anm. 33

[59] E. VON GUTTENBERG, Das Bistum Bamberg. Germania sacra II, 1, Berlin 1937, 141—154. P. WAGNER, Eberhard II. Bischof von Bamberg. Diss., Halle 1876. SIMONSFELD 46 ff. u. ö.

[60] PL 48 D, aus: Acta Sanctorum Sept. Tom. V, 629—701, ed. J. STILTING (aufgenommen in PL Tom. 197, 9—90).

[61] Scivias II, 1 und 2; PL 441—447, 451 B—452 A.

[62] BERNHARDI 759.

[63] LThK IV (1932) Sp. 795 f.

[64] LThK III (1931) Sp. 511; III (1959) Sp. 629.

[65] MUB I S. 696 Nr. 636.

[66] LThK VIII (1936) Sp. 230.

[67] Pi 415.

[68] Ebd.

WELTLICHE HERRSCHER

1 Bernhardi 852.

2 Simonsfeld 19.

3 Ders. 28 ff.

4 Ders. 35.

5 Ders. 41 f.

6 Ders. 334 ff.

7 Aus der glücklichen Ehe Friedrichs mit Beatrix von Burgund gingen mindestens fünf Söhne und mehrere Töchter hervor. Die Kaiserin begleitete meistens den Herrscher auf seinen Feldzügen und Reisen, und Friedrich nahm bei seinen mannigfachen Unternehmungen stets liebevolle Rücksicht auf sie. F. Güterbok, Barbarossas ältester Sohn und die Thronfolge des Zweitgeborenen. Hist. Vierteljahrschrift 29. Jg. (1935) 509—540. F. Curschmann, Zwei Ahnentafeln. Ahnentafeln Friedrichs I. und Heinrichs des Löwen zu vierundsechzig Ahnen. Mitt. d. Zentralstelle f. Deutsche Familiengesch., 27. H., Leipzig 1921.

8 Simonsfeld 330 f.

9 S. Echth. 39 und Tafel II, Abb. 2.

10 Simonsfeld 108.

11 K. Hampe, Deutsche Kaisergeschichte in der Zeit der Staufer. 8. Aufl. Leipzig 1943, 198.

12 Der Adressat „Duci welf hildigardis" ist überliefert in der Berliner Briefhandschrift Cod. Theol. lat. fol. 699, f. 65^{r}.

13 Simonsfeld 559 f.

14 Ders. 3.

15 MUB I S. 696 Nr. 636.

16 Orig. HStA Wiesbaden, Abt. 23, III, Nr. 26 und Nr. 31. Vgl. Echth. 126 Anm. 48.

17 Abschrift im Großen Privilegienbuch, HStA Koblenz, Abt. 701 A VII 3 Nr. 3, f. 194; HStA Wiesbaden Abt. 23, III 136 b, f. 44.

18 Simonsfeld 436.

19 Ders. 528 Anm. 49.

20 Güterbok 513—516.

21 LThK V (1960) Sp. 184.

RUPERTSBERGER NONNEN

1 R. G. Hucke, Die Grafen von Stade, 900—1144. Genealogie, politische Stellung, Comitat und Allodialbesitz der sächsischen Udonen. Stade 1956. Echth. 132 Anm. 56.

2 PL 107 C—D.

3 PL 107 D.

4 Echth. 132 ff.

5 Simonsfeld 128 ff.

6 Den Text „O virginitas, in regali thalamo stas" hat Hildegard im Ordo virtutum vertont (Worte der „Castitas"). Pi 460.

7 Vgl. in Scivias II, 5 die „Stände" der Kirche (Priestertum, gottgeweihte Jungfräulichkeit, Laienstand), PL 475 D—506 D.

[8] Die von den Eltern oder Verwandten dem Kloster übergebenen Zöglinge, nutriti oder nutritae, konnten sich später im reifen Alter zur Ablegung der Gelübde entschließen.

[9] Über Luitgart von Stade und Adelheid von Gandersheim s. Echth. 138 ff. Ebd. Angaben der Quellen und der Literatur.

[10] PL 98 B.

[11] In der Wiener Hs. ist dieses Schreiben nur als Fragment überliefert. Nach f. 50v bricht der Brief mitten im Wort ab „... locum istum, quem ad militandum Deo elegistis, omni de(votione)". Auf der folgenden Seite (Lagenbeginn) setzt ein neuer Brief ein. Der Riesenkodex enthält das vollständige Schreiben mit der sich anschließenden ausführlichen Erklärung des sog. Athanasischen Glaubensbekenntnisses. PL 1065 B—1080 C.

[12] Nur der Riesenkodex hat an dieser Stelle die hier wiedergegebene Rede, die Hildegard bei ihrem Besuch auf dem Disibodenberg vor Abt und Mönchen hielt: „Wie ich in wahrer Schau vernommen ... wird Gottes Strafgericht euch vernichten." Die Wiener Hs. gibt die Rede nicht wieder.

[13] PL 98 B.

[14] MUB I S. 676 f.

MÖNCHSKLÖSTER

[1] Pi 447, 33; 34; 453, 60.

[2] PL 93 B.

[3] Pi 352—357.

[4] PL 1095—1116. Über die Vita S. Disibodi der heiligen Hildegard als geschichtliche Quelle s. H. Büttner, Studien zur Geschichte von Disibodenberg, StMGBO 52 (1934) 1—46.

[5] Hildegard wird hier als priorissa des Rupertsberges bezeichnet. Die ältesten zeitgenössischen Handschriften nennen sie: magistra, mater, domina oder auch — wie hier — priorissa. Im Schutzbrief Barbarossas wird sie domina abbatissa genannt.

[6] Pi 578, 579. Über die Nachfolger von Propst Volmar s. Echth. 147 ff.

[7] Über Wibert von Gembloux s. S. 223 - 234.

[8] F. W. E. Roth, Fontes rerum Nassoicarum I, Wiesbaden 1880, 26.

[9] K. Rossel, Urkundenbuch der Abtei Eberbach im Rheingau I, Wiesbaden 1862, S. 35 Nr. 16.

[10] Die Handschriften Wien und Berlin 699 haben den Adressaten Ruthard, Abt von Eberbach. Die Zwiefaltener Handschrift hat irrtümlicherweise auf Rasur den Eintrag „An den Abt von Neresheim".

[11] F. W. E. Roth, ebd. I, 30.

[12] PL 196 C.

[13] PL 122 A.

[14] Die Angaben entstammen dem Chronicon Zwifaltense min., f. 6v, Cod. hist. fol. 415, Württembergische Landesbibliothek, Stuttgart. Abt Berthold legte dieses an, schrieb die Jahreszahlen bis zum Jahre 1243 und zeichnete die Einträge bis 1162 ein.

[15] Über Abt Gottfried s. O. Hafner, Regesten zur Geschichte des schwäbischen Klosters Hirsau, StMGBO 14 (1893) 241.

16 Über den hier behandelten Zeitraum orientiert ARSENIUS SULGER, Annales monasterii Zwifaltensis I, 1698.

17 In der Zwiefaltener Briefhandschrift ist die Adresse in den „unbekannten Buchstaben" geschrieben. Vgl. Photokopie in Echth. Tafel 12, Abb. 21.

18 Die saphierblaue Farbe ist Symbol des Logos, vgl. Scivias II, 2, Bildtafel 11.

19 Vita, PL 122 A.

20 Hildegards Briefwechsel mit den Nonnen von Zwiefalten s. S. 211 - 215.

21 Das Zwiefaltener Nekrologium befindet sich in der Württembergischen Landesbibliothek, Stuttgart, Cod. theol. et phil. 4° 141, der Eintrag „Hiltegardis mo(nialis)" steht auf f. 199v.

22 S. photographische Wiedergabe in Echth. Tafel XIV, Abb. 27 u. 28.

23 M. SCHRADER - A. FÜHRKÖTTER, Die Echtheit des Schrifttums der heiligen Hildegard von Bingen.

24 HAFNER 241.

25 Scivias, II, 7, PL 558 D.

26 Vita, PL 122 A.

27 LThK IX (1937) Sp. 541.

28 Vita, PL 122 A.

29 Die Bitte um den Segen. Benediktusregel, Kap. 63, 15 und 44, 10.

30 Vita, PL 122 A.

31 P. WAGNER, a. a. O. R. BAUERREISS, St. Georgen im Schwarzwald, ein Reformmittelpunkt in Südostdeutschland, StMGBO 52 (1934) 53 f.

32 LThK I (1957) Sp. 131.

33 Ebd.

34 Die Briefhandschriften von Zwiefalten und Berlin 699 haben den Adressaten-Eintrag Withelo, Abt des Klosters Aselsfesroth. In den Regesten der Bischöfe von Mainz, die Abt Withelo 1152 bezeugen, ist Aselsfesroth identisch mit St. Georgen(tal). BÖHMER - WILL I, S. 348, Nr. 156.

35 R. BAUERREISS, ebd. 51 (1933) 199.

36 SIMONSFELD 12 u. 663—666.

37 LThK X (1938) Sp. 721.

38 SIMONSFELD 445.

39 DERS. 585. 39a GUIDO VON CHERLIEUX, gest. 1157, Gründer von Hautrive.

40 S. oben S. 104. Bericht in der Vita PL 98 B.-C.

41 PL 109 f.

42 PL 1095.

43 Cod. 11 568.

44 Pi 578.

45 Über die Beziehungen zwischen Abt Philipp von Park und Hildegard s. Echth. 10 f. und 45 f.

46 Gesta Treverorum S. 378.

47 Die „tunica Christi" ist hier nicht eine Anspielung auf den sog. „Trierer Rock", wie MAY und andere Autoren annehmen, sondern sinnbildet das Mönchsgewand als Zeichen der engsten Nachfolge Christi im klösterlichen Wandel. Vgl. den Brief an die Mönche von St. Michael in Bamberg, in dem der gleiche Ausdruck „tunica Christi" gebraucht wird, S. 137.

48 Das alte Mönchtum betrachtete die Mönchsprofeß als „zweite Taufe".

49 Über Abt Gerhard II. und seinen Amtsnachfolger, Abt Ludwig, s. C. WAMPACH, Geschichte der Grundherrschaft Echternach im Frühmittelalter I (1929) 274 ff.

50 Über den Mönch Volmar vom Disibodenberg, Hildegards treuesten Sekretär, s. J. MAY, 54, 60 f., 321 f., 399 f. I. HERWEGEN, Les collaborateurs de sainte Hildegarde, Rev. bén. 21 (1904) 192–203, 302–315, 381–403. Echth. 14, 27, 144 ff., 181.

51 R f. 308rb. Den Text veröffentlichte I. HERWEGEN, ebd. 308 f. Vgl. auch SCHRADER - FÜHRKÖTTER, Echth. 144 und 177 f.

52 Vgl. S. 89 f.

53 Über Abt Ludwig s. Echth. 12, 39, 142—153, 179. Hier auch weitere Literaturangaben.

54 Echth. 39.

KLERUS UND VOLK

1 PL 122 A.

2 Der Klerus, der um die Übersendung von Hildegards Ansprache bittet, nimmt in seinem Schreiben auf diese Predigt „an den Pfingsttagen" Bezug. PL 253 C. Einer alten Tradition zufolge hat Hildegard 1160 in Trier öffentlich gesprochen.

3 PL 253 D.

4 PL 254 A—258 A.

5 PL 256 B.

6 PL 258 A.

7 Eine aufschlußreiche Studie über die Katharer bietet A. BORST, Die Katharer. Schriften der MGH, Heft 12, 1953. — Die Selbstbenennung Katharer, d. h. die Reinen, entstand um 1160 (BORST, 240). Egbert von Schönau, der bis 1155 Kanonikus in Bonn gewesen war, weist in seinen 1163 verfaßten dreizehn Sermones adversus Catharorum errores den wissenschaftlich-theologischen Irrtum dieser Lehre nach. War das Katharertum anfangs eine Bewegung des niederen Volkes gegen den Feudalismus der Kirche, so stieß später, besonders in Frankreich, auch der Adel zu dieser sich stark verbreitenden Sekte.

8 Pi 348.

9 Pi 348—351.

10 H. JEDIN, Kleine Konziliengeschichte, Freiburg 1959, 47.

11 Pi 351.

12 Teile der Reden Hildegards in Köln und Trier gehören zu den schon erwähnten Exzerpten, die Gebeno 1220 in seinem „Zukunftsspiegel" zusammenfaßte.

GEISTLICHE OBERE, PRIESTER, MÖNCHE

1 Die Ansichten der Genealogen über die Abstammung dieses Zeizolf von Spanheim-Lavanttal gehen auseinander. Vgl. H. WITTE, Über die älteren Grafen von Spanheim und verwandte Geschlechter. Ztschr. f. d. Geschichte des Oberrheins, N. F. XI (1896) 161—229, besonders S. 215. Witte nimmt die Abstammung von einem nicht namhaft bezeichneten Bruder des Hermann von Spanheim an (S. 215 u.

Stammtafel S. 227). Dagegen bezeichnet ihn R. G. HUCKE (a. a. O., s. Stammtafel D, ebd.) als den Bruder (?) der Markgräfin Richardis von Stade. — Es sei an dieser Stelle vermerkt, daß dem Grafen Meginhard von Spanheim nicht nur die zwei urkundlich bezeugten Söhne, Graf Gottfried von Spanheim und Craffto (Abt des Klosters Spanheim), zugeschrieben werden, sondern auch eine Tochter mit Namen Hiltrudis, die Nonne auf dem Rupertsberg und Hildegards Sekretärin gewesen sein soll, gestorben 1177. Da Hiltrudis jedoch in keiner alten Quelle genannt wird und nur in der Hirsauer Chronik des historisch unzuverlässigen, phantasiereichen Trithemius erscheint, ist sie wohl nicht genügend bezeugt, um in den Spanheimer Stammbaum eingefügt zu werden. Graf Gottfried von Spanheim (s. Stammtafel C), der Sohn Meginhards und Neffe der Meisterin Jutta, erscheint als Zeuge in den beiden Rupertsberger Urkunden von 22. Mai 1158, ferner in einer Urkunde, die Barbarossa am 6. Januar 1157 in Trier EB Hillin ausstellte. MUB I S. 657 Nr. 598.

NONNENKLÖSTER

[1] MUB II S. 31 Nr. 46.

[2] SIMONSFELD 502; 519.

[3] DERS. 519. Die Grabinschrift lautet (in Übersetzung): „Pfalzgraf Hermann, ehelich geboren, der Bildhausen gegründet hat und Mönch in Ebrach wurde, ward nach seinem Tode hierher übertragen und ruht hier unter der Erde." Lat. Text s. J. MAY, 92 Anm. 2.

[4] E. v. GUTTENBERG, 153.

[5] MUB II S. 31 Nr. 46.

[6] SIMONSFELD 520 Anm. 36.

[7] DERS. 520.

[8] Der weitreichende Einfluß Elisabeths ist dargestellt in den Quellenforschungen von K. KÖSTER, Elisabeth von Schönau. Werk und Wirken der mittelalterlichen handschriftlichen Überlieferung. Arch. f. mrh. Kirchengeschichte, 3. Jg. (1951) 243—315. DERS., Das visionäre Werk Elisabeths von Schönau. Studien zur Entstehung, Überlieferung und Wirkung in der mittelalterlichen Welt. Arch. f. mrh. Kirchengesch., 4. Jg. (1952) 79—119. DERS., Elisabeth von Schönau. Nassauische Lebensbilder, Bd. 3, 1948, 35—39.

[9] Die ältesten Texte der Elisabeth-Schriften enthält die Hs. 3 der Hessischen Landesbibliothek, Wiesbaden. Ausgeh. 12. Jh. Die Hs. ist seit 1945 verschollen. Sie wurde veröffentlicht von F. W. E. ROTH, Die Visionen der heiligen Elisabeth und die Schriften der Äbte Ekbert und Emecho, Brünn 1884. Den von uns übersetzten Briefen liegen die Texte von ROTH zugrunde.

[10] K. HALLINGER, Gorze-Kluny, I, Rom 1950, S. 55 Anm. 14.

[11] K. H. SCHÄFER, Die Kanonissenstifter im deutschen Mittelalter, Stuttgart 1907, 72 Anm. 4.

[12] W. SAUER, Beiträge zur Geschichte der Klöster Rupertsberg und Eibingen (Rupertsberger Nekrologium), Nass. Annalen 17, II. Teil (1882) 1—10.

[13] PL 122 A.

[14] Ebd.

WIBERT VON GEMBLOUX

[1] Aus der umfangreichen Literatur über Wibert seien hervorgehoben: H. Delahaye, Guibert, abbé de Florennes et Gembloux. Revue des questions historiques 46 (1889) 5—90. M. Schrader, Wibert von Gembloux. Erbe und Auftrag (Bened. Mtschr. 37) 1961, 381—392; hier auch Quellen- und Literaturangaben. — König Friedrich I. nahm die Abtei Gembloux bereits 1152 in seinen Schutz, bestätigte ihr die freie Wahl des Abtes und des Vogtes, das Burg-, Markt- und Münzrecht sowie die Zollfreiheit. Simonsfeld 145.

[2] Pi 378.

[3] Pi 382.

[4] Pi 384.

[5] Pi 381—388

[6] Pi 577.

[7] Pi 390.

[8] Pi 393.

[9] Pi 380 f.

[10] Pi 494.

[11] Pi 395.

[12] Pi 397.

[13] Ebd.

[14] Pi 397 ff.

[15] Pi 405; 578.

[16] Pi 579.

[17] Pi 578 f.

[18] Pi 369—371.

[19] Echth. 175—179.

[20] Pi 581 Anm. 5.

[21] M. Schrader, Wibert 392.

MAINZER PRÄLATEN

[1] Böhmer - Will II, S. 17—59. LThK II (1931) Sp. 918 f.; LThK II (1958) Sp. 1122 f.

[2] Vgl. Schutzbrief Papst Eugens III. vom 18. Februar 1148. MUB I S. 612 Nr. 552.

[3] Das beweisen die Grabinschriften im Kloster Rupertsberg, aufgezeichnet von Georg Helwich im Jahr 1623; Original in der Bibliothek des Priesterseminars zu Mainz. Chronologisch geordnet und veröffentlicht von J. May, 533—537.

[4] Acta Inquisitionis, PL 135 B.

[5] Hier ist wohl die musikpädagogische Zeichensprache nach der sog. „Guidonischen Hand" gemeint (Guido von Arezzo um 990 bis 1050). An den Fingergelenken der linken Hand veranschaulichte der Kantor seinen Schülern die Solmisationssilben. Vgl. J. Schmidt-Görg, Zur Musikanschauung in den Schriften der Hl. Hildegard. Der Mensch und die Künste. Festschrift für H. Lützeler zum 60. Geburtstag, Düsseldorf 1962, 233 f.

[6] J. SCHMIDT-GÖRG, 230—237, gibt den lat. Text dieses Schreibens wieder, soweit er sich auf die Musikauffassung Hildegards bezieht, und verbindet ihn mit Parallelstellen aus anderen Werken der Seherin.

[7] O. SEMMELROTH, Institution und Charisma. Geist und Leben, 36. Jg. (1963), H. 6, 443—454.

[8] DERS. 446.

[9] B. WIDMER glaubt die Briefe Hildegards an die Mainzer Prälaten und an Erzbischof Christian von Mainz als unecht ansehen zu müssen. B. WIDMER, Heilsordnung und Heilsgeschehen in der Mystik Hildegards von Bingen, 1955, S. 267—271.

Die Echtheit dieser Briefe steht u. E. außer Zweifel. Hildegards Schreiben an die Mainzer Prälaten befindet sich nicht nur im Riesenkodex, sondern auch in der Berliner Hs. 674, die nur echte Briefe enthält. Ist aber das Schreiben an die Mainzer Prälaten echt, so gilt das gleiche von Hildegards Brief an Erzbischof Christian.

Die von W. vorgebrachten Bedenken in bezug auf die Form — Wiederholung von gleichlautenden Satzteilen, Verwendung von Bildern und Formulierungen, die sich in zeitlich weit zurückliegenden Schreiben finden — fallen nicht in die Waagschale. Dies begegnet uns auch sonst in Hildegards Briefen. Das Bild von der „Feder", mit der sie sich vergleicht, verwendet sie in ihren Briefen an Papst Eugen (1148/49), die Kardinallegaten Bernhard und Gregorius (1153), Abt Philipp von Park (um 1160) und Wibert von Gembloux (1175). Daß Hildegard in schweren Lebenslagen ihr Herz sprechen läßt, bezeugten bereits ihre Briefe an die Markgräfin Richardis von Stade und deren Tochter Richardis, die Rupertsberger Nonne und Äbtissin von Bassum.

Es braucht uns nicht zu wundern, daß Hildegard den Mainzer Erzbischof als „gütigsten Herrn" und „milden Vater" anredet. Erzbischof Christian war nicht mehr der „Antichrist", wie Johannes von Salesbury ihn einst genannt hatte. Hildegard brauchte ihn nicht zur „Umkehr" aufzurufen. Denn der Mainzer Erzbischof gehörte zu den Männern, die am Zustandekommen der Aussöhnung zwischen Kaiser und Papst im Jahre 1177 wesentlich beteiligt waren.

Auch ist es nicht befremdlich, daß Theoderich, der Verfasser der Hildegard-Vita, das Interdikt nicht aufgeführt hat. Denn er hat ja bei weitem nicht alle wichtigen Ereignisse aus Hildegards Leben aufgezeichnet. Die älteste Fassung der Vita befindet sich im Riesenkodex, und gerade hier gehen der Vita elf Hildegardbriefe voraus, von denen ihr Schreiben an die Mainzer Prälaten wegen Aufhebung des Interdikts bezeichnenderweise an erster Stelle steht. Vgl. Echth. 157.

Wibert von Gembloux, der das Interdikt persönlich auf dem Rupertsberg miterlebt hat, erwähnt es nicht in seinen Schriften. Auch er hat — wie Theoderich — über viele wichtige Begebenheiten aus Hildegards Leben keine Aufzeichnungen hinterlassen.

Mit der Echtheit der Briefe an die Mainzer Prälaten und ihren Erzbischof, die während Christians Aufenthalt in Rom um die Zeit des dritten Laterankonzils geschrieben wurden, ist auch das Todesjahr der heiligen Hildegard erwiesen: Hildegard starb am 17. September 1179, in der Nacht vom Sonntag zum Montag.

[10] PL 129 C.

VERZEICHNIS DER BRIEFE

(Den einzelnen Briefen werden die Fundstellen in den lateinischen Ausgaben beigefügt)

ABKÜRZUNGEN DER FUNDSTELLEN

Echth.	SCHRADER, M., u. FÜHRKÖTTER, A., Die Echtheit des Schrifttums der heiligen Hildegard von Bingen, Köln/Graz 1956.
Hg	HAUG, F., Epistolae Sanctae Hildegardis secundum codicem Stuttgartensem, Rev. bén. 43 (1931) 59—71. Angabe der Seite und Nummer.
May	MAY, J., Die heilige Hildegard von Bingen, Kempten/München 1911.
Pi	PITRA, J. B., Analecta sacra, Tom. VIII, Nova S. Hildegardis opera, Monte Cassino 1882. Angabe der Seite.
PL	MIGNE, J. P., Patrologia latina, Tom. 197, S. Hildegardis opera omnia, Paris ^{1}1855, ^{2}1888, ^{3}1952. Angabe der Spalte.
Roth	ROTH, F. W. E., Die Visionen der heiligen Elisabeth von Schönau, Brünn 1884.

BRIEFE

WELTLICHE HERRSCHER

RUPERTSBERGER NONNEN

QUELLEN UND LITERATUR

I. HILDEGARD-WERKE

Liber Scivias	J. P. Migne, Patrologia Latina, Tom. 197 (PL)	PL
Liber Vitae Meritorum	J. B. Pitra, Analecta sacra, Tom. VIII (Pi)	Pi
De operatione Dei (Lib. Divinorum Operum)		PL
Liber Subtilitatum diversarum naturarum creaturarum:		
Liber simplicis medicinae (= Physica)		PL
Liber compositae medicinae (= Causae et Curae)		Kaiser
Symphonia harmoniae caelestium revelationum		Pi
Ordo virtutum		Pi
Expositio Evangeliorum		Pi
Lingua ignota		Roth
Litterae ignotae		Pi
Explanatio Regulae S. Benedicti		PL
Explanatio Symbole S. Athanasii		PL
Vita S. Ruperti		PL
Vita S. Disibodi		PL
Solutiones triginta octo quaestionum		PL
Epistolae:		
Liber Epistolarum		PL
Novae Epistolae		Pi
Epistolarum altera series nova		Pi
Epistolae sec. Cod. Stuttg.		Hg

II. ARCHIVALISCHE QUELLEN

(Aus den Archivbeständen der alten Klöster Rupertsberg und Eibingen)

1. Im Hauptstaatsarchiv Wiesbaden:

Abt. 23, II Nr. 7.	Fragmente des ältesten Rupertsberger Nekrologiums und des ältesten Rupertsberger Güterverzeichnisses.
Abt. 23, III Nr. 26.	Compendium Documentorum der Klöster Rupertsberg und Eibingen, zusammengestellt von Propst Edmund Watzelhahn OSB (nach 1731).
Abt. 23, III Nr. 136b.	Abt Ludwig von S. Eucharius in Trier beurkundet die Stiftung eines Anniversariums in memoriam Dominae Hildegardis B. Virginis etc. (1179—1188) Abschrift.

2. Im Hauptstaatsarchiv München:

Mainzer Urkunden, Nr. 3187.	Erzbischof Heinrich von Mainz beurkundet die Wiederweihe der Rupertsberger Kirche und die Schenkung eines Mühlenplatzes in der Nähe des Binger Loches, 1152 Mai 1.

3. Im Hauptstaatsarchiv Koblenz:

Abt. 164, Nr. 1.	Erzbischof Arnold bestätigt dem Kloster Rupertsberg seine Besitzungen, 1158 Mai 22.
Abt. 164, Nr. 2.	Erzbischof Arnold vergleicht das Kloster Rupertsberg mit dem Disibodenberg in bezug auf Besitzungen und hinsichtlich geistlicher Befugnisse, 1158 Mai 22.
Abt. 164, Nr. 3.	Kaiser Friedrich I. nimmt das Kloster Rupertsberg in seinen Schutz und bestätigt seine Rechte, 1163 April 18.
Abt. 701 A VII 3, Nr. 3.	Privilegien- und Ritenbuch der Klöster Rupertsberg und Eibingen (um 1500).
Abt. 701 A VII 3, Nr. 5.	Registrum bonorum (Fundationsbuch) (Ende des 12. Jh.s).

III. GEDRUCKTE QUELLEN

AA. SS.	Acta Sanctorum Sept. Tom. V, 629—701, ed. STILTING (aufgenommen in Migne, PL S. Hildegardis abbatissae opera omnia, Tom. 197, 9—90).
BERNHARDI	BERNHARDI, W., Konrad III., 1. und 2. Teil, Jahrbücher der deutschen Geschichte, Leipzig 1883.
BÖHMER u. WILL	BÖHMER, J., und WILL, C., Regesten zur Geschichte der Erzbischöfe von Mainz I, Innsbruck 1877, II 1886.
CURSCHMANN	CURSCHMANN, F., Zwei Ahnentafeln. Ahnentafeln Friedrichs I. und Heinrichs des Löwen zu vierundzwanzig Ahnen. Mitteil. der Zentralstelle f. Deutsche Familiengeschichte, 27. H., Leipzig 1921.
VON GUTTENBERG	VON GUTTENBERG, E., Das Bistum Bamberg. Germania sacra II, 1, Berlin 1937, 141—154.
HAFNER	HAFNER, O., Regesten zur Geschichte des schwäbischen Klosters Hirsau. Studien und Mitteilungen zur Geschichte des Benediktinerordens (StMGBO) 14 (1893).
HUCKE	HUCKE, R. G., Die Grafen von Stade, 900—1144. Genealogie, politische Stellung, Comitat und Allodialbesitz der sächsischen Udonen. Stade 1956.
JAFFÉ	JAFFÉ, PH., Vita Arnoldi archiepiscopi Moguntini, Berolino 1866.
KAISER	KAISER, P., Hildegardis Causae et Curae, Leipzig 1903.

KÖSTER	KÖSTER, K., Elisabeth von Schönau. Werk und Wirken der mittelalterlichen handschriftlichen Überlieferung. Arch. f. mrh. Kirchengeschichte, 3. Jg. (1951) 243—315.
	KÖSTER, K., Das visionäre Werk Elisabeths von Schönau. Studien zur Entstehung, Überlieferung und Wirkung in der mittelalterlichen Welt. Arch. f. mrh. Kirchengeschichte, 4. Jg. (1952) 79—119.
LADEWIG u. MÜLLER	LADEWIG, P., und MÜLLER, TH., Regesta Episcoporum Constantiensium I, Innsbruck 1895.
MAY	MAY, J., Brief Hildegards an Elisabeth von Schönau. Die heilige Hildegard von Bingen, Kempten/München 1911, 512—514.
	MAY, J., Die Grabinschriften im Kloster Rupertsberg. Aufgezeichnet von Georg Helwich im Jahre 1623, nach der ungedruckten Handschrift im Mainzer (Priester-)Seminar chronologisch geordnet. Die Heilige Hildegard, 533—538.
MG. SS. rer. Germ.	Gesta Alberonis, ed. G. H. PERTZ, MG. SS. rer. Germ. VIII, 1848. Gesta Treverorum, ed. G. WAITZ, MG. SS. rer. Germ. XXIV, 1879.
MPL	MIGNE, J. P., Patrologia Latina, S. Hildegardis abbatissae opera omnia, Tom. 197, Parisiis ^{1}1855, ^{2}1888, ^{3}1952.
MUB	Urkundenbuch zur Geschichte der . . . mittelrheinischen Territorien, I u. II, hg. von H. BEYER, L. ELTESTER, A. GOERTZ, Coblenz 1860, 1865.
Mz UB	Mainzer Urkundenbuch I, hg. von M. STIMMING, Darmstadt 1932.
PITRA	PITRA, J. B., Analecta sacra, Tom. VIII, Nova S. Hildegardis opera, Monte Cassino 1882.
ROTH	ROTH, F. W. E., Die Lieder und die unbekannte Sprache der hl. Hildegardis, Separatdruck aus Fontes rer. Nassoicarum III, Wiesbaden 1880, 25 ff.
	ROTH, F. W. E., Die Visionen der heiligen Elisabeth von Schönau und die Schriften der Äbte Ekbert und Emecho von Schönau, Brünn 1884.
	ROTH, F. W. E., Fontes rerum Nassoicarum I, Wiesbaden 1880.
SAUER	SAUER, W., Beiträge zur Geschichte der Klöster Rupertsberg und Eibingen (Fragmente des ältesten Rupertsberger Nekrologiums), Nassauische Annalen 17, II. Teil (1882), Wiesbaden, 1—10.
SCHMIDT	Sancti Benedicti Regula monachorum, ed. PH. SCHMIDT, Maredsous 1955.
SCHRADER u. FÜHRKÖTTER	SCHRADER, M. und FÜHRKÖTTER, A., Die Echtheit des Schrifttums der heiligen Hildegard von Bingen. Beiheft zum Archiv für Kulturgeschichte, H. 6, Köln/Graz 1956.
SIMONSFELD	SIMONSFELD, H., Jahrbücher des Deutschen Reiches unter Friedrich I. (1152—1158), Leipzig 1908.

Stumpf	Stumpf, A. F., Acta Maguntina saec. XII, Innsbruck 1863.
Sulger	Sulger, A., Annales monasterii Zwifaltensis I, 1698.
UB Eberbach	Urkundenbuch der Abtei Eberbach im Rheingau, hg. von K. Rossel, Wiesbaden 1862.

IV. LITERATUR

Bauerreiss	Bauerreiss, R., St. Georgen im Schwarzwald, ein Reformmittelpunkt in Südostdeutschland, StMGBO 51 (1933) 196—201; 52 (1934) 47—56.
Böckeler	Böckeler, M., Der heiligen Hildegard ‚Wisse die Wege'. Ins Deutsche übertragen und bearbeitet, Berlin [1]1928, Salzburg [8]1989.
Borst	Borst, A., Die Katharer. Schriften der MGH, H. 12, 1953.
Büttner	Büttner, H., Erzbischof Heinrich von Mainz und die Staufer (1142—53). Ztschr. f. Kirchengeschichte 69 (1958) 247 bis 267.
	Büttner, H., Studien zur Geschichte von Disibodenberg, StMGBO 52 (1934) 1—46.
Clarus	Clarus, L., Briefe der heiligen Hildegard, Regensburg 1854.
Delahaye	Delahaye, H., Guibert, abbé de Florennes et Gembloux, Revue des questions historiques 46 (1889) 5—90.
zu Eltz	zu Eltz, M., Hildegard, Freiburg 1963.
Führkötter	Führkötter, A., Hildegard von Bingen. Die Großen Deutschen Bd. V, Berlin 1957, 39—47.
Güterbok	Güterbok, F., Barbarossas ältester Sohn und die Thronfolge des Zweitgeborenen, Hist. Vierteljahrsschrift 29. Jg. (1935) 509—540.
Hallinger	Hallinger, K., Gorze-Kluny, Studien zu den monastischen Lebensformen und Grundsätzen im Hochmittelalter, I, Studia Anselmiana, Rom 1950.
Hampe	Hampe, K., Deutsche Kaisergeschichte in der Zeit der Staufer, Leipzig [8]1943.
Hefele u. Leclercq	Hefele, K., und Leclercq, H., Histoire des Conciles V_2, Paris 1913.
Herwegen	Herwegen, I., Les collaborateurs de sainte Hildegarde, Rev. bén. 21 (1904) 192–203, 302–315, 381–403.
Hilpisch	Hilpisch, St., Erzbischof Hillin von Trier, Arch. f. mrh. Kirchengeschichte, 7. Jg. (1955) 9—21.
Jedin	Jedin, H., Kleine Konziliengeschichte, Freiburg 1959.
Köster	Köster, K., Elisabeth von Schönau. Nassauische Lebensbilder, Bd. 3, 1948, 35—59.
Liebeschütz	Liebeschütz, H., Das allegorische Weltbild der heiligen Hildegard von Bingen, Studien der Bibliothek Warburg, hg. von F. Saxl, Nr. 16, Leipzig/Berlin 1930.

LThK — Lexikon für Theologie und Kirche, hg. von M. Buchberger, Freiburg, II (1931), III (1931), IV (1932), VI (1934), VIII (1936), IX (1937), X (1938). Neuauflage hg. von J. Höfer und K. Rahner, Freiburg, I (1957), II (1958), III (1959), V (1960).

May — May, J., Die heilige Hildegard, Kempten/München 1911.

Pieper — Pieper, J., Glück und Kontemplation, München 1957.

Remling — Remling, Fr. X., Geschichte der Bischöfe zu Speyer I, Landau-Queichheim ²1943, 380—397.

Schäfer — Schäfer, K. H., Die Kanonissenstifter im deutschen Mittelalter. Kirchenrechtliche Abhandlungen, hg. von U. Stutz, Stuttgart 1907.

Schipperges — Schipperges, H., Das Schöne in der Welt Hildegards von Bingen, Jahrbuch der Ästhetik IV (1958/59) 83—139.

Schmidt-Görg — Schmidt-Görg, J., Zur Musikanschauung in den Schriften der Hl. Hildegard. Der Mensch und die Künste. Festschrift für H. Lützeler zum 60. Geburtstag, 1962, 230—237.

Schrader — Schrader, M., Die Heimat und Abstammung der heiligen Hildegard, StMGBO 54 (1936) 199—221.

Schrader, M., Zur Heimat und Familiengeschichte der heiligen Hildegard, StMGBO 57 (1939) 117—133.

Schrader, M., Die heilige Hildegard. Nassauische Lebensbilder, Bd. 3, Wiesbaden 1948, 1—34.

Schrader, M., Wibert von Gembloux. Erbe und Auftrag (Benediktinische Monatsschrift 37) 1961, 381—392.

Semmelroth — Semmelroth, O., Institution und Charisma. Geist und Leben, 36. Jg. (1963), H. 6, 443—454.

Steidle — Steidle, B., Die Regel St. Benedikts, Beuron 1952.

Wagner — Wagner, P., Eberhard II., Bischof von Bamberg. Diss., Halle 1876.

Wampach — Wampach, C., Geschichte der Grundherrschaft Echternach im Frühmittelalter I, Publications de la Section Historique de l'Institution de Luxembourg 63, Luxembourg 1929.

Widmer — Widmer, B., Heilsordnung und Zeitgeschehen in der Mystik Hildegards von Bingen. Basler Beiträge zur Geisteswissenschaft, hg. von E. Bonjour und W. Kaegi, Bd. 52, Basel/Stuttgart 1955.

Witte — Witte, H., Über die älteren Grafen von Spanheim und verwandte Geschlechter. Ztschr. für die Geschichte des Oberrheins, N. F. XI (1896) 161—229.

HANDSCHRIFTENVERZEICHNIS

BRIEFHANDSCHRIFTEN

Die Briefe wurden Handschriften entnommen, die zur Zeit der heiligen Hildegard in der Rupertsberger Schreibstube entstanden oder auf älteste Rupertsberger Vorlagen zurückgehen.

1. Die in der Wiener Nationalbibliothek liegende Handschrift 881 wurde zwischen 1164 und 1170 auf dem Rupertsberg gefertigt.

2. Die der Stuttgarter Landesbibliothek gehörende Handschrift Cod. Theol. Phil. 4° 253, die Zwiefaltener, Disibodenberger und Rupertsberger Hände aufweist, entstand zwischen 1154 und 1170.

3. Der Briefwechsel Hildegards mit Abt Philipp von Park ist niedergelegt in einer um 1160 gefertigten Handschrift, die sich in der Bibliothek des Britischen Museums zu London befindet, Cod. Add. 17 292.

4. Der bald nach dem 1179 erfolgten Tod Hildegards geschriebene Rupertsberger Riesenkodex wird in der Hessischen Landesbibliothek, Wiesbaden, aufbewahrt, Hs. 2. Die Briefe dieses Kodex stellen zum Teil echte, zum Teil überarbeitete Texte dar und führen teils richtige, teils abgeänderte Adressaten, wie die quellenkritischen Untersuchungen nachgewiesen haben (s. Echth. 154—179). Die inzwischen vorgenommenen Einzeluntersuchungen haben jedoch zu dem Ergebnis geführt, daß eine noch größere Anzahl von Briefen als echt anzusehen ist in bezug auf den Inhalt wie auf den Absender und Empfänger. Wieweit der Wortlaut der vorgelegten Briefe dem Originaltext entspricht, kann erst endgültig entschieden werden, wenn Vergleichsmöglichkeiten mit weiteren älteren Hildegard-Briefhandschriften gegeben sind. Die Zahl der echten Hildegardbriefe konnte somit durch die Einzeluntersuchungen, die unserer Übersetzung vorausgingen, erhöht werden.

5. Die dem 13. Jahrhundert angehörende Handschrift aus Pfalzel bei Trier ging in den Besitz der Preußischen Staatsbibliothek in Berlin über, Cod. lat. 4° 674, und befindet sich zur Zeit in Marburg, Westdeutsche Bibliothek. Die nachweislich echten, meist unedierten Briefe dieser Handschrift sind ohne Adressaten-Eintrag. Doch konnten einige Empfänger identifiziert werden.

6. Die Handschrift aus dem Kloster Schönau, die die Briefe Elisabeths an Hildegard enthält, gehört dem Ende des 12. Jahrhunderts an. Sie lag in der Landesbibliothek zu Wiesbaden, Hs. 3, und ist seit 1945 verschollen.

7. Die dem Kloster S. Maria de Mezières (Châlons) entstammende Hildegard-Briefhandschrift aus dem 13. Jahrhundert wurde später von der Preußischen Staatsbibliothek in Berlin erworben, Cod. Theol. lat. fol. 699. Sie befindet sich jetzt in der Westdeutschen Bibliothek, Marburg. Diese Handschrift erwies sich als besonders wertvoll wegen der Zuverlässigkeit der Adressaten-Einträge.

8. Eine Handschrift des 12./13. Jahrhunderts, die einen Brief Hildegards an Elisabeth von Schönau enthält und früher dem Zisterzienserkloster Himmerod gehörte, liegt heute in der Nationalbibliothek zu Paris, Cod. Nouv. acq. lat. 760.

9. Die in Brüssel, Bibliothèque royale, liegenden Briefhandschriften Cod. 5387—96 und 5527—34 stammen aus Gembloux und gehören dem 12./13. Jahrhundert an. Sie enthalten die Briefe Wiberts von Gembloux.

SONSTIGE HANDSCHRIFTEN

10. Die in Brüssel, Bibliothèque royale, liegende Handschrift Cod. 11 568 enthält Hildegards Scivias und wurde um 1160 von Mönchen aus Park nach einer Rupertsberger Vorlage gefertigt.

11. Ein Scivias aus dem Kloster Eberbach, das dem 12. Jahrhundert angehört, befand sich 1918 noch im Besitz des Archivars F. W. E. Roth. Die Handschrift ist heute verschollen.

12. Das Chronicon Zwifalt. mai. aus der Abtei Zwiefalten, 12. Jahrhundert, befindet sich in der Württembergischen Landesbibliothek zu Stuttgart, Cod. theol. 4° 141.

13. Das Chronicon Zwifalt. min. aus Zwiefalten (1138—62) liegt ebenfalls in der Württembergischen Landesbibliothek, Stuttgart, Cod. hist. fol. 415.

REGISTER

ABKÜRZUNGEN

B.	Bischof(s)	EB.	Erzbischof(s)	s. a.	siehe auch
Br.	Brief(e)	Hild.	Hildegard(s)	s. d.	siehe dort
Bw.	Briefwechsel	Rptg.	Rupertsberg(er)	v.	von, vom

(Fettgedruckte Zahlen bezeichnen die wichtigsten Briefe und Briefthemen.)

STAMMTAFEL A

HILDEGARD VON BINGEN

Hildebert von Bermersheim, 1127
⚭ Mechtild (von Merxheim)

- Drutwin 1127
- Hugo, Domkantor in Mainz 1152, 1158, † 1177
- Roricus, Priester in Tholey (Saar)
- Irmengard
- Odilia
- Jutta
- Clementia, Nonne im Kloster Rupertsberg
- N. N.
- N. N.
- Hildegard, 1098—1179 September 17

STAMMTAFEL B

DIE STAUFER UND IHRE VERWANDTEN

☐ =Personen, die mit Hildegard von Bingen in Briefwechsel oder sonstigen Beziehungen standen

1 Friedrich I., Hzg. von Schwaben, † 1105
2 ⚭ Agnes, Tochter Kaiser Heinrichs IV., † 1143

- [3] Konrad III., König, † 1152
  4 ⚭ Gertrud, Gr. v. Sulzbach
  - [4a] Bertha (Schwester der Gertrud), Gr. v. Sulzbach=Kaiserin v. Byzanz
  - 10 Heinrich † 1150
  - 11 Friedrich III., Hzg. v. Schwaben † 1167
- 5 Friedrich II., Hzg. von Schwaben, † 1147
  6 ⚭ 1 Judith v. Baiern (Welfin) → [6a] Welf VI., Gr. v. Ravensburg (Bruder der Judith)
  7 ⚭ 2 Agnes, Gr. v. Saarbrücken
  - 1: [12] Friedrich I., Kaiser, ca. 1122—1190
    13 ⚭ 1 Adela v. Vohburg, 1153 gesch.
    [14] ⚭ 2 Beatrix v. Burgund, † 1184
  - 1: 15 Judith, † 1195
    [16] ⚭ Matthäus, Hzg. v. Lothringen (Oheim d. Kaiserin Beatrix mütterlicherseits), † 1176
  - 2: [17] Konrad, Pfalzgr. am Rhein, † 1195
  - 2: 18 Judith, † 1191
- [8] Gertrud, † 1191
  ⚭ [9] Hermann v. Stahleck, Pfalzgr. am Rhein, † 1156

DIE MITEINANDER VERWANDTEN GRAFENGESCHLECHTER VON SPANHEIM UND VON STADE

□ =Personen, die mit Hildegard von Bingen in Briefwechsel oder in sonstigen Beziehungen standen

1 Eberhard von Spanheim, Graf um 1044

2 Siegfried v. Spanheim, † um 1065
3 ⚭ Richardis v. Lavant, † n. 1064

4 Friedrich, Gf., ca. 1022—1058
5 ⚭ Christina

6 ? Eberhard II.

7 Engelbert I., Gf. im Lavanttal, † 1096
8 ⚭ Hedwig v. Friaul

9 Hartwig, 1079—1102 Erzbischof von Magdeburg

10 Hermann 1080—1118 Burggraf u. Stiftsvogt von Magdeburg
11 ⚭ N. N.

[12] Stephan von Spanheim, Gf., 1075—1118
13 ⚭ Sophia

[14] Zeizolf, Gf. v. Spanheim-Lavanttal, Mönch

[15] Richardis v. Spanheim-Lavanttal, † 1151
16 ⚭ Rudolf I., Markgraf v. Stade, † 1124

17 Meginhard, Gf. von Spanheim
18 ⚭ Mechtilde v. Moersberg

[19] Jutta, † 1136 Gründerin der Frauenklause Disibodenberg

20 Hugo 1137 Erzbischof von Köln

[21] Gottfried, Gf. v. Spanheim, 1158

22 Craffto, Abt v. Spanheim

23 Rudolf v. Stade † als Kind

24 Udo IV., v. Stade, gef. 1130
25 ⚭ Jutta von Winzenburg

26 Rudolf II., Gr. v. Stade, gef. 1144
27 ⚭ Elisabeth von der Steiermark

[28] Hartwig, 1148—1168 Erzbischof von Bremen

[29] Richardis v. Stade, Nonne im Kloster Rupertsberg, 1151/52 Äbtissin v. Bassum, † 1152 Okt. 29

[30] Liutgart v. Stade, † 1152 Januar 29
31 ⚭ 1 Friedrich v. Sommerschenburg, Pfgr., gesch.
32 ⚭ 2 Erik Lamm, König v. Dänemark, † 1146 als Mönch
33 ⚭ 3 Hermann v. Winzenburg, Gr., † 1152 Januar 29

(1) 34 Adalbert, Pfgr. † 1179
35 ⚭ Liutgart, Tochter Bertholds v. Henneberg

(1) [36] Adelheid v. Sommerschenburg, † 1184 Mai 1 Nonne im Kloster Rupertsberg, 1152 Äbtissin v. Gandersheim, 1160 auch Äbtissin v. Quedlinburg

(3) 37 Tochter N. N.
38 ⚭ 1 Heinrich von Schwarzburg, † 1183
39 ⚭ 2 Ulrich v. Wettin, † 1206

(3) 40 Tochter N. N.
41 ⚭ Magnus Burtzius, Hzg. in Dänemark

Nach: Hucke, R.G., Die Grafen von Stade. Spanheim: Stammtafel D, Stade: Stammtafel A. Ergänzt v. d. Verf.

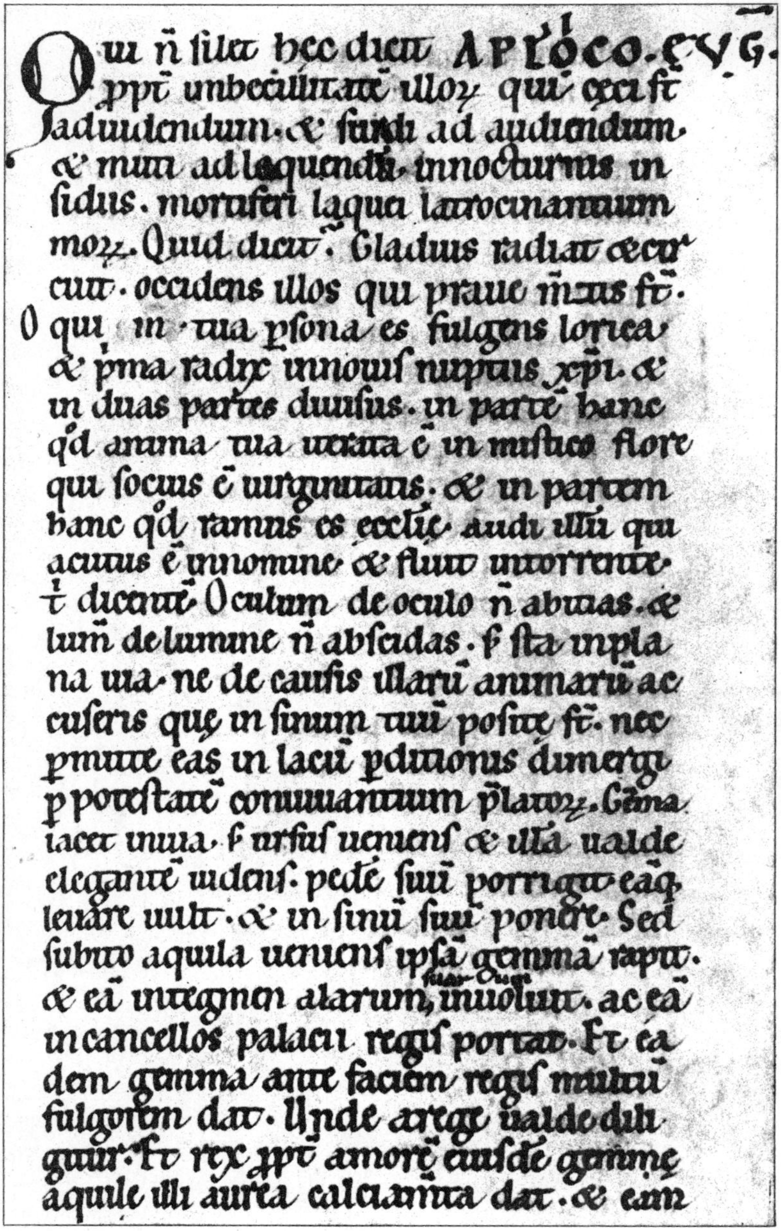

Qui non silet hec dicit APOSTOLICO EUGENIO.
propter imbecillitatem illorum qui ceci sunt
ad uidendum. et surdi ad audiendum.
et muti ad loquendum. in nocturnis in
sidiis. mortiferi laquei latrocinantium
morum. Quid dicit. Gladius radiat et cir
cuit. occidens illos qui praue morati sunt.
O qui in tua persona es fulgens lorica
et prima radix in nouis nuptiis Christi. et
in duas partes diuisus. in partem hanc
quod anima tua ornata est in mistico flore
qui socius est uirginitatis. et in partem
hanc quod ramus es ecclesie. audi illum qui
acutus est in nomine et fluit in torrente.
id est dicentem. Oculum de oculo non abstrahas. et
lumen de lumine non abscidas. sed sta in pla
na uia. ne de causis illarum animarum ac
cuseris que in sinum tuum posite sunt. nec
permitte eas in lacum perditionis dimergi
per potestatem conniuentium prelatorum. Gemma
iacet in uia. sed ursus ueniens et illam ualde
elegantem uidens. pedem suum porrigit eamque
leuare uult. et in sinum suum ponere. Sed
subito aquila ueniens ipsam gemmam rapit.
et eam in tegmen alarum suarum inuoluit. ac eam
in cancellos palacii regis portat. Et ea
dem gemma ante faciem regis multum
fulgorem dat. Unde a rege ualde dili
gitur. Et rex propter amorem eiusdem gemme
aquile illi aurea calciamenta dat. et eam

HILDEGARD AN PAPST EUGEN III.

Aus der Hildegard-Briefhandschrift des Klosters Zwiefalten (1154—1170), Stuttgart, Württemb. Landesbibliothek, Cod. Theol. Phil. 4° 253, f. 29r (vgl. Übersetzung S. 32).

KARTEN

Die nachfolgenden Karten sollen Hinweise geben und zur Orientierung dienen.

Esrom
Stade
Bremen
Bassum
Utrecht
Rhein
Weser
Elbe
Oder
Halberstadt
Gandersheim
Werra
Fulda
Maas
Werden
Ruhr
Averbode
Park
Neuss
Brauweiler
Köln
Scheldе
Altwick
Siegburg
Villers
Gembloux
Lüttich
Bonn
Sieg
Andernach
Schönau
Boppard
Elbingen
Main
Rupertsberg
Mainz
Trier
Bingen
Würzburg
Bamberg
Prag
Beauvais
Tholey
Disibodenberg
Ebrach
Wertheim
Kitzingen
Paris
Marne
Busendorf
Justberg
Speyer
Neckar
Jagst
Metz
St. Avold
Heilbronn
Ellwangen
Moldau
Krauftal
Maulbronn
Eberstein
Regensburg
St. Walburg
Kaisheim

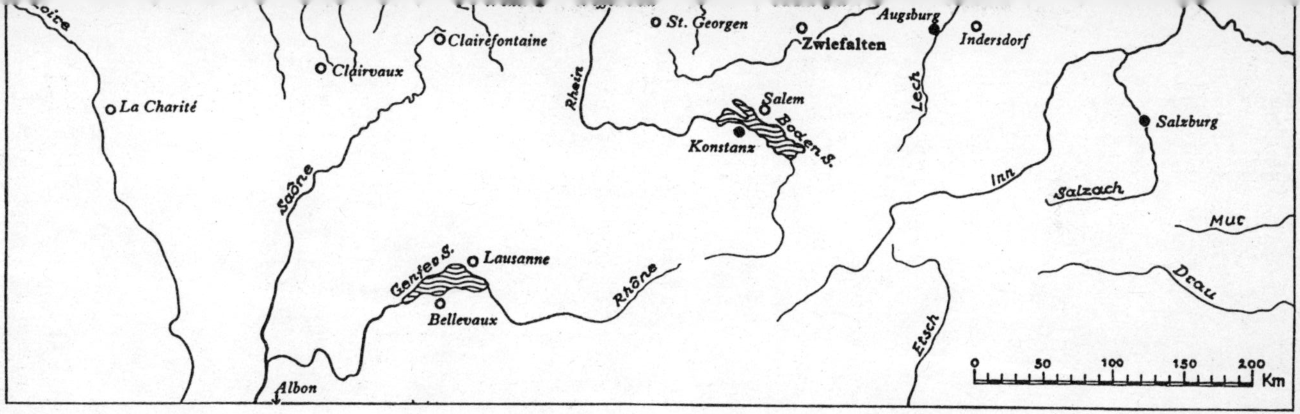

I

II

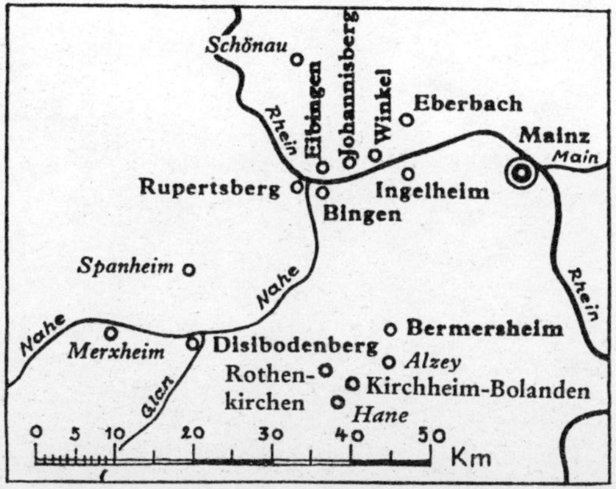

AUSBREITUNG DES BRIEFWECHSELS DER HEILIGEN HILDEGARD
(nach den ältesten Briefhandschriften und der Vita)

I. Übersichtskarte und II. Karte des Nahe- und Rheingaues

Wohnorte der Briefempfänger: in Kursivschrift. Orte, die Hildegard auch persönlich aufsuchte: in halbfetter Schrift.

- ◉ Orte erster Ordnung
- • Orte zweiter Ordnung
- ○ Orte dritter Ordnung

Hildegard von Bingen bei Herder

Hildegard von Bingen
Der Mensch in der Verantwortung
Das Buch der Lebensverdienste – Liber vitae Meritorum
Band 4291

Das erstaunlich moderne Werk der Hildegard von Bingen plädiert für einen verantwortungsvollen Umgang des Menschen mit der Schöpfung.

Hildegard von Bingen
Heilkraft der Natur – Physica
Rezepte und Ratschläge für ein gesundes Leben
Band 4159

Naturlehre und Heilwissen der heiligen Hildegard: der Klassiker der sanften Medizin. Mit praktischem Register und Querverweisen.

Hildegard von Bingen
Scivias – Wisse die Wege
Eine Schau von Gott und Mensch in Schöpfung und Zeit
Band 4115

Das Hauptwerk Hildegards: die faszinierenden, überraschend aktuellen Visionen einer der modernsten Frauen des Mittelalters.

Hildegard von Bingen
Heilwissen
Von den Ursachen und der Behandlung von Krankheiten
Übersetzt und herausgegeben von Manfred Pawlik
Band 4050

Ein Klassiker der sanften Medizin, heute aktueller denn je: alle Ratschläge der genialen heilkundigen Frau in einem Band.

Hildegard von Bingen
Worte lebendigen Lebens
ISBN 3-451-26055-7

Hildegards Worte finden ihren Ursprung im lebendigen Licht, das die Spannweite und Dynamik ihres Denkens hell aufleuchten läßt.

Über Hildegard von Bingen

Christian Feldmann
Hildegard von Bingen
Nonne und Genie
Band 4435

Feldmanns genau recherchierte, populär beschreibende Hildegard-Biographie zeigt, wie modern diese bemerkenswerte Frau gedacht hat

Heinrich Schipperges
Die Welt der Engel bei Hildegard von Bingen
Band 4355

Die faszinierende Welt der Engel wird hier durch einen der bedeutendsten Kenner des mittelalterlichen Weltbildes lebendig.

Irmgard Müller
Die pflanzlichen Heilmittel bei Hildegard von Bingen
Heilwissen aus der Klostermedizin
Band 4193

Praktische Anwendungen, gestützt auf profundes Wissen um die therapeutischen Eigenschaften der Pflanzen. Mit zahlreichen Abbildungen.

Barbara Newman
Hildegard von Bingen
Schwester der Weisheit
ISBN 3-451-23675-3

Ein Standardwerk der Hildegard-Forschung.

Régine Pernoud
Hildegard von Bingen
Ihr Werk – Ihr Wirken – Ihre Vision
ISBN 3-451-23677-X

Eine spannende, originelle Biografie der Nonne, Mystikerin, Schriftstellerin und Ärztin. Eine kompetent zusammengetragene Charakterstudie

Kultur und Geschichte

Andreas Beck
Der Untergang der Templer
Größter Justizmord des Mittelalters?
Band 4575
Eine tragische Geschichte von Korruption, Machtkalkül und politischer Justiz.

Helmut Fischer
Die Ikone
Ursprung – Sinn – Gestalt
Band 4417
Das Buch öffnet die Augen für diesen tiefen Sinnzusammenhang und erschließt eine reiche, im Kult verankerte Bildwelt.

Ingrid Ahrendt-Schulte
Weise Frauen – böse Weiber
Die Geschichte der Hexen in der frühen Neuzeit
Band 4336
Wie wurden Hexen „gemacht„? Die Historikerin hinterfragt alte und neue Mythen.

Ernst Werner/Martin Erbstößer
Kleriker, Mönche, Ketzer
Das religiöse Leben im Hochmittelalter
Band 4284
Das dichte Porträt einer Existenzsuche im Mittelalter – erstellt von zwei international renommierten Historikern und Mediavisten.

Amedeo Molnár
Die Waldenser
Geschichte und Ausmaß einer europäischen Ketzerbewegung
Band 4233
Spannende Lektüre und umfassende Information für alle Freunde mittelalterlicher Geschichte.